Soziometrie

Christian Stadler (Hrsg.)

Soziometrie

Messung, Darstellung, Analyse und Intervention in sozialen Beziehungen

Springer VS

Herausgeber
Christian Stadler
München, Deutschland

ISBN 978-3-531-18212-4 ISBN 978-3-531-18981-9 (eBook)
DOI 10.1007/978-3-531-18981-9

Die Deutsche Nationalbibliothek verzeichnet diese Publikation in der Deutschen Nationalbibliografie; detaillierte bibliografische Daten sind im Internet über http://dnb.d-nb.de abrufbar.

Springer VS

Lektorat: Eva Brechtel-Wahl, Monika Kabas

Gedruckt auf säurefreiem und chlorfrei gebleichtem Papier

Springer VS ist eine Marke von Springer DE. Springer DE ist Teil der Fachverlagsgruppe Springer Science+Business Media.
www.springer-vs.de

Das Buch ist Heiner Keupp gewidmet.
Durch ihn bin ich auf Moreno und die sozialen Netzwerke gestoßen.

Inhalt

Vorwort des Herausgebers

„Jeder von uns ist mehrere, ist viele, ist ein Übermaß
an Selbsten. Deshalb ist, wer seine Umgebung verachtet,
nicht derselbe, der sich an ihr erfreut oder unter ihr leidet.
In der weitläufigen Kolonie unseres Seins gibt es Leute,
von verschiedenster Art, die auf unterschiedliche Weise
denken und fühlen."
Fernando Pessoa (2006)

Soziometrie ist eine klassische Aktionsforschung, daher ist sie nicht allein ein Messinstrument (‚kalte' Soziometrie), sondern zugleich ein Instrument zur Analyse und der Intervention von Netzwerken und Gemeinschaften (‚heiße' Soziometrie) (vgl. Dollase 1976, S. 27). Sie ist auch ein Mixed-Method-Design für diese Vorhaben, da sie quantitative mit qualitativen Ansätzen verbindet.

Obgleich Moreno, der Gründervater der Soziometrie[1], sein Buch über die Soziometrie „Who shall survive? Foundations of Sociometry, Group Psychotherapy and Sociodrama"(1934; dt. Die Grundlagen der Soziometrie. Wege zur Neuordnung der Gesellschaft 1954) als sein Hauptwerk bezeichnete und seine nachhaltigen Erfolge zunächst vor allem auf dem Gebiet der Soziometrie lagen, steht diese selbst bei PsychodramatikerInnen bis heute meist im Schatten des bekannter gewordenen Psychodramas im Sinne von Rollenspiel. Dies erscheint umso unverständlicher als Moreno in der Einleitung zu o.g. Buch von der „Soziometrie mit ihren drei Zweigen, Soziodrama, Psychodrama und Gruppenpsychotherapie" (1996, S. XLVI) spricht und die Soziometrie selbst neben der Soziodynamik und

1 Scherr (2010) wie auch Marineau (1989) führen jedoch an, dass ohne das fundierte methodische und statistische Wissen von Helen J. Jennings Moreno die Soziometrie nicht in dieser Form zu diesem Zeitpunkt hätte entwickeln können.

der Soziatrie wiederum als einen Teil der Sozionomie versteht (vgl. 1996, S. 385). In „Who shall survive?" zeigt sich Moreno als Soziologe, als Sozialpsychologe und als Psychotherapeut gleichermaßen. Als Soziologe war er in den späten 1930er Jahren Begründer der Konzepte der *Netzwerkanalyse* und der *relationalen Soziologie* (Schnegg 2010, S. 23 f.; Raab 2010; S. 29 ff), die in den USA mit Moreno ihren großen Aufschwung nahmen[2]. Seine Ideen werden in einem Atemzug mit von Wiese und Simmel genannt; Morenos große Leistung im Kontext der Soziometrie war es, aus drei Perspektiven gleichzeitig zu blicken. Er fokussierte das Netzwerk als *Ganzes,* er fokussierte die *Beziehungen* zwischen den im Netzwerk lebenden Personen, und er fokussierte nicht zuletzt die *einzelnen Menschen* mit ihren jeweiligen Positionen in den Netzwerken. Sein Multiperspektivenblick zeigt sich bereits im ersten Satz von „Who shall survive?": „Ein wirklich therapeutisches Verfahren darf nichts weniger zum Objekt haben als die gesamte Menschheit" (Moreno 1996, S. 3). Später führt er dazu aus, dass dieser Satz meist missverstanden und belächelt werde als „politische Metapher einer kranken Gesellschaft" (a. a. O. S 396). Er „betrachte [jedoch; CS] die Gemeinschaft als Ganzes und […] jene Prozesse, die in unserer Gesellschaft am Werk sind […]. Jeder Mensch folgt seiner inneren Sehnsucht, jeder ist guten Willens, und dennoch scheitert die Gemeinschaft als Ganzes. Selbst wenn jedes Mitglied unserer Gesellschaft die Vollkommenheit eines Heiligen erreichte, wären die Interaktionen der Heiligen immer noch unvollkommen. Zwei Heilige müssen miteinander harmonieren und mehrere auch als Gruppe segensreich wirken können." (a. a. O.) Das sozialrevolutionäre Konzept der ‚heißen' Soziometrie konnte sich aber entgegen Morenos Erwartungen nicht durchsetzen, während die ‚kalte' Soziometrie, die Forschungsmethodik aber von den 30er bis Ende der 50er Jahre sehr populär war, und in den 70ern wieder auflebte (vgl. Dollase 1976, S. 33).

Der Blick auf die Beziehungen ist mit seinem Tele-Konzept verbunden, welches leider von ihm z. T. widersprüchlich formuliert wurde; einmal ist mit Tele die *Beziehung an sich* gemeint, ein anderes Mal wird Tele als *positive Anziehung zwischen Personen* konzeptualisiert[3]. Ungeachtet dieser Ungenauigkeiten bleibt Morenos Leistung für die Psychotherapie und die Sozialpsychologie jedoch beachtlich. Nur sehr wenigen ForscherInnen nach ihm ist es gelungen, diese drei o. g. Perspektiven *gleichzeitig* zu halten. In der Regel haben sich Schulen gebildet, die den einen oder anderen Aspekt in den Vordergrund gerückt haben.

---

2 1932 präsentierte Moreno der American Psychiatric Association (APA) seine Studie zu den Einflussfaktoren auf Gruppenbeziehungen, die er im Gefängnis Sing Sing entwickelt hatte (vgl. Scherr 2010)

3 Zum Tele-Begriff vgl. *Zeitschrift für Psychodrama und Soziometrie* 2010 9 (2)

Moreno gründete neben der psychodramatischen Zeitschrift 1936 die Zeitschrift *Sociometric Review,* und 1937 *Sociometry: A Journal of Interpersonal Relations,* die bis 1955 unter Moreno und seiner späteren Frau Zerka Moreno erschien, danach der amerikanischen soziologischen Gesellschaft übertragen wurde (vgl. Scherr 2010, S. 41).

Im vorliegenden Band bezieht sich die Mehrzahl der AutorInnen auf den Beziehungs- und den Personenaspekt, also wenn man so möchte auf die sozialpsychologische und die personenzentrierte Variante. Eine so aufwändige Untersuchung, wie sie Moreno in der New York Training School for Girls vorgenommen hat, ist heute für eineN einzelneN ForscherIn[4] kaum leistbar. Dollase nennt Moreno in seinem Vorwort zur deutschen Ausgabe von ‚Who shall survive?' auch deswegen freundlich einen „Totalitätsfreak" (1996, S. XIII).

In diesem Band kommen eine Reihe von AutorInnen zu Wort, die nicht den moreno'schen ‚T-Freak'status tragen, aber nichts desto weniger interessante, anschauliche und gut lesbare Beiträge zur heutigen Anwendung und Einordnung von Soziometrie geschrieben haben. Ziel des Bandes ist es, die Soziometrie aus dem Schattendasein zu holen, und dies gelingt meiner Ansicht nach am besten, wenn Menschen zeigen, wie sie konkret mit der Methodik umgehen.

Den Anfang macht der wahrscheinlich immer noch profundeste Soziometriekenner in Deutschland, Rainer Dollase. Er beschreibt in seinem Beitrag die Anfänge der Soziometrie, ihre historische Entwicklung, aber auch kursorisch die Aktualität von Morenos Konzept. Daran schließt sich ein längerer Beitrag des Herausgebers an, der einen Überblick geben soll, was überhaupt unter Soziometrie verstanden wird und in welchen Formen sie sich zeigen kann. ‚Soziometrie: die Art der heilenden Verbindung. Eine praktische Anleitung' nennt die Belgierin Jacomien Ilbrink-de Visser ihren Beitrag, der die Soziometrie entwicklungspsychologisch beleuchtet. Tobias Schlechtriemen zeigt in seinem Beitrag anhand historischer Soziogramme Morenos, wie soziale Gruppen- und Beziehungsstrukturen grafisch dargestellt und analysiert werden können. Sabine Kern illustriert am Beispiel einer psychodramatherapeutischen Jahresgruppe, wie Soziometrie in der ambulanten Psychotherapie eingesetzt werden kann. Bezugnehmend auf die unterschiedlichen Phasen einer Jahresgruppe und deren Zielsetzungen werden zahlreiche soziometrische Arrangements vorgestellt und beschrieben. Andreas Schulz wendet Soziometrie (auch) bei Paaren und Familien an und erläutert dies anschaulich. Auch hier zielt die Soziometrie darauf ab, bewusste und unbewusste Beziehungsstrukturen abzubilden. Soziometrisches Handeln weist nach seiner Er-

4 Soweit in einem Beitrag nicht besonders hervorgehoben, wird im Buch das große „I" zur genderfairen Schreibweise verwendet.

fahrung in direkter Form auf zentrale Beziehungsthemen hin. Den originellsten Titel für ihren Beitrag haben sicher Gabi Biegler-Vitek und Barbara Schorn für ihre soziometrischen Erkundungen mit Jugendlichen gefunden:

„Die Eule liegt zwischen mir und dem Rudi und berührt jeden von uns mit einem Flügel …" Hier kommt eine interessante Anwendung der Soziometrie in der psychodrama-therapeutischen Arbeit mit Kindern und Jugendlichen zu Wort. Hildegard Pruckner, eigentlich auch eine Grande-Dame des österreichischen Kinderpsychodramas hat sich dieses Mal dem Feld der Akutintervention gewidmet; auch hier erweist sich die Soziometrie als äußerst hilfreich. Damit endet zunächst der Bereich Psychotherapie und Beratung im engeren Sinne und Kerstin Rapelius zeigt erlebnisnah, wie Soziometrie in der Schule, besonders an den Grund- und Förderschulen sinnfällig und zur Freude aller Beteiligter zum Einsatz kommen kann. Eva Kern und Bärbel Kress leiten mit Ihrem Beitrag das Feld der Personal-, Team- und Organisationsentwicklung ein; spezifiziert wird dieses Thema einerseits von Brigitte Baumann und Friedrich Strobusch zum Thema Projekt-Atom im Experten Coaching im Bereich Projektmanagement, und andererseits von Manfred Gellert mit seinen soziometrischen Interventionen in Großgruppen am Beispiel einer Organisationsentwicklungsmaßnahme in Nepal. Würde Moreno heute leben, was würde er in Anbetracht seines Begegnungskonzeptes, das sich auch in der Soziometrie klar ausdrückt, zur Arbeit mit Menschen am Computer sagen? Einerlei…, die virtuelle Welt fordert auch uns PsychotherapeutInnen, BeraterInnen, SupervisorInnen und Coaches heraus; daher ist es äußerst verdienstvoll, dass sich Sabine Spitzer-Prochazka der computergestützten Soziometrie angenommen und sie anschaulich dargestellt hat, und Felix Gellert in diesem Band seine interessanten Online-Plattformen zur Effizienzverbesserung virtueller Teams vorstellt.

Am Ende des Buches findet sich ein Stichwortverzeichnis.

Alle Beiträge stehen für sich und können gelesen und verstanden werden, ohne dass der vorhergehende (zuerst) gelesen werden muss. Als Herausgeber war es mir jedoch wichtig, ein gewisses Spektrum abzudecken, und mit dem Buch ist es hoffentlich wie mit einer Gruppe: es mögen alles interessante und kreative Menschen – oder in diesem Falle Beiträge – sein, aber als Gruppe gemeinsam wirken sie noch effektiver. Durch die Abgeschlossenheit der einzelnen Beiträge mögen sich an manchen Stellen kleine Wiederholungen ergeben, die den Lesefluss jedoch nicht allzu sehr stören dürften.

An dieser Stelle möchte ich allen AutorInnen ganz herzlich danken für ihre Bereitschaft, sich an diesem Projekt zu beteiligen. Ihren Erfahrungen und ihrem Engagement sind die vielen Beispiele und Anregungen geschuldet. Dann gilt mein

Dank natürlich all den Gruppenmitgliedern und SeminarteilnehmerInnen, die der Soziometrie den ‚Socius' oder die ‚Socia' gegeben haben, und im ersten Viertel meiner Seminare meist sagen: „Aha, Psychodrama und Soziometrie, das ist das, wo man immer aufsteht und sich hinstellt!" Ohne mein soziales Netzwerk der Psychodrama- und Soziometriebegeisterten wäre dieses Buch natürlich auch nie und nimmer entstanden, und ohne die vielen unsichtbaren HelferInnen im Springer VS Verlag wie Frau Kea Brahms und Frau Eva Brechtel-Wahl stände hier kein einziger Buchstabe. Last not least mein ganz herzlicher Dank an meine Frau Claudia und meine beiden Kinder Simon und Hannah, die mich so manche Stunde entbehren mussten.

München im April 2013
Christian Stadler

> „Ziel der Soziometrie ist die Entwicklung einer Welt, die jedem Menschen ungeachtet seiner Intelligenz, Rasse, Religion oder ideologischen Gebundenheit die Möglichkeit zur Entfaltung seiner Spontaneität und Kreativität gibt, die Möglichkeit zu leben oder die gleichen Rechte zu genießen." (Moreno 1996, S. 391)

Soziometrie – Anfänge, historische Entwicklung und Aktualität

Rainer Dollase

Was ist Soziometrie?

Eine ungefähre Ahnung davon, was Soziometrie ist, bekommt man am besten dann, wenn man einen einfachen soziometrischen Test beschreibt. Ein Beispiel: Gruppenmitglieder werden aufgefordert, auf einen Zettel ihren Namen zu schreiben und dann eine Zeile darunter diejenigen zu benennen, neben denen sie gerne sitzen würden und eine weitere Zeile darunter diejenigen zu benennen, neben denen sie nicht gerne sitzen möchten. Man sammelt anschließend die Zettel ein und stellt die Ergebnisse in Form eines Soziogramms dar. Ein „Soziogramm" besteht aus Kreisen mit den Namen der Gruppenmitglieder (oder Nummern) und Pfeilen für ihre Sitz-Wahlen bzw. Sitz-Ablehnungen (Pfeile in unterschiedlicher Farbe je Kriterium einzeichnen). Als alternative Darstellungsform kann man eine „Soziomatrix" wählen, also eine Tabelle, an deren oberem Rand die „Wähler" (alle Gruppenmitglieder) stehen und dann dessen linken Rand die Gewählten (alle Gruppenmitglieder in derselben Reihenfolge wie bei den Wählern) aufgeführt werden (auch eine umgekehrte Reihenfolge kann üblich sein). Für jede Wahl einer Person an eine andere wird eine Zahl oder ein Symbol (z. B. ein Punkt) in der entsprechenden Zelle vermerkt. Das Soziogramm ist anschaulicher als die Soziomatrix. Man hat den Eindruck, dass man das Strukturgeflecht der Wahlen und Ablehnungen in einem Soziogramm besser durchschauen kann.

Ein Soziogramm hat sehr viel Ähnlichkeit mit einem Netzwerk, weshalb Begriffe für diese Strukturen auch variieren können (zum Beispiel: soziales Netzwerk, soziographische Netzwerk, Partnerwahlverfahren, soziale Strukturanalyse, informelle Netzwerke, informelle Strukturen etc.) – aber alle mehr oder weniger Ähnliches damit meinen.

Die Darstellungsform von Beziehungen jedweder Art als Netzwerke oder Soziogramme ist heute sehr verbreitet. Im Internet findet man diese Darstellungsform zur Visualisierung der Beziehungen z.B. zwischen Rollen in einer Soap Opera, als Egonetz d.h. der Darstellung sämtlicher Beziehungen beruflicher und privater Art einer einzigen Person, als geographisches Soziogramm, in dem die Kontaktbeziehungen eines Menschen auf einer Landkarte dargestellt werden, als Wunsch und faktischen Ärger bzw. Sympathie über andere, als Einflüsse zwischen Personen oder auch Beeinflussungen zwischen der Musik verschiedener Gruppen.

Netzwerke und Soziogramme können zu allen denkbaren Kriterien erstellt werden, die mit Relationen zwischen Einheiten zu tun haben. Die für die Humanwissenschaften wichtigen Netzwerke können mit interpersonellen Wünschen (‚Mit wem möchtest du in Urlaub fahren?'), mit der Abfrage von Fakten (‚Mit wem warst du schon mal in Urlaub?'), mit Wahrnehmungen der Beziehungen anderer Personen (‚Wer aus deiner Gruppe war schon einmal mit wem in Urlaub?'), oder mit Eignungsbeurteilungen (‚Was meinst du, wer wird wohl von den meisten als Urlaubspartner gewählt?') etc. konstruiert werden.

In der klassischen Soziometrie, die mit dem Psychiater Jacob Levy Moreno assoziiert wird (Moreno 1953; 1996), ging es in der Tat mehr um Anziehungen und Abstoßungen (Sympathie und Antipathie) zwischen Menschen in einer Gruppe von Personen, die sich schon kannten. Entscheidend wichtig war der klassischen Soziometrie, dass die Wünsche der Gruppenmitglieder anschließend in die Realität umgesetzt wurden. Die Frage nach den SitznachbarInnen war also unmittelbar damit verknüpft, dass die Sitzordnung anschließend verändert wurde.

Die klassische Soziometrie hat sich jahrzehntelang auf die Analyse interpersoneller Beziehungen in Gruppen beschränkt. Folgende formale Kriterien für die Datenqualität waren für sie ausschlaggebend:

1) Relationalität, d.h. es waren Wer-Wen-Daten
2) Doppelte Identifizierung, d.h. SenderIn und EmpfängerIn von Wünschen oder Meinungen müssen identifiziert sein, Anonymität ist weder bei SenderInnen noch EmpfängerInnen möglich
3) Gruppenspezifität, d.h. die Wahlen und Ablehnung bzw. Meinungen und Wahrnehmungen werden innerhalb eines Kollektivs getätigt
4) Einschränkungsfreiheit, jedes Gruppenmitglied kann SenderIn und EmpfängerIn von Wer-Wen-Daten sein. Eine anonyme Wahl von vorausgewählten vier KandidatInnen für das KlassensprecherInamt ist zum Beispiel keine im klassischen Sinne soziometrische Untersuchung.

Von allen klassischen Kriterien kann heute in der Soziometrie und Netzwerkforschung abgewichen werden. Vor allem beschränkt sich die Netzwerkforschung seit Jahrzehnten nicht nur auf interpersonelle Beziehungen in Gruppen. Das war auch schon zu Zeiten des Erfinders Jakob Levy Moreno in der Fachzeitschrift ‚Sociometry' üblich und verbreitet.

Morenos Hauptwerk ist ‚Who shall survive?' (1934, 1953 auf Deutsch: Grundlagen der Soziometrie, letzte Auflage 1996). Etymologisch bedeutet Soziometrie (socius und metrein) so viel wie ‚Partnermessung'. Die frühe soziologische Bedeutung des Begriffes Soziometrie war die der ‚Sozialstatistik', die aber schnell ungebräuchlich wurde. Für Moreno war gelegentlich die ‚Sozionomie, die Wissenschaft der sozialen Beziehungen und sozialen Entwicklungen, der Oberbegriff, die wieder unterteilt wurde in die ‚Soziodynamik' als Wissenschaft sozialer Gesetzmäßigkeiten, die ‚Soziometrie' als Wissenschaft von der Messung der sozialen Beziehungen und die ‚Soziatrie' als Wissenschaft der Heilung sozialer Systeme. Umfassende Auskünfte über Morenos Philosophie erteilt Buer (2010).

In seinem Hauptwerk allerdings erscheint die Soziometrie als der Oberbegriff, weil dem soziometrischen Test notwendig auch eine Intervention folgte, Soziometrie also auch eine Wissenschaft von der Heilung der sozialen Systeme war. Außerdem konnten mit der Soziometrie auch soziale Gesetzmäßigkeiten, zum Beispiel die soziodynamische Differenz (zwischen Tiefenstruktur und Oberflächenstruktur gibt es Differenzen; s. u.) ermittelt werden.

Der amerikanische Titel von Morenos Hauptwerk ‚Who shall survive?' verweist weniger auf eine soziometrische Frage, sondern darauf, dass Moreno nur zum Ausdruck bringen wollte, dass er, um seine Soziometrie durchzusetzen, andere WissenschaftlerInnen überleben muss. (vgl. Dollase 1996)

Soziometrische Daten können sehr einfach, aber auch sehr kompliziert ausgewertet werden. Die Analyse von Netzwerken ist praktisch am ergiebigsten, wenn man anhand eines Soziogramms oder Individualsoziogramms die besondere strukturelle Situation eines Menschen in der Gruppe und ihre mögliche Dynamik analysiert. Diese Art der qualitativen Nutzung erfordert allerdings Kenntnisse in der Sozialpsychologie menschlicher Beziehungen und Beziehungskonstellationen, z. B. der konsistenztheoretischen Ansätze (Cartwright und Harari 1956).

In der quantitativen Auswertung ist der am häufigsten verwendete soziometrische Index der soziometrische Status (d. h. irgendeine rechnerische Relativierung der Anzahl erhaltener Wahlen) bzw. die soziometrischen Statusgruppen (Beliebte, Abgelehnte, Kontroverse, Unbeachtete, Durchschnittliche). Eine quantitative Auswertung war jahrzehntelang über hunderte, wenn nicht tausende, von soziometrischen Indizes möglich (vgl. Dollase 1973; 1976). Indizes wurden aufgrund von Vergleichsnotwendigkeiten entwickelt. Wenn man den soziometrischen Status (Anzahl erhaltener Wahlen) in der Schulklasse mit jenem für dasselbe Individuum im Sportverein vergleichen wollte, musste man auf die unterschiedliche Größe der Gruppe/Klasse und die unterschiedlichen Erhebungsverfahren in Klasse bzw. Gruppe Rücksicht nehmen. Das erforderte Indizes (z. B. Anzahl erhaltener Wahlen dividiert durch Gruppengröße). Auch wenn man mehrere Gruppen hinsichtlich ihres sozialen Zusammenhaltes (z. B. Menge interpersoneller, gegenseitig positiver Beziehungen) vergleichen wollte, waren solche Relativierungen bezogen auf Erhebungsverfahren und Gruppengröße notwendig. Die meisten empirischen Validierungen liegen für den soziometrischen Status bzw. die Statusgruppen vor.

Die in den siebziger Jahren populär gewordene mathematisch-soziologische Netzwerkanalyse, bei der nicht nur Beziehungen innerhalb von Gruppen analysiert worden sind, sondern auch darüber hinausgehende Beziehungen, orientierten sich häufig an mathematischen Modellen der Daten und probierten aus, welche Bedeutung etwa eine Matrixmultiplikation sozialpsychologisch haben könnte. Die Theoriebildung geht also nicht von der Qualität der Beziehungen und von Beziehungskonstellationen und deren Theorien aus, sondern von möglichen rechnerischen Größen, die man bei Vorliegen einer Soziomatrix oder eines Soziographen bestimmen kann (Trappmann et al. 2005). Die Soziologin Maureen Hallinan ist eine der wenigen, die inhaltliche Theorien wie die Konsistenztheorie zur Analyse von Netzwerken angewendet hat (Hallinan 1974; 1980).

Für praktische Zwecke ist eine einfache quantitative Auswertung (Status) zusätzlich zur qualitativen Analyse der strukturellen Beziehungen sinnvoll. Diese sehen je Anwendungsfall (s. u.) unterschiedlich aus.

Wer hat die Soziometrie als Messinstrument erfunden?

Der Psychiater Moreno kann nicht als Erfinder soziometrischer Untersuchungstechniken gelten – er hat zu deren Verbesserung bewusst und unbewusst zwar viel beigetragen, diagnostische Verfahren zur Erfassung und Darstellung interpersoneller Beziehungen und entsprechende Überlegungen zu ihrer Bedeutung gab es aber bereits vorher. Moreno hat seine alleinige Urheberschaft hieran nie behauptet (vgl. XXI im Vorwort zur amerikanischen Auflage: „[…] bekanntlich waren in Frankreich, England und Deutschland in den Werken von Vorläufern, wie Adolf Quetelet, John Graunt und Johann Süßmilch Anfänge von Messungen sozialer Beziehungen vorhanden.") In einer Fußnote im fünften Teil der Ausgabe seines Hauptwerkes heißt es: „Die Soziometrie ist Resultat der Untersuchungen Hunderter von Forschern in verschiedenen Teilen der Welt. Sie ist ca. 50 Jahre alt."

Im Folgenden soll kurz illustriert werden, welche Arbeiten vor Moreno soziometrische Untersuchungstechniken verwendet haben, ohne diese allerdings als solche zu bezeichnen (alle historischen Literaturangaben in Dollase 1996).

Ein besonders frühe Quelle stellt eine Arbeit von Johannes Delitsch (1900) dar, der aufgrund von Befragungen und Beobachtungen eine Soziomatrix als Darstellungsform entwickelt und auch so etwas wie den soziometrischen Status (Zahl der ‚geschlossenen', ‚erstrebten' und ‚angebotenen' Freundschaften) ermittelt, ohne allerdings die heutigen Fachbegriffe zu verwenden. Siegfried Bernfeld stellte 1922 ebenfalls typisch soziometrische Fragen und bildete die Ergebnisse grafisch ab. John Almack (1922) untersuchte Interkorrelationen zwischen Alter, IQ, dem ‚mental age' und soziometrisch gewählten Klassenkameraden (‚selection of associates' zum Kriterium ‚Hilfe bei der Schularbeit' und ‚Einladung zu einer Party'). Weitere Studien in dieser Richtung, z. T. mit elaborierten Hypothesen über die Genese von Kinder- und Jugendfreundschaften versehen, legten, ebenfalls mit typisch soziometrischen Erhebungsmethoden, z. B. Williams (1923), Caldwell und Beth Wellmann (1926) oder Furfey (1927), der sich außer auf Almack und Williams auch noch auf Warner(1923) bezieht, vor. In Deutschland sind – außer den schon genannten Delitzsch und Bernfeld – Hoffer (1922), Reininger (1924; 1932) oder auch Hildegard Hetzer (1926) zu nennen. Hsia (1928) forscht unter Bezug auf Terman (1908, den bereits Bjerstedt, 1956, mit einer Arbeit aus dem Jahre 1904 als frühen Anwender der soziometrischen Untersuchungstechnik nennt) mit Fragen wie: „Die Kinder wurden nach den fünf Personen gefragt, die sie zu einer Party einladen würden." (Übersetzung R. D.)

Die vor Moreno erschienenen soziometrischen Arbeiten waren einem damaligen Trend geschuldet, der wohl noch auf der ‚Entdeckung' von Kindheit und Jugend im 19.Jahrhundert fußt und deshalb auch auf die Beziehungen junger Menschen untereinander in durch die Industrialisierung möglich gewordenen Kollektiven Bezug nimmt. Zum Beispiel an Lochner (1927), der als ‚Soziogramm' eine Zusammenstellung soziographischer Informationen, i. e. Aspekte der ‚Mannigfaltigkeit der innergrupplichen Gestaltung' verstand und so nebenher 167 Thesen bzw. Fragestellungen für Untersuchungen zusammenstellt, von denen sich eine ganze Reihe (S. 191 ff) auf die ‚Struktur der Schülergruppe' beziehen, also wiederum typisch soziometrisch sind.

Moreno hat aber die soziometrische Technik der Erfassung und Analyse auch in den ‚Grundlagen der Soziometrie' erheblich und kreativ erweitert: z. B. wird von ihm die gemeinsam verbrachte Zeit als Index für Beziehungen verwendet, ein Zitattest (= ‚Wer zitiert wen?'), ein Phototest (= Soziometrie anhand von Fotos), soziometrische Wahrnehmungen der gesamten Struktur werden im ‚Perzeptionstest' entworfen (vgl. Dollase 1974), unzählige Varianten der grafischen Darstellung sowie zahlreiche mathematisch-statistische Konzeptionierungen und Operationalisierungen gehen auf Moreno zurück.

In der Bindung an seine Idee der Umgestaltung von Gemeinschaften hat er der Untersuchungstechnik Soziometrie erheblich zur Verbreitung verholfen, so dass er später öfter klagte, dass man ihn nur wegen ‚seiner' Untersuchungstechnik, nicht aber wegen seiner Kernidee bzw. -theorie der Umgestaltung rezipiere.

Amnesie und Ignoranz der Moreno'schen Ideen machen sich natürlich auch bei anderen Netzwerktheoretikern breit: mal wird Moreno als bloß an den emotionalen Beziehungen interessiert verniedlicht – was nicht stimmt, mal nur als Fragebogen- statt Beobachtungsforscher ausgegrenzt – was ebenfalls nicht richtig ist. Oder es wird ihm unterstellt, er habe die Netzwerke nicht theoretisch fundiert – nein, gerade dies im Übermaß. Warum z. B. Urie Bronfenbrenner, der seine ersten Veröffentlichungen im Umkreis von Moreno und in seinen Zeitschriften bzw. im Verlag Beacon House unterbringen konnte, Moreno nicht mehr im Zusammenhang mit dem von Bronfenbrenner häufig benutzten Konzept ‚soziales Netzwerk' zitiert, bleibt mysteriös. Schrieb Bronfenbrenner doch 1943 in der Zeitschrift Sociometry (S. 363): „Einer der einfallsreichsten Ansätze zur Erforschung von sozialem Status und Struktur ist der soziometrische Test." Ausgerechnet diese Veröffentlichung (‚A constant frame of reference for sociometric research') führt er in seinen späteren Publikationsverzeichnissen nicht mehr auf.

Immerhin – in einem neuen Werk zur ‚Visualisierung komplexer Strukturen' wird Moreno zitiert (Krempel 2005) – auch NetzwerkanalytikerInnen zitieren ihn (z. B. Trappmann et. al. 2005).

Morenos Interventionssoziometrie und ihre politische, therapeutische Relevanz

Kurz gesagt: Morenos nach wie vor neuartige Idee ist die Umgestaltung einer Gemeinschaft nach ihren soziometrischen Beziehungen. Der Hauptteil der ‚Grundlagen der Soziometrie' ist der Bericht über ein empirisches Projekt, in dem Moreno und sein Mitarbeiterstab demonstriert und evaluiert haben, wie man eine Gemeinschaft nach soziometrischen Beziehungen umgestaltet und welche positiven Effekte dabei auftreten. Moreno schreibt selbst in seinem fünften Teil: „In den ‚Grundlagen der Soziometrie' wurde das soziometrische Experiment einer ganzen Gemeinschaft beschrieben." (Moreno 1996) Diese Sozietät ist die Hudson Gemeinschaft, die ‚New York Training School', die 505 Mädchen im Alter von 12 bis 21 Jahren umfasste. Das Projekt versteht sich als exemplarische Analyse – die Kapitel drumherum, bislang für das eigentlich wichtige gehalten, dienen nach meiner Einschätzung der Erklärung, Begründung und Verallgemeinerung des Projektes. Über seine politische Philosophie, die soziometrische Revolution, erfährt man in anderen Werken (z. B. Sociometry, Experimental Method and the Science of Society, 1951) mehr als im Hauptwerk. Auch quantitativ lässt sich die obige Einschätzung belegen: von 460 Seiten widmen sich 332 (weite Zählung) bzw. 284 Seiten (enge Zählung), also 72 % bzw. 62 %, allein dem Hudson-Projekt, also der konkreten Umgestaltung der Organisation nach soziometrischen Beziehungen.

Es ist bislang niemand anderes bekannt, der die Idee der Umgestaltung einer Gemeinschaft nach soziometrischen Beziehungen vor ihm gehabt hat oder vor ihm empirisch erprobt hätte. Was heißt ‚Umgestaltung'? Schlicht und einfach: Menschen in Gruppen werden gefragt, mit wem sie eine konkrete Tätigkeit gemeinsam ausführen wollen (arbeiten, beieinander wohnen, in einer Gruppe sein, zusammen Sport machen etc.). SoziometrikerInnen versuchen anhand der Soziogramme die maximale Bedürfnisbefriedigung dieser Wünsche herzustellen – ein kompliziertes Vorhaben, da die Daten nicht so einfach aufgehen. Die soziometrische Tiefenstruktur wird gegen die Oberflächenstruktur (gesellschaftliche Struktur) gewissermaßen basisdemokratisch ausgehebelt (Dollase 1975).

Ob Moreno in anderen Aspekten, insbesondere in seinen weit ausholenden Bezügen zu anderen Themen, mit denen er die Kernidee einbetten und möglichst positiv als Lösung vieler psychologischer und soziologischer Probleme verkaufen wollte, ebenso originell war, ist nebensächlich. Im Sinne einer Netto-Betrachtung unter partikularen und auf Novität achtenden Gesichtspunkten sticht die Idee der Umgestaltung einer Gemeinschaft nach soziometrischen Beziehungen deutlich als neuartig hervor.

Moreno hat die zentrale Idee einer Durchsetzung der Tiefenstruktur gegen die Oberflächenstruktur als sozial-revolutionäre Bewegung verstanden. In der Oberflächenstruktur sind die gesellschaftlich definierten Rollen, die so genannten kulturellen Atome, die kleinste Einheit und mithilfe eines ‚Rollentestes' sollten diese kulturellen Atome, in denen sich ein Mensch befindet (Mutter, Abteilungsleiterin, Frau, Tochter etc.), erfasst werden. In der Tiefenstruktur sind die informellen interpersonellen Beziehungen (kleinste Einheit: soziale Atome) strukturbildend und ihre Erfassung geschieht durch den soziometrischen Test.

Für Moreno war das ‚warming up' vor einem soziometrischen Test dringend nötig, damit die ‚wahre' Tiefenstruktur erfasst werden konnte – und nicht irgendwelche Kompromisse mit der Oberflächenstruktur. Man sollte ganz in sich gehen und nicht mehr an die Oberflächenstruktur denken. Außerdem leitet sich durch seinen revolutionären Ansatz die klassische Vorschrift ab, dass man Kriterien für den soziometrischen Tests verwendet, die man nachher auch in die Praxis umsetzen kann. Reine Sympathie und Antipathiefragen waren hierfür weniger geeignet. Tatsache ist auch, das Moreno die Zuordnung der Menschen zueinander, etwa in der Hausbelegung der Hudsongemeinschaft, nicht nur auf den soziometrischen Test gründete, sondern stets eine recht aufwändige Prozedur der gegenseitigen Bekanntmachung, der Rollenspiele, Interviews um die Anwendung der Daten des soziometrischen Testes arrondiert hat.

Das Ziel der soziometrischen Revolution ist die Befreiung des soziometrischen Proletariats und damit eine Harmonisierung der Oberflächenstruktur durch Realisierung der informellen Beziehungsstruktur, also der Tiefenstruktur. Moreno schreibt (1949, S. 140): „Das älteste und zahlreichste Proletariat der menschlichen Gesellschaft ist das soziometrische Proletariat. Es besteht aus all den Menschen, die unter irgend einer Form des Elends leiden: psychologisches Elend, soziales Elend, ökonomisches Elend, politisches Elend, rassisches Elend, religiöses Elend ... die Welt ist voll von isolierten, abgelehnten, ablehnenden, in ihrer Zusendung erwiderten und vernachlässigten Individuen und Gruppen".

Für Moreno war klar: die „soziodramatischen Arbeiter" sollten sich auch politisch einmischen, die Situation in Griff bekommen und sie sofort klären. Moreno schreibt (1949, S. 139). „Das soziometrische Experiment hat die Veränderung der alten Sozialordnung in eine neue zum Ziel. Es ist ein Plan für den Neuaufbau von Gruppen, um die offizielle Oberflächenstruktur so nah wie möglich an die Tiefenstruktur anzunähern, sofern dies notwendig sein sollte. Der soziometrische Test in seiner dynamischen Form ist eine revolutionäre Kategorie der Forschung." (Moreno 1949 S. 114). Beate Mitzscherlich hatte im Jahre 1991 die These diskutiert, ob der Untergang der DDR eine soziometrische Revolution war. In der Tat gibt es viele Hinweise darauf, dass die Tiefenstruktur sich in der Zusammenbruchsphase der DDR als handlungsleitend herausgestellt haben könnte (Mitzscherlich 1991).

Aus der Beschreibung der Interventions-Soziometrie durch Moreno kann man einige implizite bzw. explizite Axiome seiner sozialen Theorie ableiten.

Beschrieben wurde bereits die soziale Revolution, in der eine Harmonisierung der sozialen Beziehung durch die Verringerung der soziodynamischen Differenz zwischen Oberflächen- und Tiefenstruktur erreicht werden soll. Das soll, so Moreno (1949), auch zu einer Befreiung des soziometrischen Proletariats führen. Moreno hat sich in der Frage der Integration der Afroamerikaner nicht gescheut, auch Siedlungen soziometrisch zu planen. Es war nicht nur seine Überzeugung, sondern auch empirische Tatsache, dass sich – cum grano salis – ein einigermaßen harmonisches Miteinander erreichen ließ, wenngleich sich das Prinzip ‚gleich zu gleich gesellt sich gern' auch in der Tiefenstruktur widerspiegelt. Es gibt und gab immer wieder Menschen, die Angehörige von Minderheiten nicht nur tolerieren, sondern auch wertschätzen. Bei einer Realisierung solcher positiven Beziehungen kommt dann insgesamt eine harmonische Integration zu Stande – auch wenn sich viele segregativ verhalten.

Morenos Sozialphilosophie fügte der Sozialwissenschaft auch die enorme Wertschätzung informeller Beziehungen für das individuelle Glück des Menschen hinzu. Wir leben in einer Oberflächenstruktur, schätzen aber die guten persönlichen Beziehungen in nahezu allen Teilbereichen dieser Oberflächenstruktur. Die Tiefenstruktur ist somit wichtiger als die formelle Struktur.

Ein weiteres Axiom: für Moreno ist jede Beziehung zwischen zwei Menschen Teil eines größeren Netzwerkes von Beziehungen und das Schicksal einer Zweierbeziehung unterliegt immer auch einer Netzwerkdynamik. Wenn man die Beziehungen zwischen zwei Personen verstehen will, ist es also sinnvoll und notwendig, das gesamte Netzwerk zu kennen. So genannte Individualsoziogramme (oder: Egonetze), sind als Einstieg in eine Beziehungs- und Bindungstherapie durchaus sinnvoll und manchmal die einzige Möglichkeit, das Netzwerk zu rekonstruieren. Besser aber wäre es, auch die Netzwerkdynamik der Personen des Individualsoziogramms untereinander genauer zu kennen. Manches Verhalten – zum Beispiel der Verlust von PartnerInnen – wird nur verständlich, wenn man die gesamte Netzwerkdynamik kennt.

Die informellen Beziehungen in der Tiefenstruktur sind vielgestaltiger als unsere Beziehungsbegriffe der Oberflächenstruktur. Für junge Menschen beispielsweise unterscheidet man Bekannte, FreundInnen, PartnerInnen. Einsamkeit oder Benachteiligungsgefühle stellen sich ein, wenn man z. B. keinen Partner hat. Eine genauere Betrachtung der Anziehungen und Abstoßungen im gesamten sozialen Netzwerk würde die Polymorphie der Beziehungen eines Menschen deutlich machen. Die Oberflächenstruktur kennt z. B. für flüchtige, aber dennoch herzliche oder intime, aber nicht sexuelle Nähe keine Begriffe. In der Beratung von Menschen, die über fehlende Beziehungen klagen, ist es oft hilfreich, die Polymorphie der interpersonellen Beziehungen minutiös zu rekonstruieren, und die Vielfalt von Beziehungen überhaupt erst einmal wahrnehmen zu können.

Wenn zwei Menschen sich nicht verstehen, dann gibt es eine typisch pädagogische oder therapeutische Antwort auf diesen Umstand. Entweder beide ‚müssen' lernen, miteinander auszukommen oder man versucht, die die Persönlichkeiten zu verändern (also Beziehungs- oder Persönlichkeitsentwicklung). Aus dem ‚Heiligenbeispiel' (s. u.) nach Moreno könnte man auch schließen, dass Anziehungen oder Abstoßungen zwischen Menschen kein Defizit sind und dass es dafür keine pathologische Ursache gibt. Also wäre für die Verbesserung der Beziehung kein Lernprogramm nötig oder wirksam. Die Zuneigung oder Abneigung gegenüber anderen Menschen ist ein Vorgang, der auch den Heiligen passieren könnte. Moreno schreibt „Jeder Mensch folgt seiner inneren Sehnsucht, jeder ist guten Willens, und dennoch scheitert die Gemeinschaft als Ganzes. Selbst wenn jedes Mitglied unserer Gesellschaft die Vollkommenheit eines Heiligen erreichte, wären die Interaktionen der Heiligen vielleicht immer noch unvollkommen. Zwei Heilige müssen miteinander harmonieren und mehrere auch als Gruppe segensreich wirken können" (Moreno 1954, S. 396). Heilige haben kein Defizit – Anziehungen und Abstoßungen haben keine änderbare (trainierbare, therapierbare) Ursache. Im Rahmen der drei idealtypischen Coping-Mechanismen für Frust und Stress (das Problem lösen, das Problem anders bewerten, dem Problem ausweichen) wäre die soziometrische Umordnung einer Gesellschaft eher dem ‚Ausweichen von Problemen' zuzuordnen (Dollase 1996b).

Da für Moreno die Tiefenstruktur eine solche Bedeutung hat, muss man schließen, dass die Erscheinungsformen der Tiefenstruktur, also Beziehungen und Strukturen, ein Ergebnis der sozialen Selbstorganisation von Menschen sind. Daraus lässt sich schließen, dass der Mensch ein ‚Cliquen- Wesen' ist, d.h. größere soziale Entitäten bilden sich in der Soziometrie nur im Umfang von kleinen Cliquen mit etwa max. bis 5 oder 6 Personen – je nach Alter und Tätigkeit – die untereinander in positiver Beziehung stehen. Cliquen werden verlassen, wenn es Schwierigkeiten gibt. Die ‚Sozialnatur' des Menschen wäre demnach auf den Umgang mit wenigen anderen, die mit ihm sympathisch verbunden sind, begrenzt. Oberflächenstrukturen sind rationale Gebilde, deshalb auch größer und ohne Rücksicht auf Sympathie oder Antipathie vereinbart – Tiefenstrukturen sind intuitiv, informell, emotional – und deswegen kleiner und flüchtiger. Wie klein oder groß solche Cliquen sind bzw. wie wünschenswert, konnte in einer eigenen Untersuchung bei 1532 Schülern der Sekundarstufe 1 ermittelt werden: z.B. 3 Personen für Freizeit, Freunde 5 Personen, für Familie 4 Personen, in der Pause in der Schule 4 Personen etc. (jeweils Modalwerte). Diese Größenordnungen decken sich auch mit der Größe soziometrisch ermittelter Cliquen (Personen mit wechselseitig positiven Beziehungen, vgl. Dollase 1974)

Moreno hat mit seiner Soziometrie die Sozialwissenschaft um einige interessante Grundideen, die sich therapeutisch, pädagogisch praktisch anwenden lassen, bereichert. Selbstverständlich können sie auch empirisch getestet werden und sie sind es auch. Auf der Ebene der beobachtbaren und soziometrisch feststellbaren Phänomene können diese Erscheinungen als gesichert angesehen werden.

Anwendungsmöglichkeiten klassischer soziometrischer Techniken

Moreno hat bedauert, dass die Soziometrie eine ‚kalte' Technik geworden ist. Kalte und heiße Soziometrie haben aber eines gemeinsam: die Phase, in der soziometrische Techniken als Messinstrument interpersoneller Beziehungen eingesetzt werden. Ob nach der Anwendung als Messinstrument noch ‚heiße' oder eher ‚kalte' und belanglose Anwendungen folgen, hängt damit zusammen, wie man Forschung in den Anwendungskontext von Politik, Therapie oder Pädagogik einbauen möchte.

Im Folgenden werden einige aktuelle Anwendungsmöglichkeiten der Soziometrie als Messinstrument für Forschung und Praxis dargestellt.

1. Der Einsatz soziometrischer Techniken innerhalb der aktuellen Forschung zu Beziehungen in Netzwerken und Gruppen. Es gibt gerade heutzutage, zum Beispiel im Bereich der pädagogischen Psychologie, zahllose Fragen wie Inklusion,

Diskriminierung in heterogenen Klassen, Integration, Fremdenfeindlichkeit und Rassismus, die mit soziometrischen Techniken gelöst werden müssen. Auch zur weiteren Erforschung des Mobbing und der Außenseiterbildung sind soziometrische Daten unerlässlich. Zur Frage, wie man extreme Außenseiterpositionen verhindern kann, existieren nur relativ wenige erfolgreiche Untersuchungen. In der gesamten Unterrichtswissenschaft wird geflissentlich übersehen, dass schon in einer Zweier-Lerngruppe soziale Vergleiche stattfinden, die nicht immer günstig für eins der Mitglieder ausgehen und dass die Strukturen der beiden Personen zueinander, ob es sich um einseitige oder wechselseitige Sympathie oder Antipathie handelt, von großer Bedeutung für das kooperative Lernen ist. Die Zweiergruppe unterscheidet sich von der Einzelsituation durch höhere Komplexität, den Zuschauer- und den Strukturaspekt. Folgende Regeln basieren auf empirischen Erfahrungen (Dollase 2012) – nicht nur in Schulklassen sondern auch in Arbeits- oder Therapiegruppen:

1) Heterogenität einer Gruppe verlangt Komplexitätsreduktion (Komplexitätsaspekt der Gruppe)
2) Was Du einem gesagt hast, hast du allen gesagt (Zuschaueraspekt der Gruppe)
3) Alle Vorgänge in der Gruppe werden von allen wahrgenommen (Zuschaueraspekt der Gruppe)
4) Alle Vorgänge in der Gruppe werden strukturell bewertet (Strukturaspekt der Gruppe).

Alle 4 Regeln sind faktische Regeln, d.h. keine Sollvorschriften, sondern sie passieren, wenn mehrere Menschen zusammen eine Gruppe oder Schulklasse bilden. Wie man mit den drei Aspekten umgeht, wird relativ selten thematisiert (vgl. Dollase 2010; 2012).

2. Soziometrie als Lehr- und Lerngenstand. Viele KlientInnen und KundInnen haben Interesse daran, etwas über die Soziometrie und die interpersonale Dynamik in Netzwerken zu erfahren. Dieses Wissen ist für Führungskräfte auf allen Ebenen von großer Bedeutung und stößt im Allgemeinen auf großes Interesse.

3. Soziometrie als Mittel der Beziehungsdiagnose. Um die soziale, eventuell pathologische, Beziehungssituation eines Patienten oder einer Kundin zu verstehen, ist es notwendig, sich über das Netzwerk interpersoneller Beziehungen zu unterschiedlichen Kriterien Gedanken zu machen. In der Praxis werden hier häufig Individualsoziogramme erhoben (mit dem möglichen Nachteil, dass die Strukturdynamik nicht richtig erkannt wird), aber auch Gruppensoziogramme haben sich in allen möglichen Anwendungsbereichen bewährt.

4. Soziometrie als Grundlage sozialer Lernprozesse. Die Auseinandersetzung mit den soziometrischen Daten der eigenen Gruppe kann zur Grundlage von so-

zialen Lernprozessen werden. Im Unterschied zu der Möglichkeit 2, dem Erwerb von Wissen über Soziometrie, geht es hierbei um einen sozialen Reiz, der auf das Verhalten in der eigenen Gruppe angewendet wird. D.h. eine Gruppe muss sich darüber klar werden, dass soziometrische Beziehungsstrukturen auch in ihren Reihen relevant werden. Ein besonders typisches Beispiel hierfür, das auch die Anonymität wahrt, ist das so genannte Autosoziogramm nach Lutz Rössner (1968). Hierbei erstellte eine Gruppe (ohne sprachliche Begleitung, also stumm) auf einer Flanelltafel mit entsprechenden Symbolen ein Bild ihrer Gruppe. Eine Aufdeckung der Anonymität findet auch nachher nicht statt. Für alle TeilnehmerInnen ist interessant, wie sich nach 20 bis 30 Veränderungen, eine Gruppenstruktur darstellt, ohne dass jemand dazu ein Wort gesagt hätte – allein durch Pfeile, Personensymbole, Kreise Barrieren et cetera wird ein Wahrnehmungsbild der Gruppenstruktur in stillschweigendem Einverständnis entwickelt.

5. Soziometrische Daten als Grundlage für eine optimale Gruppenaufteilung. Hierbei kommt es auf die optimale Zusammensetzung von Teams, Partnerschaften, Arbeitsgruppen aus einer größeren Anzahl von Menschen an. Auch die Aufteilung für die schulische Projektarbeit kann soziometrisch stattfinden. Wichtig ist, dass handlungsrelevante Kriterien erfragt werden und nicht nur nach Sympathie geforscht wird. Die Frage, mit wem man zusammen arbeiten will, kann zu anderen Antworten führen als die Frage nach Sympathie. Empirische Studien schon zu Zeiten Morenos haben nachgewiesen, das mithilfe einer soziometrischen Gruppierung auch die Produktivität von Arbeitsgruppen gesteigert werden kann (van Zelst 1953). Es gibt viele verschiedene Möglichkeiten, wie man die Optimierung der Gruppenaufteilung rein technisch lösen kann (Dollase 1976; 1974)

6. Soziometrische Daten als Grundlage von Beurteilungen. Frühere Studien zu Zeiten von Moreno haben schon gezeigt, dass die Peers oftmals besser beurteilen können, wozu ein Gruppenmitglied geeignet ist, als zum Beispiel Außenstehende und Vorgesetzte. Die Auswahl von Offizieren durch Peer Rating ist z.B. erfolgreicher als die Auswahl durch Assessment Center und durch Vorgesetztenbeurteilung (Wherry und Fryer 1949; Dollase 1974).

7. Evaluation sozialerzieherischer, therapeutischer Maßnahmen. Jedes Trainingsprogramm oder Therapieprogramm zur Verbesserung des Sozialverhaltens benötigt heutzutage den empirischen Nachweis, dass es wirksam ist. In vielen Fällen wird es darum gehen, auch die soziometrische Struktur so zu verändern oder aufzulösen, dass das Programm zur Harmonisierung der sozialen Beziehungen beiträgt (z.B. Programme gegen Mobbing). Um diese nachzuweisen, sind dringend und eigentlich in jedem Fall soziometrische Verfahren notwendig.

8. Kontrolle sozialer Beziehungswahrnehmungen. Für Führungskräfte wie LehrerInnen und GruppentherapeutInnen ist die Genauigkeit der sozialen Beziehungswahrnehmung für Ihren Erfolg wichtig. Soziometrische Verfahren können

dazu beitragen, dass man seine eigene soziometrische Beziehungswahrnehmung durch einen Vergleich (Soziomatrix vollständig selber ausfüllen) mit den tatsächlichen Beziehungen der Gruppenmitglieder (klassische soziometrische Erhebung) überprüft. Empirische Erfahrungen zeigen, dass GruppenleiterInnen im Durchschnitt nur die Hälfte der Beziehungen richtig einschätzen, da sie zwar Cliquen erkennen, aber die Beziehungen zwischen den einzelnen Cliquenmitgliedern zu Personen anderer Cliquen kaum präsent haben. Für Eingriffe, die strukturrelevant sind, ist es notwendig, eine korrekte Wahrnehmung aller Beziehungen innerhalb der Gruppe zu haben.

Ausblick

Der Soziometrie wurde schon oft eine positive Prognose für Forschung und Praxis gestellt – jeder, der sich ein wenig damit beschäftigt hat, weiß um die individuelle und kollektive Relevanz interpersoneller Beziehungsgeflechte für nahezu alle menschlichen Erlebens- und Verhaltensweisen. In der Vergangenheit hat insbesondere das Fehlen von leistungsfähigen, bedienungsfreundlichen EDV Programmen zur Auswertung der Daten und damit einhergehend die Entwicklung praxis- oder forschungsvalider Erhebungsverfahren die Ausbreitung der Soziometrie verhindert. Das kann nun anders sein und werden – international hat sich INSNA gebildet (International Network for Social Network Analysis, www.insna.org) und der Zugang zu vielen strukturanalytischen EDV Programmen ist eröffnet. Mit der Leichtigkeit von Erhebung und Auswertung relationaler Daten (mit den üblichen Statistik Programmen ist das nicht möglich) wird auch die Häufigkeit des praktischen Einsatzes zunehmen. Ein weiteres Hindernis – das etwa in den 1980er Jahren in allen Bundesländern eine soziometrische Schulklassenforschung zum Erliegen brachte – besteht in der forschungsfeindlichen Auslegung des Datenschutzes. Selbst anonyme und mehrfach anonymisierte soziometrische Daten durften lange Zeit nicht erhoben werden. Solche zivilgesellschaftlich motivierten Forschungsbehinderungen können immer wieder entstehen.

Literatur

Bjerstedt, A. (1956). *Interpretations of sociometric choice status*. Oxford: Ejnar Munksgaard

Bronfenbrenner, U. (1943). A constant frame of reference for sociometric research. *Sociometry* 6, 363–397

Bronfenbrenner, U. (1944). A constant frame of reference for sociometric research.II. Experiment and interference, *Sociometry* 7, 40–75
Buer, F. (2010). *Psychodrama und Gesellschaft*. Wiesbaden: VS Verlag
Cartwright, D. u. Harary, F. (1956). Structural balance: a generalization of Heider's theory. *Psychological Review* 63, 82–92
Dollase, R. (1974). *Struktur und Status*. Weinheim: Beltz.
Dollase, R. (1975). Soziometrie als Interventions- und Meßinstrument. *Gruppendynamik. Forschung und Praxis*, 6, 82–92.
Dollase, R. (1976). *Soziometrische Techniken* (2. Auflage). Weinheim: Beltz.
Dollase, R. (1996a). Die Asozialität der Gefühle. Intrapsychische Dilemmata im Umgang mit dem Fremden. In: W. Heitmeyer u. R. Dollase (Hrsg.), *Die bedrängte Toleranz* (121–142). Frankfurt: Suhrkamp.
Dollase, R. (1996b). Wege zur Überwindung der Asozialität des Menschen. In: J. L. Moreno (1996), *Die Grundlagen der Soziometrie. Wege zur Neuordnung der Gesellschaft* (S. XI–XXIX). Leverkusen: Leske und Budrich.
Dollase, R. (2010). *Gewalt in der Schule*. Stuttgart: Kohlhammer.
Dollase, R. (2012). *Classroom Management*. München: Oldenbourg.
Hallinan, M. J. (1974). *The structure of positive sentiment*. Amsterdam: Elsevier.
Hallinan, M. T. (1980). Patterns of cliquing among youth. In: H. Foot, T. Chapman u. J. Smith (Eds.), *Friendship and Childhood Relationships* (321–342). NY: John Wiley & Sons.
Krempel, L. (2005). *Visualisierung komplexer Strukturen*. Frankfurt: Campus Verlag.
Mitzscherlich, B. (1991). Der Umbruch in der DDR – eine soziometrische Revolution? Zur Rolle selbstorganisierter Netze im gesellschaftlichen Wandel. In: F. Buer (Hrsg.), *Jahrbuch für Psychodrama, psychosoziale Praxis und Gesellschaftspolitik* (83–100). Opladen: Leske und Budrich.
Moreno, J. L. (1934). *Who shall survive?* A new approach to the problem of human interrelations. Washington DC: Nervous and Mental Disease Publishing.
Moreno, J. L. (1949). Sociometry and Marxism. *Sociometry* 12, 106–143
Moreno, J. L. (1951). *Sociometry, experimental method and the science of society*. Oxford: Beacon House
Moreno, J. L. (1953). *Who shall survive? Foundations of sociometry, group psychotherapy and socio-drama* (2nd ed.): Oxford: Beacon House.
Moreno, J. L. (1996). *Die Grundlagen der Soziometrie* (1. Auflage 1954, 2. erweiterte Auflage 1967, 3. Auflage 1974). Opladen: Leske und Budrich.
Rössner, L. (1968). *Das Autosoziogramm*. München: Ernst Reinhardt.
Trappmann, M., Hummell, H. J. u.Sodeur, W. (2005). *Strukturanalyse sozialer Netzwerke*. Wiesbaden: VS Verlag für Sozialwissenschaften.
Van Zelst, R. H. (1953). Validation of a sociometric regrouping procedure. *Journal of Abnormal and Social Psychology* 47, 299–301
Wherry, R. J. u.Fryer, D. H. (1949). Buddy ratings: popularity contest or leadership. *Sociometry* 12, 179–190

Dollase, Rainer, Jg. 1943, Dipl.-Psych., Univ.-Prof. Dr., war bis zu seiner Entpflichtung Hochschullehrer für Psychologie an den Universitäten Aachen, Köln, Essen und Bielefeld; Arbeitsschwerpunkte waren und sind Soziometrie, empirische Schul- und Unterrichtsforschung, Gewalt und Fremdenfeindlichkeit, Evaluation Vorschulerziehung, musikalische Sozialisation, temporale Muster, Erziehung und Entwicklung; aktuelle Publikationen: „Gewalt in der Schule" 2011, Kohlhammer, „Classroom Management. Theorie und Praxis des Umgangs mit Heterogenität" 2012, www.schulmanagement-handbuch.de; i. Vorbereitung: „Gruppen im Elementarbereich" 2013, Kohlhammer; „Akzeptanz und Integration muslimischer Menschen" 2013, mit K.C. Koch, Springer; „Die psychologische Verkleinerung von Gruppen und Schulklassen" 2013/2014, Schneider Verlag.

Kontaktadresse:
Prof. Dr. Rainer Dollase
Primelstrasse 11
33803 Steinhagen
rdollase@gmx.de

Was ist Soziometrie?

Christian Stadler

1 Grundlagen der Soziometrie

„Wir wählen, wir werden gewählt, wir bleiben ungewählt."
Julian Barnes (2012)

Soziometrie, wie sie gewöhnlich verstanden wird, ist eine, in Abhängigkeit von einem Kriterium, mehr oder weniger ausführliche Netzwerkanalyse. Moreno nannte sie auch „Soziologie mikrodynamischer Vorgänge" (1996, S. 19) und verstand darunter das „mathematische[n] Studium psychologischer Eigenschaften der Bevölkerung, mit den experimentellen Methoden und den Ergebnissen, die aus den Anwendungen qualitativer Prinzipien resultieren. Sie beginnt ihre Untersuchung mit der Erforschung der Entwicklung und Organisation der Gruppe und der Stellung der Individuen in ihr. Eine ihrer Hauptaufgaben ist es, die Zahl und die Ausdehnung psychosozialer Strömungen, wie sie in der Bevölkerung verlaufen, zu ermitteln" (1996, S. 28 f.). Dieses mathematische Studium umfasste die Messung[1], Analyse und Interpretation von Netzwerken. Diese drei sind auch deshalb nötig, da es neben den *offensichtlichen* Strukturen von Gruppen auch solche gibt, die nicht auf den ersten Blick erkennbar, aber häufig noch wirksamer sind als die sichtbaren: die *Tiefenstrukturen*[2]. Zwischen Individuen und zwischen Gruppen fließen Energien von Anziehung (positiver Wahl), Abstoßung (negativer Wahl) und Gleichgültigkeit (Neutralität); soziale Systeme sind deshalb *Präfe-*

1 Soziometrie setzt sich zusammen aus Sozius, der Gefährte, Mitmensch, und metrein, messen (oder lat.: Metrum, das Maß), und bedeutet sinngemäß Messung zwischenmenschlicher Beziehungen.

2 Moreno nennt diese „Verkehrswege der sozialen Beziehung" (1959, S. 32)

rentialsysteme. Schwehm (1994) hat die Soziometrie zweideutig als „die Methode der Wahl" bezeichnet.

Wahlen sind grundlegende Tatsachen oder Tatsachen erster Ordnung; egal, was ein Mensch macht (oder unterlässt), er trifft immer eine Entscheidung oder eine Wahl; wie Sartre in seiner Existentialphilosophie (1982) prägnant formuliert hat, können wir nicht *nicht* wählen. Dies beinhaltet einen hohen Grad an Autonomie, „ich entscheide über mein Leben", und habe gleichzeitig auch die Pflicht dies zu tun. Dabei können die Wahlen oder Entscheidungen sowohl bewusst als auch unbewusst getroffen werden. „Wahlen sind grundlegende Faktoren in allen menschlichen Beziehungen. Wahlen betreffen Menschen oder Gegenstände. Ob die Motive dem Wählenden bekannt sind oder nicht, ist von sekundärer Bedeutung. Sie sind nur in Hinblick auf den kulturellen oder ethischen Index bedeutungsvoll. Es ist zunächst nebensächlich, ob sie unklar oder höchst deutlich, irrational oder rational sind. Solange sie spontan und echt das Selbst des Wählenden zum Ausdruck bringen, bedürfen sie keiner besonderen Rechtfertigung" (Moreno 1996, S. 446 f.). Eine positive Wahl bedeutet eine Entscheidung für Jemanden oder für Etwas. Dies kann sich auf Menschen (z. B. Familienmitglieder oder ArbeitskollegInnen), Tiere (z. B. Hund oder Vogel), Gegenstände (Möbelstück, Auto, Mobiltelefon) oder Ziele (‚Ich möchte Karriere machen') und Werte (‚Ich bin Anhänger der Occupy-Bewegung') selbst beziehen. Dadurch, dass man sich im Alltag für etwas entscheidet, wird die (meist) unbewusste Wahl zum Ausdruck gebracht. Dies betrifft genauso negative Wahlen (Abstoßungen, Abwahlen). Herr S. wählt z. B. bezüglich des Kriteriums *Haustier* einen Rauhhaardackel, und wählt eine Schlange ab; gegenüber Hamstern und Katzen nimmt er eine neutrale Haltung ein. Die Soziometrie untersucht nun diese Beziehungen anhand unterschiedlicher *Fragestellungen* oder *Kriterien* in expliziter und bewusster Form. Je nach den Kriterien verändern sich dabei die Wahlergebnisse und damit die soziometrischen Strukturen. So kann beispielsweise oben genannter Herr S. eine Bekannte, Frau M., als Arbeitskollegin wählen (Kriterium 1), aber nicht als Kinobegleitung (Kriterium 2). Herr S. drückt durch seine Wahlen Präferenzen aus: „Welchen Stellenwert will ich bestimmten Dingen oder Zielen in meinem Leben geben?", z. B. Freundschaften, Büchern, Philosophie, Sex, Geld (vgl. Moreno 1981, S. 85 ff).

Beispiel

Beispiel einer alltagssoziometrischen Fragestellung mit Wahlen und Abwahlen

Herr Müller arbeitet als Gymnasiallehrer in einem großen Kollegium. Er wird von seinen KollegInnen häufiger angesprochen, als Zweitkraft Klassen auf ihren Klassenfahrten zu begleiten.

Soziometrische Fragestellung 1 an das Kollegium: Welchen Ihrer KollegInnen würden Sie am liebsten als BegleiterIn auf eine Klassenfahrt mitnehmen?

Wahl: Die Mehrheit der KollegInnen wählt Herrn Müller zum Kriterium „Mitfahrer bei Klassenfahrten".

Mögliche Hintergründe der Wahlen könnten sein: Herrn Müllers Verantwortungsbewusstsein, seine Autorität bei SchülerInnen, oder seine Bereitschaft, sich auch außerhalb der Unterrichtszeit für die Belange der Schule zu engagieren.

Herr Müller wird aber im selben Kollegium gemieden, wenn es darum geht, zu einem gemeinsamen Mittagessen zu gehen.

Soziometrische Fragestellung 2 an das Kollegium: Welche Ihrer KollegInnen würden Sie am liebsten ansprechen, ob er zu einem gemeinsamen Mittagessen mitgeht?

Abwahl: Die Mehrheit des Kollegiums wählt Herrn Müller zum Kriterium „gemeinsames Mittagessen" ab.

Mögliche Hintergründe hierfür könnten sein: Herrn Müllers Duz-Freundschaft mit dem als problematisch erlebten Rektor der Schule und die damit verbundene Sorge, dass Tratsch an die falschen Ohren gelangen könne, Herrn Müllers Abneigung gegen die asiatische und italienische Küche verbunden mit der Tatsache, dass die einzigen beiden fußläufigen Essensmöglichkeiten genau diese Küche vertreten.

Beispiel aus: Stadler und Kern (2010, S. 169)

Soziometrie ist aber nicht nur Messung und Analyse von ganzen Systemen, sondern sie untersucht auch die darin befindlichen Personen, ihre Beziehungen und die Gruppenstruktur an sich. Hier kommt der Unterschied zwischen der Oberflächen- und der Tiefenstruktur besonders zum Tragen, wie folgendes Beispiel deutlich macht:

Beispiel

Beispiel für einen Unterschied zwischen der Oberflächen- und der Tiefenstrukturen einer Abteilung

Frau Arndt ist in einer Firma neu als Abteilungsleiterin eingesetzt worden und hat Frau Ortler zu ihrer Stellvertreterin gemacht. In der Abteilung ist auch Frau Ullmann beschäftigt, die von den KollegInnen häufig um Rat gefragt wird, wenn Probleme bei Arbeitsabläufen bestehen, und die auch von der Mehrheit der KollegInnen wegen ihrer vermittelnden Art innerhalb der Firmenhierarchie geschätzt wird. Frau Ortler wird von den KollegInnen eher geschnitten. Die Abteilungsleiterin Frau Arndt wird von den meisten KollegInnen akzeptiert.

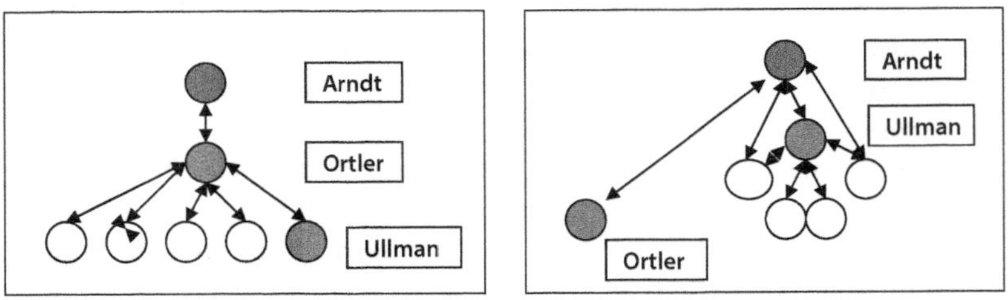

Beispiel aus: Stadler und Kern (2010, S. 170)

Schließlich ist die Soziometrie als Methodik der Aktionsforschung nicht nur Messung und Analyse, sondern sie verfolgt auch ein Ziel, und ist damit also gleichzeitig auch eine *Intervention.* Gruppen sollen durch die Anwendung soziometrischer Interventionen und den daraus abgeleiteten Neustrukturierungen effektiver, produktiver und kohäsiver werden (vgl. Moreno 1996, S. 387). Diese Sachverhalte, ebenso wie die systemische Sichtweise, dass ein Individuum letztlich nur im Kontext seiner sozialen Beziehungen, i. e. seiner Netzwerke verstanden werden kann, sind heute in Psychologie und Soziologie selbstverständlich geworden[3].

Moreno war ein Universalgelehrter und hatte aus diesem Grund die Soziometrie als Teil eines übergreifenden Systems konzipiert, welches er *Sozionomie,* die Wissenschaft sozialer Beziehungen und ihrer Entwicklungsgesetze nannte. Zu dieser zählen neben der Soziometrie die Soziodynamik und die Soziatrie. Die Soziatrie, das Pendant zur Psychiatrie, ist die „Heilung“ der Gesellschaft, die Soziodynamik die Art und Weise, wie eine Gruppe oder Gemeinschaft auf soziale

3 Als Vorreiter dieser Sichtweise werden Kurt Lewin, Jakob L. Moreno und Alfred Adler in einem Atemzug genannt (Vgl. Schlippe und Schweitzer 2007, S. 18)

Tabelle 1 Begriffsklärungen

Sozionomie	Wissenschaft sozialer Beziehungen und sozialer Entwicklungsgesetze, dazu gehören Soziodynamik, Soziometrie und Soziatrie
Soziatrie	Wissenschaft von der Heilung, Gesundheit und Krankheit sozialer Systeme
Soziometrie	Messung sozialer Beziehungen
Soziodynamik	Wissenschaft von der Struktur und Veränderung sozialer Beziehungen, Gruppen und Systemen
Gruppendynamik	Vorgänge und Abläufe innerhalb einer sozialen Gruppe

Phänomene reagiert; populäre VertreterInnen dieses Zweiges sind die GruppendynamikerInnen.

Das quantitative Paradigma dominiert seit längerer Zeit die Wissenschaft, und so ist es verwunderlich, dass die soziometrischen Ansätze im Gesamtverfahren Psychodrama, Soziometrie und Rollenspiel seit den 80er Jahren nur eine marginale Rolle eingenommen haben. Erst in den letzten Jahren wird die Soziometrie innerhalb des Verfahrens wieder populärer (vgl. auch Spörrle und Strobel 2007; Stimmer und Stimmer 2008; Baumann 2011; Gellert und Ameln 2011). Moreno und seine Beiträge zur Soziometrie werden in der Wissenschaft stärker wahrgenommen (Stegbauer und Häußling 2010), aber auch die gesamte Netzwerkforschung wird populärer, wie der Bestseller Connected! von Christakis und Fowler (2010) zeigt.

2 Die soziometrischen Gesetze und andere Beobachtungen

Die menschliche Gesellschaft und ihre Strukturen sind nach Moreno machtvoll wirkende Realitäten, nicht nur fiktive Beschreibungsebenen. Neuere soziologische Untersuchungen, wie die von Christakis und Fowler (2010) zitierten, geben ihm Recht. Bei seinen soziometrischen Forschungen vor allem in der New York State Training School for Girls in Hudson, aber auch im Gefängnis Sing Sing und zuvor im Flüchtlingslager in Mitterndorf[4], stieß Moreno auf einige Besonderheiten, die er als soziometrische Gesetze formulierte (zur Untersuchungsmethodik vgl. 5. Soziometrischer Test und Moreno 1996).

4 Moreno spricht meist von Mittendorf, gemeint ist aber immer Mitterndorf a. d. Fischa (Österreich) (vgl. Scherr 2010)

2.1 Das Gesetz der sozialen Gravitation und die Gruppenkohäsion

„Die soziometrische Hypothese der sozialen Gravitation kann folgendermaßen formuliert werden: Gruppe 1 (G1) und Gruppe 2 (G2) bewegen sich zwischen Ort X und Ort Y aufeinander zu in direkt proportionalem Verhältnis zum Betrag der gesendeten oder empfangenen Anziehung (A1 oder A2), in umgekehrt proportionalem Verhältnis zum Betrag der gesendeten oder empfangenen Abstoßung (R1 oder R2) und in umgekehrt proportionalem Verhältnis zur räumlichen Distanz d unter der Voraussetzung, dass die Verkehrsmöglichkeiten zwischen X und Y konstant sind." (Moreno 1996, S. 277) Dies bedeutet, dass sich z. B. zwei Gruppen umso mehr aufeinander zu bewegen, je stärker die Anziehungs- und je schwächer die Abstoßungskräfte zwischen den Mitgliedern der Gruppen sind. Der Zusammenhalt, bzw. die Gruppenkohäsion innerhalb einer Gruppe wächst mit der Anzahl der Anziehungen, die innerhalb der Gruppe bestehen (direkte Proportionalität), und mit dem Nichtvorhandensein von Abstoßungen (indirekte Proportionalität). „Bleiben viele Wahlen innerhalb der Gruppe unerwidert, so ist der Kohäsionsgrad niedrig." (Moreno 1996, S. 356)

Beispiel

Beispiel für eine starke soziale Gravitation innerhalb einer Abteilung mit zwei Teams (vgl. auch Abb. 1)

In einer psychiatrischen Klinik bestehen das Verwaltungsteam und die ärztliche-psychologische Leitung als zwei Führungsteams. Innerhalb des Verwaltungsteams gibt es zwei Personen, die mit einem leitenden Psychologen in der Freizeit zum Tennis spielen gehen und eine andere, welche die Chefärztin wegen ihrer innovativen und nicht kostenintensiven Ideen besonders schätzt. Ausgesprochene Ablehnungen gibt es zwischen den übrigen Mitgliedern der Leitungsebene nicht und beide Teams sehen sich regelmäßig, so dass sich insgesamt eine starke soziale Gravitation zwischen den Teams bemerkbar macht.

2.2 Tele-Beziehung und Tele-Prozess

Wie bereits im Vorwort beschrieben, ist Tele bei Moreno ein schillernder Begriff, da er an verschiedenen Stellen seines Werkes unterschiedlich konzeptualisiert wurde. Zum Teil wird er auch mystisch überhöht dargestellt und als Chiffre für Vieles verwendet, was in zwischenmenschlichen Beziehungen nicht klar fassbar ist.

Abbildung 1 Soziale Gravitation zwischen zwei Teams

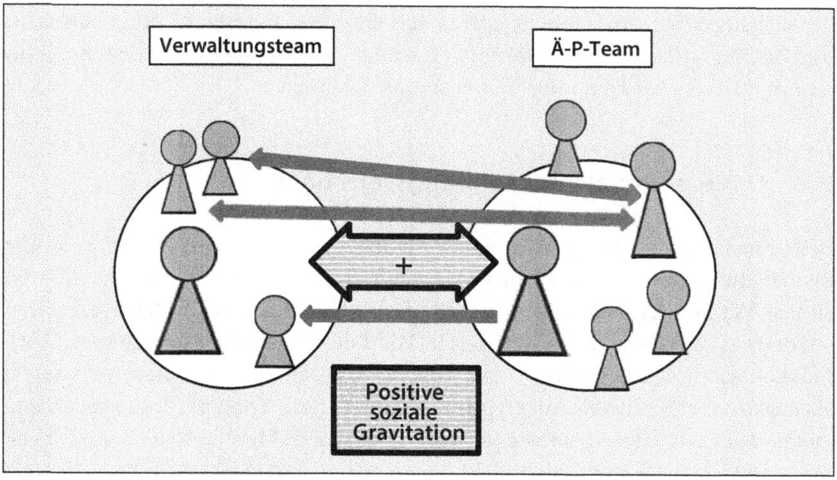

Am umfassendsten und klarsten wird der Begriff Tele, wenn darunter die gegenseitige Beziehung zweier Menschen, nach Abzug der jeweiligen Übertragungen auf die je andere Person verstanden wird. Oder wie Leutz schreibt, die „gegenseitige realitätsgerechte Wahrnehmung und die sich daraus ergebende Beziehung" (1974, S. 20 f.). Es ist das, was real und unverfälscht zwischen zwei Menschen besteht, eine „Sphäre zwischen den Organismen" (Moreno 1996, S. 178). Diese Tele(-Beziehung) kann positiv oder negativ ausfallen, von gegenseitiger Anziehung oder Abstoßung geprägt sein (a. a. O. S. 356).

Nicht so hilfreich erscheint es, wenn Moreno an anderer Stelle das Tele als „Empfänglichkeit", Verbundenheit der Seelen oder „Wahlverwandtschaft" beschreibt (a. a. O., S. 175), da dies einen Bias in Richtung *positiver* Wahl beinhaltet.

Klärend ist dagegen der Versuch Krügers, das Tele oder die Tele-Beziehung im Rahmen eines Tele-*Prozesses* zu erfassen (2010). Der Tele-Prozess ist von einem Ablauf gekennzeichnet, welcher bei *Anziehung oder Abstoßung* zwischen den Personen beginnt, gefolgt von *Interaktionen* zwischen diesen, die auch geprägt sein können von Übertragungen, einer Phase der *Integration* und schließlich der *Einigung auf eine gemeinsame systemische Beziehungsverwirklichung* (a. a. O., S. 229 ff). Gelingt es, diesen Prozess gemeinsam durch alle Schritte zu durchlaufen, entsteht eine Tele-Beziehung im Sinne einer realitätsgerechten gegenseitigen Wahrnehmung, Übertragungen sind dann zurückgenommen. Es wäre damit eine Beziehungsklärung vollzogen. Kommt es an dieser Stelle zu einer positiven Tele-

Beziehung, verstärkt sich die Kohäsion zwischen den beteiligten Personen; die Beziehung wird besser, oder im Arbeitskontext, effektiver. Kommt es nach dieser Klärung zum Status einer negativen Tele-Beziehung, ist der Konflikt bewusster und damit greifbarer. Unter Umständen können die Betroffenen zu dem Ergebnis kommen, dass eine Trennung die bevorzugte Lösung ist.

2.3 Das emotionale Ausdehnungsvermögen

Bei seinen Untersuchungen in einem Mädchenwohnheim machte Moreno die Beobachtung, dass sich mit zunehmenden Wahlmöglichkeiten die verteilten positiven Wahlen (Anziehungen) nicht auf alle Bewohnerinnen gleich verteilten, sondern, dass spätestens bei der vierten Wahl der Prozentsatz ungenützter Wahlmöglichkeiten deutlich stieg. Diese Abnahme des emotionalen Interesses sah er als negative Seite eines eigentlich positiv energetischen Prinzips, des so genannten *emotionalen Ausdehnungsvermögens* eines Menschen (Moreno 1996, S. 101 f.). Dieses kann trainiert werden, aber nicht über eine bestimmte Grenze hinaus. Es stellt letztlich eine Art emotionale Energie eines Menschen dar, mit der er Beziehungen eingehen und aufrechterhalten kann. „Ein Beispiel dafür ist die Mutter, die in der Lage ist, drei Kinder zu verstehen und mit Sicherheit und Ausgeglichenheit zu erziehen. Beim vierten Kind wird sie manchmal ängstlich und erregt. Falls diese Familie sich auf sieben Kinder vergrößern sollte, würde es für die Mutter schwierig werden, ihr emotionales Ausdehnungsvermögen auf alle sieben zu verteilen. Ein anderes Beispiel gibt der Arzt, der in seinen drei Sprechstunden zehn Patienten untersuchen und beraten kann. Sobald er aber von zwölf oder fünfzehn Patienten konsultiert wird, lässt seine emotionale Ausdehnungskraft nach, Müdigkeit setzt ein und seine Beurteilung wird schlecht. Dasselbe gilt für Sozialarbeiter, Rechtsanwälte, Pfarrer, Kaufleute, ja für jede soziale Arbeitsleistung, in der die emotionale Produktivität gleichzeitig oder aufeinanderfolgend auf andere Menschen bezogen ist." (Moreno 1996, S. 154)

2.4 Der soziodynamische Effekt

In der bereits oben erwähnten New York State Training School for Girls in Hudson machte Moreno eine weitere Entdeckung. Die Anzahl der Wahlen, die auf einzelne Mädchen fielen, waren nicht gleich verteilt. Trotz der Erwartung, dass sich mit fortschreitenden Wahlen die Effekte nivellieren würden (keine klaren Stars, keine Nicht-Gewählten), setzte dieser Effekt nicht ein. Auch bei mehr Wahlmöglichkeiten (Anzahl der wählenden Personen oder Anzahl der Stimmen pro Person) blieb eine ungleiche Verteilung bestehen. „Zusätzliche Wahlen fallen meistens auf bereits oft gewählte Individuen und nicht auf ungewählte oder wenig gewählte Personen." (Moreno 1996, S. 354)

Diese statistische Tatsache nannte er den *soziodynamischen Effekt*. Stars bleiben Stars. Zum zweiten bedeutet der soziodynamische Effekt, dass Menschen, die in einem sozialen System isoliert sind, d.h. viele Abwahlen innerhalb einer Gruppe bekommen, auch mit Wachsen dieser Gruppe viele Abwahlen bekommen: Isolierte bleiben Isolierte.

Dies zeigt eine deterministische Haltung, die für schlecht laufende Gruppen oder Teams nicht von Zuversicht geprägt ist. Einmal eine bestimmte Position, immer diese Position, zumindest innerhalb der gleichen Gruppe und bei der gleichen Fragestellung. Dieser Effekt wirkt sperrig in dem kreativitäts- und veränderungsorientierten Verfahren Psychodrama und Soziometrie, eine gewisse Evidenz ist jedoch von Fall zu Fall nicht von der Hand zu weisen.

> Wird zum Beispiel ein Schüler in einem Klassenverband als Streber angesehen, wird er diese Rolle innerhalb der Klasse schwer wieder los, auch wenn jede SchülerIn statt drei Stimmen in einem neuerlichen Wahlgang fünf Stimmen zu vergeben hat; der Streberstatus ändert sich auch dann nicht, wenn die Klasse um fünf SchülerInnen anwachsen sollte.
>
> Beispiel aus Stadler und Kern (2010, S. 171)

Stimmer[5] beschreibt ein Beispiel, das dem Effekt zuwider läuft:

> In einer neuen Saison kommen zu einer bereits bestehenden Handballmannschaft mit einem klaren Star drei neue Mitspieler hinzu; der ehemalige Star bleibt dann nicht mehr in seiner Position, wenn von den drei Neuen einer besser ist als der alte Star der ursprünglichen Mannschaft; der Neue kann damit zum neuen Star aufsteigen. Ein offen gezeigtes eifersüchtiges Verhalten des früheren Stars kann sogar dazu führen, dass dieser von der Mannschaft viele negative Zuschreibungen bekommt und – in Rangordnungskriterien nach Schindler gesprochen – sogar zum Omega innerhalb der Gruppe wird.

Möglicherweise hat sich Moreno mit seiner Konzeptualisierung des soziodynamischen Effekts zu sehr an einer oberflächlichen Statistik orientiert, oder seine Sichtweise muss heute in Anbetracht aktueller gesellschaftlicher Lagen relativiert werden, da manche Gruppen- und Gesellschaftsstrukturen durchlässiger und damit auch offener für Veränderungen geworden sind (vgl. Beck 1986; Keupp 1988).

---

5 Mündliche Mitteilung 2009

2.5 Das soziogenetische Gesetz

Mit seinem soziogenetischen Gesetz beschreibt Moreno gesetzmäßige Entwicklungen von Gruppen. Er ging dabei davon aus, dass sich die Prozesse innerhalb der Gruppe immer weiter, von einfacheren sozialen Strukturen zu komplexeren differenzieren, d. h. höhere Organisationsformen erreichen. Dies geht damit einher, dass sich die Rollen innerhalb von Gruppen weiter ausdifferenzieren. Zu Beginn besteht die Gruppe aus isolierten Mitgliedern, die nach und nach Kontakt knüpfen: die Gruppe differenziert sich *horizontal.* Danach erfolgt die *vertikale* Differenzierung, sprich es bildet sich eine Hierarchie, oder eine *Rangordnung* nach Schindler. Diese Entwicklung bezieht sich nach Moreno nicht nur auf das Alter der Gruppe, sondern auch auf das Alter der Gruppenmitglieder: je jünger die Gruppenmitglieder, desto einfacher die Strukturen, je älter und differenzierter in ihrer Persönlichkeit die Gruppenmitglieder, desto differenzierter kann die Gruppenstruktur werden. So werden im Kindergartenalter eher einfache Ketten gebildet, im Schulalter Dreiecke, und im Erwachsenenalter auch komplexere Formen. Und, je länger eine Gruppe besteht, desto differenzierter sind die Strukturen innerhalb der Gruppe, die so genannten *Binnenstrukturen.*

2.6 Weitere Gesetzmäßigkeiten soziometrischer Erhebungen

Nehnevajsa hat zu den Verteilungen soziometrischer Daten folgende Gesetzmäßigkeiten festgestellt:

1) „In allen Gruppen, die bisher untersucht worden sind, gibt es einige Individuen, die viel häufiger gewählt werden als andere Mitglieder der Gruppe (die Führer im soziometrischen Sinne).
2) Wenn eine solche Gruppe erneut untersucht und die Zahl der jedem einzelnen gestatteten Wahlen erhöht wird, dann erhalten gewöhnlich die sehr häufig gewählten Individuen wiederum den größeren Anteil aller möglichen Wahlen und bleiben so relativ über dem Durchschnitt.
3) Zwischen der Anzahl der abgegebenen Wahlen und der Anzahl der erhaltenen Wahlen bestehen nur geringe Korrelationen.
4) Gegenseitige Wahlen sind immer etwas häufiger als man unter Zufallsannahme erwarten würde.
5) In den meisten Gruppen finden sich ein, zwei oder drei Cliquen, dabei scheint die Anzahl der Cliquenmitglieder nicht über fünf hinauszugehen.“ (zit. nach Dollase 1976, S. 276)

2.7 Gruppen- und Teamentwicklung

Tuckmann beschrieb ein weiteres Modell der Gruppenentwicklung, welches von Gellert und Nowak (2007) in ihrer Teamentwicklungsuhr eingehend beschrieben wird. Sie stellen fest, dass Gruppen bzw. Teams einer bestimmten Entwicklung unterliegen. Diese Prozesse setzen ein, sobald eine Gruppe zusammenkommt. Sie beginnen in einer Orientierungsphase (Forming), in der das gegenseitige Kennen lernen die Gemeinschaft prägt; wer ist Teil der Gruppe, wie sind die Einzelnen, spontane Anziehungen und Abstoßungen im Sinne soziometrischer Wahlen finden hier bereits statt. Es schließt die Positionsfindungsphase (Storming) an; in ihr werden Konflikte um das gemeinsame Vorgehen ausgetragen, die im ungünstigsten Fall sachbezogenes Arbeiten blockieren und verhindern können; in dieser Phase werden auch Cliquen und Untergruppen gebildet. Rivalitäten treten zutage, Rangordnungen werden ausgehandelt. Darauf folgt die Organisationsphase (Norming), in der Normen, Werte und Umgangsweisen, sowie die entsprechenden Arbeits- und Umgangskulturen entwickelt werden. Schließlich erreicht die Gruppe

Abbildung 2 Teamentwicklungsmodell nach Tuckmann mit 4 Grundphasen und einer eventuellen Abschiedsphase

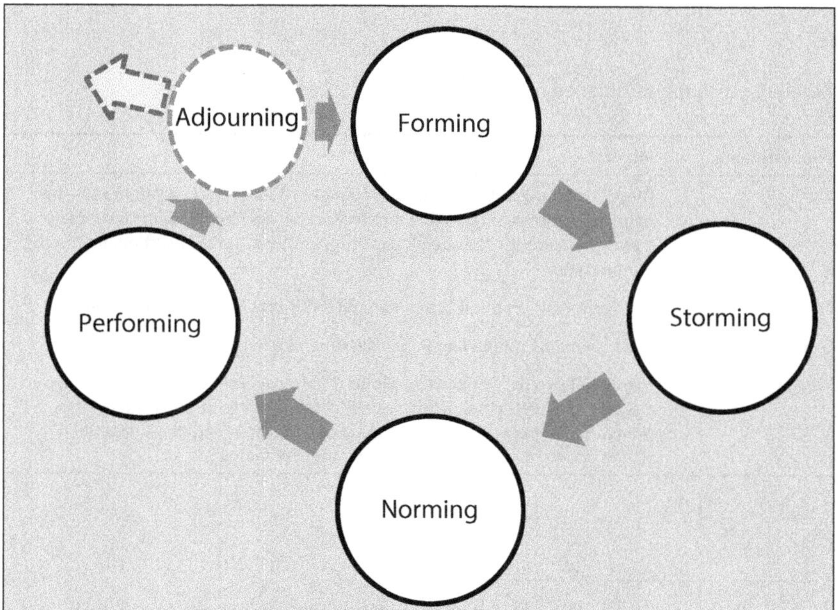

die Arbeitsphase (Performing), in der die Arbeit und gegenseitige Unterstützung im Vordergrund stehen. Für zeitlich begrenzte Gruppen schließt sich daran die Abschieds- oder Trennungsphase (Adjourning) als fünfte Phase an. JedeR zieht sich wieder etwas mehr aus der Gruppe zurück und das Leben außerhalb der Gemeinschaft gerät für die Einzelnen wieder stärker in den Blick. Für Gruppen wie zum Beispiel Teams, die länger bestehen, kann sich nach der vierten Phase erneut eine Forming-Phase anschließen (z. B. durch das Dazustoßen eines neuen Gruppenmitglieds oder durch eine neue gemeinsame Aufgabe), die wiederum gefolgt wird von einer Storming-Phase, usw.

Weitere Besonderheiten der Team- oder allgemeiner Gruppenentwicklung finden sich in der Literatur zu *Gruppendynamik,* so z. B. das rangdynamische Modell von Schindler[6], welches verschiedene Gruppen*positionen* unterscheidet. Schindlers deskriptives Modell baut zwar auf einer soziometrisch-systemischen Sichtweise auf, ist aber nicht deckungsgleich und von daher nicht immer einfach mit klassischem soziometrischem Vorgehen zu kombinieren, da in letzterer die ForscherInnen oder GruppenleiterInnen (aus gutem Grund) *nicht* in die Untersuchung mit einbezogen werden, beim Modell nach Schindler dagegen schon. Seine deskriptive Ebene bezieht sich auf die gesamte Gruppe einschließlich Leitung, und untersucht dabei, wer welche Position einnimmt. Schindler selbst warnt ausdrücklich davor, Rangpositionen mit soziometrischen Positionen gleichzusetzen (Schindler 1973, S. 31 f.).

Tabelle 2 Gruppenpositionen nach Schindler

Positionsname	Inhalt
Alpha	Diese Position vertritt das Gruppenthema am stärksten und hat daher zu einem gegebenen Zeitpunkt auch die meiste Macht in der Gruppe. Günstige ProtagonistInnenposition, da damit das Gruppenthema auf die psychodramatische Bühne kommt.
Beta	Die „Fachmann"-Position eignet sich gut als GruppenleiterInnenposition.
Gamma	In der Gamma-Position finden sich die UnterstützerInnen von Alpha.
Omega	Hier findet sich der Antipode zu Alpha; Gefahr der Isolation, wenn eine Gruppe z. B. ihr „Schattenthema" nicht integriert. Schwierige Position für ein psychodramatisches ProtagonistInnenspiel, da die Unterstützung der Gruppe fehlt. Häufig erwächst aus dieser Position der nächste Alpha.

6 vgl. ZPS Themenheft 2 (2011), darin besonders der Beitrag von Krüger (2011, S. 191 ff)

2.8 Zyklus soziometrischer Verläufe

Ähnlich wie die Teamentwicklungsuhr beschreibt Hale (1994) ein anderes Modell soziogenetischer Entwicklung. Mithilfe von Jahreszeiten illustriert sie den Zyklus soziometrischer Verläufe: Diese können verwendet werden, um aktuelle und zukünftige soziometrische Konstellationen innerhalb von Gruppen zu beschreiben und auch vorherzusagen. Sie erkennt folgende Schlüsselthemen in Gruppenentwicklungsprozessen: *Zugehörigkeit, Beständigkeit, Trennung* und *Wandlung.* So wie Jahreszeiten nacheinander durchlaufen werden, durchlaufen die GruppenteilnehmerInnen thematische Prozesse von Zugehörigkeit (zwischen Winter und Frühling), Beständigkeit (zwischen Frühling und Sommer), Trennung (zwischen Sommer und Herbst) und Wandlung (zwischen Herbst und Winter). Jede Phase hat ihre je eigene Aufgabe und ihre je eigene Herausforderung. Die Jahreszeiten erlauben eine Zuordnung einzelner TeilnehmerInnen, aber auch eine Zuordnung der ganzen Gruppe zu bestimmten anstehenden Themen.

3 Aktionssoziometrie, Spektogramme und Skalen

Die Aktionssoziometrie fasst die einfachsten Arten soziometrischen Vorgehens zusammen. Zu ihr werden die Anwendungen von Spektogrammen und Skalen gezählt. Am einfachsten ist es, mit eindimensionalen Skalen zu beginnen: Vor- oder Nachnamen in alphabetischer Reihenfolge, Betriebszugehörigkeit, subjektive Einschätzung der Erfahrung in einem Tätigkeitsfeld, eigene Befindlichkeit, Alter etc. Die TeilnehmerInnen werden gebeten, sich entsprechend einem Kriterium auf einer definierten Linie im Raum aufzustellen. Die LeiterIn gibt dazu die räumliche Definition der Skala vor: „Hier rechts im Raum steht die TeilnehmerIn mit der meisten Erfahrung, hier links die mit der wenigsten. Bitte reihen Sie sich dazwischen so ein, wie Sie sich selbst einschätzen. Dazu müssen Sie für einen Moment untereinander ins Gespräch kommen, damit Sie sich orientieren können, wo Sie in etwa stehen". Neben den unipolaren Skalen gibt es die Möglichkeit, das Kriterium so zu wählen, dass das Abbild eine bipolare Darstellung ergibt. Ein mögliches Beispiel wäre hierfür die Frage nach der Befindlichkeit, wie sie in Abbildung 3 gezeigt wird (in der Mitte befindet sich die neutrale Position). Eine Frage, die unipolar gestellt werden kann, ist: „Wer von Ihnen hat Kinder?"

Selbst bei scheinbar einfachen, polaren Kriterien können sich hinter den gewählten Kategorien weitere tiefgehende Fragestellungen auftun. Bei der Frage von Betriebszugehörigkeit kann sich z. B. zeigen, dass jemand schon lange dem Betrieb angehört, aber sein Chef erst seit ganz kurzer Zeit dort tätig ist; oder beim Kriterium Kinder, können sich Differenzierungen bezüglich lebender Kinder, be-

Abbildung 3 Eindimensionale Skalen zur aktuellen Befindlichkeit (oben) und Vorhandensein von Kindern

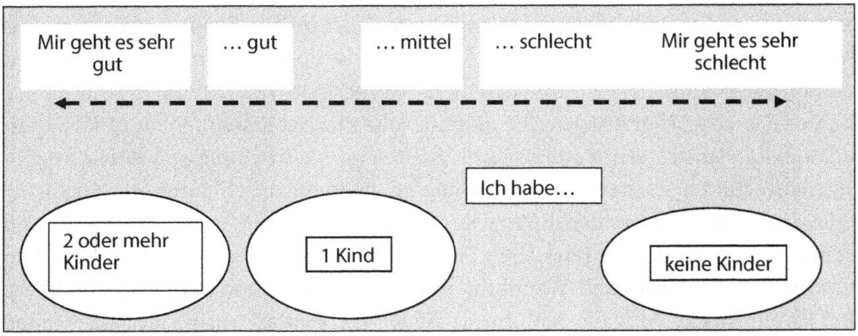

reits verstorbener Kinder, Stiefkinder, nicht mehr im Haushalt lebende Kinder zeigen. Diese Informationen erhält die Gruppe und die LeiterIn durch solche Aktionssoziometrien schnell; in der Regel deutlich schneller, als solche Sachverhalte in einer verbalen Eröffnungsrunde mitgeteilt würden. Diese zügige Selbstoffenbarung macht den Kennenlernprozess interessanter und dynamischer, aber mutet den TeilnehmerInnen auch eine entsprechend schnelle Selbstoffenbarung zu (Weitere Beispiele finden sich in dem Band u.a. in den Beiträgen von Baumann und Strobusch; Biegler-Vitek und Schorn; Kern; Kern und Kress).

Weiter differenzierend kann in Gruppen mit Koordinatensystemen, also *zweidimensionalen* Skalen gearbeitet werden. Diese Vier-Quadranten-Aufstellungen geben auf einen Blick sehr differenzierte Informationen, wenn es z.B. um Entscheidungsprozesse geht.

Sind in einem Team beispielsweise zwei Themen aktiv, ‚Planung des Betriebsausfluges' und ‚Fortschreibung des QM-Prozesses' und die LeiterIn ist sich nicht sicher, ob jetzt besser Kleingruppen oder Plenumsarbeit hilfreich ist, kann dies über ein Koordinatensystem abgefragt werden.

„Wer von Ihnen möchte sich jetzt mit dem Thema Planung des Betriebsausfluges beschäftigen, und wer mit der Fortschreibung des QM-Prozesses? In welcher Form? In Kleingruppen oder im Plenum?"

Im Beispiel der Abbildung 4 möchte die gestreifte Figur links oben gerne in einer Kleingruppe den Betriebsausflug planen, während die karierte Figur rechts außen sich unbedingt mit dem Thema QM-Prozess beschäftigen möchte, und dies eher in der Kleingruppe. Die Gruppenleitung erhält so einen Hinweis, dass die Gruppe gegenwärtig bezüglich der Entscheidungsfindung heterogen ist mit einer Subgruppe, die sich als Kleingruppe gerne mit dem Thema QM-Prozess beschäf-

Abbildung 4 Zweidimensionale Aufstellung in einem Team

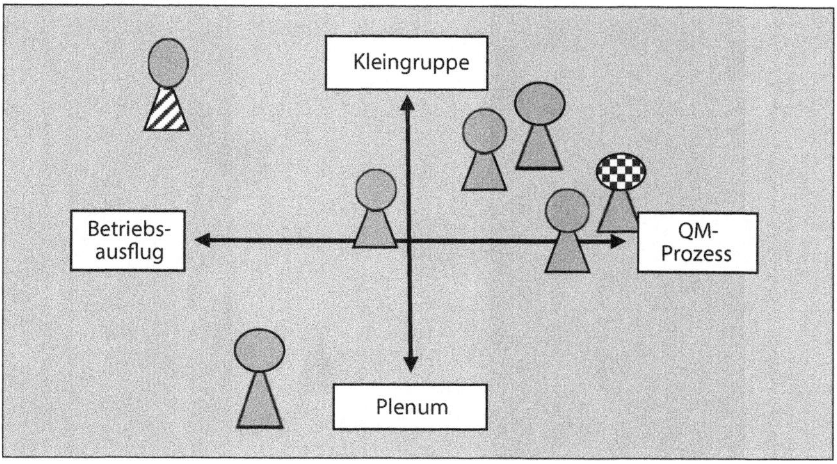

tigen möchte. Gleichzeitig wird deutlich, dass die beiden Personen links von der Mittelachse noch integriert werden müssen, soll der Gruppenprozess konstruktiv weitergehen.

Als nächstes sind die zweidimensionalen nichtlinearen Skalen zu nennen. Zum Beispiel kann die LeiterIn einer Gruppe danach fragen, wo die TeilnehmerInnen wohnen, arbeiten oder geboren sind, und dies auf einer imaginären Landkarte aufstellen lassen. Als Hilfestellung kann die LeiterIn die vier Himmelsrichtungen oder Orte auf Moderatorenkarten schreiben und diese auf den Boden auslegen.

Zu den nicht-linearen Aktionssoziometrien werden auch die Kreis-Soziometrien gezählt. Alle GruppenteilnehmerInnen stehen in einem Kreis und es werden verschiedene Kriterien genannt: „Wer hört gerne Musik?", „Wer treibt wie ich in seiner Freizeit Sport?", „Wer ist von Beruf PsychologIn?" Diejenigen, die einem Kriterium zustimmen, bewegen sich einen Schritt nach vorne in Richtung Kreismitte. Eine Variante, welche die GruppenteilnehmerInnen stärker einbezieht ist, dass ein Gruppenmitglied eine Frage stellt, selbst nach vorne tritt und schaut, wer seine Antwort teilt.

Mit Aktionssoziometrien werden zwei Ziele verfolgt. Auf der einen Seite kann sich die LeiterIn einen schnellen Überblick über Zusammensetzung bzw. Zustand der Gruppe und ihrer TeilnehmerInnen verschaffen. Dafür kann sie gezielt Kriterien aussuchen, die für die anstehende Aufgabe von Bedeutung ist. Z. B. kann es für einen Fortbildungstag zum Thema ‚Arbeit mit inneren Anteilen' in einer Ehe-

Abbildung 5 Zweidimensionale nichtlineare Kriterien (Frauen als Kreise, Männer als Dreiecke)

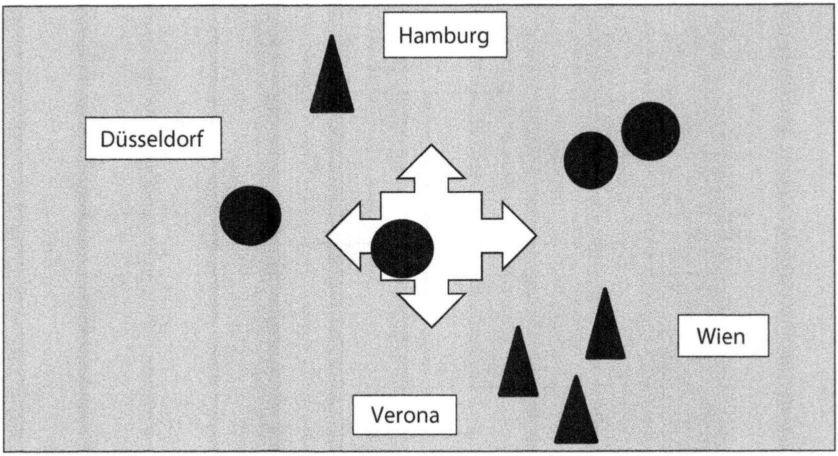

beratungseinrichtung interessant sein zu wissen, wie viel die TeilnehmerInnen zu dem Thema an Vorerfahrung mitbringen. Auf der anderen Seite ist es für die Mitglieder einer Gruppe wichtig, dass eine gute Gruppenkohäsion besteht. Dazu ist es hilfreich, wenn die TeilnehmerInnen zu verschiedenen emotional positiv besetzten Kriterien miteinander in Kontakt treten. Besonders zu Gruppenbeginn, also in der Phase des Forming, ist die Aktionssoziometrie bei gut gewählten Kriterien daher eine hilfreiche und effektive Methode, die Gruppenkohäsion zu verbessern. Für diese Prozesse des Kennenlernens sollte die LeiterIn die Fragen und Zuordnungskriterien so wählen, dass sie eine genügend hohe Trennschärfe aufweisen, also relevante Ergebnisse liefern, aber auch genügend Gemeinsamkeiten darstellen. Am besten sind Kriterien in der Regel gewählt, wenn sich Kleingruppen von drei bis vier Personen bilden, die sich untereinander kurz austauschen können.

Nicht sinnvoll sind demnach Kriterien, bei denen alle TeilnehmerInnen auf einem Platz stehen, z. B. nach dem Mittagessen die Frage zu stellen: „Wer ist müde?“, oder vor einer Prüfung zu fragen: „Wer ist aufgeregt?“. Dies bietet keine Trennschärfe und damit auch keine neue Information für die TeilnehmerInnen. Kriterien so zu wählen, dass jede TeilnehmerIn an einem anderen Platz für sich allein steht, ist der Gruppenkohäsion abträglich, und führt meist zu Verunsicherung. Die nichtlinearen Skalen und Spektogramme, z. B. die Landkarte der Herkunftsorte sind hier gut geeignet, da sie nicht so scharf trennen wie polare Skalen („Wer hat einen akademischen Titel und wer hat keinen?“).

Aktionssoziometrien werden neben dem beraterischen und therapeutischen Setting gerne im Kontext von Organisationsentwicklung und Teamcoaching eingesetzt (vgl. Baumann 2011; Baumann und Strobusch sowie Kern und Kress in diesem Band).

Bei den Aktionssoziometrien können zusammenfassend folgende Skalentypen unterschieden werden:

Eindimensional (Alter)
Zweidimensional (Landkarte)
Linear unipolar (Alter, Name)
Linear bipolar (Befindlichkeit)
Nichtlinear (Kreissoziometrie)

4 Die sozialen Netzwerke

4.1 Das klassische soziale Atom nach Moreno

Moreno betrachtete das soziale Atom als „die kleinste lebendige soziale Einheit" (1996, S. 159), die nicht mehr weiter teilbar ist, und weist sich damit als Vater der systemischen Sichtweise aus. In der Untersuchung konkreter Lebensgemeinschaften kam er zu folgendem Schluss:

„Betrachten wir die soziale Struktur einer Gemeinschaft als ein zu einem bestimmten Raume mit bestimmter physischer Geografie in Beziehung stehendes Ganzes und berücksichtigen wir ihre Hausgruppen, Schulen, Werkstätten und die Beziehungen ihrer Einwohner, so gelangen wir schließlich zur Vorstellung der soziometrischen Geografie einer Gemeinschaft. Betrachten wir die einzelnen Teile der Struktur, so gewahren wir die konkrete Stellung eines jeden Einzelnen, und sehen, wie jeder von einem Beziehungskern umgeben ist, der bei dem einen ein größeres, beim anderen ein kleineres Volumen hat. Dieser Beziehungskern ist die kleinste soziale Struktur, ein soziales Atom. […] Während gewisse Teile dieser sozialen Atome an die beteiligten Individuen gebunden zu sein scheinen, stehen bestimmte Teile mit Teilen anderer sozialer Atome in Verbindung, die ihrerseits wieder mit anderen Atomen verknüpft sind. Auf diese Weise entstehen komplexe Beziehungsketten, […] die soziometrische Netzwerke genannt werden." (Moreno 1996, S. 22)

Abweichend von Morenos Definition, dass die Verknüpfung sozialer Atome soziometrische Netzwerke sind, wird heute das soziale Netzwerk als übergreifende Chiffre verwendet. Sowohl das soziale Atom als auch das soziometrische

Netzwerk sind soziale Netzwerke, und unterscheiden sich nur durch ihre Bezugsgröße.

Das klassische soziale Atom wird auf unterschiedliche Weise dargestellt. Es kann gezeichnet, mit Symbolen oder Stühlen aufgestellt, oder aber als Aufstellung mit Personen gezeigt werden. Im Regelfall werden die Netzwerke zunächst gezeichnet. Im Fall des klassischen sozialen Atoms nach Moreno, heute in der Netzwerkliteratur meist *egozentriertes Netzwerk* genannt, steht die zu untersuchende Person im Mittelpunkt dreier konzentrischer Kreise. Im innersten Kreis befinden sich diejenigen Personen, mit denen *Beziehungen unterhalten* werden, im nächstäußeren diejenigen Personen, zu denen *Beziehungen gewünscht* werden, und der äußerste Kreis stellt das gesamte *Bekanntschaftsvolumen* dar (vgl. Abbildung 6). Theoretisch können das Bekanntschaftsvolumen und der innere Kreis deckungsgleich sein, das wäre nach Moreno der „ideale soziometrische Staus. […] ein jeglicher [Kontakt] hätte sich in eine soziale Wirklichkeit verwandelt." (1996, S. 370) Außerhalb des Bekanntschaftsvolumens befindet sich die Masse (Moreno 1981, S. 85)

Bei den Zeichnungen steht ein Dreieck meist als Symbol für einen Mann, der Kreis als Symbol für eine Frau. Im sozialen Atom befinden sich nicht nur lebende Personen, sondern ebenso Tiere, Dinge, oder auch bereits verstorbene Menschen. Entscheidend ist die Bedeutung, die sie für die ZeichnerIn haben.

Bei der Anleitung zur Erstellung eines sozialen Atoms ist die *Exaktheit der Kriterien* und damit verbunden der *Instruktionen* von besonderer Bedeutung. So stellt sich bei der am häufigsten angewandten Form des sozialen Atoms meist da-

Abbildung 6 Klassisches Soziales Atom nach Moreno

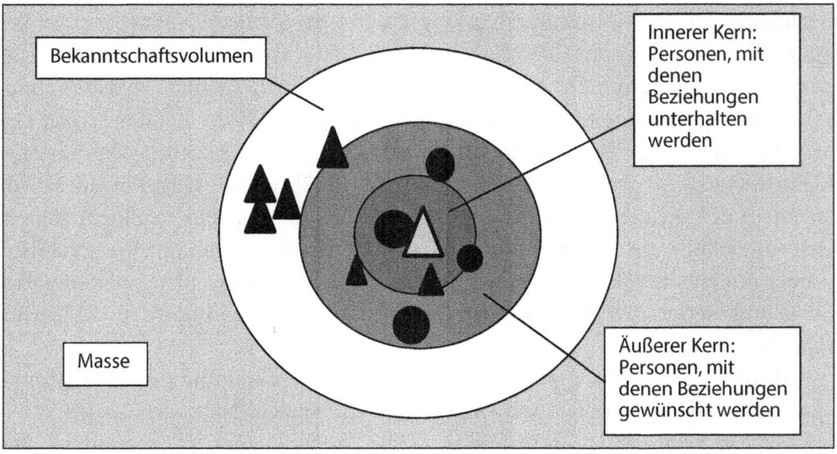

durch eine Unschärfe ein, dass bestimmte Kriterien (vermeintlich) doppelt besetzt sind. Eine starke Beziehung zu einer Person wird durch einen dicken Pfeil versinnbildlicht; eine Person, die eine besondere Bedeutung für den Protagonisten hat, wird durch ein besonders großes Symbol gekennzeichnet, und eine Person, die dem Protagonisten emotional besonders nahe steht, wird relativ dicht zum Symbol des Protagonisten platziert. Hier lassen sich Morenos drei Perspektiven (Netzwerk, Beziehung, Person) wieder erkennen, aber in der Anwendung ist der Unterschied für GruppenteilnehmerInnen oft nicht klar differenzierbar. Weniger – also nur *ein* klarer Fokus – ist hier oftmals mehr, d. h. bringt die Aussage deutlicher auf den Punkt. So können z. B. soziale Atome zu den verschiedenen Bereichen allgemeines Leben, Arbeitsleben, Sexual- und Beziehungsleben, kulturelles Leben sowie für Herkunfts- und Gegenwartsfamilie getrennt erstellt werden. Möchte man dies dagegen zusammenführen, eignen sich Tortendiagramme wie in Abbildung 7.

Sollen soziale Netzwerke von den ProtagonistInnen noch als „Gruppe" empfunden werden, sind sie in der Zahl ihrer Mitglieder begrenzt. Dunbar fand die nach ihm benannte Dunbar-Zahl heraus, die bei Menschen bei etwa 150 liegt. Hier liegt in etwa die zahlenmäßige Verarbeitungsgrenze des menschlichen Gehirns für soziale Beziehungen. Dies ist nach seinen Erkenntnissen auch die Gruppengröße, die sich selbst noch durch inneren Halt organisiert, ohne auf Ordnungskräfte und eine äußere Struktur zurückgreifen zu müssen (vgl. Christakis und Fowler 2010, S. 316 f.).

Abbildung 7 Soziales Atom aufgeteilt nach Bereichen als Tortendiagramm

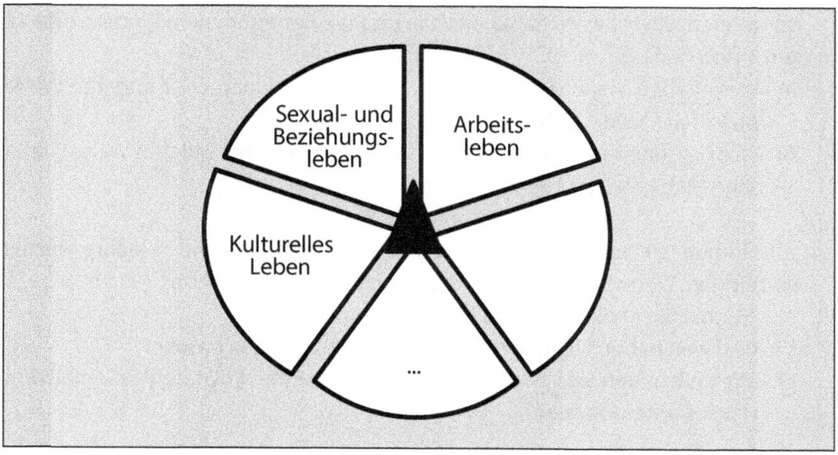

Im Rahmen seiner Forschungen konstatierte Moreno, dass „ein Individuum seinem sozialen Atom so eng verbunden ist wie seinem Körper. […] Bewegt sich ein Individuum von seiner alten zu einer anderen Gemeinschaft, so ändert sich die Mitgliedschaft des Atoms, während dessen [die] Konstellation die Neigung hat, konstant zu bleiben." (Moreno 1996, S. 370) Christakis und Fowler beschreiben ein ähnliches Phänomen: „Netzwerke reproduzieren sich auch in dem Sinne, dass sie ihre Angehörigen überleben. Das Netzwerk besteht fort, selbst wenn die Menschen kommen und gehen wie unsere Haut, die ständig ihre Zellen erneuert, ein Internetprovider, der ständig seine Server auswechselt […]. Bei einer Untersuchung eines Netzwerks von 4 Millionen über ihre Telefonate miteinander verknüpften Menschen stellte sich paradoxerweise heraus, dass Gruppen von mehr als 15 untereinander vernetzten Personen umso langlebiger waren, je häufiger ihre Angehörigen ausgetauscht wurden." (2010, S. 367 f.)

Eine moderne Anwendungsform egozentrierter Netzwerke beschreiben Kecskes und Wolf (1996). Sie verwenden dazu nach bestimmten Kriterien so genannte Namensgeneratoren. Dazu stellen sie eine Reihe von Fragen.

„1. Die meisten Leute besprechen hin und wieder wichtige Angelegenheiten mit anderen Personen. Wenn Sie an die letzten 14 Tage zurückdenken:

a) An wen haben Sie sich gewandt, um Dinge zu besprechen, die Ihnen wichtig waren?
b) Und wer hat sich in den letzten 14 Tagen an Sie gewandt, um Dinge zu besprechen, die ihm oder ihr wichtig waren?

2. Es gibt viele Dinge, die durch die praktische Hilfe anderer erleichtert werden können, wie z. B. Reparaturen im Haushalt oder am PKW, die Erledigung von Besorgungen, die Hilfe im Krankheitsfalle und die Betreuung von Kindern oder alten Menschen.

a) Wem haben Sie in den letzten 14 Tagen in der einen oder anderen Weise praktische Hilfe geleistet?
b) Wer hat Ihnen in diesem Zeitraum in der einen oder anderen Weise praktische Hilfe geleistet?

3. Kommen wir nun auf die Personen zu sprechen, mit denen Sie Ihre Freizeit verbringen. Wenn Sie wiederum an die letzten 14 Tage denken:

a) Wer hat Sie in dieser Zeit zu Hause besucht?
b) Und wen haben Sie in den letzten 14 Tagen zu Hause besucht?
c) Mit wem haben Sie in den letzten 14 Tagen Freizeitaktivitäten außerhalb des Hauses unternommen?

[Nach Auflistung aller bisher genannten Personen wird noch gefragt:]
Wenn Sie jetzt noch einmal an alle Menschen denken, die Sie mir gerade genannt haben. Fehlen jetzt noch Personen, die Ihnen wichtig sind oder in Ihrem Leben eine wichtige Rolle spielen?" (zit. nach Wolf 2010, S. 473)

4.2 Das dezentrale soziale Atom oder das nicht-egozentrierte Netzwerk

Anders als bei der oben beschriebenen egozentrierten Variante des sozialen Atoms steht im dezentralen sozialen Atom die eigene Person nicht automatisch im räumlichen Mittelpunkt, sondern die KlientIn legt zunächst die eigene Position fest und kennzeichnet diese (in Abbildung 8 die grau hinterlegte Figur). Danach werden für die anderen Personen entsprechend ihrer empfundenen Nähe bzw. Distanz die Positionen zugeordnet. Nach der Zeichnung bzw. Aufstellung mit Symbolen, Figuren, Stühlen oder anderen GruppenteilnehmerInnen folgt eine ausführliche Exploration. Dass dies keineswegs trivial ist, hat die neuere Forschung zur Netzwerkanalyse gezeigt und wird unter dem Abschnitt Analyse und Interpretation von Netzwerken dargestellt.

Abbildung 8 Dezentrales soziales Atom

4.3 Das soziale Atom mit Darstellung der Beziehungsqualitäten

Neben der reinen Erfassung der Personen, deren Nähe und Distanz zur ProtagonistIn bzw. untereinander, können auch die Beziehungsqualitäten erfasst werden. Auch dies kann sich nur auf die ProtagonistIn beziehen, aber auch auf alle im sozialen Atom befindlichen Personen. Die folgenden Symbole haben sich bewährt:

Abbildung 9 Symbole zur Beziehungsdarstellung im sozialen Atom

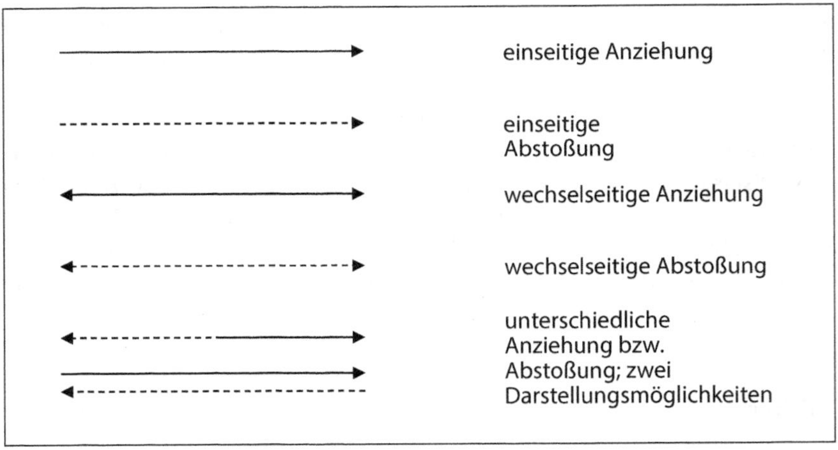

Wird das Netzwerk räumlich, z. B. auf der Psychodramabühne dargestellt, können die gezeichneten Pfeile durch Kreppband, Tücher oder Seile symbolisiert werden.

Eine populärwissenschaftliche Variante eines sozialen Atoms mit Beziehungsqualitäten findet sich in Abbildung 10.

Abbildung 10 Dezentrales soziales Netzwerk mit Darstellung von Beziehungsqualitäten (Süddeutsche Zeitung 226; 29.09.2012)

4.4 Das kulturelle Atom oder Rollenatom

Im Gegensatz zum sozialen Atom, welches sich mit den Menschen aus dem sozialen Umfeld, also aus dem äußeren Netzwerk der Person beschäftigt, werden im Rollenatom die *inneren* Rollen des Betreffenden abgebildet (Abbildung 11). Es wird zwischen sozialen Rollen (Polizistin, Arzt, Ministerin, Vater, Tochter etc.) und psychischen Rollen unterschieden (der Wütende, die Arglose, der Verzweifelte). Ähnlich wie beim sozialen Atom beschrieben, können diese Rollen erfasst, mit Symbolen oder Personen besetzt und exploriert werden. Es zeigen sich dabei bestimmte *Rollencluster,* also Rollen, die zusammengehören, und andere *Rollenkonfigurationen* (Spannungen, Nähe und Distanzen zwischen verschiedenen Rollen).

Im *Rollenrepertoire* einer Person befinden sich alle aktiv zugänglichen Rollen, und im *Rollenbaum* oder der *Rollenmatrix* werden diejenigen Rollen zusammen-

Abbildung 11 Beispiel eines Rollenatoms

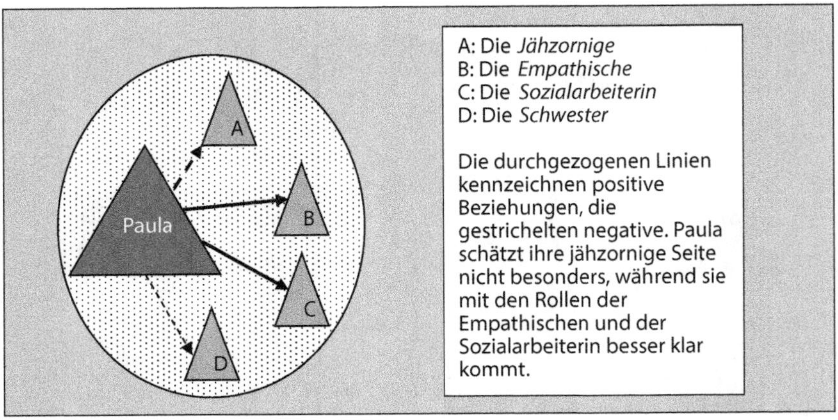

gefasst, die in einem definierten Zusammenhang in Erscheinung getreten sind, z. B. in einem Team oder im Rahmen einer Selbsterfahrungsgruppe[7].

4.5 Das soziokulturelle Atom

Diese Variante eines soziometrischen Atoms stammt von Stimmer (2009). Hier werden sowohl die eigenen Rollen, die eigenen Eigenschaften, Gefühle und Gedanken und Handlungen, als auch die damit korrespondierenden Personen aufgestellt. Es werden das soziale und das kulturelle Atom einer Person in einer Darstellung zusammengefasst. Damit kann die Komplexität des Interaktionsfeldes Innenwelt – Außenwelt lebendig anschaulich gemacht werden.

In dem soziokulturellen Atom wird damit deutlich, welche inneren Rollen durch welche äußeren Situationen und Personen in Beziehung stehen bzw. hervorgerufen werden. Protagonist Peter aus Abbildung 12 aktiviert die Rolle des enttäuschten Sohnes (A) in Bezug auf seinen früh verstorbenen Vater (1), während er die Rolle des fleißigen Mitarbeiters (B) gegenüber seinem wertschätzenden Chef (2) zeigt. In einer Exploration dieser Zusammenhänge kann auch das Verhältnis der verschiedenen Rollen, sowohl im kulturellen als auch im sozialen Atom *untereinander* in den Fokus gerückt werden. Wir harmonieren der ‚enttäuschte Sohn' und der ‚fleißige Mitarbeiter'?

7 Vgl. auch Daytons Rollendiagramm (Stadler und Kern 2010, S. 159 f.)

Abbildung 12 Soziokulturelles Atom (aus: Stadler und Kern 2010, S. 179)

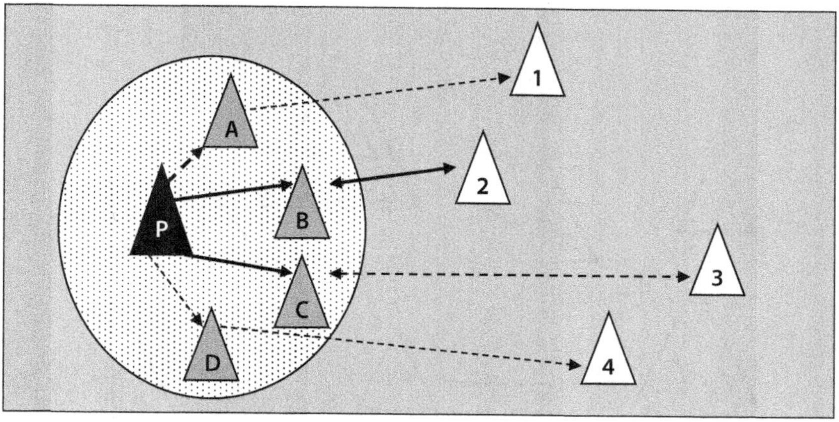

Einzelne Rollen können in Aufstellungen des soziokulturellen Atoms mit Symbolen oder Gruppenmitgliedern unterschiedlich stark exploriert werden. Dabei kann z. B. das gesamte soziokulturelle Atom im Fokus sein, aber auch nur Teile davon, z. B. die eine spezielle Beziehung zweier innerer oder äußerer Konstellationen. Sich wiederholende Rollen können von Interesse sein, ebenso ein sich wiederholendes Beziehungsmuster zu anderen Personen. Das ‚Innere Team' von Schulz von Thun (2004) ist *eine* populäre Anwendung dieses Konzeptes.

4.6 Das Projekt-Atom

Mit dem Projektatom betritt man ein anderes Arbeitsfeld, behält aber im Wesentlichen die Methodik bei. Hauptanwendung findet es in der Organisations-, Team und Personalentwicklung. Soziale, kulturelle und soziokulturelle Atome werden mit soziometrischem Handwerkszeug untersucht, und tragen zum besseren Verständnis von organisationalen Ist-Zuständen und Veränderungsprozessen bei (Strobusch 2004; Strobusch et al. 2008; Baumann und Strobusch sowie Kern und Kress in diesem Band).

Ein Beispiel einer visuellen Darstellung findet sich in Abbildung 13, in der das Ausmaß sozialer Vernetzung und die Qualität der Beziehungen eingezeichnet sind.

Abbildung 13 Beispiel eines Projektatoms (Strobusch et al. 2008)

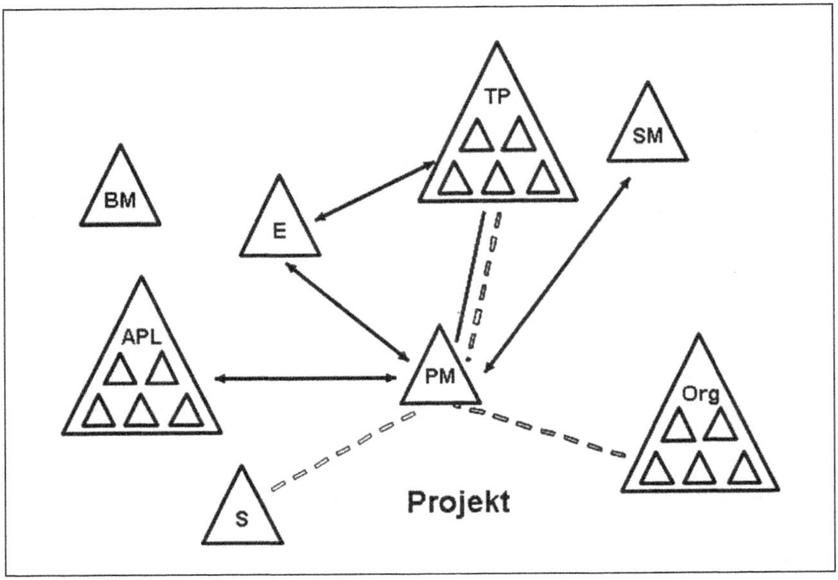

4.7 Die Familienaufstellung oder: das Soziale Atom der Familie

Ähnlich wie das Projekt-Atom ist die Familienaufstellung eine Spezialform eines sozialen Atoms in einem bestimmten Kontext. Es kann wie das klassische soziale Atom zunächst gezeichnet werden („Wer gehört für Dich zu Deiner Familie? Wer steht Dir wie nah oder fern? Wer hat welche Bedeutung für Dich? Zu wem hast Du welche Beziehung?"). Danach wird das gezeichnete System im Gruppensetting mit Personen besetzt und in vivo aufgestellt, im Einzelsetting werden die Personen meist mit Stühlen, Handpuppen oder Figuren repräsentiert. Bei der Arbeit mit PatientInnen hat es sich bewährt, bei der Symbolwahl auf Indikationsfragen zu achten: je mehr strukturelle Defizite bei Menschen bestehen, desto entlastender werden in der Regel neutrale Objekte wie Steine oder einfache Holzfiguren empfunden. Je reifer die Persönlichkeit, desto differenzierter können die Symbole sein (Hexe, Tiger, Drache). Das Familienstellen kann sowohl für die Herkunfts- als auch für die Gegenwartsfamilie durchgeführt werden; es ist sowohl eine Kombination aus beidem möglich, als auch z. B. ein Vergleich der beiden Systeme.

Das so genannte Familienstellen nach Hellinger hat diese Vorgehensweise populär gemacht, aber dem Arrangement letztlich auch großen Schaden zugefügt.

Wesentliche Axiome und Regeln der Soziometrie werden dabei missachtet[8], und den aufstellenden Personen werden im Hellinger'schen Setting Richtig/Falsch-Lösungen und absolute Wahrheiten ‚verkauft', die *für* die ProtagonistInnen statt *von* ihnen gefunden werden.

4.8 Andere Abbildungsformen von Netzwerken

Soziale Netzwerke gibt es in verschiedenen Zusammenhängen und sie können in ihrer Darstellung sehr unterschiedliche Formen annehmen (siehe Abbildung 14). Interessante Beispiele finden sich bei Christakis und Fowler (2010).

Abbildung 14 Netzwerkformen (Christakis und Fowler 2010, S. 28)

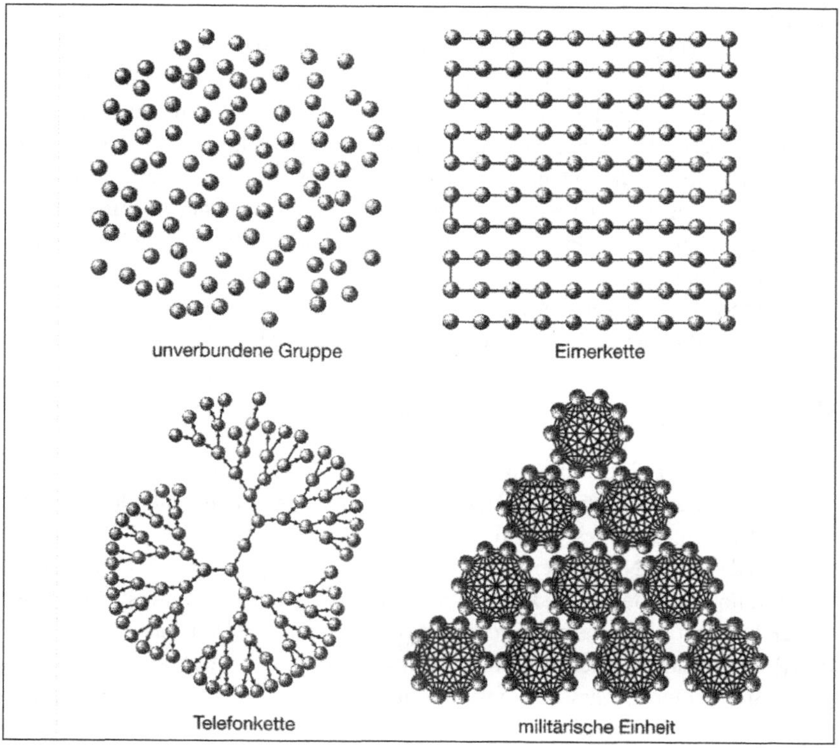

8 Vgl. Buer (2005)

4.9 Das Netzwerk Coaching System (NCS)

Das von Stimmer und Stimmer (2008) entwickelte Netzwerk Coaching System ist eine computergestützte Visualisierungsform für Beziehungs- und Rollennetzwerke. Auf dem Bildschirm oder per Beamer auf eine Leinwand projiziert werden soziale und kulturelle Atome elektronisch bearbeitbar. Ist- und Wunsch-, bzw. Soll-Zustände sind damit vergleichbar, Zeitreihenanalysen können einfach erstellt und verschiedene Gruppen- und Paarkonstellationen jeweils zueinander in Beziehung gesetzt werden (vgl. Spitzer in diesem Band).

4.10 Analyse und Interpretation von Netzwerken

Das grafische Erstellen eines sozialen Atoms ist meist schnell gemacht. Es eignet sich von daher auch für frühe und zeitlich eng umschriebene Beratungs- und Therapiephasen. Erste Fragestellungen, die mit den KlientInnen besprochen werden können, sind ebenso schnell gefunden. In den Anwendungskapiteln in diesem Band finden sich eine Reihe interessanter feldbezogener Beispiele dafür. Allgemein kann mit nahe liegenden Fragen danach, was als erstes ins Auge fällt, oder was einem besonders gefällt bzw. missfällt, und was man auf jeden Fall verändern möchte, beginnen. Dies bietet meist schon Stoff für eine ganze Beratungssequenz.

Soppa (2001, S. 171 f.) hat eine Liste von möglichen Fragestellungen zusammengestellt, die an die ProtagonistInnen der sozialen Atome gerichtet werden können (Tabelle 3).

Der Blick auf die reine Anzahl der Personen in einem sozialen Atom ist wie das meiste Phänomenologische deutungsbedürftig: Menschen können soziale Netze mit vielen Personen haben, und sich dennoch einsam fühlen und vice versa. D. h. Netzwerke bilden nur eine Grundlage für explorierende Fragen an die ProtagonistIn.

Steht das Soziale Atom – wie das meist der Fall ist – im Kontext eines bestimmten Beratungsauftrags, z. B. „Wie kann ich wieder einen neuen Job finden?", ist die Analyse nach diesen Kriterien zu differenzieren. Ein schönes Beispiel dafür, dass dabei das Naheliegende nicht immer das Geeignete ist, lieferte der Soziologe Granovetter, der die Qualitäten von Beziehungen näher untersuchte. Eines seiner bis heute bekannten Ergebnisse ist die „Stärke schwacher Beziehungen" (1983). Diese haben „wichtige Funktionen im Bereich der Integration von Untergruppen und dem Zugang zu Informationen und Individuen, die ein anderes Profil als die eigene stark verbundene […] Umwelt haben […]. Die Stärke schwacher Beziehungen liegt vor allem in ihrem Potential der Anpassungsfähigkeit begründet […]. Schwache Beziehungen erlauben dem Einzelnen kurzzeitig und kurz-

Tabelle 3 Auswertungsfragen Soziales Atom nach Soppa (2001)

Fragestellungen zur Analyse eines Sozialen Atoms
Wer ist die jeweilige Person?
Wo lebt die Person?
Welche Bedeutung hat die Person für dich?
Was macht die Beziehungsqualität aus?
Was bedeutet die Lage und Größe deines eigenen Symbols für dich?
Welchen Raum hast du in deinem sozialen Atom?
Zu welchen Personen geht deine Energie?
Welche Konstellation(en) würdest du gerne verändern?
Gibt es Personen, an die du gedacht, aber sie nicht gezeichnet hast?
Gibt es eine erkennbare Balance in deinem Atom?
Was fällt dir an den Konstellationen deines Bildes auf?
Wie wirkt es als Bild?
Gibt es eine Überschrift?

fristig aus ihren von Verpflichtungen geprägten, eng geknüpften sozialen Kreisen auszubrechen, und zusätzliche Strategien zu erkunden." (Avenarius 2010, S. 104) Seine Untersuchungen haben für das Feld der Arbeitssuche ergeben, dass gerade nicht das enge, dicht geknüpfte Netzwerk dabei hilft, eine neue Arbeitsstelle zu finden, sondern dass ein Netzwerktypus hilfreich ist, in dem schwache Beziehungen zu anderen Netzwerken bestehen, also Menschen, die davon gehört haben, dass andere Menschen …, die dann als Brücken zu diesen anderen Netzwerken fungieren können. Starke Beziehungen geben Halt, schweißen zusammen, können aber durch ihren hohen Anpassungs- und Verpflichtungsdruck Veränderungen auch behindern. Schwache Beziehungen dagegen können die Verbreitung von Krankheitserregern erklären, hilfreiche Details und Informationen liefern, Erfolge von ManagerInnen und Beförderungen von MitarbeiterInnen verstehbar machen (vgl. Avenarius 2010, S. 104 f.; Christakis und Fowler 2010, S. 202 ff). Es kann also durchaus hilfreich sein, in einer Netzwerkanalyse wie z. B. einem sozialen Atom genau dort hinzusehen, wo lose, weniger verbindliche Beziehungen bestehen, oder überhaupt die Personendichte im Netzwerk nicht so hoch ist.

Abbildung 15

Die drei rechten Figuren in der Abbildung 15 können wahrscheinlich ausgezeichnet zusammen singen, wenn es jedoch darum ginge, wer eine neue Musikrichtung in die Gruppe bringt, könnte die Person ganz links am hilfreichsten sein.

Manchmal bringt aber allein schon das reine Auszählen, also der quantitative Zugang eine Erkenntnis: Unterschiedliche Studien zeigen, dass in Folge psychischer Erkrankung oder Behinderung oder durch Pflegebedürftigkeit die sozialen Netzwerke von einem Ausdünnungsprozess bedroht sind, der bis zur Isolation der betreffenden Person führen kann. Stigmatisierungen und Krankheitsverläufe, z. B. bei chronisch psychisch kranken Menschen führen zu signifikant kleineren Netzwerken als bei der Durchschnittsbevölkerung (vgl. Kardoff 2010, S. 718).

Wie auch immer man zu den populären Netzwerken wie z. B. Google, Facebook, Youtube oder Wikipedia stehen mag, der Zugriff auf „entfernte" Informationsquellen und Personen, sowie die Verbreitung von Informationen gelingen innerhalb dieser Netzwerke relativ einfach. Am Ende bleibt den NutzerInnen selbstverständlich die Sortierarbeit nach ihren jeweiligen Qualitätskriterien. Christakis und Fowler (2010) beschreiben ausführlich den Wahlkampferfolg Barack Obamas anhand seiner clever genutzten Internet-Strategien. Die Schattenseiten von manchen Online-Netzwerken sind hinlänglich bekannt; ca. 11 Millionen Menschen halten sich jeden Monat viele Stunden in der virtuellen Welt von ‚World of Warcraft' in der Rolle ihrer Avatare in ihren Netzwerken auf (vgl. Christakis und Fowler 2010, S. 322), und nicht selten zeigt sich darin ein Vermeidungsverhalten was mit einer Spielsucht assoziiert ist.

Eine weitere interessante Herangehensweise an Netzwerke fokussiert einen ähnlichen Punkt wie die *Brücken* bei Granovetter. Simmel beschäftigte sich mit der *Kreuzung sozialer Kreise* (1992). Ausgehend von den sozialen Atomen der

Herkunftsfamilie, bzw. der Stammes oder der Dorfgemeinschaft richtete er seinen Blick auf die Weiterentwicklung, „in der jeder Einzelne ein Band zu Persönlichkeiten, welche außerhalb dieses ursprünglichen Assoziationskreises liegen und stattdessen durch sachliche Gleichheit der Anlagen, Neigungen, Tätigkeiten usw. eine Beziehung zu ihm besitzen; die Assoziation durch äußerliches Zusammensein wird mehr und mehr durch eine solche nach inhaltlichen Beziehungen ersetzt. [...] so schließen die höheren praktischen Gesichtspunkte die gleichen Individuen aus durchaus fremden und unverbundenen Gruppen zusammen; es stellen sich neue Berührungskreise her" (Simmel 1992, S. 456 f.). Eine hilfreiche Interpretation in Bezug auf soziale Atome kann also auch der Entwicklungsaspekt im Laufe der Lebensspanne sein, wobei besonders Schwellensituationen interessante Einblicke gewähren dürften: Kindergarten, Schuleintritt, Pubertät, Auszug aus dem Elternhaus, Arbeitsbeginn, Wohnortwechsel, Eintritt in den Ruhestand.

Simmel und in der Folge eine Reihe neuerer AutorInnen (vgl. Nollert 2010) haben abgeleitet aus obigem Konzept die These belegt, „dass die soziale Kohäsion moderner Gesellschaften darauf beruht, dass ihre Mitglieder nicht in sozialen Netzwerken mit deutlichen Struktur- und Sinngrenzen verbleiben, sondern sich individualisieren, indem sie in möglichst vielen unterschiedlichen, selbstverständlich aber auch nicht zu vielen Netzwerken Wurzeln schlagen." (Nollert 2010, S. 163) Dies führe zu einer „Pluralisierung von Beziehungsmustern und Unterstützungsressourcen" (a. a. O.). *Multiplexität* ist der Fachbegriff für den Sachverhalt, dass Menschen unterschiedliche Arten von Beziehungen, oft auch mit ein und demselben Menschen unterhalten. Ist z. B. Anna sowohl die Ehefrau, die Freundin, die Facebook-Freundin als auch die Arbeitskollegin von Paul, unterhalten sie in vier getrennt untersuchbaren Netzwerken eine Beziehung; zumindest in den letzten dreien werden in der Regel noch andere Personen sein. Diese Netzwerke können einzeln, aber auch in einer gemeinsamen Grafik dargestellt werden (vgl. Christakis und Fowler 2010, Abbildung vor S. 224).

Weiß (2011) beschreibt, wie eine Netzwerkanalyse mit dem Fokus auf unterschiedliche Netzwerke (betrieblich, persönlich, beruflich, gesellschaftlich) einer Person im Einzelsetting auch soziodramatisch[9] gestaltet werden kann (Weiß 2011, S. 223 ff).

9 Das Soziodrama beschäftigt sich nicht mit individuellen Themen, sondern mit Themen ganzer Gruppen, Gemeinschaften oder Kulturen (vgl. Wiener et al. 2011)

Ein Bild sagt alles (!?)

Um mögliche unterschiedliche Bedeutungen ein und desselben Bildes deutlich zu machen, wird hier noch einmal eine Abbildung (16) zum dezentralen Netzwerk eingefügt.

Abbildung 16 Dezentrales soziales Atom

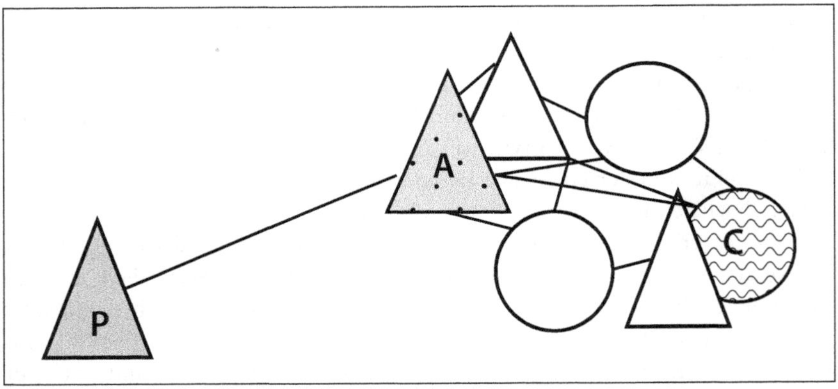

Abhängig vom Untersuchungsgegenstand kann P (die grau hinterlegte männliche Person links) entweder in einer glücklichen oder unglücklichen Lage sein.

1) Fokussiert man seine Position innerhalb des gesamten Netzwerkes werden Chancen und Risiken deutlich. Sind der Untersuchungsgegenstand die Wege und die Häufigkeit, mit der sich die sieben Personen kontaktieren, ist die Wahrscheinlichkeit, dass diese Person zu einer gemeinsamen Aktivität, die von C, der Person rechts unten (Kreissymbol mit Wellenlinien) ausgeht, eingeladen wird geringer als die einer der anderen Personen.
2) Ein Thema klassischer Netzwerkanalysen sind die Verbreitungswege von Geschlechtskrankheiten. In diesem Fall hätte P nun die bessere Ausgangslage, wenn z. B. C die infizierte Person wäre, es sei denn die Person P (grau) und A, die Person rechts daneben (Dreieck grau mit schwarzen Punkten) hätten einen infektionsträchtigen Kontakt miteinander.
3) Genauere Untersuchungen sozialer Netzwerke zeigen, dass das Chancen- und Gefährdungspotential eines Menschen nicht nur eine Frage der eigenen Identität ist, sondern besonders mit seiner Struktur in seinem Netzwerk und dem Verhalten seiner Umgebung zu tun hat (vgl. Christakis und Fowler 2010, S. 134 ff). Auch wenn P eine Partnerin suchen würde, hätte er in diesem Netz-

werk bessere Chancen auf die drei Frauen als die anderen zwei Männer. Dieses Phänomen bezeichnen Christakis und Fowler mit „Liebe deinen Übernächsten" (2010, S. 90 ff). Die allermeisten Beziehungen kommen durch Vorstellungen durch Dritte zustande.

Christakis und Fowler resümieren in ihrem soziologischen Bestseller „Connected!", dass Menschen sich in Netzwerken bewegen und aufhalten, weil die Vorteile der Vernetzung deutlich größer sind als die Risiken, die Menschen in Netzwerken eingehen. Freundschaften, Partnerschaften und die Warnung vor Gefahren haben einen (evolutionär) höheren Wert für Individuen als schädliche Phänomene wie z. B. die Verbreitung von Krankheitserregern (vgl. 2010, S. 375).

Eine weitere Analyse- und Interpretationsmöglichkeit von Netzwerken besteht darin, mehrere soziale Atome einer oder mehrerer Personen zu vergleichen. Das eine entspricht einer *Zeitreihenanalyse*, das andere einem *interpersonellen Vergleich*. Der Netzwerkvergleich ist mittlerweile computergestützt möglich (vgl. Spitzers Beitrag zum NCS in diesem Band); aber man kann auch einfach niederschwellig fragen, was ähnlich ist bei zwei verschiedenen Netzwerken, oder was gleich (geblieben) ist, bzw. was sich verändert hat. Auch für den Vergleich von Netzwerken ist die dreifache Perspektive Morenos von Nutzen, der Blick jeweils:

- auf das gesamte Netzwerk
- auf die Beziehungen darin, und
- auf die Personen (Konstanz bzw. Veränderung bzgl. Quantität, Qualität, Position und Bedeutung).

Im Bereich der Gesundheitsförderung können soziale Netzwerke z. B. unter folgenden Gesichtspunkten in ihrer Gesamtheit analysiert werden: in Bezug auf die Bedeutung nachbarschaftlicher Beziehungen und Netzwerke für die Bewältigung von Krisen, oder auf gesundheitsfördernde bzw. -schädigende Effekte bestimmter Netzwerkstrukturen. Ebenso kann der Netzwerkaufbau von Pflegeeinrichtungen oder von gewaltpräventiven Kinder- und Jugendhilfeeinrichtungen mithilfe dieser Methodik optimiert werden (vgl. Kardoff 2010, S. 715). Aber nicht nur im Gesundheitssektor, sondern auch in Unternehmens- und Organisationsentwicklungskontexten ist die Untersuchung und anschließende Interpretation von Netzwerkgrößen- und Strukturmerkmalen hilfreich (vgl. die Beiträge von Gellert; Baumann und Strobusch; Kern und Kress in diesem Band).

Möchte man in einer Untersuchung mehr die Personen fokussieren, können Prä-Post-Vergleiche hilfreich sein: vor einem kritischen Lebensereignis (z. B. Trauma, Scheidung, Pensionierung)/nach einem kritischen Lebensereignis, oder: im Zustand der Sucht/vor dem Zustand der Sucht.

Die Beziehungen betreffend gibt Leutz folgende Anregungen:

„Stehen die im sozialen Atom des Klienten in Erscheinung tretenden Menschen zueinander

a) in positiven Beziehungen, sodass der Klient durch seine Beziehungen zu ihnen in ein tragfähiges psychosoziales Netzwerk eingefügt ist oder
b) in negativen Beziehungen, sodass es etwa deren Konflikte sind, die sein Leben belasten?
c) beeinträchtigt oder verunmöglicht die positive Beziehung zu einem Menschen seines sozialen Atoms seine Beziehung zu einem anderen Menschen?" (Leutz 1974, S. 147 f.)

5 Der Soziometrische Test

„Wahlen sind grundlegende Faktoren in allen menschlichen Beziehungen. Wahlen betreffen Menschen oder Gegenstände. Ob die Motive dem Wählenden bekannt sind oder nicht, ist von sekundärer Bedeutung. Sie sind nur im Hinblick auf seinen kulturellen oder ethischen Index bedeutungsvoll. Es ist zunächst nebensächlich, ob sie unklar oder höchst deutlich, irrational oder rational sind. Solange sie spontan und echt das Selbst des Wählenden zum Ausdruck bringen, bedürfen sie keiner besonderen Rechtfertigung. Es sind Tatsachen erster Ordnung", so Moreno (1996, S. 446 f.). Während das soziale Atom das Individuum mit seinen Bezügen im Fokus hat, beschäftigt sich der soziometrische Test mit der *ganzen Gruppe*. Mithilfe dieses Tests werden die Tiefenstrukturen einer Gruppe deutlich. Diese sind anders als die Oberflächenstrukturen nicht ohne weiteres erkennbar. „Soziometrische Tests zeigen auf dramatische und exakte Weise, dass jede Gruppe unter ihrer oberflächlichen, greifbaren, sichtbaren, ablesbaren Struktur eine zugrunde liegende, nicht greifbare, unsichtbare, inoffizielle Struktur besitzt, die allerdings lebendiger, wirklicher und dynamischer ist als die erste" (Moreno 1981, S. 169). Diese *Tiefenstruktur* wirkt häufig intensiver als die Oberflächenstruktur, und wird durch den soziometrischen Test sichtbar gemacht. Das Ziel dieses Tests ist die Veränderung einer Gruppe oder Gemeinschaft hin zu mehr Kohäsion und damit letztlich auch zu einer gesteigerten Produktivität. Soziometrische Tests werden in der Regel in Bezug auf ein bestimmtes Kriterium mit einem Papier- und Bleistiftverfahren abgefragt. In dem Test müssen die GruppenteilnehmerInnen zu einer bestimmten Fragestellung („Kriterium") Entscheidungen treffen und Präferenzen zum Ausdruck bringen bezüglich der anderen GruppenteilnehmerInnen.

„Menschen sind nicht nur Träger vorgeschriebener und vorgeformter sozialer Rollen, sie werden auch von Gefühlen beeinflusst. Sie schätzen andere Menschen hoch oder gering ein und werden selbst hoch oder gering geschätzt. Sie treffen eine Wahl, mit welchen Menschen sie zusammen arbeiten wollen, wenn es eben möglich ist. Sie neigen dazu, für ihre Freunde zu stimmen und ihre Partei zu ergreifen; und das hat vielleicht größere Bedeutung als die jeweilige Streitfrage. Diese verborgene Struktur von Zu- und Abneigungen, von Wählen und Ablehnen versucht die Soziometrie zu erforschen. Sie untersucht die Strukturtypen (Konfiguration), die sonst unsichtbar sind und manchmal sogar dem institutionellen Gefüge sozialer Rollen widersprechen. Indessen will und kann die Soziometrie diese verborgenen Strukturen (Konfiguration) nicht als das untersuchen, was sie ‚wirklich' sind. Sie untersucht sie nur insoweit, als sie sich in den Aussagen der Menschen beim soziometrischen Test ausdrücken." (Nehnevajsa 1955 zit. nach Dollase 1976, S. 22) Mit dem letzten Statement bringt Nehnevajsa eine testtheoretische Einschränkung zum Ausdruck, die aber letztlich für alle Selbstoffenbarungsverfahren gilt. Der Test ist nur so aussagekräftig, wie die ProbandInnen ausreichend selbstreflexiv, und in ihren Aussagen offen und authentisch sind. Die Ergebnisse soziometrischer Tests sind aber ohnehin nicht allgemeingültig, sondern beziehen sich einzig und allein auf die untersuchte Gruppe und die untersuchte Fragestellung sowie auf den Zeitpunkt der Untersuchung (vgl. Moreno 1996, S. 368). Wenn Frau Anders in ihrer Firma zur besten Pharma-Vertreterin zum „Verkaufsstar" gewählt wird, kann es sein, dass sie erstens in der gleichen Firma zur Frage der Teamfähigkeit auf einem der „hinteren Ränge" landet, und zweitens kann es sein, dass sie in einer anderen Firma als Vertreterin keine guten Wahlergebnisse bekommt (gleiches Kriterium, andere Bezugsgruppe, anderer Zeitpunkt).

5.1 Indikation

Der soziometrische Test ist indiziert, wenn in Gruppen, Teams oder anderen Gemeinschaften das Gruppenklima, die Kohäsion oder die Kooperation unter den Mitgliedern destruktiv erscheinen bzw. niedere Werte aufweisen. Dies kann sich z. B. in mangelnder Produktivität, gespürten (unausgesprochenen) Spannungen und wechselseitigen Blockaden zeigen, aber auch schlicht in dem Eindruck, dass die Gruppe eigentlich – zum eigenen Schaden einzelner oder der Gesamtgruppe – unter der Oberfläche anders ‚tickt' als es die formale, äußere Struktur wiedergibt. Der soziometrische Test sollte auch nur dann durchgeführt werden, bzw. nur zu einem solchen Kriterium erhoben werden, wenn ein mögliches Ergebnis zu umsetzbaren Konsequenzen führen kann. Es macht z. B. keinen Sinn, wenn der Musiklehrer in einer Schulklasse erhebt, welche SchülerInnen am liebsten nebeneinander sitzen möchten, wenn von vorneherein klar ist, dass die Klassenlehrerin autoritativ festlegen möchte, wer wo sitzen soll. Es macht auch keinen soziometrischen Sinn, MitarbeiterInnen in einer süddeutschen Firma zu befragen, in welcher Abteilung und mit wem sie am liebsten arbeiten möchten, wenn klar ist, dass erstens zwei noch nicht benannte Abteilungen vom Vorstand geschlossen werden, und zweitens die Hälfte der verbleibenden MitarbeiterInnen an verschiedene Standorte in ganz Mitteleuropa verteilt werden sollen. Soziometrische Befragungen und Tests dieser Art erzeugen nur Unzufriedenheiten, die nicht aufgelöst werden können.

Ameln et al. plädieren dafür, dass der soziometrische Test nur bei klarer Indikation und mit Zustimmung aller beteiligten Personen durchgeführt wird (2009, S. 244). Da der soziometrische Test davor nicht sichtbare Tiefenstrukturen und dynamische Zusammenhänge einer Gruppe sichtbar macht, ist das Kriterium der Zustimmung allein schon aus ethischen Gründen wesentlich. Zur Reflektion der eigenen Motivation der GruppenleiterIn empfiehlt Hale, sich einige Fragen zu stellen. Neben der Frage nach der eigenen Motivation und nach Alternativen, einer Gruppe einen soziometrischen Test vorzuschlagen: „Welche Vorteile sehe ich in seiner Anwendung? Für mich? Für die Gruppe? Welche Nachteile sehe ich in seiner Anwendung? Für mich? Für die Gruppe? Gibt es einen Aspekt in der Vorgehensweise, dessen ich mir unsicher bin?“ (Hale 1985 zit. nach Ameln et al. 2009, S. 244).

Widerstände von TeilnehmerInnenseite gegen soziometrische Tests können an sich aber auch schon mit gruppendynamischen Prozessen zu tun haben. Ein Widerstand gegen die Durchführung eines soziometrischen Tests kann z. B. dadurch motiviert sein, dass bekannt werdende Abwahlen negative Rückwirkungen auf die Wählenden haben können. In Unternehmenskontexten werden zuweilen soziometrisch orientierte MitarbeiterInnenfeedbacks abgefragt. Dies kann bei kritischen Lagen negative Auswirkungen auf die Wählenden haben. Auch Hierarchien müssen unbedingt beachtet werden. Offen gelegte Wahlen haben Konsequenzen, und wenn sich die Gruppenstruktur nicht an den Tiefenstrukturen orientieren kann, sind hier unangenehme Konsequenzen möglich.

Sollten in einer Gruppe Widerstände bestehen, kann es sinnvoll und zweckmäßig sein, den Test nur auf die Anziehungen oder positiven Wahlen zu beschränken. Die Beschränkung auf die *positiven* Wahlen ist in der Regel ohnehin alltagsnäher, da sich die meisten Menschen mehr für die Menschen interessieren, für die sie positive Wahlen zeigen. Es sind aber auch Fragstellungen vorstellbar, bei denen gerade die Abwahlen und dort besonders die Hinterfragung der Motive für eine Diskussion relevant sind. Ein Beispiel wären gesellschaftliche Abwahlen von Minderheiten. Sollen durch soziometrische Tests Veränderungen in Gruppen oder Gemeinschaften durchgeführt werden, ist die Erhebung der negativen Wahlen unabdingbar, will man nicht neue Spannungslagen erzeugen.

5.2 Durchführung

Für die Durchführung des Tests wird zunächst von der LeiterIn oder der Gruppe als Ganzer eine Fragestellung oder ein Kriterium vorgeschlagen und festgelegt. Zum Beispiel könnte sich ein Team, das vor die Aufgabe gestellt ist, in verschiedenen Projekten zusammen zu arbeiten, das Kriterium wählen: „Mit wem arbeite ich am produktivsten zusammen?" Alle Gruppenmitglieder erhalten nun die gleiche Anzahl von Stimmen, und wählen – geheim oder offen – innerhalb der Gruppe durch Verteilung ihrer Stimmen, wem sie für das Kriterium „produktivste Zusammenarbeit" die meisten, die zweitmeisten etc. Stimmen geben möchten. Es entstehen dadurch Rangbildungen, die sich entweder auf die ganze Gruppe beziehen oder nur auf die ersten drei Plätze (*partielle Rangbildungsmethode;* vgl. Dollase 1976, S. 41). Wie bereits oben erwähnt, gibt es dabei zwei Vorgehensweisen: entweder es werden nur positive Stimmen vergeben (positive Rangreihen für die Plätze eins bis drei; Bsp. siehe oben), oder es werden positive *und* negative („mit wem ist meine Zusammenarbeit am wenigsten produktiv?") Wahlen abgegeben (positive und negative Rangreihen, jeweils Plätze eins bis drei).

Neben der Erhebung zu einem Kriterium können auch Vorgehensweisen gewählt werden, bei denen ein Kriterium in steigender Intensität abgefragt wird:

- „Mit wem möchten Sie in der Kantine zum Mittagessen gehen?"
- „Mit wem möchten Sie gemeinsam einen Workshop leiten?"
- „Mit wem möchten Sie sich ein Büro teilen?"

Eine ebenfalls häufig angewandte Variante ist die Erhebung zu zwei verschiedenen Kriterien:

- „Mit wem möchten Sie einen Vortrag gemeinsam halten?"

und

- „Mit wem möchten Sie den Betriebsausflug planen?"

Nachdem hier unterschiedliche Qualitäten relevant sind, ist die Wahrscheinlichkeit größer, dass sich die positiven und negativen Wahlen verteilen, und niemand dadurch „leer" ausgeht, dass er *keine* Wahlen erhält. Verknüpft man die beiden Kriterien zu einer Wahl, erhält man eine so genannte bipolare Skala (siehe Abbildung 17), beide Extreme bilden im Beispiel erwünschte Zustände ab; ebenso können die Extreme die unerwünschten Zustände signalisieren.
Zwei Beispiele von Skalen, denen jeweils soziometrische Tests zu verschiedenen Kriterien zugrunde liegen werden im Folgenden angeführt, die Duncan-Skala und die Skala von Wright, Bond und Denison.

Abbildung 17 Bipolare Skala zu zwei Kriterien

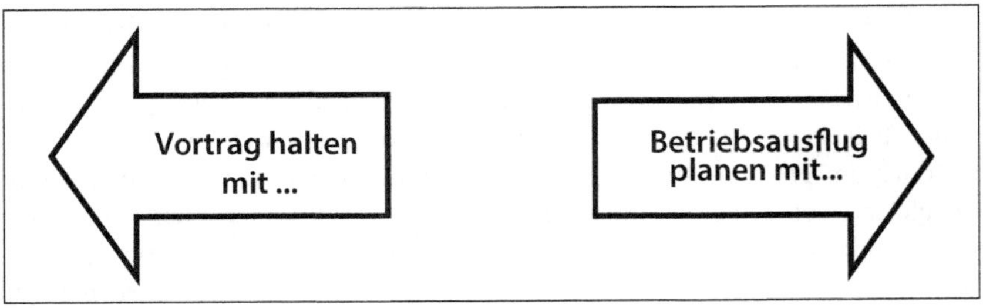

1) Wer sind die drei Personen in Ihrer Gruppe, die am besten in der Lage sind, ihre Gefühle auszudrücken, ohne dass sie die Gefühle anderer verletzen?
2) Wer sind Ihrer Meinung nach die drei Personen in Ihrer Gruppe, die sich selbst am besten verstehen können, d. h., die sich ihrer Vorzüge und Nachteile bewusst sind?
3) Wer sind diejenigen Personen Ihrer Gruppe, die stets offen sind und sich davor hüten, engstirnig zu werden?
4) Wer sind die drei Personen in Ihrer Gruppe, die noch am ehesten und effektivsten mit den täglichen Mühen und Problemen fertig werden?
5) Welche drei Personen in Ihrer Gruppe sind in der Lage, tiefere und ausgedehntere Beziehungen mit anderen zu gestalten und sich ernsthaft mit dem Problem anderer auseinanderzusetzen?
6) Welche drei Personen in Ihrer Gruppe scheinen am erfolgreichsten in allen Phasen ihres Lebens gewesen zu sein: sozial, persönlich, erziehungsmäßig, etc.?

(Duncan-Skala zit. nach Dollase 1976, S. 71)

Die Duncan-Skala erfragt positive Wahlen zu soziometrischen Kriterien, die vor allem im Bereich der Persönlichkeitsbildung und -entwicklung sowie im therapeutischen Kontext einer Gruppe von Bedeutung sind. Die Skala von Wright, Bond und Denison zielt auf ein ähnliches Anwendungsgebiet, nämlich auf die von Jahoda konzipierte *personelle Effektivität.*

1) *Selbstwahrnehmung:* Wer sind die drei Personen in Ihrer Gruppe, die den klarsten Eindruck von sich selbst haben, was sie tun und was sie tun können?
2) *Selbstaktualisierung:* Wer sind die drei Personen in Ihrer Gruppe, die enge Freunde haben, deren Ansichten unterschiedlich von ihren eigenen sind?

3) *Integration:* Wer sind die drei Personen in Ihrer Gruppe, die am besten in der Lage sind, neu auftauchende Situationen zu meistern?
4) *Autonomie:* Wer sind die drei Personen in Ihrer Gruppe, die sich noch am ehesten über ihre Motive bei konformem und rebellierendem Verhalten bewusst sind?
5) *Wahrnehmung der Realität:* Wer sind die drei Personen in Ihrer Gruppe, welche Evidenz für ihre Ansichten suchen und die gleichzeitig ihre Ansichten in Übereinstimmung mit den Evidenzen, die sie finden, auch ändern können?

(Skala von Wright, Bond und Denison zit. nach Dollase 1976, S. 72)

5.3 Auswertung

In der Regel werden heute soziometrische Tests so durchgeführt, dass die Auswertung mit der Gesamtgruppe erfolgt, d. h. alle TeilnehmerInnen legen alle Wahlen und Abwahlen offen, und es können die Motive ausführlich besprochen werden. Nur im Kontext von Schule wird dies nicht immer gemacht. Dieses nicht offene Vorgehen hat Geschichte; schon Moreno schrieb in Bezug auf seine Untersuchung in der Hudson School for Girls: „Wir garantieren absolute Vertraulichkeit der Informationen. Kein Mädchen wusste, von wem es gewählt oder abgestoßen wurde. Auch die Motivierungen wurden geheim gehalten." (Moreno 1996, S. 182) Über die unterschiedlichen Auswirkungen von offener bzw. nicht offener Ergebnisaus-

Tabelle 4 Soziometrische Auswertung (Stadler und Kern 2010, S. 184)

Mögliche Auswertungsfragen für soziometrische Tests
Wer hat wen gewählt (positive Wahlen) bzw. abgewählt (negative Wahlen)?
Wer hat wie viele Stimmen bekommen (Frage nach Stars oder Isolierten)?
Wer hat keine Stimmen bekommen (weder positive noch negative)?
Gibt es gegenseitige Wahlen (++ oder −−)?
Gibt es entgegen gesetzte Wahlen (+− oder −+)?
Wie unterscheiden sich die Wahlen für Einzelne in Abhängigkeit von den festgelegten Kriterien?
Stimmen die eigenen erhaltenen positiven und negativen Stimmen mit den eigenen Erwartungen überein (Perzeption)?
Gibt es Ketten in der Stimmverteilung (A wählt B, B wählt C, C wählt D)?
Gibt es Kreise in der Stimmverteilung (A wählt B, B wählt C, C wählt A)?
Gibt es Sterne in der Stimmverteilung (A, B, C und D wählen alle E, aber sich nicht gegenseitig)?

wertung sollte sich die GruppenleiterIn vor der Testdurchführung ausführlich Gedanken machen. Beide Vorgehensweisen zeigen Effekte.

Vor der Klärung der Motive wird die quantitative Auswertung des Tests durchgeführt (siehe Tabelle 5 oberer Teil). Danach werden anhand verschiedener Fragestellungen Tabellen (siehe Tabelle 5 grau hinterlegter unterer Bereich) und Soziogramme (siehe Abbildung 25) erstellt, die die Ergebnisse grafisch veranschaulichen. Anschließend erfolgt die Besprechung der Ergebnisse, die den größten Teil des soziometrischen Tests einnimmt.

Abwahlen bzw. Nicht-Gewählt-Werden können kränken, sind aber an sich kein objektiv ungünstiges Ergebnis. Ob ein Ergebnis kränkt, ist kriterium-, kontext- und personabhängig. Ist einer Person zu einem bestimmten Zeitpunkt das Kriterium und die Gruppe wichtig, kann eine Abwahl, eine Nichtwahl oder die Summe der negativen Stimmen verletzen. Moreno zitiert einen Fall, wo dies aus personbezogenen Gründen nicht der Fall war: „Wähle mich nicht! Ich ziehe die Einsamkeit vor." (1996, S. 375) Entscheidend sind auch hier nicht das rein quantitative Ergebnis, sondern die zugrundeliegenden Motive und Interpretationen der Betroffenen. Die Zahlen können zwar zunächst eine starke innere Dynamik bei den Betroffenen und in der Gruppe auslösen, lassen sich aber meist verstehen und damit die Dynamik handhabbar machen. Dies hat jedoch Grenzen, wenn GruppenteilnehmerInnen ihre Motive tautologisch begründen („ich habe dich nicht gewählt, weil ich mir nicht vorstellen konnte, dich zu wählen…", „…weil andere mir bei dem Kriterium näher waren"), ihre Wahl selbst nicht verstehen („das war eine Bauchentscheidung"), oder die Motive bewusst verschleiern wollen („ich möchte sie nicht verletzen, darum sage ich etwas Nichtssagendes"). Ausgehend vom günstigen Fall, dass die eigenen Motive selbstreflexiv wahrgenommen und erläutert werden können, bringt die Diskussion darüber in einer fairen Feedback-Kultur konstruktive Veränderungsimpulse in eine Gruppe und für die Einzelnen. An dieser Stelle spielen die Haltung und Vorgehensweise der Gruppenleitung eine große Rolle; gelingt es, die TeilnehmerInnen zu motivieren, ihre Wahlen in einer sowohl wertschätzenden wie authentischen Weise zu erläutern, lassen sich unnötige Kränkungen vermeiden. Auch der Schutz und die gründliche Aufarbeitung von Verletzungen durch Abwahlen (bei positiv besetzten Kriterien) ist eine zentrale Leitungsaufgabe an dieser Stelle. Auf der anderen Seite braucht es manchmal auch eine gewisse Hartnäckigkeit in der Nachfrage bei den Wählenden nach den Motiven für ‚unangenehme' Aussagen. Die oben genannte ‚Bauchentscheidung' ist zuweilen ein gutes Versteck für Botschaften, die man als Wählende dem Gegenüber nicht so gerne direkt sagt.

Die Aussagekraft und die Effektivität eines soziometrischen Tests hängt an zwei Faktoren, zum einen an der Wahl eines geeigneten Kriteriums, also an einer

Tabelle 5 Beispielwahlen in einem soziometrischen Test als Matrix

	Erhaltene Wahlen							
Abgegebene Wahlen	**Astrid**	**Daniel**	**Susanne**	**Maria**	**Gerd**	**Karl**	**Max**	**Monika**
Astrid		2	1	0	0	0	−3	3
Daniel	1		2		−1			3
Susanne	1	0		−3	0	0	−2	2
Maria	1		0		−2	2		
Gerd	1	−1	2	0		3	−3	0
Karl	2		1	0	−2		−3	0
Max	2		0		−1	3		1
Monika	2	0	1		−1	3	0	
Erhaltene pos. Wahlen	7	1	5	0	0	4	0	4
Erhaltene neg. Wahlen	0	1	0	1	5	0	4	0
Positive Übereinstimmungen	3	1	2	0	0	0	0	2
Negative Übereinstimmungen	0	1	0	0	2	0	1	0
Inkongruenzen +/−	1	0	0	0	1	2	2	0

Erläuterung zu Tabelle 5:
Astrid wählte in diesem Beispiel Susanne an erster Stelle, Daniel an zweiter und Monika an dritter. Umgekehrt wurde Astrid von Daniel, Susanne, Maria und Gerd auf Platz 1 gewählt. Astrid hat Max abgewählt. Insgesamt hat Astrid sieben positive Wahlen erhalten, und ist damit in Bezug auf dieses Kriterium der Star in der Gruppe, da sie die meisten positiven (7) und keine negativen (0) Wahlen erhalten hat. Dreimal hat sie jemand positiv gewählt und wurde gleichzeitig von dieser Person positiv gewählt (Daniel, Susanne und Monika). Einmal hat sie jemand negativ (Max) gewählt, und wurde gleichzeitig von ihm positiv gewählt (grau hinterlegt). Diese letzte Situation braucht zwischen den beiden am dringendsten Klärung, da sie für beide Seiten eher irritierend erlebt werden kann. Negativer Star in dieser Gruppe zu diesem Kriterium ist Gerd mit 5 negativen Wahlen, keiner positiven Wahl und zusätzlich einer Inkongruenz.

passenden Fragestellung für die Wahl, und zum anderen an einer fairen und offenen Besprechung der Wahlergebnisse. Wie oben bereits angedeutet sind hier ethische Grenzen und Persönlichkeitsrechte zu berücksichtigen. Abgewählt, bzw. nicht gewählt zu werden bei einem positiven Kriterium („Mit wem möchten Sie gerne einmal eine Stunde zusammen sitzen und etwas Persönliches besprechen?"), bzw. gewählt zu werden bei einem negativen Kriterium („Wer könnte am ehesten die unangenehme Aufgabe übernehmen, regelmäßig die Kaffeemaschine im Aufenthaltsraum zu reinigen?") können stark kränken.

Dass die Soziometrie lange Zeit das Stiefkind im Verfahren Psychodrama war, hing auch teilweise mit der unsachgemäßen Anwendung zusammen. Nicht selten sind in therapeutischen oder selbsterfahrungsorientierten Gruppen Verletzungen durch unpassende oder nicht gerechtfertigte Kriterien und Fragestellungen entstanden. Die im Encountermilieu populäre Fragestellung, welche der Anwesenden in einem vom Sinken bedrohten Boot bleiben dürfen und welche als erste ins Wasser geworfen würden, damit die Mehrheit überleben kann, mag in einer Live-Situation nach einem Schiffbruch eventuell Sinn machen, in einer Selbsterfahrungs- oder Therapiegruppe ist diese soziometrische Fragestellung aber für einzelne meist nicht mehr aufarbeitbar. In Teams, die weiterhin zusammenarbeiten müssen verbieten sich solche dynamisierenden Fragestellungen ohnehin (siehe Indikation). „Das Kriterium sollte anwendungsbezogen und sozial- und ethisch verträglich gewählt sein. Die Soziometrie hat schließlich zum Ziel, die Gruppenkohäsion und Produktivität zu verbessern, nicht die Isolierung einzelner Mitglieder offensichtlicher zu machen oder gar sie zu verfestigen." (Stadler und Kern 2010, S. 185)

Über die individuelle Auswertung hinaus kann sich die Gruppe als Ganze Fragen stellen wie etwa: „Was sagt das Ergebnis über uns als Gruppe aus?", „Was sind unsere Entwicklungsaufgaben?", „Was bzw. welche wahrgenommenen Eigenschaften bewerten wir als positiv, welche als negativ?" (vgl. auch Ameln et al. 2009, S. 248) Damit verschiebt sich der Fokus weg von den Individuen hin zu den Beziehungen und Dynamiken innerhalb einer Gruppe oder Gemeinschaft.

5.4 Allgemeine Ergebnisse

Im Rahmen seiner soziometrischen Tests kamen Moreno und nach ihm andere ForscherInnen zu gruppendynamisch relevanten Ergebnissen:

Die *erste* getroffene *Wahl* und die *erste* getroffene *Abstoßung* sind die *zuverlässigsten* soziometrischen Ergebnisse. (vgl. Moreno 1996, S. 367) Dies lässt sich u.a. daran erkennen, dass wie schon an früherer Stelle festgestellt, sich die ungenutzten Stimmen häufen, je mehr Stimmen die Wählende verteilen kann. Das bedeutet, dass sich die Aussagegültigkeit mit der Anzahl der vergebbaren Stimmen verschlechtert.

Paula ist sich zwar sicher, dass sie mit Beate zusammen einen Vortrag vorbereiten möchte, aber es ist für sie weniger bedeutsam, mit wem sie dies am zweitliebsten täte.

Auch hier gibt es selbstverständlich Ausnahmen, z. B. wenn Paula ein Dreier-Team zusammenstellen soll, oder wenn die Eintreffenswahrscheinlichkeit für die 2. Wahl höher als die für die 1. Wahl ist.

Paula bewirbt sich auf zwei Stellenangebote; die Traumstelle wäre für sie Verkäuferin in einem Hundefachgeschäft. Diese ist aber sehr wahrscheinlich schon mit einer Mitbewerberin besetzt worden. Die zweite Stelle, Verkäuferin in einem Naturkosmetikladen, wird sie wahrscheinlicher bekommen.

Das zweite allgemeine Ergebnis klingt etwas trivial: „Je höher der soziometrische Status eines Individuums ist, desto häufiger ist seine Interaktion mit anderen Gruppenmitgliedern.“ (Moreno 1996, S. 368) Je mehr Menschen eine bestimmte Person (positiv) wählen, desto häufiger ist diese Person in aller Regel in soziale Interaktionen verwickelt.

„Hypothese der *Wahlkonstanz:* […] Wahlen haben eine Tendenz, konstant zu bleiben.“ (Moreno 1996, S. 372) Dies gilt in der Regel nur in der gleichen Referenzgruppe und beim gleichen Referenzkriterium, also bei nahezu unveränderter Lage.

Häufig liegt bei Wahlen innerhalb einer Gruppe ein *reziproker* Prozess vor: wenn Paula Beate zu einem Kriterium (gemeinsamer Vortrag) positiv wählt, ist die Wahrscheinlichkeit grösser, dass auch Beate Paula zum selben Kriterium positiv wählt. Dies erklärt die Tatsache, dass in Gruppen eine Tendenz zur Bildung von homophilen Clustern besteht (Ameln et al. 2009, S. 243): es bilden sich Subgruppen und Cliquen von sich ähnelnden Menschen.

Die *Transitivität* ist das letzte der hier angeführten Ergebnisse soziometrischer Wahlprozesse. Wenn A B positiv wählt und B C positiv wählt, wächst die Wahrscheinlichkeit, dass auch C A positiv wählt; es handelt sich also um die Wahrscheinlichkeit, dass ein Freund eines Freundes auch mit der Ausgangsperson befreundet ist.

Paula spielt gerne mit Anja Tennis, und Anja spielt gerne Claudia Tennis. Damit wächst die Wahrscheinlichkeit dafür, dass auch Claudia gerne mit Paula Tennis spielt.

Christakis und Fowler haben festgestellt, dass Personen mit schwach transitiven Beziehungen tendenziell ihre Freunde in mehreren Gruppen haben und damit oft als Brücke zwischen unterschiedlichen Gruppen fungieren (vgl. 2010, S. 299). Die Entstehung von Netzwerken über Dritte muss dabei nicht notwendigerweise über reale Menschen laufen. Religiöse Gemeinschaften wie z. B. das Christentum bilden riesige Netzwerke von Gläubigen, deren gemeinsamer (oberster) Knotenpunkt Gott ist.

5.5 Der Perzeptionstest

In den Ablauf eines soziometrischen Tests wird bei ausreichender Zeit ein Perzeptionstest integriert. Bei diesem werden die TeilnehmerInnen gebeten, sich Gedanken zu machen, von wem sie denken, dass sie positive, negative bzw. keine Wahlen erhalten. Die Fragestellung bezieht sich also auf die vorgestellte Fremdwahrnehmung der eigenen Person: „Wer, denke ich, hat mich als erste, zweite, dritte Wahl genommen?", und „wer hat mich entsprechend abgewählt bzw. nicht gewählt?" Die Ergebnisse werden verglichen mit den tatsächlich erhaltenen Wahlen und Abwahlen, und geben Aufschluss über die Angemessenheit der eigenen Selbstwahrnehmung und über die Fremdwahrnehmung in Bezug auf die eigene Person. Der Perzeptionstest ist damit die soziometrische Variante eines Rollenwechsels im psychodramatischen Spiel. Die GruppenteilnehmerIn muss für den Perzeptionstest einen inneren Rollenwechsel mit den jeweils anderen Gruppenmitgliedern durchführen, und durch deren Augen die eigene Person wahrnehmen, eine so genannte Theory of Mind bilden. „Ein Maß für die Wirklichkeitsentfremdung gibt die Zahl der falschen „Vermutungen" eines Individuums hinsichtlich der Beziehungen zwischen den Individuen eines sozialen Atoms oder der Individuen, von denen es gewählt oder abgestoßen wird oder denen es selbst Zuneigung oder Abstoßung entgegenbringt." (Moreno 1996, S. 377)

5.6 Gütekriterien

Reliabilität

In einem Testverfahren, das gleichermaßen Diagnose- wie Interventionstechnik ist, macht ein Konzept wie Reliabilität nur bedingt Sinn, denn jede Intervention verändert die Positionen und Wirklichkeiten der Betroffenen. Nichts desto trotz ist die Reliabilität für soziometrische Wahlen untersucht worden. Dollase vergleicht ein solches Ansinnen mit dem Versuch, die Zuverlässigkeit einer Bundestagswahl zu erheben (1976, S. 277). Sieht man einmal von Irrtümern beim Ausfüllen der Bögen ab, was bei kleinen bis mittelgroßen Gruppen, für die ein soziometrischer Test Sinn macht, eher unwahrscheinlich ist („Oh, habe ich Susanne geschrieben? Ich meinte eigentlich Barbara!"), kann man davon ausgehen, dass die getroffene Wahl zum Zeitpunkt derselben tatsächlich den Willen der Wählenden ausdrückt. Nachdem der soziometrische Test für eine Fragestellung (Kriterium) nur für einen bestimmten Zeitpunkt gilt, und mit dem Akt des Wählens einen inneren Prozess beim Wählenden in Gang setzt, kann von einer hohen Re-Test-Reliabilität im testtheoretischen Sinne nicht ausgegangen werden. Ohne hier näher auf die testtheoretischen Implikationen eingehen zu wollen, seien in Kürze Ergebnisse zu der Frage der Reliabilität referiert.

„1) Je länger das Zeitintervall zwischen Test und Retest, desto geringer ist die Konsistenz der soziometrischen Urteile.
2) Je älter die Versuchspersonen sind, desto größer ist die Test-Retest-Konsistenz.
3) Je länger die Versuchspersonen miteinander bekannt sind, desto größer ist die Konsistenz der soziometrischen Wahlen zwischen Test und Retest.
4) Je relevanter das jeweilige soziometrische Kriterium für die Aktivität und Funktion der Gruppe ist, desto größer ist die Konsistenz der soziometrischen Daten zwischen verschiedenen Testzeitpunkten.
5) Je größer die Anzahl der Unterscheidungen ist, welche bei den soziometrischen Erhebungstechniken von den Versuchspersonen verlangt werden, desto größer ist die Konsistenz der soziometrischen Wahlen zwischen Test und Retest.
6) Je größer die Gruppe, von der die Wahlen erhalten werden, desto größer die Konsistenz der soziometrischen Daten zwischen Testgelegenheiten.
[...]
8) Je stärker die Intensität einer Wahl, desto geringer ist der Wechsel solcher Wahlen zwischen verschiedenen Testgelegenheiten."

Ergebnisse zur Reliabilität nach Dollase (1976, S. 274 ff)

Validität

Misst der soziometrische Test tatsächlich das, was er messen soll? Der Soziometrische Test bildet das Wahlverhalten einer bestimmten Gruppe zu einem bestimmten Kriterium und einem bestimmten Zeitpunkt ab. Auf Fragen des Widerstands und bewusster „falscher" Wahl wurde bereits weiter oben eingegangen. An dieser Stelle wird noch einmal deutlich, wie wichtig ein klares Kriterium für die Validität der soziometrischen Ergebnisse ist. Ein Kriterium „Mit wem möchtest du am liebsten einen Vortrag zum Thema Lagerhaltung von Streusalz halten?“ liefert klarere und eindeutigere Ergebnisse als etwa ein Kriterium „Mit wem möchtest du gerne zusammenarbeiten?“. Für die Beurteilung der Validität sind die Fragestellungen der Korrelationen wichtig: welche anderen Faktoren außer dem unmittelbar sichtbaren Kriterium haben Einfluss auf das Ergebnis (Wahl)? Nehnevajsa formuliert eine ganze Reihe korrelativer Zusammenhänge, z. B. „Ein hoher soziometrischer Status korreliert positiv mit dem Grad der Einsicht in die Beziehungsverhältnisse einer Gruppe“ oder: „Soziometrischer Status korreliert positiv mit sozio-ökonomischem Status“ (zit. nach Dollase 1976, S. 297 f.). Zur vertieften Auseinandersetzung mit diesen Fragestellungen seien die beiden Autoren empfohlen, auch wenn die Veröffentlichungen schon älteren Datums sind.

6 Das Soziogramm oder die Netzwerkkarte

Das Soziogramm ist die grafische Visualisierung sozialer bzw. soziometrischer Erhebungen. Dies kann in Form der Moreno'schen Soziogramme einzelner sozialer Atome oder ganzer Gruppen sein, aber auch in der Form von Familienstammbäumen (vgl. Straus 2010, S. 527 f.).

Im Wesentlichen werden vier Arten von Netzwerkkarten unterschieden:

1) Egozentrierte NWK (konzentrische Kreise um eine Ich-Position; siehe Abbildung 20 oben)
2) Nicht egozentrierte NWK (zweidimensionale Papier- und Stift-Darstellung ohne definierte Ich-Position)
3) Symbolisierte NWK (auf einer definierten Bühnenfläche wird mit Hilfe von Symbolen das Netzwerke dargestellt, z. B. mit Knöpfen, Münzen, Puppen, Figuren, Stühlen oder mit GruppenteilnehmerInnen)
4) Freie zeichnerische Darstellungen (siehe Abbildung 20 unten)

Ausführliche Darstellungen finden sich bei Schlechtriemen (in diesem Band) und bei Dollase (1976, S. 218 und 227). Dort werden die verschiedenen Typen von Beziehungen und Verknüpfungen innerhalb von Netzwerken dargestellt. Diese können z. B. schwach oder stark, einseitig bzw. wechselseitig sein, die Form einer Kette, eines Rades, Drachens oder eines Kreises annehmen, und sind von daher auch einer qualitativen Analyse zugänglich (vgl. Abbildungen 21–24).

Im Falle des soziometrischen Tests wird das Netzwerk gezeichnet wie ein dezentrales soziales Atom. Die positiven und negativen Wahlen werden mit Pfeilen zwischen den verschiedenen Symbolen dargestellt. Um die Rangreihe der Wahlen

Abbildung 18 Netzwerkkarten (Straus 2010, S. 530 ff). Obere Abbildung egozentriertes NW; untere Abbildung frei gezeichnetes NW

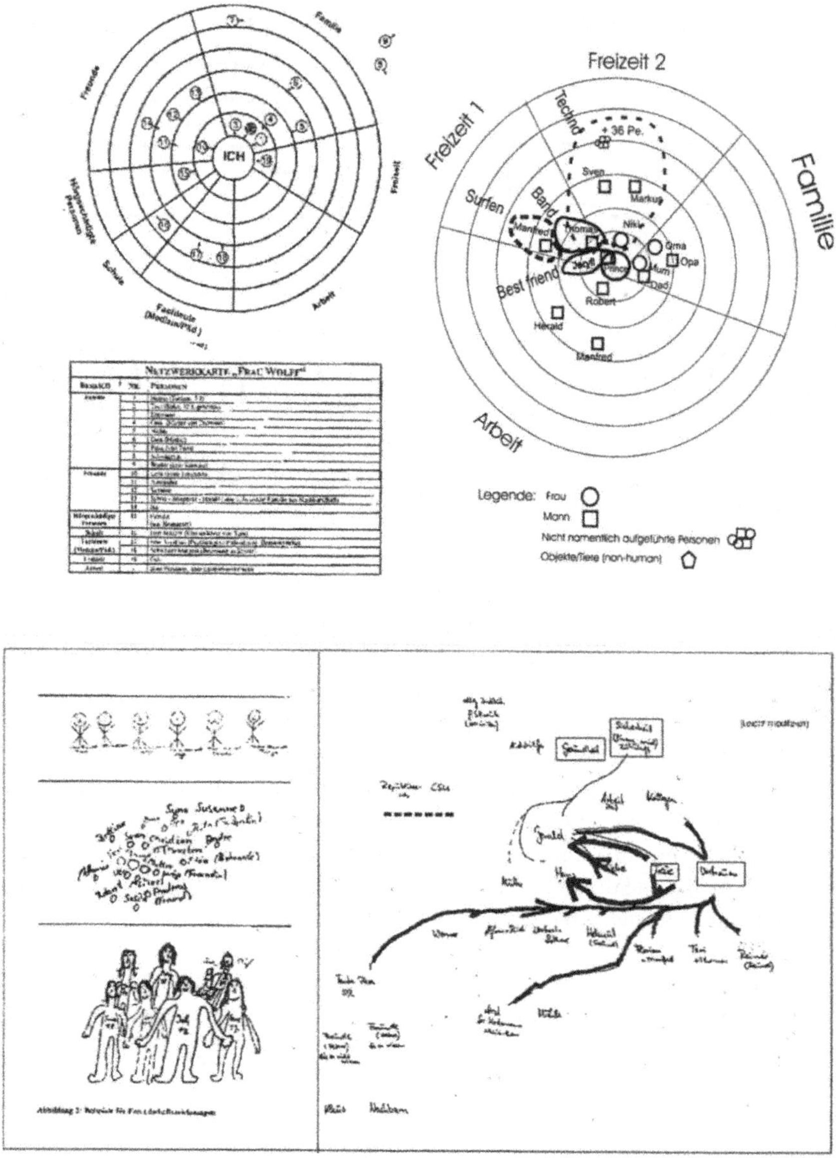

Abbildung 19–22 Im Uhrzeigersinn von rechts oben: starke Beziehung zu einer Person, radförmige Beziehung, Kettenbeziehung, Kreisbeziehung

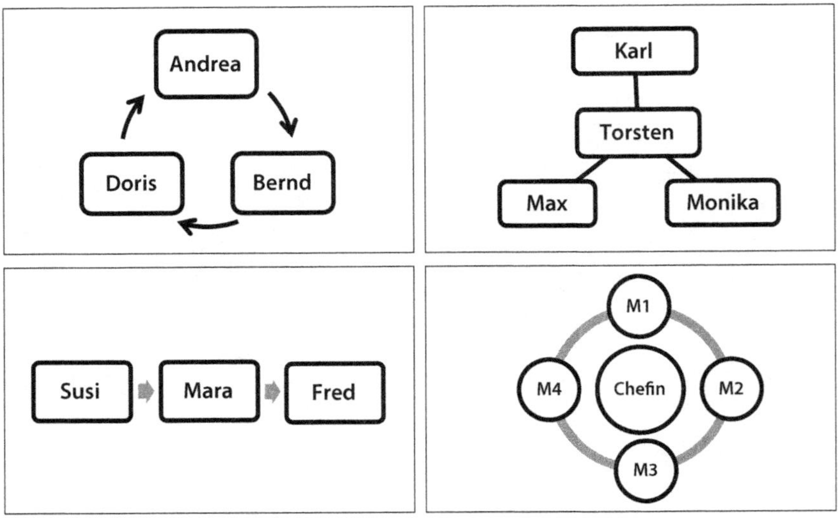

zu kennzeichnen, werden diese Pfeile nummeriert (z. B. 1 für erste Wahl, 2 für die zweite Wahl, usw., bzw. –1 für die erste Abwahl usw.).

Geht es in der Auswertung darum, die „positiven" oder „negativen" Stars zu identifizieren, kann dies anhand einer Tabelle gemacht werden, wie sie in Abbildung 23 zu sehen ist. In der rechten Spalte befinden sich die Gesamtsummen der positiven Wahlen für die betreffende Zeile. Es kann auch ein Kreissoziogramm erstellt werden, dabei bildet das Zentrum die maximal erhältliche Stimmenanzahl (Anzahl der Versuchspersonen minus 1); geht man die Ringe nach außen, nimmt die Zahl ab bis hin zum äußersten Kreis, in dem sich dann die Versuchspersonen befinden, die keine Stimmen erhalten haben (für die Abbildung 23 würden Gerd und Max im äußersten Kreis landen).

Soziogramme müssen heute nicht mehr von Hand gezeichnet werden, sondern können mittlerweile auch mithilfe von Computerprogrammen erstellt werden (vgl. Spitzer in diesem Band).

Abbildung 23 Geschichtetes Soziogramm positiver Wahlen ohne Rangreihen (Stadler und Kern 2010, S. 187)

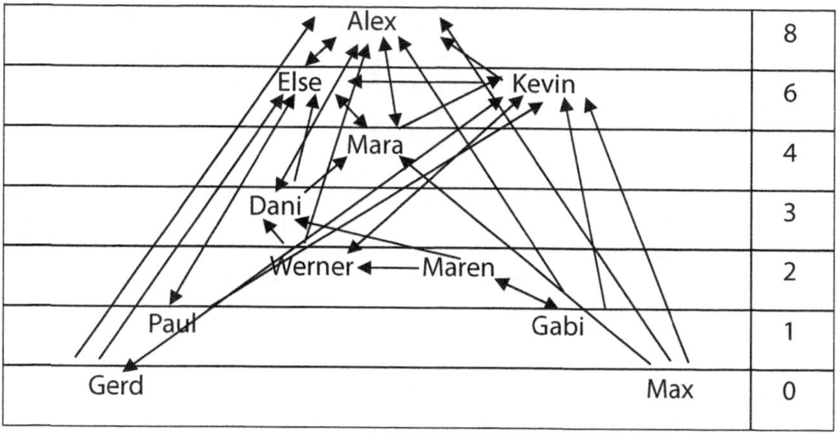

Literatur

Ameln, F. v., Gerstmann, R. u. Kramer, J. (Hrsg.) (2009): *Psychodrama*. Heidelberg: Springer (2.Aufl.)

Avenarius, C.B. (2010): Starke und Schwache Beziehungen. In: C. Stegbauer u. R. Häußling (Hrsg.): *Handbuch Netzwerkforschung* (99–111). Wiesbaden: VS Verlag Springer Fachmedien

Barnes, J. (2012): *Unbefugtes Betreten*. Köln: Kiepenheuer & Witsch

Baumann, B. (2011): Aktionssoziometrie als Arrangement in Projektworkshops. *Zeitschrift für Psychodrama und Soziometrie* 10 (2), 209–220. DOI 10.1007/s11620-011-0104-y

Baumann, B. u. Stadler, C. (2012): Psychodrama in der zweiten und dritten Dimension. Die Wandbühne im psychodramatischen Coaching. *Zeitschrift für Psychodrama und Soziometrie* 11 (2), 227–238, DOI 10.1007/s11620-012-0156-7

Beck, U. (1986): *Risikogesellschaft. Auf dem Weg in eine andere Moderne*. Frankfurt a.M.: Suhrkamp

Buer, F. (2005): Aufstellungsarbeit nach Moreno in Formaten der Personalarbeit in Organisationen. Beispiel: Aufstellung von Führungsdilemmata. *Zeitschrift für Psychodrama und Soziometrie* 4 (2), 285–310

Christakis, N.A. u. Fowler, J.H. (2010): *Connected! Die Macht sozialer Netzwerke und warum Glück ansteckend ist*. Frankfurt a.M.: Fischer

Dollase, R. (1976): *Soziometrische Techniken. Techniken der Erfassung und Analyse zwischenmenschlicher Beziehungen in Gruppen.* Weinheim: Beltz

Gellert, M. (1996): Lebendige Soziometrie in Gruppen. In: R. Bosselmann, E. Lüffe-Leonhardt u. M. Gellert (Hrsg.): *Variationen des Psychodramas. Ein Praxishandbuch - nicht nur für Psychodramatiker* (346–364), Meezen: Limmer

Gellert, M. u. Nowak, C. (2007): *Teamarbeit - Teamentwicklung - Teamberatung.* Meezen: Limmer

Gellert M. u. Ameln, F. v. (2011) (Hrsg.): Zeitschrift für Psychodrama und Soziometrie (2)

Gunkel, S. (2009): Psychodrama und Soziometrie. Erlebnisorientierte Aktionsmethoden in Psychotherapie und Pädagogik, *Zeitschrift für Psychodrama und Soziometrie* Sonderheft 1

Granovetter, M.S. (1983): The Strength of Weak Ties: A Network Theory Revisited. *Sociological Theory* 1, 201–233

Hale, A. (1994): Soziometrische Zyklen. Ein soziodynamisches Verlaufsmodell für Gruppen und ihre Mitglieder. *Psychodrama. Zeitschrift für Theorie und Praxis von Psychodrama, Soziometrie und Rollenspiel* 7 (2), 179–196

Kardoff, E. v. (2010): Soziale Netzwerke in der Rehabilitation und im Gesundheitswesen. In: C. Stegbauer u. R. Häußling (Hrsg.): *Handbuch Netzwerkforschung*, (715–724). Wiesbaden: VS Verlag Springer Fachmedien

Keupp, H. (1988): *Riskante Chancen. Das Subjekt zwischen Psychokultur und Selbstorganisation.* Heidelberg: Asanger

Krüger, R.T. (2010): Was ist Tele? Eine Klärung und Weiterentwicklung des Telekonzeptes von Moreno. *Zeitschrift für Psychodrama und Soziometrie* 9 (2), 225–238. DOI 10.1007/s11620-010-0079-0

Krüger, R.T. (2011): Die Gruppe als sich selbst organisierendes System. Konsequenzen für die psychodramatische Arbeit mit Gruppen. *Zeitschrift für Psychodrama und Soziometrie* 10 (2), 191–207. DOI 10.1007/s11620-011-0109-6

Leutz, G. (1974): *Das klassische Psychodrama nach J.L. Moreno.* Heidelberg: Springer

Marineau, R.F. (1989): *Jacob Levy Moreno 1889–1974. Father of psychodrama, sociometry and grouptherapy.* London, New York: Tavistock/Routledge

Moreno, J.L. (1936): Die Organisation des sozialen Atoms. In: J.L. Moreno (1981): *Soziometrie als experimentelle Methode,* (85–92), Paderborn: Junfermann.

Moreno, J.L. (1949): Die Atomtheorie in den Sozialwissenschaften. In: J.L. Moreno (1981): *Soziometrie als experimentelle Methode,* (83–84), Paderborn: Junfermann.

Moreno, J.L. (1981): *Soziometrie als experimentelle Methode.* Paderborn: Junfermann

Moreno, J.L. (1996): *Die Grundlagen der Soziometrie. Wege zur Neuordnung der Gesellschaft.* Opladen: Leske + Budrich

Moreno, J.L. (2008): *Gruppenpsychotherapie und Psychodrama.* 6.Auflage. Stuttgart: Thieme

Nollert, M. (2010): Kreuzung sozialer Kreise: Auswirkungen und Wirkungsgeschichte. In: C. Stegbauer u. R. Häußling (Hrsg.): *Handbuch Netzwerkforschung,* (157–165), Wiesbaden: VS Verlag Springer Fachmedien

Pessoa, F. (2006): *Das Buch der Unruhe*. Frankfurt a.M.: Fischer

Pruckner, H. (2004): Soziometrie. Eine Zusammenschau von Grundlagen, Weiterentwicklungen und Methodik. In: J. Fürst, K. Ottomeyer u. H. Pruckner (Hrsg) (2004): *Psychodramatherapie. Ein Handbuch* (161–192). Wien: Facultas

Sartre, J-P. (1982): *Das Sein und das Nichts. Versuch einer phänomenologischen Ontologie*. Hamburg: Rowohlt

Scherr F. (2010): *Jakob Levy Moreno im Flüchtlingslager Mitterndorf a. d. Fischa – eine Spurensuche*. Klagenfurt: Unveröffentlichte Diplomarbeit

Schindler, R. (1973): Das Verhältnis von Soziometrie und Rangordnungsdynamik. In: A. Heigl-Evers (Hrsg.), *Gruppendynamik* (30–36). Göttingen: Vandenhoeck & Ruprecht

Schulz von Thun, F. (2004): *Miteinander Reden 3. Das „Innere Team" und situationsgerechte Kommunikation*. Reinbek: Rowohlt

Schwehm, H. (1994): Soziometrie – Die Methode der Wahl. *Psychodrama. Zeitschrift für Theorie und Praxis von Psychodrama, Soziometrie und Rollenspiel* 7 (2), 165–178

Schlippe, A. v. u. Schweitzer, J. (2007): *Lehrbuch der systemischen Therapie und Beratung*. Göttingen: Vandenhoeck & Ruprecht (10.Aufl.)

Simmel G. (1992): Die Kreuzung sozialer Kreise. In: G. Simmel: *Soziologie. Untersuchungen über die Formen der Vergesellschaftung* (456–511). Frankfurt a.M.: Suhrkamp

Soppa, P. (2004): *Psychodrama. Ein Leitfaden*. Wiesbaden: Leske + Budrich

Spörrle, M. u. Strobel, M. (2007): Zum Zusammenhang zwischen soziometrischem Status und Aggression: Eine Bestandsaufnahme der aktuellen Forschungslage – Literaturübersicht und praktische Implikationen. *Zeitschrift für Psychodrama und Soziometrie* 6 (1), 43–66

Spörrle, M., Strobel, M. u. Stadler, C. (2009): Interkulturelle Netzwerkforschung: Eine kulturspezifisch-explorative Analyse des Zusammenhangs zwischen Merkmalen sozialer Netzwerke und Lebenszufriedenheit. *Zeitschrift für Psychodrama und Soziometrie* 8 (2), 297–319. DOI 10.1007/s11620-009-0059-4

Stadler, C. u. Kern, S. (2010): *Psychodrama. Eine Einführung*. Wiesbaden: Springer VS

Stahl, E. (2002): Dynamik in Gruppen. Weinheim: Beltz

Stegbauer, C. u. Häußling, R. (Hrsg.) (2010): *Handbuch Netzwerkforschung*. Wiesbaden: VS Verlag Springer Fachmedien

Stimmer, F. (2009): Spiegelbilder: Typen und soziokulturelle Atome narzisstischen Verhaltens. In: S. Gunkel (Hrsg.) (2009): Psychodrama und Soziometrie. Erlebnisorientierte Aktionsmethoden in Psychotherapie und Pädagogik. *Zeitschrift für Psychodrama und Soziometrie* Sonderheft 1, 113–130

Stimmer, E. u. Stimmer, F. (2008): „Soziokulturelle Atome" computergestützt? Das Netzwerk-Coaching-System (NCS). *Zeitschrift für Psychodrama und Soziometrie* 7(2), 281–290

Straus F. (2010): Netzwerkkarten – Netzwerke sichtbar machen. In: C. Stegbauer u. R. Häußling (Hrsg.): *Handbuch Netzwerkforschung* (527–538), Wiesbaden: VS Verlag Springer Fachmedien

Strobusch, F. (2004): Das ‚Projekt-Atom' beim Experten-Coaching. In: G. Hauke u. S. Sulz (Hrsg.): *Management vor der Zerreißprobe. Oder: Zukunft durch Coaching.* (175–181). München: CIP Medien

Strobusch, F., Spörrle, M. u. Stadler, C. (2008): Projektatom und Rollenspiel als Arrangement im projektbasierten Organisationskontext. *Zeitschrift für Psychodrama und Soziometrie* 7(2), 260–269

Tuckmann, B. (1965): Developmental Sequence in Small Groups. *Psychological Bulletin* 63 (6), 384–399. DOI: 10.1037/h0022100

Weiß, K. (2011): Gut vernetzt oder aus dem Netz gefallen? Soziodramatische Netzwerkanalyse: ein Instrument des sozialökonomischen Verstehens und Bearbeitens in Supervision und Organisationsberatung. *Zeitschrift für Psychodrama und Soziometrie* 10 (2), 221–235. DOI 10.1007/s11620-011-0116-7

Wiener, R., Adderley, D. u. Kirk, K. (Eds.) (2011): *Sociodrama in a changing world.* Lulu Press

Williams, A. (1994): Klinische Soziometrie: Spielräume in Familiensystemen und Gruppen festlegen. Psychodrama. *Zeitschrift für Theorie und Praxis von Psychodrama, Soziometrie und Rollenspiel* 7 (2), 217–238

Wolf, C. (2010): Egozentrierte Netzwerke: Datenerhebung und Datenanalyse. In: C. Stegbauer u. R. Häußling (Hrsg.): *Handbuch Netzwerkforschung* (471–483). Wiesbaden: VS Verlag Springer Fachmedien

Zeintlinger-Hochreiter, K. (1996): *Kompendium der Psychodrama-Therapie. Analyse, Präzisierung und Reformulierung der Aussagen zur psychodramatischen Therapie nach J. L. Moreno.* Köln: Inscenario

Christian Stadler, Jg. 1961, Diplom-Psychologe, Psychologischer Psychotherapeut (TFP), Psychodrama-Therapeut (DFP, IAGP), Supervisor, Fort- und Weiterbildungsleiter. Praxis in Dachau; akkreditiert bei der bayerischen Psychotherapeutenkammer für Weiterbildung, Selbsterfahrung und Supervision und als Fortbildungsleiter u. Supervisor bei verschiedenen Bildungsträgern, u. a. bei den *Lindauer Psychotherapiewochen.* Aktuelle Publikationen: Stadler u. Kern (2011): Psychodrama. Eine Einführung. Wiesbaden; Stadler u. Wieser (2011): Psychodrama: Empirische Forschung und Wissenschaft. Wiesbaden; Bender u. Stadler (2012). Psychodramatherapie. Grundlagen, Methodik und Anwendungsgebiete. Stuttgart; in Vorbereitung: Psychodramatherapie (2013), München; Traum und Märchen in der handlungsorientierten Psychotherapie (2014), Stuttgart. Mitherausgeber der *Zeitschrift für Psychodrama und Soziometrie.*

Konrad-Adenauer-Str. 27
D-85221 Dachau
Homepage: www.psysta.de
E-Mail: info@psysta.de

Soziometrie – Heilen durch Verbindung

Eine praktische Anleitung

Jacomien Ilbrink-de Visser

Die Grundlagen

Die Soziometrie wird häufig als Instrument zur Erforschung von Beziehungen beschrieben, und sicher eignet sie sich dafür sehr. Doch ist sie viel mehr als das. Sie ist ein Instrument zur Heilung von Beziehungen.

Im Psychodrama geht es grundsätzlich um Beziehungsarbeit. Denn was in den frühen Beziehungen geschehen ist, wirkt sich den späteren Beziehungen aus. Weil man sich nur in Beziehungen selbst findet, liegt auch die Lösung für eigene Probleme in Beziehungen. Die Forschung (vgl. Frank 1961; Schaap et al. 1993) bestätigt, dass die Beziehung zwischen PsychotherapeutIn und KlientIn, unabhängig von der Methode, der wichtigste Bestandteil einer erfolgreichen Therapie ist. Der heilenden Kraft einer therapeutischen Beziehung werden sogar mehr als 90 % der Wirkmechanismen zugeschrieben.

Wir werden in eine Gruppe hineingeboren, wir leben, lieben und arbeiten in Beziehung zueinander. Folglich heilen wir auch am besten in einer nach-nährenden Beziehung, unabhängig davon, ob dies in einer Eins-Zu-Eins-Begegnung stattfindet oder in einer Gruppe.

Nach Moreno (Moreno zitiert nach Dayton 1992) stellen die Mitglieder einer Gruppe füreinander das therapeutische Heilmittel dar. Der oder die GruppenleiterIn steuert im Hintergrund den Prozess.

Morenos Entwicklungstheorie

Die Entwicklungstheorie Morenos bietet eine gute Anleitung, um diesen Heilungsprozess zu steuern. In ihr finden sich Richtlinien für die geeigneten Schritte hin zu einer kohärenten Gruppenbildung. Bei den meisten PsychodramatikerInnen steht jedoch die Rollentheorie im Vordergrund. Deren Wert ist zwar unbestritten. Sie bietet allerdings weniger Anhaltspunkte für eine Anwendung der Soziometrie. Rollentheorie und Entwicklungstheorie existieren nebeneinander, beide beschreiben sie zirkuläre Prozesse.

In Morenos Entwicklungstheorie finden sich keine linear aufeinander aufgebauten und klar voneinander abgegrenzten Stufen, so wie das bei den meisten anderen Entwicklungstheorien der Fall ist (vgl. z. B. Piaget). Sie handelt eher von Aspekten der Entwicklung. Von den bedeutenden Interaktionen zwischen Kind und Bezugsperson, die zur einer guten Entwicklung des Kindes beitragen, leiten sich die Techniken des Psychodramas ab. In den Phasen des therapeutischen Prozesses spiegelt sich der Entwicklungsprozess eines Kindes wider, unabhängig davon, ob dies in einer Gruppe stattfindet oder aber in der Einzeltherapie.

Nachfolgend eine Übersicht der Entwicklungstheorie von Moreno (mit Dank an meine amerikanische Psychodrama-Ausbilderin Louise Lipman):

Das Selbst			
1	Doppelphase „Ich"	Innerlich	1e Universum: keine Differenzierung.
2	Spiegelphase „Du"	Äußerlich	Äußerliche Definition, wer du bist: Ich werde ich, so wie du mich siehst.
Die anderen			
3	Auxiliary Ego „Wir"	Interpersonal	Differenzierung zwischen dir und mir (Hilfs-Ich). Beginn der Rollenübernahme und -erprobung.
4	Rollenwechsel „Wir"	Interpersonal	Übernehmen der Rolle des anderen in der Reihenfolge: Rolle nehmen, Rolle spielen, Rolle erschaffen.
5	Begegnung „Du und ich"	Interpersonal	Gegenseitiger Rollenwechsel (Rollentausch): Setzt die Fähigkeit des Doppelns voraus. Nicht jeder erreicht diese Phase.

1 Doppelphase/Doppeln: Ich/Innerlich: Erstes Universum, keine Differenzierung.

Nach Moreno (1947) befindet sich das ungeborene Kind, das energetisch mit der Mutter eine Einheit bildet, im Ersten Universum. Mit der Geburt „fällt" es aus dem Ersten Universum „heraus", es ist am Anfang jedoch auch noch keine eigene Person. Moreno nannte diesen Vorgang „die Tragödie des Menschseins", da mit der Geburt eine natürliche Einheit abrupt abgebrochen wird und so, in mehr oder weniger starkem Ausmaß, ein menschliches Gefühl von Einsamkeit entsteht. Die

Intensität dieses Einsamkeitsgefühls hängt von der Abstimmung zwischen VersorgerInnen und Baby ab.

Andere TheoretikerInnen wie Margret Mahler (1975) haben ebenfalls beschrieben, dass es in dieser Phase noch keine Differenzierung zwischen Säugling und Mutter/VersorgerIn gibt, so etwa wenn D. Winnicott (1966) sinngemäß sagt, dass es kein Baby gebe, sondern nur ein Baby mit jemandem. Erst wenn der Säugling mit etwa fünf Monaten eine objektkonsistente Repräsentation des anderen aufrechterhalten kann (Loslösungs- und Individuationsphase), gibt es das Baby und den oder die VersorgerIn.

Moreno nennt diese erste Entwicklungsphase die Doppelphase: Die VersorgerInnen äußern in Worten oder sie untertiteln (doppeln), was sie beim Kind erahnen. Damit bekommt das Baby erste Benennungen für seine Gefühle. In dieser Phase wird das Fundament für die spätere Zuordnung von Gefühlen und Körpersensationen gelegt. Moreno bezeichnete das Ausmaß, in dem eine Person gedoppelt wurde, als adäquat (ausreichend abgestimmt) oder inadäquat.

In der Doppelphase beginnt gleichzeitig die somatische Entwicklung von Rollen. Man kann sich vorstellen, dass nichtadäquates Doppeln später zu Störungen führen kann, etwa wenn ein Gefühl von Unwohlsein ständig als Hungergefühl bezeichnet wird: Das Baby fühlt sich wegen einer nassen Windel unwohl und weint. Der oder die VersorgerIn sagt jedoch: „Ach, du hast so einen Hunger, ich werde dich füttern." Dann kann es sein, dass im weiteren Verlauf der Entwicklung ein innerliches Gefühl von Nicht-Wohlbefinden mit einem Hungergefühl verwechselt wird, und das wiederum kann zu einer Essstörung führen.

Wenn eine Person während des Aufwachsens nicht adäquat gedoppelt wurde, muss sie erst ausreichend gedoppelt werden, um angemessene Verbindungen zwischen Körpersensationen, Gefühlen und Kognitionen herzustellen zu können. Das Psychodrama ist hier sehr hilfreich. Wenn jemand während des Aufwachsens nicht bekommen hat, was er brauchte, kann dies vor allem durch Doppeln nachgeholt werden. Insbesondere die Soziometrie bietet die Möglichkeit, das Doppeln zur Nach-Nährung einzusetzen. Doppeln ist mehr als nur eine Technik, es stellt eine therapeutische Phase dar. Für die Gruppenmitglieder ist es wichtig, zu wissen, dass sie nicht allein sind und dass sie in der Gruppe Doppel haben: andere, die sich aus eigener Erfahrung einfühlen können. Diese Erkenntnis können die GruppenleiterInnen in der Soziometrie stets sehr einfach einsetzen, wenn jemand allein steht oder etwas Schwieriges von sich preisgibt: durch die Frage, ob es andere gibt, die sich einfühlen und/oder sich mit der Person identifizieren können. Damit schafft die Leitung Doppel in der Gruppe. Vor allem, wenn sich jemand öffnet und damit bloßstellt, ist es wichtig, GruppenteilnehmerInnen zu suchen, die sich mit der Person identifizieren können, um dem Gefühl von Scham zuvorzukommen und/oder es zu durchbrechen. Hierfür eignen sich Spektrogramme, Locogramme, Barometer, Paare und insbesondere die Step-in-Zirkel.

Spektrogramm

Frage: „Ich liebe es, andere zu versorgen." Stell dich hin, wo du hingehörst, und stimme dich mit anderen ab, die sich ebenfalls dort hinstellen wollen, sodass eine Linie entsteht und du genau dort stehst, wohin du in diesem Moment, im Zusammensein mit diesen anderen, gehörst.

Abbildung 1 Spektrogramm

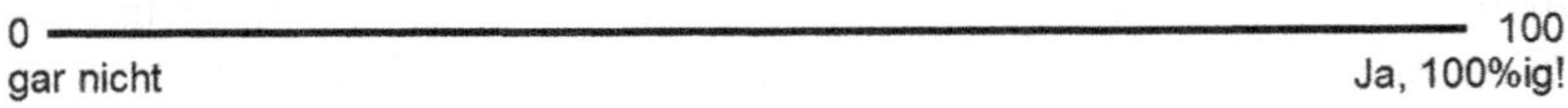

Locogramm

Frage: „Ich komme ursprünglich aus dem Norden, Osten, Süden, Westen des Landes und/oder der Welt."

Abbildung 2 Locogramm

Barometer

Stellungnahmen messen, außen die Extrempositionen, in der Mitte die neutrale Position.

Abbildung 3 Barometer

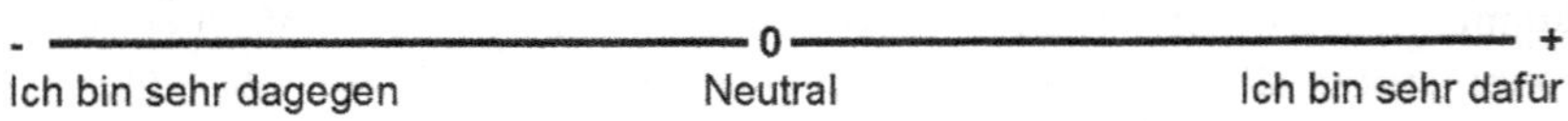

Diese Aufstellungen bewirken, dass immer mehr Einzelheiten über die Gruppenmitglieder zutage treten und diese sich darüber miteinander identifizieren können. Somit werden immer neue Verbindungen gefunden und auch wieder Doppel geschaffen. Die GruppenleiterInnen können gezielt bestimmen, wie die Erfahrungen miteinander geteilt werden: offen hörbar, um allen Gruppenmitgliedern alle Informationen zukommen zu lassen, oder zu zweit mit dem Nachbarn, wenn die Gruppe noch nicht ausreichend Sicherheit dafür bietet, dass alle alles erfahren. Es kann sein, dass die Gruppe noch nicht reif dafür ist, mit empfindlichen Informationen umzugehen, dann soll der Austausch zu zweit erfolgen. Es kann auch notwendig sein, dass die beiden am weitesten außen Stehenden einander mitteilen, warum sie dort stehen. Dann sagt die Leitung jeweils einen paarweisen Austausch an.

Paare

Wenn in der Gruppe nicht genügend Sicherheit herrscht, können die GruppenleiterInnen sich entscheiden, die Mitglieder in Paaren zusammenzusetzen. Jeder soll jemanden auswählen, mit dem er eine Frage besprechen kann wie die folgenden: „In einer Gruppe fühle ich mich … “ oder „In der Familie, in der ich aufgewachsen bin, hatte ich die beste Beziehung zu …“.

So werden Kleingruppen geschaffen, die das erste Sicherheitsnetz für die Gruppenmitglieder bilden: Was auch weiter an diesem Tag in der Gruppe geschehen wird, es gibt jemanden, zu dem ein Anschluss besteht. Hinter diesem Verfahren steht der Gedanke: Es gibt einen, der mich versteht, mit dem ich gesprochen habe und dem ich meine Geschichte erzählt habe. Er hat mich gehört, und mit ihm stimme ich, soweit es möglich ist, überein. Es gibt also jemanden, der mich doppeln kann.

Gruppen bestehen aus Untergruppen, und diese Untergruppen bilden zusammen die Großgruppe. Die kleinstmögliche Gruppe ist das Paar. Es ist die kleinste Untereinheit der Großgruppe.

Step-in-Zirkel

Für das Erschaffen von Doppeln eignet sich ein Step-in-Zirkel besonders gut. In dieser Interventionsübung bilden die Gruppenmitglieder einen Kreis. Ein Gruppenmitglied nennt ein Kriterium und tritt vor, um zu zeigen, dass dieses Kriterium auf es zutrifft. Danach treten andere Gruppenmitglieder vor, um anzugeben, dass dieses Kriterien auch für sie gilt. Jemand sagt etwa „Ich bin verheiratet“ und tritt vor. Andere Personen, die auch verheiratet sind, treten ebenfalls vor. Die GruppenleiterInnen lassen den Gruppenmitgliedern etwas Zeit, um Blickkontakt miteinander aufzunehmen, die Information wirken zu lassen, Verbindung zueinander herzustellen und zu erkennen: Ich bin nicht die Einzige, sondern es gibt andere wie mich; in dieser Gruppe finde ich andere, die sich in mich einfühlen können, ich habe also Doppel in dieser Gruppe. Vor allem, wenn ein Kriterium große Bedeutung für das betreffende Gruppenmitglied besitzt, ist es wichtig, dass es Doppel gibt. So habe ich erlebt, dass eine Alkoholikerin, die schon 24 Jahre trocken und sehr stolz darauf war, in der Gruppe niemanden fand, der sich wirklich in das einfühlen konnte, was sie erreicht hatte. Die anderen jubelten ihr zwar zu, aber es gab niemanden, der ebenfalls schon so lange trocken war. Die Frau hat die Gruppe letztendlich verlassen.

Mit dieser ziemlich einfach wirkenden Übung sollte man aber vorsichtig umgehen: Sie kann Gruppenmitglieder sehr rasch für Themen erwärmen, die der Anlass für die Teilnahme an der Therapiegruppe sind. Wenn es z. B. bei dem Kriterium „Ich bin verheiratet" jemanden gibt, der sich nach einem Lebensgefährten sehnt und auf dieses Kriterium hin nun nicht nach vorn treten kann, könnte diese Person von Gefühlen überflutet werden. Auch für jemanden, der frisch geschieden ist, könnte dieses Kriterium für den Moment zu peinlich sein. Wenn so etwas passiert, können die GruppenleiterInnen die Betreffenden immer wieder miteinander verbinden, indem sie – um im Beispiel zu bleiben – das Gefühl des Nichtverheiratetseins als Kriterium vorgeben und somit wieder Doppel schaffen. Treten Emotionen auf, die die soziometrische Weiterarbeit verhindern, können die GruppenleiterInnen die Gruppenmitglieder ebenfalls in Paaren zusammensetzen, um diese Emotionen besprechen zu lassen und so das Sicherheitsnetz und die Gruppenkohäsion wieder zu stärken.

Den TeilnehmerInnen muss auch bewusst sein, dass sie sich mit dem Kriterium, das sie vorgeben, den anderen Gruppenmitgliedern bekannt machen. Man sollte sich im Vorhinein überlegen, ob das Kriterium, durch das man sich mit anderen verbinden will, wirklich auf einen zutrifft und ob man dafür tatsächlich gewählt werden will. Die GruppenleiterInnen können KriterienstellerInnen den Auftrag geben, darauf zu achten, was sie von sich preisgeben.

Vor allem, wenn sich jemand öffnet und damit bloßstellt, ist es wichtig, GruppenteilnehmerInnen zu suchen, die sich mit der Person identifizieren können, und auf soziometrischem Weg Doppel zu schaffen, um dem Gefühl von Scham zuvorzukommen und/oder es zu durchbrechen. Dies gilt für Therapiegruppen wie für andere Gruppen und auch in Organisationen.

Fallbeispiel

In einem Training hat man mich gefragt, wie ich soziometrisch vorgehen würde, um die Gruppenmitglieder miteinander zu identifizieren und somit Doppel zu schaffen:

In einem Teambildungstraining hatte ein Arbeitnehmer, der sich in schwierigen persönlichen Umständen befand, ein Training wütend verlassen und war nach Hause gegangen. Das Training wurde ohne diesen Arbeitnehmer fortgesetzt. Später besprach der Trainer den Vorfall mit der Geschäftsführung. Weitere Gespräche mit dem Arbeitnehmer führten dazu, dass der Mann in seinem Arbeitspensum entlastet wurde. Mit seinem Gefühlsdilemma aber wurde er alleingelassen, dabei fühlte er sich wegen seines Gefühlsausbruchs begreiflicherweise unwohl. Später suchte er sich eine andere Stelle und verließ die Firma.

Mit Hilfe der Soziometrie hätte die Gruppe dem Arbeitnehmer den Weg zurück in die Firma erleichtern können. Der oder die GruppenleiterIn hätte fragen können, wer auch mal wütend eine Teamausbildung verlassen hat (oder verlassen wollte, es aber nicht gemacht hat) oder wer das Gefühl überhaupt nicht kennt, und dies auf einem Spektrogramm oder einer Linie (z. B. mit 100 und 0 Punkten) aufstellen lassen können. Wenn alle ihren Platz auf der Linie gefunden hätten, dann hätte die Leitung jeden öffentlich erzählen lassen können, warum er diesen Platz eingenommen hat. Wahrscheinlich gibt es viele, die einmal in solch einem Training Wut verspürt haben und das Training verlassen wollten, es dann auch gemacht haben oder aber nicht. Dies hätte den Vorfall relativiert, und es wäre für den Arbeitnehmer leichter gewesen, wieder in die Gruppe zurückzukehren. In einer darauffolgenden Sitzung hätte der Trainer den Arbeitnehmer durch Sharing wieder in die Gruppe einbinden können.

Als erste Regel beim Anwenden der Soziometrie gilt also, den KlientInnen das Gefühl zu vermitteln, dass sie dazugehören und ein wichtiger Teil der Gruppe sind. Ebenso ist es von Bedeutung, ihnen in ausreichendem Maß die Sicherheit zu bieten, so akzeptiert zu werden, wie sie sind. Die psychodramatische Doppelphase sowie die Techniken Doppeln und Identifizierung tragen wesentlich dazu bei.

In der Einzeltherapie ist diese Phase für die Heilung einer Person genauso wichtig. Der oder die TherapeutIn äußert, was er bei dem oder der KlientIn hört oder ahnt, obgleich es nicht gesagt wird. Der oder die KlientIn kann dem zustimmen oder es ablehnen und so mehr Klarheit darüber bekommen, um was es wirklich geht. Eine Technik dabei ist das paradoxe Doppeln: Der oder die TherapeutIn sagt etwas, wovon er oder sie weiß, dass es nicht stimmt, und der oder die KlientIn lehnt es ab und sagt „Nein, das stimmt nicht, ich fühle mich …“, dabei ausführend, was er oder sie wirklich fühlt.

Meistens trifft aber zu, was der oder die TherapeutIn durch die Einfühlung hört und/oder ahnt. Das wiederum führt zu einem kurzen Erleben des Einsseins, weil es das Gefühl vermittelt: Es gibt jemanden, der mich genau versteht, der weiß, wie es mir geht, ich bin mit diesem Gefühl nicht allein. Dieses Gefühl, nicht allein zu sein, ist zutiefst heilend.

Die Fähigkeit zu doppeln ist auch in einer Gruppe sehr wichtig. Wenn eine Person (noch) nicht doppeln kann, ist zu hinterfragen, ob sie an einer Gruppe teilnehmen kann. Diese Person sollte zuerst in einer Einzeltherapie ausreichend gedoppelt werden, bevor sie eine Gruppe besucht. Die Fähigkeit, jemanden doppeln zu können, kann als Voraussetzung für den Zugang zu einer Gruppe gelten. Ausgenommen sind Gruppen mit PatientInnen mit schweren psychischen Krankheitsbildern, die aber meistens von zwei GruppenleiterInnen begleitet werden.

Was auf individueller Ebene gilt, gilt ebenso in einer Gruppe. Es ist sehr wichtig, dass es in einer Gruppe ausreichend viele Personen gibt, die als Doppel füreinander fungieren können. Also Menschen, die sich miteinander identifizieren können und einander doppeln können, ohne sich in der eigenen Geschichte zu verlieren, damit auf einer tiefen Heilungsebene gearbeitet werden kann. So wird auch gewährleistet, dass die Gruppe die Arbeit, die gemacht werden soll, tragen kann.

2 Spiegelphase/spiegeln: „Du"/Äußerlich: Äußerliche Definition, wer du bist

In der Entwicklungstheorie steht das Spiegeln für das Reflektieren des Bildes, das der oder die VersorgerIn vom Kind hat. Es ist eine Rückmeldung der Außenwelt an das Kind, das so erfährt, wer es ist. Wenn der oder die VersorgerIn z. B. sagt: „Du lächelst immer, du bist so ein glückliches Kind", ist das eine positive Reflektion der anderen darüber, wer das Kind ist. Diese Rückmeldung kann aber auch negativ besetzt sein: „Du machst immer so viel Lärm, du bist so ein Störenfried." Wenn ein Kind nicht adäquat gedoppelt und häufig negativ gespiegelt wurde, kann dies zu einem schlechten Selbstbild und zu Scham führen. Ein Gefühl von Scham und fehlender Zugehörigkeit wiederum kann ein Gefühl von Verschwindenwollen auslösen, was Süchte und Dissoziation zur Folge haben kann.

Durch das Spiegeln zeigt die Außenwelt dem Kind, wer es ist. Das Selbst wird in der Anerkennung durch andere gebildet. So wird auch ein Unterschied zwischen „mir" und „nicht mir" entdeckt: Es gibt eine andere Person. Der Blick des anderen hilft dem Kind, ein Konzept von sich selbst zu entwickeln: Indem es mit den Augen des anderen gesehen wird, lernt das Kind, wie es ist – auch dann, wenn es einmal nicht passt! Um eine Bindung mit anderen eingehen und einen Spiegel zulassen zu können, ist es notwendig, zuerst adäquat gehört und gesehen zu werden (gedoppelt zu werden). Wichtig: Ein Aktions-Soziogramm (später mehr dazu) hat immer etwas von einer Spiegelsituation, wenngleich die GruppenleiterInnen diese Art von Fragen auch gezielt auf die Therapiephase des Doppelns abstimmen können.

Aktions-Soziogramme

Nach Moreno (1934) basiert die Verbindung zwischen Menschen auf schnellen, intuitiven Wahlen, die unbewusst ständig getroffen werden und eine ebenso unbewusste Anziehung oder Abstoßung widerspiegeln. Moreno nannte das gegenseitige Erspüren dessen, wie der andere sich in der Begegnung in diesem Augenblick verhält, Zweifühlung oder Tele. Die Qualität dieser Gefühle kann positiv, negativ oder auch neutral sein. Bei der Empathie hingegen handelt es sich um einseitiges Einfühlen. Um unbewusste, verborgene Präferenzen ans Licht zu bringen, hat Moreno die Aktions-Soziogramme entwickelt. Bei diesen machen Gruppenmitglieder, bezogen auf bestimmte Kriterien, ihre (oft unbewussten) Wahlen bekannt, indem sie ihre Hand auf die Schulter der gewählten Person legen. Eine Ausgangsfrage für ein Aktions-Soziogramm kann etwa lauten: „Von wem hier möchtest du etwas mehr erfahren, auf wen bist du neugierig?"

Wichtig ist dabei, vorher die Gruppenmitglieder zu fragen, ob sie an der Schulter berührt werden möchten. Dies garantiert ihre Selbstbestimmung und vermittelt Sicherheit. Es ist ja möglich, dass ein Gruppenmitglied in der Vergangenheit keine Möglichkeit gehabt hat, unerwünschte Berührungen abzulehnen. Wenn die GruppenleiterInnen diesen Freiraum zur Selbstbestimmung schaffen, kann das schon ein erster Schritt in Richtung Heilung für die betroffene Person bedeuten. Wenn es jemanden gibt, der nicht an der Schulter berührt werden möchte, kann man fragen, ob der Arm berührt werden darf oder ob man durch eine bestimmte Stellung des Fußes andeuten soll, wer gemeint ist.

Wenn Menschen in einer Gruppe besser verstehen, aus welchem Grund sie Beziehungen (Wahlen) eingehen oder ablehnen, können sie ihre Wahlen, bezogen auf sich selbst und andere, bewusster treffen. In Gruppen wird dadurch die Kohäsion gefördert, die eine Grundvoraussetzung für das Funktionieren der Gruppe ist. Ebenso reflektieren Wahlen, wie man selbst in diesem Moment von anderen erlebt wird. Man kann sich bewusster entscheiden, wie man sich verhält und/oder sich zeigt, damit man auch wirklich für das gewählt wird, für das man gewählt werden möchte. Damit wird es möglich, sich selbst näherzukommen und zu erkennen, was man wirklich will und wie man im Grunde ist. Der andere wiederum wird im Lauf der Zeit weniger zum Projektionsobjekt gemacht, er kann so gesehen werden, wie er ist. Man lernt, in Beziehungen besser zu trennen zwischen dem, was zum anderen gehört, und dem, was mit der eigenen Person zusammenhängt. Die eigenen Verhältnisse können auf diese Weise besser gesteuert werden.

Wenn unbewusste Präferenzen offengelegt und erläutert werden, verlieren sie ihre Macht, und Änderungen in den persönlichen Wahlen werden möglich. Somit verändert sich auch die Tiefenstruktur der Gruppe ständig. Voraussetzung für das Offenlegen von Wahlen ist, dass sich die TeilnehmerInnen in einer Gruppe sicher fühlen und ihre Zugehörigkeit nicht in Frage gestellt wird. Aktions-Soziogramme helfen, Vertrauen und Transparenz in der Gruppe zu stärken. Sie wirken mit der Energie der Gruppe und stellen die Weisheit der Gruppe in den Mittelpunkt.

Aktions-Soziogramm Doppelfrage
Kriterium: „Wähle die Person mittels Auflegen deiner Hand auf die Schulter, in deren Geschichte du dich einfühlen kannst."

Wenn in der Gruppe Spiegelfragen gestellt werden können, gilt die Reihenfolge: neutral spiegeln, positiv spiegeln, negativ spiegeln. Die Mitglieder der Gruppe sollten für die Spiegelfragen reif sein. Die Gruppe ist reif dazu, wenn genügend gedoppelt wurde und es ausreichend Doppel gibt.

Aktions-Soziogramm Spiegelfrage
Neutrales Kriterium: „Wähle die Person mittels Auflegen deiner Hand auf die Schulter, der du gerne ein Kompliment geben möchtest."

Aktions-Soziogramm Spiegelfrage[1]
Positives Kriterium: „Wähle die Person mittels Auflegen deiner Hand auf die Schulter, deren Eigenschaft du gerne hättest."

Aktions-Soziogramm Spiegelfrage[2]
Negatives Kriterium: „Wähle die Person mittels Auflegen deiner Hand auf die Schulter, in der du etwas siehst, was nicht einfach für dich ist."

Die meisten Aktions-Soziogramm-Fragen beziehen sich auf die erste und zweite Entwicklungsphase (Doppel- und Spiegelphase), weil sich Kränkungen oder Verletzungen in diesen Phasen auf die späteren auswirken.

3 Auxiliary Ego: „Wir"/Interpersönlich: Differenzierung zwischen dir und mir (Hilfs-Ich), Rollen übernehmen und ausprobieren.

Durch die Rückmeldungen, die das Kind bekommt, beginnen in der späten Spiegelphase und frühen Auxiliary Ego-Phase die Rollen sich zu formen. Diese Rollen werden geprägt durch die Eigenschaften, durch die ein Kind beschrieben wird

1 Kulturelle Unterschiede sind hier auch bedeutsam: In Amerika war die positive Spiegelfrage (1) einfach zu bearbeiten; in Nordeuropa war, für mich überraschend, die negative Spiegelfrage (2) in manchen Gruppen besser auszuführen.

2 Nur wenn die Gruppe so kohärent ist, dass sie diese Frage tragen kann!

(Hale 1985), etwa als „das fröhliche Kind“ oder „das faule Kind“. Moreno (1946) ging davon aus, dass das Selbst aus den Rollen entsteht, die man (zugeteilt bekam und) nimmt.

In der dritten Entwicklungsphase beginnt das Kind, zwischen sich selbst und anderen zu differenzieren. Es bekommt ein Bewusstsein von der anderen Person, die ein anderes Leben hat als es selbst. Das Kind fängt an, aktiv Rollen anzunehmen und auszuprobieren. Allmählich beginnen sich nun auch soziale Rollen zu formen, wie z. B. die Rolle des Vaters, der Mutter oder des Busfahrers, des oder der LehrerIn. Es sind archetypische Rollen, wie sie innerhalb einer Gesellschaft bestehen.

In einer Erwachsenengruppe trägt das Ausprobieren und Übernehmen einer anderen als der gewohnten Rolle wesentlich zu dem Bewusstsein bei, dass man die Wahl hat, andere Rollen zu nehmen.

Aktions-Soziogramm Auxiliairy Ego-Frage:
„Wähle die Person mittels Auflegen deiner Hand auf die Schulter, die eine Rolle hat, die du mal ausprobieren möchtest.“

4 Rollenwechsel: „Wir“/Interpersönlich: Übernehmen der Rolle des anderen in der Reihenfolge: Rolle nehmen, Rolle spielen, Rolle erschaffen.

Das Anerkennen des anderen als andere Person ist notwendig für einen wirklichen Rollenwechsel, bei dem die Rolle des anderen „angezogen“ und praktisch mit den Augen des anderen gesehen wird. Allmählich werden die archetypischen Rollen mit eigener Erfahrung ausgefüllt und somit zu persönlichen Rollen. Moreno (1946) sagt dazu: Es formen sich die psychologischen Rollen. Dies geschieht in der Reihenfolge: Rollen nehmen, Rollen spielen, Rollen erschaffen. Rollen beinhalten einen sozialen Kontrakt: Das Nehmen einer Rolle verlangt, dass der andere die Gegenrolle nimmt. Ändert sich das Nehmen von Rollen, so ändert sich die Soziometrie – äußerlich in der Gruppe und ebenso innerlich, im sozialen Atom.

Aktions-Soziogramm Rollenwechsel-Frage:
„Wähle die Person mittels Auflegen deiner Hand auf die Schulter, in deren Schuhen du mal gehen möchtest.“

Soziometrie auf Papier
Soziometrie auf Papier eignet sich besonders gut, um auf der dritten und vierten Entwicklungsebene mit dem Verfassen eines Rollen-Atoms zu arbeiten. Die

GruppenteilnehmerInnen schreiben die Rollen auf Papier und fügen ein Adjektiv dazu, um die Rollen zu beschreiben, etwa: der schlampige Buchhalter oder die engagierte Therapeutin. Diese Rollen platziert man, wiederum auf Papier, um sich herum: die angenehmen Rollen in der Nähe und die unangenehmen weiter weg. So kann man sich ansehen, welche Rolle nicht mehr passt, welche Rollen über- und welche unterentwickelt sind, welche man näher zu sich rücken oder aber weiter weg setzen will und von welcher Rolle man sich verabschieden möchte.

5 Begegnung: „Du und ich"/Interpersönlich: Gegenseitiger Rollenwechsel (Rollentausch): verlangt die Fähigkeit zum Doppeln, nicht jeder erreicht diese Phase

Bei dieser Begegnung handelt es sich um einen gegenseitigen Rollenwechsel. Er findet zwischen zwei Personen statt. Beide nehmen abwechselnd die eigene Rolle und die Rolle des anderen ein. Dies stellt die höchste Form der Kommunikation dar: Man muss alle Stufen durchlaufen haben, um dorthin zu kommen, und man sollte ab und zu von sich selbst absehen können, um dazu in der Lage zu sein. Diese Form der Kommunikation wird meist bei Konflikten zwischen zwei Personen in einer Gruppe eingesetzt, die schon über längere Zeit zusammenkommt. Nicht alle Menschen sind dazu imstande: Es braucht viel Übung im Rollenwechsel, um eine solche Begegnung angehen zu können. Eine Aktions-Soziogramm-Frage ist für diese Entwicklungsstufe eher weniger angesagt. Kaum eine Gruppe kann damit umgehen. Wenn die Gruppe allerdings nach Einschätzung der GruppenleiterInnen dazu fähig und ausreichend kohärent ist, können damit unterschwellig schlummernde Konflikte offengelegt und bewältigt werden. Eine mögliche Frage könnte die Aktions-Soziogramm-Begegnungs-Frage sein.

Aktions-Soziogramm-Begegnungs-Frage:
„Wähle den- oder diejenige mittels Auflegen deiner Hand auf die Schulter, mit dem oder der du noch etwas auszuarbeiten hast."

Soziogramme
Die Soziogramme, die bei den soziometrischen Aktions-Soziogramm-Fragen entstehen, ergeben eine gute diagnostische Darstellung des Zustands oder der Tiefenstruktur der Gruppe (Hale 1985) und geben somit Aufschluss darüber, in welcher Entwicklungsphase die Gruppe sich befindet. Sie spiegeln wider, wo die Gruppe sich im Moment befindet, und machen deutlich, was für den weiteren Aufbau von deren Kohäsion und Tragfähigkeit notwendig ist.

In „Who shall survive?“ (1934, S. 3), Morenos Klassiker über die Soziometrie, heißt es dazu: „A truly therapeutic procedure cannot have less an objective than the whole of mankind. But no adequate therapy can be prescribed as long as mankind is not a *unity* in some fashion and as long as *its organization remains unknown.*“[3].

Moreno stellt hier fest, dass eine angemessene Therapie nur stattfinden kann, wenn die Gruppe eine Einheit bildet und ihre Tiefenstruktur offen zutage liegt. Doppeln und das Finden von Doppeln schaffen diese Einheit in der Gruppe, und Aktions-Soziogramme machen deren unterliegende Struktur in den Aufstellungen sichtbar, die entstehen.

Kette

In einer neuen Gruppe ist häufig zu bobachten, dass auf eine Aktions-Soziogramm-Frage hin ein Soziogramm wie eine lockere Kette entsteht: Menschen stehen hintereinander, angeordnet wie die Sitzreihen in einem Bus. Dies bedeutet, dass die Gruppenmitglieder noch nicht sehr miteinander verbunden sind: Sie wissen noch nicht viel voneinander. Es ist dann wichtig, mehr Informationen über die Gruppenmitglieder offenzulegen, damit sie sich besser miteinander verbinden und einander somit doppeln oder aber ein Doppel füreinander sein können. Wie im Abschnitt zur Doppelphase angegeben, sind Spektrogramme, Locogramme, Step-In-Zirkel usw. Hilfsmittel dafür. Dies ist auch die Phase, in der die Gruppenmitglieder einander besser kennenlernen. Je mehr Informationen über die einzelnen Personen vorhanden sind, desto besser können die Mitglieder einander für unterschiedliche Persönlichkeitseigenschaften oder Rollen wählen.

Star

Die GruppenleiterInnen müssen darauf achten, wer auf welche soziometrischen Aktions-Soziogramm-Fragen hin oft gewählt wird und wer nicht gewählt wird. Denjenigen, der am häufigsten auf ein bestimmtes Kriterium hin gewählt wird, nennt man in Bezug auf dieses Kriterium den soziometrischen Star der Gruppe. Die GruppenleiterInnen bekommen somit Informationen über den Status der TeilnehmerInnen, die sie verwenden können. Sie sollten darauf achten, ihre Fragen so zu steuern, dass nicht immer dieselben Personen gewählt werden. Dazu könnten sie die verborgenen Qualitäten der selten gewählten Personen ins Spiel bringen. So kann etwa jemand, der ein wenig schroff und kaltherzig wirkt und den anderen vielleicht Angst macht, gewählt werden, wenn die GruppenleiterInnen die Frage stellen: „Wen hier würdest du bitten, dich bei Gericht zu verteidigen?“

3 Hervorhebung durch mich

Es ist wichtig, dass alle TeilnehmerInnen mal die Erfahrung machen, zum soziometrischen Star der Gruppe gewählt zu werden und auf diese Weise einen positiven Spiegel zu bekommen. Denn die Erfahrung, in der Vergangenheit nicht gewählt worden zu sein – oder aber für etwas gewählt worden zu sein, für das man nicht gewählt werden wollte –, kann sehr wohl Probleme auslösen.

Auch häufig gewählt zu werden bringt Probleme mit sich, weil es sich dabei um Projektionen handeln kann und der oder die Gewählte dann nicht als der Mensch gesehen wird, der er oder sie wirklich ist. Die Star-Rolle verlangt nämlich, dass Projektionen wahrgemacht werden. Die schlimmsten Enttäuschungen und größte Wut entstehen dann, wenn Projektionen nicht erfüllt werden. Diese sind also eine große Last und Verantwortung für denjenigen, auf den projiziert wird.

Der soziometrische Star ist aber nicht immer derjenige, der die meisten Hände auf den Schultern liegen hat. Es ist derjenige, der die meiste Energie mitbringt. Das kann auch jemand sein, der die längste Kette hinter sich hat und diese in der Wahl mitnimmt.

Soziodynamischer Effekt
Der Soziodynamische Effekt beschreibt, was geschieht, wenn viele Menschen wenige wählen und viele Menschen von wenigen gewählt werden. Er resultiert aus der ungleichen Verteilung von Ressourcen wie Reichtum, Macht, Besitz, Einsatz von Intelligenz etc. Es war Moreno sehr wichtig, diesen Soziodynamischen Effekt zu durchbrechen und den Menschen Selbstbestimmung zu ermöglichen, indem sie mehr bewusste Wahlen treffen können.

So lässt sich hiermit in der Gruppe umgehen: Nachdem die Gründe für die Wahl geäußert wurden, werden die Gewählten aufgefordert, sich umzudrehen und zu erzählen, was diese Wahl für sie bedeutet. Damit wird der Soziodynamische Effekt laut Eduard Schreiber (2013, Soziatrie) umgekehrt.

Artisto-Tele
Die Person, die vom Star gewählt wird und von den anderen nicht gewählt werden würde.

Bündnis
Zwei Menschen, die einander offen oder immer wählen, eine Art von Untergruppe.

Spalte
Untergruppe, die einander immer wählt und keine anderen Wahlen trifft.

Isolierte
Jemand, der nicht gewählt wird und selber auch nicht wählt. Es ist wichtig, dass

diese Person wieder in die Gruppe eingebunden wird. Das kann durch Doppel erreicht werden. Mögliche Frage wäre: „Wer hier hat auch einmal erlebt, irgendwo alleine zu stehen/zu sein?“

Kohärenz
Menschen, die einander für unterschiedliche Kriterien wählen.

Zentrierte Person/Dreh-Person
Person, die zwischen zwei wichtigen Personen oder Subgruppen steht.

Die Soziometrie in einer gesunden Gruppe
In einer Gruppe, die sich über längere Zeit trifft, ist es für die GruppenleiterInnen wichtig, darauf zu achten, dass der soziometrische Wahlprozess nicht nach einem festen Schema abläuft. Wenn z. B. immer dieselben Personen einander wählen oder wenn immer dieselben Personen für die gleichen Rollen gewählt werden, stockt die Soziometrie in der Gruppe. Die persönlichen Wahlen erfolgen nicht mehr aus der Spontaneität des Momentes, sondern aus der festen Überzeugung heraus, wer der andere sei. Eine gesunde Gruppe ist also eine, in der die Soziometrie sich ständig ändert: Das heißt, dass immer unterschiedliche Personen einander wählen, auch auf gleichartige Fragen/Kriterien hin.

Wenn die Soziometrie fixiert bleibt, ist es wichtig, wieder neue Informationen über die Gruppenmitglieder zu bekommen. Oder, wie die bekannte amerikanische Psychodramatikerin Dorothy Satten (2006) immer sagte: „Wenn du nicht veröffentlichst, wer du bist, werden Menschen ersinnen, wer du bist.“ Und damit werden einem auch Rollen zugeteilt, die vielleicht weniger gut zu einem passen, die man aber gewohnt ist, zu nehmen. Eine bewusste Wahl in Bezug auf die Rollen, die zu einem passen, ermöglicht es einem, sich selbst zu gestalten.

Um neue Informationen über die Gruppenmitglieder zu bekommen, können die GruppenleiterInnen wieder Spektrogramme, Locogramme usw. einsetzen und die Gruppenmitglieder eins nach dem anderen erzählen lassen, weswegen man steht, wo man steht.

Wahre Soziometrie
In einer Gruppe, die zum ersten Mal zusammenkommt und deren TeilnehmerInnen einander im Vorhinein noch nicht kennen, gibt es die Möglichkeit, „wahre“ Soziometrie zu betreiben. Wenn man in solch einer neuen Gruppe Fragen für das Aufstellen von Aktions-Soziogrammen stellt, können die Gruppenmitglieder die Wahl nur in Bezug auf das treffen, was sie vom anderen einfühlen, ahnen oder beurteilen. Es gibt vorher keine Informationen über die andere Person. Damit wird die momentane Tiefenstruktur dieser Gruppe sichtbar, und die Gruppenlei-

terInnen bekommen eine Grundlage, um künftige Änderungen der Wahlen in der Gruppe gut wahrzunehmen.

Jedoch sollten die ersten Aktions-Soziogramm-Fragen auf das Verbinden der Gruppenmitglieder untereinander ausgerichtet sein, damit die gegenseitigen Beziehungen gestärkt werden und Vertrauen geschaffen wird. In der Gruppe soll ein Gefühl der Einheit entstehen, ein Gefühl der Zugehörigkeit. Um dieses Ziel zu erreichen, sollten die Fragen möglichst neutral sein, so wie: „Wen hier würdest du nach dem Weg fragen, wenn du dich verlaufen hast?"

In dieser Phase ist es wichtig, dass alle mitbekommen, weswegen jemand auf ein Kriterium in einer Aktions-Soziogramm-Frage hin seine Wahl getroffen hat. Die GruppenleiterInnen können alle nacheinander laut ihre Wahl erläutern lassen. Damit kommen auch immer mehr Informationen über die Gruppenmitglieder ans Licht, wodurch später wieder andere Wahlen getroffen werden können. Ausnahme ist, wenn die GruppenleiterInnen spüren, dass es in der Gruppe nicht sicher genug ist, um die Wahlen offen zu erläutern. Dann kann man die Wählenden und Gewählten jeweils miteinander sprechen lassen.

Die GruppenleiterInnen sollten wieder darauf achten, dass möglichst jeder gewählt wird, weil es immer Mitglieder gibt, die nicht häufig gewählt werden. Bevor alle einander mitteilen, weswegen sie einander gewählt haben, sollten daher die nicht gewählten Personen nach ihren Gefühlen gefragt werden. So werden sie in die Gruppe einbezogen und bekommen eine Stimme. Wenn es viel Lebendigkeit/Energie auf eine Aktions-Soziogramm-Frage gibt, können die GruppenleiterInnen nach dem Austausch darüber, warum man diese Wahl getroffen hat, dieselbe Frage noch einmal stellen und diesmal eine andere Wahl treffen lassen. Das sorgt dafür, dass mehrere Personen gewählt werden. Die GruppenleiterInnen können dies mehrmals wiederholen.

Die Mitglieder, die nicht häufig gewählt werden, haben laut dem amerikanischen Psychodrama-Ausbilder Ed Schreiber eine wichtige Aufgabe: Sie bilden eine Mauer um die Gruppe. Sie lassen hinein, was wichtig ist, und sperren aus, was nicht in die Gruppe gehört. Sie sind die durchlässigen WächterInnen der Gruppe und behüten den Raum, in dem gearbeitet werden kann.

Soziometrisch gewähltes Protagonistenspiel

Das Psychodrama mit einem Protagonisten besteht aus drei Teilen: einer (soziometrischen) Erwärmung, der Aktionsphase und der Integrationsphase.

Um einen soziometrisch gewählten Protagonisten zu bekommen, können die GruppenleiterInnen alle auffordern, einen Fuß auf ein Polster in der Mitte des Raumes zu setzen und dabei zu sagen, woran man arbeiten würde, wenn man für ein Protagonistenspiel gewählt würde. So benennt jeder sein Thema und stellt sich damit in den Raum. Die GruppenleiterInnen fordern nun dazu auf, zurückzutreten, wenn man nicht ausreichend für ein eigenes Protagonistenspiel erwärmt ist. Dann gilt es, durch Auflegen der Hand auf die Schulter der betreffenden Person denjenigen zu wählen, dessen Thema einen selbst mit seinem eigenen Thema weiterbringen würde. Das Kriterium können die GruppenleiterInnen wechseln: Sie können auch dazu auffordern, den Protagonisten zu wählen, auf dessen Thema man neugierig ist, und somit jemanden wählen lassen, der vielleicht noch nicht häufig gewählt wurde.

Auch können die GruppenleiterInnen sich für eine Gruppenleiter-Wahl entscheiden, um jemanden gewählt zu bekommen, der noch nicht viel gewählt wurde, oder wenn sie wahrnehmen, dass diese Person so erwärmt ist, dass sie arbeiten muss. Dann ist es wichtig, diese Person in die Mitte zu stellen und alle die Hand auf ihre Schulter auflegen zu lassen, wobei sie sagen sollen, wie sie von der Arbeit des Protagonisten profitieren werden (Projektive Identifizierung).

Der durch die Gruppe soziometrisch gewählte Star, der also für die Gruppe gearbeitet hat, wird durch das Mitteilen von Identifizierungen wieder in die Gruppe eingebunden und dadurch wieder ein normales Gruppenmitglied. In diesem Teil des Gruppenprozesses findet die wirkliche Gruppentherapie statt. Die GruppenleiterInnen können sich in diesem Abschnitt des Verfahrens auch für eine soziometrische Verarbeitung in Aktion durch Spektrogramme, Aktions-Soziogramme, Paare usw. entscheiden.

Bei Soziometrie handelt es sich immer um eine Momentaufnahme, um das Bewusstsein der Wahl, um das Offenlegen und Aussprechen dessen, was Anlass der Wahl war. So wird es möglich, das nächste Mal eine spontane andere Wahl zu treffen. In einer Gruppe soll die Soziometrie sich ständig ändern. Manche GruppenleiterInnen notieren alle Wahlen schriftlich, um diesen Prozess zu überwachen und entsprechend zu intervenieren.

Zielbewusst eingesetzt, stärkt die Soziometrie die Verhältnisse in der Gruppe, sodass die Mitglieder die für ihre eigene Heilung nötige Arbeit auch wirklich tun können. Durch den soziometrischen Wahlprozess wird die Weisheit der Gruppe konsultiert und die Arbeit eines Protagonisten gewählt, welche ein Thema repräsentiert, das auch von der Gruppe getragen werden kann.

Ziel ist letztendlich, in Beziehung zu sich selbst und zu anderen authentische, bewusste Wahlen treffen zu können, um zu einer aufrichtigen Begegnung mit einem wirklichen anderen Menschen zu kommen. So wird jeder selbst zum Schöpfer seines Lebens, gemeinsam mit anderen.

Mein Verständnis dessen, wie die Entwicklungstheorie Morenos eine neue Sichtweise auf die Gruppenarbeit eröffnet, verdanke ich meiner amerikanischen Ausbilderin Louise Lipman sowie meiner niederländischsprachigen Kollegin Aggie Raeven aus Amerika, die dazu vieles für mich in Perspektive gesetzt hat. Ebenfalls danke ich meiner lieben österreichischen Kollegin Sabine Kern, die mich ermutigt und mir geholfen hat, weiterzuschreiben.

Literatur

Dayton, T. (1994). *The Drama Within*. Psychodrama and Experiental Therapy. Deerfield Beach, Florida: Health Communications.

Frank, J. D. (1961). *Persuation and healing*. Baltimore, MD: Johns Hopkins.

Hale, A. E. (1985). *Conducting Clinical Sociometric Explorations:* A Manual. Roanoke, Virginia: Royal Publishing Company.

Horvatin, T. u. Schreiber E. (2006). *The Quintessential Zerka*. Writings by Zerka Toeman Moreno on Psychodrama, Sociometry and Group Psychotherapy. New York: Routledge.

Lipman, L. (2003). *The Triadic System:* Sociometry, Psychodrama and Group Psychotherapy. In: J. Gershoni (ed.) *Psychodrama in the 21st Century: Clinical and Educational Applications* (S. 3–13). New York, NY: Springer Publishing Company.

Mahler, M., Pine, F. u. Bergman, A. (1975). *The Psychological Birth of the Human Infant*. Symbiosis and Individuation. New York: Basic Books.

Moreno, J. L. (1934). *Who shall Survive*. Foundations of Sociometry, Group Psychotherapy and Sociodrama, Beacon, New York, Beacon House.

Moreno, J. L. (1947). *The Future of Man's World*, Beacon New York: Beacon House.

Moreno, J. L. (1994). *Psychodrama*, First Vol. (1946), Mc Lean, VA, American Society of Group Psychotherapy and Psychodrama. Beacon, New York: Beacon House.

Satten, D. (2006). *Real is better than perfect*. Stories and sayings for self-healing. Los Angeles: Hopedancing Publishing.

Schaap, C., Bennun, I., Schindler, L., u. Hoodguin, K. (1993). *The therapeutic relationship in behavioural psychotherapy*. New York: Wiley.

Schreiber, E. u. Barcroft, A. (forthcoming 2013). The Spiritual Legacy of Jacob Levy Moreno – The Enlightenment Tradition of Sociatry. In: S. Linden (ed.) *The heart and soul of psychotherapy: A transpersonal approach through theater arts*. Bloomington, IN: Trafford Publishing.

Winnicott, D. (1966). *The Family and Individual Development*. New York: Basic Books.

Ilbrink-de Visser, Jacomien, 1965, Psychodrama-Direktorin und Vorsitzende der Belgischen/Niederländischen Vereinigung für Psychodrama (www.vvp.nl)

Jacomien Ilbrink-de Visser
jacomien.ilbrink@gmail.com
jacomien@zinergie.nu

Morenos Soziogramme

Wie soziale Gruppenstrukturen grafisch dargestellt und analysiert werden können

Tobias Schlechtriemen

Zur Aktualität und Rezeption von Morenos ‚Soziogrammen'

Um im Rahmen einer soziometrischen Untersuchung oder eines soziometrischen Tests zu weiteren Erkenntnissen über die Struktur einer Gruppe zu gelangen, können die sozialen Beziehungen sowohl gezeichnet als auch grafisch dargestellt werden. Jacob Levy Moreno hat diese Methode als Erster systematisch entwickelt und angewandt (Moreno 1932 und 1934)[1]. Die grafischen Darstellungen sozialer Beziehungsstrukturen bezeichnet Moreno als „Soziogramme" (Moreno 1967, S. 26; vgl. zu den Soziogrammen auch Moreno 1989, S. 158–162). Die Gruppen, die auf diese Weise ins Bild gesetzt werden, sind in der Regel relativ klein, so dass sich die Mitglieder untereinander kennen. Die Soziogramme, die Moreno im Rahmen seiner Untersuchung des Mädchenheims in Hudson, New York erstellt hat, erfassen insgesamt etwa 550 Personen. Aber auch hier konzentriert sich die soziometrische Analyse auf die Hausgemeinschaften von jeweils rund 30 Bewohnerinnen. Soziogramme visualisieren also die Strukturen von sozialen Gruppen oder Gemeinschaften (im Sinne von engl. *communities*).

Obwohl ihre Entwicklung in den 1930er Jahren noch ganz am Anfang steht, weisen Morenos Soziogramme eine erstaunliche Komplexität an Darstellungsfor-

1 1931 bekommt Moreno den Auftrag, im *Sing Sing* Gefängnis bei New York eine Studie über die Beziehungen der Häftlinge zueinander durchzuführen. Ein Jahr später beginnt er bereits seine zweite große empirische Untersuchung in der *New York State Training School for Girls* in Hudson. Auf Deutsch liegt dazu die Übersetzung seines Hauptwerks Who shall survive? vor, das Moreno 1934 veröffentlicht und 1953 überarbeitet, Diese Version erscheint 1954 in deutscher Übersetzung, woraufhin 1967 eine zweite Auflage folgt, aus der im Folgenden zitiert wird (vgl. dazu Marineau 1989, S. 111–116).

men auf[2]. Außerdem bedenkt er sehr genau, welche Erkenntnisse sich mit den grafischen Darstellungen gewinnen lassen, wo ihre Grenzen liegen und an welcher Stelle sie durch andere soziometrische Methoden ergänzt werden müssen.

Morenos Ansatz, soziale Beziehungsnetzwerke grafisch darzustellen, ist in der Folgezeit von verschiedenen therapeutischen und wissenschaftlichen Forschungsrichtungen aufgegriffen und weiterentwickelt worden. Dazu zählt die Soziale Netzwerkanalyse, die sich oftmals auf Moreno als ihren ‚Gründervater' beruft (vgl. Wassermann und Faust 1994; Freeman 2004; Stegbauer 2008 und Stegbauer und Häußling 2010). Auf die Weiterentwicklungen der soziometrischen Methoden durch die Soziale Netzwerkanalyse wird im Folgenden immer wieder Bezug genommen.

Die rechnerischen Kapazitäten und die grafischen Darstellungsmöglichkeiten sind mit der Einführung der Computertechnologie zwar enorm erweitert worden (vgl. Freeman 1988 und 2000), aber die methodologische Reflektion und die Anzahl an unterschiedlichen Methoden (‚Mixed Methods'), in die die Soziogramme eingebunden worden sind, haben oftmals abgenommen. Aufgrund dessen zehren viele der aktuellen soziometrischen Forschungen bis heute von der Vielfalt an grafischen Darstellungsmöglichkeiten und den methodologischen Reflektionen, die sich bereits bei Moreno finden. Deswegen werden hier auch in erster Linie die Soziogramme vorgestellt, wie sie sie Moreno entwickelt hat und auf weiterführende Literatur dann jeweils verweisen.

Zunächst wird dargestellt, wie die empirischen Ausgangsdaten gewonnen werden, bevor in einem zweiten Schritt die grafischen Grundelemente eingeführt werden, mit denen auf der Grundlage der empirischen Daten Soziogramme gezeichnet werden können. Anschließend werden vier Perspektiven vorgestellt, die in soziometrischen Untersuchungen eingenommen werden können und die ganz unterschiedliche Zugänge zu sozialen Konfigurationen darstellen. Daraufhin wird der Frage nachgegangen, wie sich die Netzwerk-Grafiken der Soziogramme am besten anordnen lassen, um gut lesbar und möglichst aussagekräftig zu sein. Im nächsten Schritt werden dann die Kriterien vorgestellt, anhand derer sich Soziogramme interpretieren und analysieren lassen. Dazu gehören sowohl die spezifischen Erkenntnisse, die die Soziogramme ermöglichen, als auch die Grenzen dessen, was die grafischen Darstellungen erfassen können.

2 An dieser Stelle sei darauf verwiesen, dass Moreno die ersten Soziogramme zusammen mit seiner Kollegin Helen Jennings erstellt, deren Anteil oftmals unterschlagen wird (vgl. Marineau 1989, S. 101).

Unsichtbare Gefühle sichtbarmachen – Wie werden die Daten für eine soziogrammatische Darstellung gewonnen?

In Soziogrammen kann die soziale Struktur einer Gruppe dargestellt werden. Moreno geht davon aus, dass jede soziale Konstellation durch die Dynamik zwischenmenschlicher Gefühle der Anziehung und Abstoßung bestimmt ist und strukturiert wird. Außer durch Zuneigung und Ablehnung kann das Verhältnis zwischen Menschen auch durch Gleichgültigkeit bestimmt sein[3]. Diese sozioemotionalen Beziehungen sind zunächst unsichtbar. Wenn die Mitglieder einer Gruppe jedoch vor eine Wahl gestellt werden und sich entscheiden müssen, manifestieren sich die Anziehungen, Abstoßungen und Gleichgültigkeiten zwischen den Befragten (zur Wahl vgl. Stadler und Kern 2010, S. 168 f.). Diesen Umstand macht sich Moreno zunutze, um die emotionalen Dynamiken fassbar und bis zu einem gewissen Grad messbar zu machen.

Wichtig ist für Moreno dabei, dass die Fragen, die den Mitgliedern einer Gruppe gestellt werden, nicht abstrakt sind, sondern sich auf eine konkrete Situation in ihrem Leben beziehen. Moreno schreibt dazu: „Es ist daher unentbehrlich, daß die Individuen selbst zur Mitarbeit angeregt werden, daß sie am Test ausreichend interessiert werden" (Moreno 1967, S. 40). Auf diese Weise sind die Wahlen spontaner Ausdruck ihrer aktuellen Gefühlslage. So können beispielsweise die Schülerinnen und Schüler in einer Klasse danach gefragt werden, neben wem sie am liebsten im nächsten Schuljahr sitzen wollen. Auch Zweitwahlen, also die Person, neben der man am zweitliebsten sitzen möchte, oder die Frage, wen der oder die Betreffende überhaupt nicht als SitznachbarIn haben möchte, können erhoben werden. Hier sind unterschiedlichste Ausgangsfragen denkbar. Eine weitere Frage im beruflichen Kontext wäre etwa, wer mit wem zusammen arbeiten möchte, oder wer wen bei einer wichtigen Entscheidung um Rat fragen würde. Die jeweilige Frage ist das Kriterium, von dem ausgehend die Untersuchung angelegt ist.

Die empirische Grundlage an Daten für eine grafische Darstellung kann allerdings nicht nur über eine Befragung, sondern auch durch Beobachtung oder durch die Auswertung von schriftlichen Quellen gewonnen werden (vgl. Höhn und Schick 1954, S. 9–15). In jedem Fall müssen daraus quantifizierbare Wahlen und Nicht-Wahlen hervorgehen.

Die erfragten Wahlen sind dann ein in Zahlen rechenbarer Ausdruck der sozioemotionalen Verhältnisse einer Gruppe. Die Ergebnisse der Befragung lassen

3 An anderer Stelle unterscheidet Moreno noch weitere Emotionen (Ärger, Angst, Furcht, Herrschsucht etc.) (vgl. Moreno 1967, S. 203 f.). Diese Differenzierung kann allerdings erst mithilfe von weiteren Methoden wie Rollenspieltests vorgenommen werden. Zu den Rollenspieltests und weiteren Psychodrama-Techniken vgl. Stadler und Kern 2010.

sich zunächst in eine sogenannte Soziomatrix eintragen. In der einfachsten Form werden in der Zeile die wählenden und in den Spalten die gewählten Personen eingetragen. Wahlen bzw. Anziehungen werden dann als Plus-Zeichen (+), Abstoßungen durch ein Minus-Zeichen (–) und Gleichgültigkeit mit (0) angegeben. Mittels der Zeilen- und Spaltensummen lassen sich die Verhältnisse der Wahlen und damit die Grade der Beliebtheit der jeweiligen Person in der betreffenden Gruppe rechnerisch bestimmen. Diese einfachste Form der Matrix und die daran anschließenden statistischen Verfahren können erheblich erweitert und verfeinert werden (vgl. Jansen 2006, S. 99 ff.), dennoch bleibt die Darstellung in Zahlen in jedem Fall abstrakt und unübersichtlich — an dieser Stelle kommen die Soziogramme ins Spiel. „Der Soziometriker ist insofern in einer paradoxen Situation, als er sein Universum konstruieren und aufzeichnen muß, bevor er es erforschen kann. Eine Aufzeichnungsform ist entwickelt worden, das Soziogramm, das, wie es nicht anders sein kann, mehr ist als lediglich eine Methode der Präsentation. Es ist in erster Linie eine Methode der Erforschung. Es macht die Erforschung soziometrischer Tatsachen möglich“ (Moreno 1989, S. 59). Jedoch ist es wichtig, den Weg festzuhalten, den die sozioemotionalen Beziehungen bis hierhin bereits gegangen sind; zunächst ihre Übersetzung in Wahlsituationen, die durch bestimmte Fragestellungen dann quantifizierbare Antworten ergaben.

Die grafischen Grundelemente der Soziogramme

Für die grafische Darstellung sozialer Gruppenkonfigurationen bietet sich die Form des Netzwerks an (zur Visualisierung von Netzwerken vgl. Krempel 2005 und Pfeffer 2008). Visualisierte Netzwerke setzen sich aus Punkten und Linien zusammen (vgl. Abb. 1). In der einfachsten Darstellungsvariante steht jeder Punkt jeweils für eine Person und die Linien zeigen die zwischenmenschlichen Beziehungen an. Gerade diese Form der visuellen Darstellung hat sich in Zeiten ‚sozialer Netzwerke‘ – im Sinne der informationstechnologischen Vernetzung – wie Facebook und der weitverbreiteten Nutzung des Internets durchgesetzt. Gerade vor dem Hintergrund, dass Moreno seine Netzwerk-Grafiken lange vor der Entwicklung und Verbreitung der Informationstechnologien entworfen hat, ist die Vielfalt an grafischen Differenzierungen sowie die Variabilität dessen, was jeweils dargestellt wird, erstaunlich.

In einem „Schlüssel zu den Soziogrammen“ (Moreno 1967, S. 67; vgl. Abb. 2) gibt Moreno die grafischen Elemente für eine soziogrammatische Darstellung an. Üblicherweise werden Personen als Punkte gezeichnet. Moreno differenziert hier bereits grafisch zwischen kleinen Kreisen („Mädchen“) und kleinen Dreiecken („Knaben“). Doppelt gezogene Linien bezeichnen die Mitglieder einer anderen

Abbildung 1 Punkte und Linien

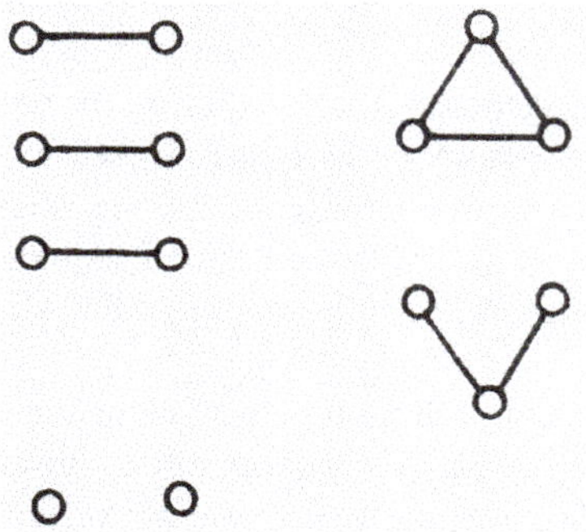

Abbildung 2 Schlüssel zu den Soziogrammen

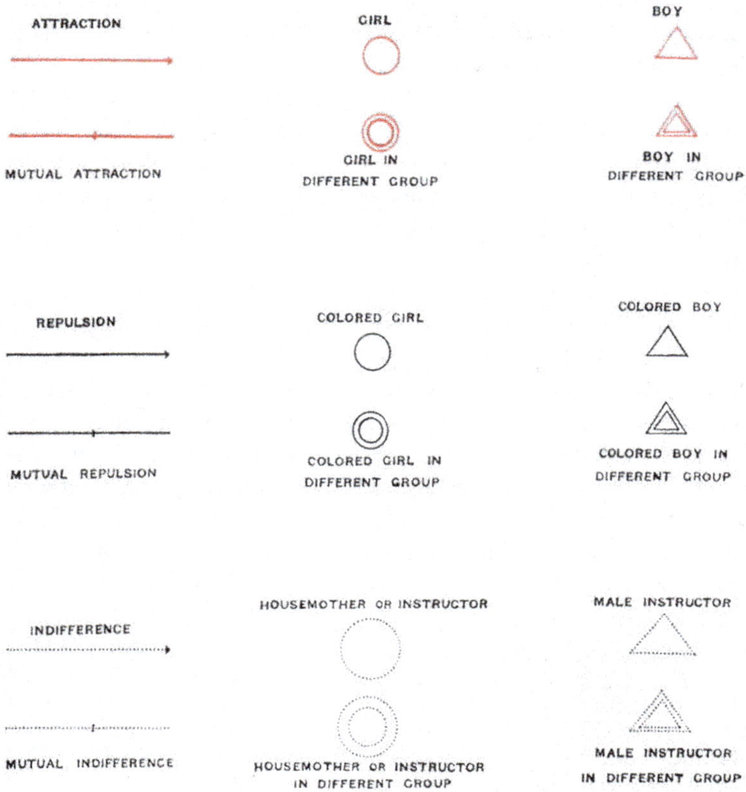

Gruppe. Etwas größere und gestrichelte Kreise stehen für Erwachsene.[4] In den Soziogrammen können aber auch Objekte oder geografische Bezüge mit auftauchen.

Linien bzw. Pfeile stellen die Beziehungen zwischen den Mitgliedern einer Gruppe dar. Anziehungen werden in Rot angegeben mit der Richtung, in der sie verlaufen. Abstoßungen sind in Schwarz gezeichnet und Gleichgültigkeit mit einem gestrichelten Pfeil gekennzeichnet. Ist die Anziehung, Abstoßung oder Gleichgültigkeit wechselseitig, wird die Linie in der Mitte mit einem kleinen Strich gekreuzt. Auch über die Länge und Breite der Linien lassen sich die Beziehungen noch genauer unterscheiden.

Die grafische Darstellung der Beziehungen lässt sich weiter ausdifferenzieren, wenn man Morenos Verständnis einer Beziehung als Telestruktur hinzunimmt (zum Tele vgl. ebd., S. 167 ff. und 356 f.). „Jede Linie, die zwei Personen verbindet, repräsentiert eine soziale Gefühlseinheit, ein Tele" (ebd., S. 122). Er geht davon aus, dass es unterschiedliche Formen einer emotionalen „Fernwirkung" (ebd., S. 177) gibt – abgeleitet von der altgriechischen Vorsilbe *tele:* ‚weit, fern'. Im Gegensatz zu den Konzepten der Übertragung (Freud) und der Einfühlung (Lipps), die die emotionale Dynamik jeweils von einem Subjekt ausgehend analysieren, versteht Moreno die Telebeziehung als einen „Interaktionsprozeß" (ebd., S. 175), in dem wechselseitig mindestens zwei Akteure aufeinander bezogen sind. Telebeziehungen kann es nun nicht nur zwischen Menschen, sondern auch zwischen einer Person und einem Objekt (Nahrung, aber auch Material, Werkzeuge, Maschinen) geben[5]. Wie es die Tafel der unterschiedlichen Telestrukturen anzeigt (vgl. Abb. 3), kann sich eine Person auch auf die ‚Rolle' (als Arzt, Richterin etc.) einer anderen Person beziehen.

Allein mit diesen ersten grafischen Grundelementen lassen sich die Konfigurationen von sozialen Gruppen differenziert darstellen. Mit welchen grafischen Elementen die jeweilige Darstellung arbeitet, wechselt auch bei Moreno immer wieder. Es handelt sich also nicht um allgemeingültige und festgelegte Darstellungskonventionen. Aber die Zusammenstellung macht bereits deutlich, welche vielfältigen Möglichkeiten einer differenzierten Darstellung Morenos Soziogramme bieten. Sie soll einen Anreiz bieten, sich aus dem Set an grafischen Elementen zu bedienen und um die Differenzierungsmöglichkeiten zu wissen, deren Einsatz dann aber vom jeweiligen Untersuchungszusammenhang abhängt.

---

4 Außerdem unterscheidet Moreno weiße und „farbige Mädchen", indem er sie rot und schwarz zeichnet.

5 Die Einbeziehung nicht-menschlicher Akteure in das Interaktionsgeschehen und dessen Beschreibung als Netzwerk ist auch bei Bruno Latour (1998) zu finden. Was der durch Latour maßgeblich mitbegründeten Akteur-Netzwerk-Theorie als große epistemologische Innovation angerechnet wird, ist etwa 60 Jahre zuvor bei Moreno bereits ein selbstverständlicher Aspekt seiner soziometrischen Analysen.

Abbildung 3 Telestrukturen

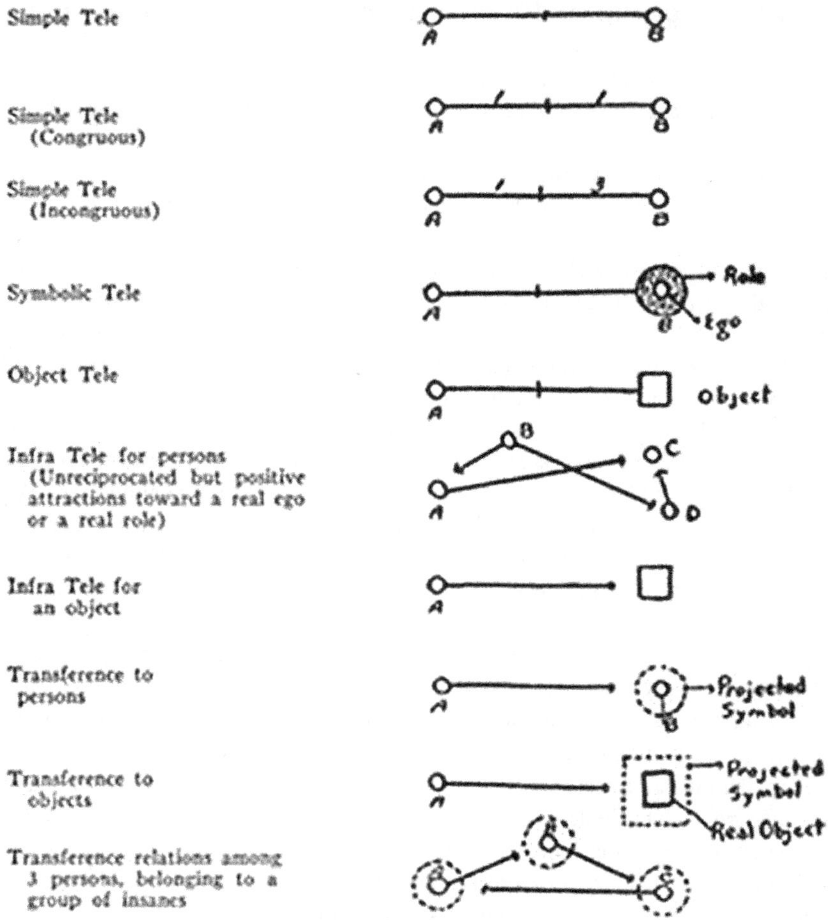

Vier Perspektiven auf soziale Konfigurationen: Soziales Atom, Gruppe, Gruppenverhältnisse und Netzwerk als Ausgangspunkte für die Erstellung von Soziogrammen

Wir haben bereits darauf hingewiesen, dass die empirischen Daten, die in einem Soziogramm dargestellt werden, streng an die Ausgangsfragestellung, sprich das jeweilige Kriterium gebunden sind. Die nun folgenden Ausführungen hätten ebenso oben im Kontext mit der Erhebung der Daten angebracht werden können. Da sie aber eng mit der grafischen Darstellung zusammenhängen, werden sie erst an dieser Stelle behandelt. Denn zu den Fragestellungen bzw. Kriterien, die eine soziometrische Untersuchung bestimmen, kommen nun noch vier Perspektiven auf soziale Konfigurationen, die bei der Analyse eingenommen und dann auch entsprechend operationalisiert werden können: erstens der Fokus auf das „soziale Atom" (Moreno 1967, S. 159), zweitens auf die Gruppe, drittens auf die Gruppe und ihre Bezüge zu anderen Gruppen und viertens auf ein Netzwerk größeren Maßstabs. Bei allen vier Analyseeinheiten handelt es sich um Netzwerke – auch bei dem, was Moreno als das ‚soziale Atom' bezeichnet. Die vier Perspektiven sind bei Moreno nicht klar voneinander getrennt, sondern gehen ineinander über. Wir werden die Unterschiede hier nicht ausführlich darstellen, aber es soll deutlich werden, dass sie bereits bei der Erhebung eine Rolle spielen und dann auch in der grafischen Umsetzung der Daten zu unterschiedlichen Darstellungsweisen führen.

1. Der Fokus auf ein soziales Atom entspricht in etwa dem, was in der Sozialen Netzwerkanalyse als das „ego-zentrierte Netzwerk" (Jansen 2006, S. 65, vgl. dazu auch ebd., S. 79 ff.) bezeichnet wird. Hier geht es darum, ausgehend von einem Individuum und anhand eines bestimmten Kriteriums die diesbezüglich relevanten Beziehungen aufzuzeichnen (zum sozialen Atom vgl. auch Stadler und Kern 2010, S. 176 ff.). Das bedeutet für die vorangehende Befragung, dass erst einmal nur eine Person befragt wird und in einem zweiten Schritt diejenigen anderen Personen in die Untersuchung mit aufgenommen werden, die vom „Kernindividuum" (Moreno 1967, S. 163) genannt worden sind.

In der Befragung wird zunächst der Umfang des sozialen Atoms festgestellt. So kann beispielsweise relativ offen nach allen Personen gefragt werden, an die sich die oder der Befragte erinnert – dadurch erhält man das „Bekanntschaftsvolumen" (ebd., S. 162). Oder es wird ein spezifischeres Kriterium angelegt und danach gefragt, mit wem er oder sie zusammen wohnen wollen würde. Die genannten Personen werden dann ihrerseits befragt und auf diese Weise untersucht, ob sie die Wahl erwidern oder ablehnen. In Abb. 4 bildet WL das Kernindividuum, um das sich dann die von ihm genannten sieben Personen anordnen (zur Beschreibung des sozialen Atoms von WL vgl. ebd., S. 105 f.). Moreno bezeichnet diese Perspek-

Abbildung 4 Soziales Atom von WL

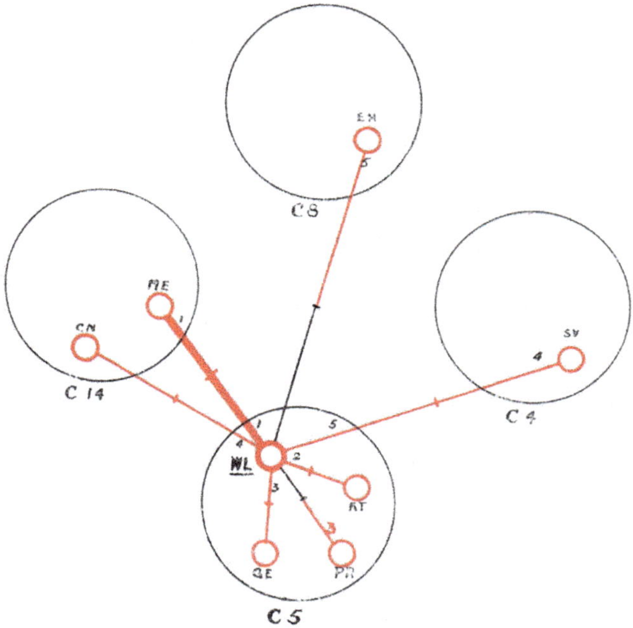

tive auch als den ‚zentrifugalen Aspekt' (ebd., S. 161). Bei der grafischen Darstellung bietet es sich an, die fokale Person zentral zu platzieren und dann die Beziehungen im Umkreis anzuordnen. Durch die Befragung und grafische Darstellung wird in erster Linie der Umfang des Beziehungsnetzes der untersuchten Person deutlich. Eine methodische Einschränkung besteht darin, dass die Struktur ganz aus der Sicht des Ausgangs-Egos bestimmt wird.

Gerade aufgrund dieser Einschränkung ergänzt Moreno die zentrifugale um die zentripetale Perspektive, also der „Konfiguration eines sozialen Atoms vom Gesichtspunkt der Gemeinschaft aus" (ebd., S. 165). Hier werden die Beziehungen der umgebenden Personen, der ‚Alteri' untereinander mit einbezogen (vgl. Abb. 5). Dadurch können sich auch enge indirekte Bezüge zu Dritten zeigen.

2. Die Untersuchung einer Gruppe setzt voraus, dass diese in irgendeiner Weise begrenzt ist. Ein gutes Beispiel hierfür ist eine Schulklasse. Innerhalb dieser festgelegten Gruppe kann nun nach den Positionierungen der einzelnen Mitglieder gefragt werden. Dazu werden bei der Erhebung alle Mitglieder gleichermaßen in

Abbildung 5 zentripetale Perspektive

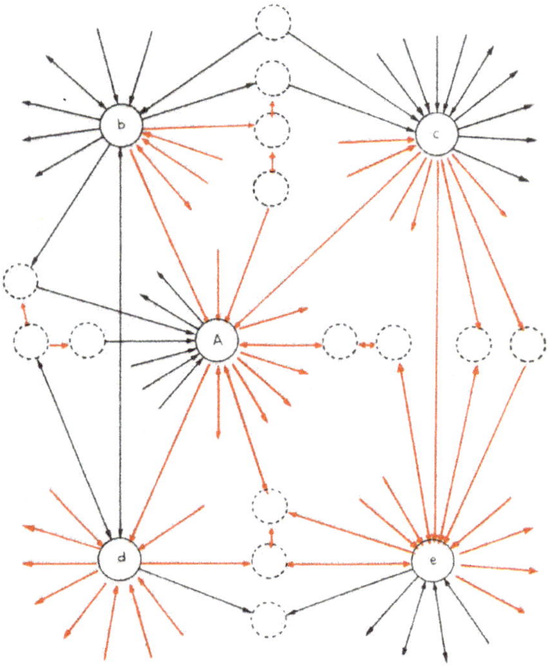

die Befragung mit einbezogen. Wie bereits erläutert, ergeben sich aus den wechselseitigen Wahlen, Nicht-Wahlen und Gleichgültigkeiten dann Zahlenwerte, die wiederum grafisch umgesetzt werden können.[6] Hier wird der Erkenntniswert der grafischen Darstellung sehr deutlich: Das entsprechende Soziogramm zeigt auf einen Blick die Struktur einer Gruppe und damit auch die Stellung der einzelnen Personen in der Gruppe (vgl. etwa Abb. 6).

3. Der dritte Zugang fokussiert das Verhältnis einer Gruppe zu ihrer Umwelt bzw. zu außenstehenden Personen und anderen Gruppen. Mit ihm kann der Kohäsions- oder Integrationsgrad einer Gruppe analysiert werden (vgl. dazu Moreno und Jennings 1960, S. 43 ff.). Dazu werden die Mitglieder einer Gruppe nicht nur

6 Gegebenenfalls kann die Befragung durch einen ‚Perzeptionstest' ergänzt werden (vgl. dazu Stadler und Kern 2010, S. 183 ff.). Dabei wird jeweils auch erfragt, von wem die betreffende Person denkt, dass er oder sie sie gewählt hat und von wem nicht.

Abbildung 6 Soziogramm von Hausbewohnerinnen

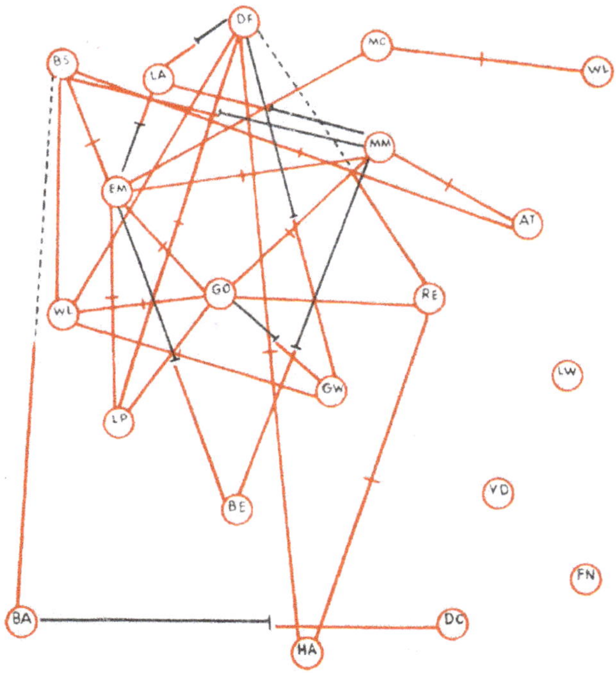

zu ihrem Verhältnis untereinander befragt, sondern auch Wahlen außerhalb der Gruppe beachtet. Auf diese Weise lassen sich mehr oder weniger gut integrierte Gruppen unterscheiden – es lässt sich ein sozialer „Gruppenquotient" (Moreno 1967, S. 342) ermitteln. „Geht die Mehrzahl der Wahlen einer Gruppe nach außen (zentrifugal), so nähert sich ihre Organisation der Auflösung" (ebd., S. 372), was wiederum zu sozialer Desintegration führt. Es kann aber auch ein „Übermaß an Ingruppenwahlen" (ebd., S. 372) geben. Grafisch lassen sich die Gruppen unterscheiden, indem die Gruppenmitglieder mit einfach gezogenen Kreisen/Dreiecken dargestellt werden und die Mitglieder anderer Gruppen mit doppelt gezogenen Kreisen/Dreiecken. Manchmal ist eine Gruppe zur Verdeutlichung auch zusätzlich mit einer Kreislinie eingegrenzt (vgl. Abb. 7: hier finden sich beide grafischen Differenzierungsmöglichkeiten).

4. Die vierte Perspektive bedeutet noch einmal eine Ausweitung der Erhebung und der Analyse. Hier werden Netzwerke größeren Maßstabs untersucht. Im Verlauf

Abbildung 7 grafische Abgrenzungsformen

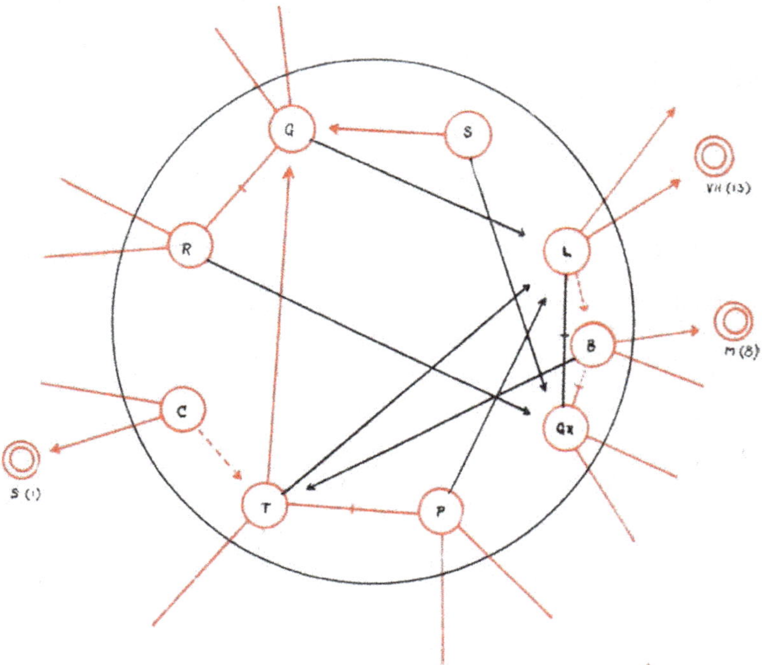

der Untersuchung können sich dann beispielsweise markante Gruppenstrukturen oder auch andere Strukturmerkmale wie Gruppenspaltungen oder ‚strukturelle Löcher' zeigen. Der Vorteil ist, dass sich hinsichtlich eines oder auch mehrerer Kriterien sehr offen ermitteln lässt, welche diesbezüglich relevanten Strukturen es gibt. An diese Ergebnisse können dann Untersuchungen anschließen, die sich gezielt auf bestimmte Teilstrukturen konzentrieren.

Problematisch ist hier – wie so oft, wenn mit der Denkfigur des Netzwerks gearbeitet wird – die Grenzziehung. Denn die Netzwerk-Form lenkt die Aufmerksamkeit auf die Verbindungen und Zusammenhänge[7]. Moreno hat die Vision, die

7 Das folgende Zitat zeigt sehr schön, wie Moreno die Verbindungen vom Kleinsten bis zum Größten sieht: „Ein soziales Atom setzt sich demzufolge aus zahlreichen Telestrukturen zusammen. Soziale Atome sind ihrerseits Teile noch größerer Gebilde, der soziometrischen Netzwerke, die große Individuengruppen gemäß ihrer Telebeziehungen verbinden oder trennen. Die soziometrischen Netzwerke sind Teile einer nochmals größeren Einheit, der soziometrischen Geographie einer Gemeinschaft, und die Gemeinschaftsgeographie ist ein

soziometrischen Untersuchungen bis zur Einbeziehung der ganzen Menschheit auszuweiten (vgl. ebd., S. 3), allerdings stellt sich schon bei viel kleineren Analyseeinheiten die Frage nach der Umsetzbarkeit (vgl. ebd., S. 118). Wichtig ist es, dabei nicht eine in irgendeiner Weise bestehende Einheit als ‚natürlich gegebene' zu verstehen und davon selbstverständlich als Analyseeinheit auszugehen. Es ist ein zentraler Aspekt von Moreno, dass er deutlich macht, dass die offiziellen Strukturen nicht den informellen sozioemotionalen Dynamiken entsprechen müssen. Stattdessen sollte die Frage nach der Grenzziehung und Begrenzung der Netzwerke als ein wichtiger methodologischer Aspekt in die Untersuchung mit einbezogen werden.

Unsere Feststellung vom Anfang, dass Moreno in der Regel die Beziehungsstruktur kleiner Gruppen grafisch darstellt, kann nun noch genauer gefasst werden. Denn mittels seiner Soziogramme können neben mikrosozialen Strukturen sowohl ego-zentrierte Netzwerke als auch Netzwerke größeren Maßstabs untersucht werden. Von daher reichen die Anwendungsgebiete der Soziogramme auch von der Psychotherapie und der Analyse von Klassenstrukturen (vgl. dazu ausführlich Brüggen 1974) über die Organisations- und Unternehmensforschung bis hin zu größeren Industrie- oder Marktstudien. Meistens werden sie aber eingesetzt, um die psychosoziale Dynamik kleiner Gruppen genauer zu beleuchten.

Darstellungsweisen der Soziogramme und Anordnungsfragen

Wenn einmal ausgehend von einer bestimmten Fragestellung und aus einer der gerade beschriebenen Perspektiven empirische Daten generiert worden sind, stellt sich die Frage, auf welche Weise sie am besten grafisch dargestellt werden können. Denn die Netzwerke sind zunächst nicht in ein Koordinatensystem eingebunden. Vielmehr können die grafischen Elemente – die Punkte, kleinen Kreise oder Dreiecke und Linien oder Pfeile – auf unterschiedliche Weise angeordnet werden (vgl. dazu Bertin 1974, S. 277–291 und Freeman 2000).

Für Moreno gilt das Kriterium der Lesbarkeit: „A readable sociogram is a good sociogram. To be readable, the number of lines crossing must be minimized. The fewer the number of lines crossing, the better the sociogram" (Moreno 1953, S. 141). Es geht also nicht nur darum, die Beziehungsnetzwerke grafisch so anzuordnen, dass sich möglichst wenige Linien kreuzen, sondern auch darum, eine größtmögliche Aussagekraft der Soziogramme zu erreichen. Letzteres lässt sich

Teil der größten Konfiguration, der soziometrischen Gesamtheit der menschlichen Gesellschaft" (Moreno 1967, S. 23).

nur vom Ergebnis her bestimmen, wenn die Soziogramme ausgewertet werden – was im nächsten Abschnitt thematisiert wird.

Wenn es um ego-zentrierte Netzwerke geht, beginnt man beim Zeichnen – wie oben bereits erwähnt – mit dem Ego in der Mitte und ordnet die Alteri darum herum an. Auch die Person mit den meisten Verbindungen kann ein guter Ausgangspunkt sein. Moreno findet die für ihn passendste Darstellungsform oftmals ad hoc über zeichnerisches Ausprobieren.

Aus grafischer Sicht hat Jacques Bertin die möglichen Anordnungskriterien für Netzwerk-Darstellungen herausgearbeitet – er bezeichnet sie als „Impositionen" (Bertin 1974, S. 279). Danach lassen sich 1. eine gradlinige, 2. eine kreisförmige Anordnung unterscheiden, genauso wie 3. eine Anordnung in einem Feld, 4. in einem geordneten Feld oder 5. in einem Stereogramm (vgl. ebd., S. 278).

Die Anordnung in Kreisform soll hier herausgegriffen werden, weil sie schon sehr früh für die Darstellung von Soziogrammen genutzt worden ist. Mit ihr lässt sich der ‚soziometrische Status' der Mitglieder der grafisch dargestellten Gruppe unterscheiden. Der soziometrische Status wird dadurch ermittelt, wie viele Wahlen/Verbindungen auf eine Person fallen. Das Netzwerk wird nun in konzentrischen Kreisen so angeordnet, dass alle Personen mit der gleichen Anzahl an Wahlen im selben Kreisabschnitt positioniert sind (vgl. Abb. 8). Mary L. Northway, die diese Darstellungsform maßgeblich entwickelt hat, bezeichnet sie als „target diagram" (Northway 1960, S. 225).

Mit der Entwicklung der Informationstechnologien wird es möglich, die Positionen in Netzwerken und die Beziehungen zwischen den Punkten als Graphen mathematisch zu berechnen und dreidimensional auf dem Bildschirm darzustellen (vgl. zur Graphentheorie Brandes 2010 und zur Computer-Visualisierung Krempel 2005)[8]. Um die zeitlichen Veränderungen sozialer Strukturen abzubilden, eignen sich animierte Darstellungen – ein Instrument, nach dem Moreno seinerseits bereits gesucht hatte[9]. Darüber hinaus ist es möglich, mit den Computer-Grafiken zu ‚interagieren', einzelne Variablen zu verändern und die Auswirkung davon direkt am Bildschirm zu verfolgen – also auch soziale Konfigurationen zu

8 Eine ausführliche Darstellung der einzelnen Schritte, in denen die Möglichkeiten der Darstellung von Netzwerken mit den jeweils neuen Computertechnologien erweitert worden sind, gibt Freeman 1988 und 2000 (vgl. auch Spitzer-Prochazka in diesem Band).

9 Zum einen verweist Moreno immer wieder darauf, wie wichtig es ist, die zeitlichen Veränderungen sozialer Konfigurationen in die soziometrischen Untersuchungen mit einzubeziehen. Zum anderen hat er selbst mit seinem Schwager Franz Lörnitzo die Idee für ein elektromagnetisches Aufzeichnungsverfahren entwickelt, das sie als ‚Radio-Film' bezeichnen. Es sollte sowohl akustische als auch optische Aufzeichnungen machen (zum ‚Radio-Film' vgl. Marineau 1989, S. 87 ff. und 95). Auch Filmkameras setzt Moreno sehr früh ein, um therapeutische Prozesse zu begleiten. 1935 gründet er die Firma *Therapeutic Motion Pictures*, um die Filme zu vertreiben.

Abbildung 8 Target diagram

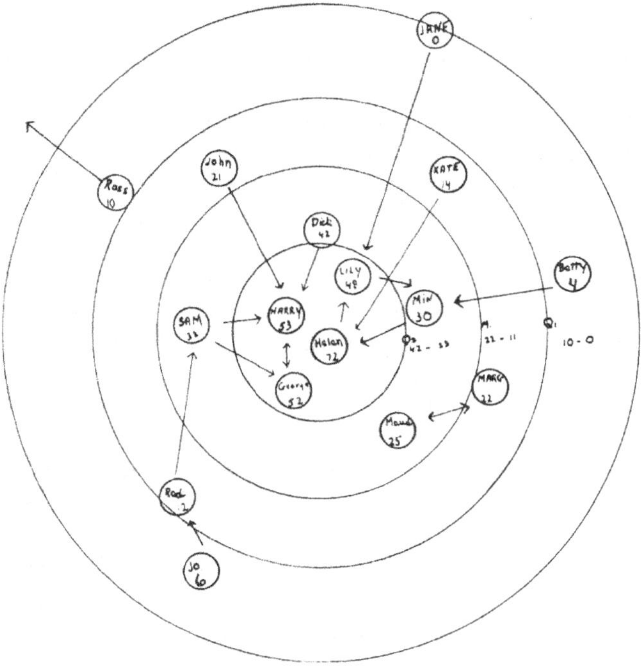

simulieren. Auf diese Weise werden die Einsichten, die mittels mathematischer und auch grafischer Verfahren in Bezug auf soziale Strukturen gewonnen werden, nochmals erweitert.

Soziogramme ‚lesen' – Zu den Möglichkeiten und Grenzen der Erkenntnisse, die sich durch Soziogramme gewinnen lassen

Für Moreno besteht die besondere Leistung der Soziogramme darin, dass sie die soziale Struktur einer Gruppe „auf den ersten Blick" (Moreno 1967, S. 261) enthüllt. „Auf diese Weise legt der Test die Beziehungen der einzelnen Personen zueinander frei und gibt somit ein Bild der Gesamtstruktur. Wir gewinnen Einsicht in die eigentliche Gruppenstruktur und nicht bloß in die von außen aufoktroyierte Struktur" (ebd., S. 37). Die Soziogramme machen die sozioemotionalen Beziehungsstrukturen zuallererst sichtbar und im Gegensatz zu den aneinandergereihten Zahlenwerten in den Matrizen erzeugen die Soziogramme ein grafisches „Bild der ganzen Gruppe“ (ebd., S. 262). Die grafische Darstellung ermöglicht auf diese Weise Einsichten in die sozioemotionalen Beziehungsstrukturen, die sich auf andere Weise nicht gewinnen lassen. „Von den Soziometrikern wurde das Soziogramm, ein Verfahren der graphischen Darstellung, entwickelt, das mehr als nur eine Methode der Präsentation ist. In erster Linie ist es eine Methode der Exploration“ (Moreno 1989, S. 158). Damit sind Soziogramme für Moreno nicht einfach bloße Abbildungen einer auch unabhängig von den Grafiken fassbaren sozialen Wirklichkeit, sondern eine bestimmte Methode, die genuine Erkenntnisse generiert[10].

Neben dem Gesamtbild können die Stellungen oder Positionierungen der Mitglieder einer Gruppe festgestellt werden. Sie reichen von der völligen Isolation Einzelner, die weder über Anziehungen noch über Abstoßungen mit anderen verbunden sind, bis hin zu ‚Knotenpunkten‘, an denen viele Verbindungen zusammenlaufen[11].

Zusätzlich zu den Positionierungen und dem Gesamtbild, das Soziogramme dem oder der BetrachterIn auf einen Blick liefern, lassen sich bei genauerem Hinsehen Teilstrukturen herauslesen, die ebenfalls zeigen, wie eine Gruppe zusammengesetzt ist. Denn wenn man nicht nur die Beziehung zwischen zwei AkteurInnen beachtet – wie oben bei den ‚Grundelementen‘ eingeführt –, sondern auf größere strukturelle Einheiten bzw. Teilgesamtheiten schaut, dann zeigen sich Figuren, wie beispielsweise eine ‚Kette‘ gegenseitiger Anziehungen und Abstoßungen (vgl. Abb. 9: 2a/2b) oder Dreiecke, Vierecke und Kreise (vgl. Abb. 9: 3, 4, 5). Steht ein Individuum im Zentrum vieler Anziehungen, wird es als „Star“ (Moreno 1967, S. 70) bezeichnet – doch es kann auch Zentren von Abstoßungen geben. Zudem beschreibt Moreno unterschiedliche indirekte Beziehungseffekte, wie beispielsweise den Fall, dass die Beziehung zu einem anderen Akteur oder einer anderen Akteurin dessen zahlreiche Verbindungen indirekt mit erschließt.[12]

Oben wurde bereits erwähnt, dass die Soziogramme möglichst aussagekräftig sein sollten – und dies bezieht sich auch auf die hier angeführten strukturellen Merkmale. Nach einem ersten zeichnerischen Ausprobieren wird man deswegen „in einer zweiten, endgültigen Zeichnung versuchen, solche charakteristischen Teilfiguren möglichst klar herauszuheben“ (Höhn und Schick 1954, S. 31).

10 Auch Freeman verweist darauf, dass Soziogramme nicht nur kommunikative, sondern auch erkenntnisgenerierende Funktion haben (vgl. Freeman 2000).

11 Rein über die Anzahl der Verbindungen lässt sich der oben erwähnte ‚soziometrische Status‘ ermitteln.

12 Daran schließt Mark Granovetters Theorem der ‚Strength of Weak Ties‘ an (vgl. Granovetter 1973), wobei Granovetter zusätzlich die ‚Schwäche‘ der Brückenverbindungen hervorhebt.

Abbildung 9 soziogrammatische Teilstrukturen

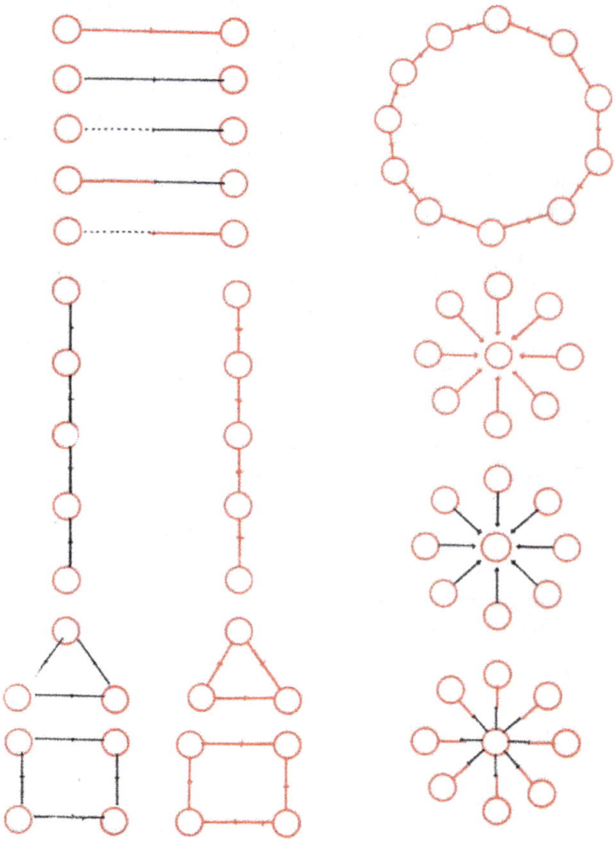

Bei der Auswertung der Soziogramme können folgende Aspekte beachtet werden (vgl. dazu ebd., S. 32–46):

- Welche Stellung haben Einzelne in der Gruppenstruktur und was ist ihr soziometrischer Status?
- Welche charakteristischen Teilstrukturen gibt es (Ketten, Dreiecke etc.)?
- Gibt es Untergruppen, die sich herausgebildet haben bzw. Spaltungen in der Gruppe?
- Was ist der Integrationsgrad, die Kohäsion in der Gruppe? Gibt es viele Innengruppenwahlen oder viele Wahlen, die nach außen gehen?

Neben den Erkenntnissen über die Strukturen einer Gruppe, die sich aus den Soziogrammen herauslesen lassen, sieht Moreno auch die Begrenzungen der grafischen Methode sehr deutlich: „Es kann nicht geleugnet werden, daß die sozialen Konfigurationen, wie sie in unseren Soziogrammen dargestellt werden, elementar und grob in der Darstellung sind im Vergleich zu den komplexen Beziehungen, Rhythmen und Tempi, die in einem lebendigen sozialen Aggregat wirksam sind" (Moreno 1967, S. 33). Der Komplexität sozialer Verhältnisse können die Soziogramme nie ganz gerecht werden, weil sie immer Momentaufnahmen eines dynamischen Geschehens sind. Die Wiederholung der Befragung und die Anfertigung von Soziogrammen in zeitlichen Abständen kann dieses Manko bis zu einem gewissen Grad – aber eben nie vollständig – ausgleichen. Auch auf die Abhängigkeit des grafisch Erfassten vom jeweiligen Kriterium und der Perspektive der Untersuchung ist bereits hingewiesen worden. Mehrere in Bezug auf eine Gruppe untersuchte Kriterien können sich gegenseitig ergänzen. Darüber hinaus liefert eine grafische Darstellung noch keine Aussagen über die den Wahlen zugrunde liegenden Motivierungen (vgl. ebd., S. 110). Es gibt viele grafisch identische Strukturen, die sich erst weiter differenzieren lassen, wenn nach den Motiven und Gefühlslagen der Beteiligten gefragt wird. Gerade diesen Aspekt können ergänzende Methoden, wie qualitative Interviews (zu Motivierungen vgl. bspw. ebd., S. 106 ff.) und Spontaneitäts- und Rollenspieltests, erfassen[13]. Deswegen ist die Arbeit mit Soziogrammen bei Moreno immer eingebunden in eine Vielfalt an Methoden, die sich in ihren jeweiligen Möglichkeiten und auch Begrenzungen gegenseitig beleuchten und ergänzen (vgl. dazu Leutz 1979, S. 831).

Literatur

Bertin, J. (1974). *Graphische Semiologie*. Diagramme, Netze, Karten. Berlin: Walter de Gruyter & Co.

Brandes, U. (2010). Graphentheorie. In: C. Stegbauer und R. Häußling (Hrsg.) *Handbuch Netzwerkforschung* (S. 345–353). Wiesbaden: VS Verlag für Sozialwissenschaften.

Brüggen, G. (1974). *Möglichkeiten und Grenzen der Soziometrie*. Ein Beitrag zur Gruppendynamik der Schulklasse. Neuwied: Hermann Luchterhand Verlag.

Freeman, L. C. (1988). Computer Programs in social network analysis. *Connections 11*, 26–31.

13 Damit kombiniert Moreno quantitative und qualitative Methoden und konstatiert: „Die alte Dichotomie: Qualitatives versus Quantitatives wird in der Soziometrie auf neuartige Weise gelöst" (Moreno 1967, S. 29).

Freeman, L. C. (2000). Visualizing Social Networks. *Journal of Social Structure 1 (1)*. http://www.cmu.edu/joss/content/articles/volume1/Freeman.html, 8. 6. 2012.

Freeman, L. C. (2004). *The Development of Social Network Analysis*. A Study in the Sociology of Science. Vancouver: Empirical Press.

Granovetter, M. S. (1973). The strength of weak ties. *The American Journal of Sociology 78 (6)*, 1360–1380.

Höhn, E. und Schick, C. P. (1954). *Das Soziogramm*. Die Erfassung von Gruppenstrukturen. Göttingen: Verlag für Psychologie.

Jansen, D. (2006). *Einführung in die Netzwerkanalyse*. Grundlagen, Methoden, Forschungsgebiete. Wiesbaden: VS Verlag für Sozialwissenschaften.

Krempel, L. (2005). *Visualisierung komplexer Strukturen*. Grundlagen der Darstellung mehrdimensionaler Netzwerke. Frankfurt a. M.: Campus-Verlag.

Latour, B. (1998). *Wir sind nie modern gewesen*. Versuch einer symmetrischen Anthropologie. Frankfurt a. M.: Fischer Verlag.

Leutz, G. A. (1979). Das triadische System von J. L. Moreno. Soziometrie, Psychodrama und Gruppenpsychotherapie. In: A. Heigl-Evers (Hrsg.), *Die Psychologie des 20. Jahrhunderts*, Bd. VIII: Sozialpsychologie: Lewin und die Folgen – Sozialpsychologie, Gruppendynamik, Gruppentherapie (S. 830–839). Zürich: Kindler.

Marineau, R. (1989). *Jacob Levy Moreno 1889–1974*. Father of psychodrama, sociometry, and group psychotherapy. London, New York: Tavistock/Routledge.

Moreno, J. und Stagg Whitin, E. (1932). *Application of the Group Method to Classification*. New York: National Committee on Prisons and Prison Labor.

Moreno, J. (1934). *Who shall survive?* A new approach to the problem of human interrelations. Washington, D. C.: Nervous and Mental Disease Publishing Company. 2. Auflage: Ders. (1953). *Who shall survive?* Foundations of sociometry, group psychotherapy and sociodrama. Beacon, N. Y.: Beacon House Inc.

Moreno, J. et al. (Hrsg.) (1960). *The Sociometry Reader*. Illinois: The Free Press of Glencoe.

Moreno, J. und Jennings, H. (1960). Statistics of Social Configurations. In: J. Moreno et al. *The Sociometry Reader*, (S. 19–51). Illinois: The Free Press of Glencoe.

Moreno, J. (1967). *Die Grundlagen der Soziometrie*. Wege zur Neuordnung der Gesellschaft. Köln, Opladen: Westdeutscher Verlag.

Moreno, J. (1989). *Psychodrama und Soziometrie*. Essentielle Schriften. Köln: Edition Humanistische Psychologie.

Northway, M. L. (1960). A method for depicting social relationships obtained by sociometric testing. In: J. Moreno et al. *The Sociometry Reader*, (S. 221–226). Illinois: The Free Press of Glencoe.

Pfeffer, J. (2008). Visualisierung sozialer Netzwerke. In: C. Stegbauer (Hrsg.), *Netzwerkanalyse und Netzwerktheorie*. Ein neues Paradigma in den Sozialwissenschaften, (S. 227–238). Wiesbaden: VS Verlag für Sozialwissenschaften.

Stadler, C. und Kern, S. (2010). *Psychodrama*. Eine Einführung. Wiesbaden: VS Verlag für Sozialwissenschaften.

Stegbauer, C. (Hrsg.) (2008). *Netzwerkanalyse und Netzwerktheorie*. Ein neues Paradigma in den Sozialwissenschaften. Wiesbaden: VS Verlag für Sozialwissenschaften.

Stegbauer, C. und Häußling, R. (Hrsg.) (2010). *Handbuch Netzwerkforschung.* Wiesbaden: VS Verlag für Sozialwissenschaften.
Wasserman, S. und Faust, K. (1994). *Social network analysis.* Methods and applications. Cambridge: Cambridge University Press.

Schlechtriemen, Tobias, 1976, Dr. phil. des., Soziologe, Dozent am Institut für Soziologie der Albert-Ludwigs-Universität Freiburg und Mitarbeiter im SFB 948 „Helden – Heroisierungen – Heroismen". *Forschungsschwerpunkte:* Soziologische Theorie, Kultursoziologie, Bildsoziologie und Forschungen zum sozialen Imaginären, multilokale Lebensformen, Wissenschaftsgeschichte der Soziologie. *Einschlägige Publikationen:* Schlechtriemen, T. (2008). Metaphern als Modelle. Zur Organismus-Metaphorik in der Soziologie. In: I. Reichle. et al. (Hrsg.), *Visuelle Modelle* (S. 71–84). München: Fink Verlag. Schlechtriemen, T. et al. (Hrsg.) (2010). *Die Figur des Dritten.* Ein kulturwissenschaftliches Paradigma. Berlin: Suhrkamp Verlag. Schlechtriemen, T. (im Erscheinen). *Bilder des Sozialen.* Zum Bild des Netzwerks in der soziologischen Theoriebildung.

Tobias Schlechtriemen
Institut für Soziologie
Albert-Ludwigs-Universität
Rempartstr. 15
79098 Freiburg
E-Mail: Tobias.Schlechtriemen@soziologie.uni-freiburg.de

Der Einsatz von Soziometrie in psychodramatherapeutischen Jahresgruppen

Sabine Kern

1 Der Rahmen

Seit vielen Jahren leite ich gemeinsam mit KollegInnen in unterschiedlichen Kontexten psychodramatherapeutische Jahresgruppen. Die TeilnehmerInnen, die unsere Gruppenangebote in Anspruch nehmen, setzen sich hauptsächlich aus Personen zusammen, die an psychischen Störungen wie Depressionen, Angststörungen oder psychosomatischen Erkrankungen leiden und zu einem geringeren Teil aus Menschen, die im Sinne von Selbsterfahrung ihr Innenleben erforschen wollen. Diese psychodramatherapeutischen Gruppen finden dreistündig in einem vierzehntägigen Abstand statt. Es sind geschlossene Gruppen, die im Herbst mit einer neuen Gruppenzusammensetzung beginnen und bis Ende Juni andauern. Manche TeilnehmerInnen besuchen die Gruppe einen Zyklus, manche mehrere Jahre lang. Soziometrische Übungen gehören zum Standardrepertoire der Interventionen, die in diesen Gruppen gesetzt werden.

In welchen Situationen diese soziometrischen Arrangements zum Einsatz kommen, möchte ich in diesem Beitrag vorstellen.

Gruppen durchlaufen verschiedene Phasen, in denen unterschiedliche Gruppenentwicklungsprozesse im Vordergrund stehen. Tuckmann (1965, zit. n. Stadler und Kern 2010) und in einer etwas abgeänderten Form Gellert und Nowak (2007) bezeichnen die erste Phase als Orientierungsphase, die durch das Kennenlernen der TeilnehmerInnen und der Arbeitsform geprägt ist, darauf folgt die Positionsfindungsphase, in der die Stellungen innerhalb der Gruppe ausgelotet werden, was mit Konflikten einher gehen kann. Diese wird von der Organisationsphase abgelöst, in der Regeln im Umgang miteinander entwickelt werden, daran schließt sich die Abschieds- und Trennungsphase an. Auch Krüger (2011, S. 196) geht davon aus, dass Gruppenentwicklungsprozesse nach gewissen Gesetzmäßigkeiten ablaufen. Die Abschnitte, die dabei durchschritten werden, werden nach Themen, die die TeilnehmerInnen zu diesem Zeitpunkt am meisten beschäftigen, unterteilt. Die Gruppe beginnt mit der Kennenlern- und Gruppenbildungsphase. Darauf folgt der Abschnitt, in dem tieferliegende, narzisstische Bedürfnisse befriedigt werden, dieser geht in eine Phase über, die Rivalität, Macht und Unterlegenheit zum Thema hat. Der letzte Teil setzt sich mit Autonomie und Ablösung auseinander.

Wie einzelne psychodramatische Gruppensitzungen lässt sich auch der Aufbau einer psychodramatischen Jahresgruppe in die Abschnitte Erwärmung, Spiel- und Aktionsphase sowie Integrationsphase unterteilen. In der Erwärmungsphase steht das Vertrautwerden mit der Gruppe und dem Gruppengeschehen im Mittelpunkt der Aufmerksamkeit. Mit der Bildung eines tragfähigen Gruppenzusammenhalts ist es möglich in die Spiel- und Aktionsphase überzutreten, in der im Sinne Krügers (2011) tiefliegende, psychische Problematiken behandelt werden. In passenden Momenten muss in diesem Abschnitt der Tiefenstruktur einer Gruppe, „Wer nimmt welche Position ein; wer hat wann das Sagen; wo gibt es Anziehung, wo Abstoßung?“ auf den Grund gegangen werden, um etwaige Konflikte innerhalb des Gruppengefüges bearbeitbar zu machen. Wenn die Jahresgruppe dem Ende zugeht, kann von der Integrationsphase gesprochen werden. Die gemachten Erfahrungen werden gesammelt und Veränderungen evaluiert.

In den jeweiligen Phasen haben sich bestimmte soziometrische Arrangements bewährt.

2 Die Erwärmungsphase

In der ersten Phase stehen das Kennenlernen und vor allem die Bildung des Gruppenzusammenhalts, der Gruppenkohäsion, im Vordergrund. Dieses Gefühl der Zusammengehörigkeit ist notwendig, damit ein sicherer Rahmen gewährleistet ist, in dem sich die GruppenteilnehmerInnen öffnen und sich so zeigen können, wie sie sind, ohne Sanktionen von den anderen TeilnehmerInnen befürchten zu müssen. Erst wenn dieser Zusammenhalt gegeben ist, kann der Gruppenraum für die Innenschau, Problemlösung und Erprobung von neuen Fertigkeiten genutzt werden.

Die Entwicklung von Gruppenkohäsion kann mit Hilfe soziometrischer Methoden verstärkt werden.

Soziometrische Exploration oder soziometrische Differenzierung

Diese Form der Vorstellung gehört mittlerweile zum Standardrepertoire vieler Seminar- und GruppenleiterInnen.

Bei dieser Übung werden bestimmte Fragen an die gesamte Gruppe gestellt. Die Antwortmöglichkeiten werden vorgegeben, wobei bestimmte Bereiche des Raumes diese repräsentieren. Je nachdem, welche Antwort auf die TeilnehmerIn zutrifft, begibt sie sich in den jeweiligen Abschnitt des Raumes. Die TeilnehmerInnen sehen nun auf einen Blick, mit wem sie etwas bezüglich eines bestimmten Kriteriums teilen.

Instruktion

„Wer von den TeilnehmerInnen psychodramatherapeutische Vorerfahrung hat, stellt sich in diesen Teil des Raumes, Personen, die noch nie eine psychodramatherapeutische Sitzung besucht haben, stellen sich bitte in jenen Bereich."

Die Fragestellungen oder Kriterien können sehr unterschiedlich gestaltet sein. Manche heben vor allem die Gemeinsamkeiten der TeilnehmerInnen der neu formierten Gruppe hervor und können damit den Gruppenfindungsprozess positiv bestärken, andere wiederum können Konfliktpotenzial beinhalten und Konkurrenz schüren. Fragen nach der Anzahl der Kinder oder dem Familienstand wirken auf den ersten Blick harmlos, sind aber für einige TeilnehmerInnen heikle Themen, die mitunter den Grund ihres Gruppenbesuchs darstellen. Deshalb sollten die Fragen mit viel Fingerspitzengefühl und vor allem mit Blick auf die Zielsetzung ausgewählt werden.

Auf die psychodramatherapeutische Gruppensituation bezogene Fragestellungen oder Kriterien:

- „Wer hat bereits eine Gruppentherapie besucht?"
- „Wer hat Vorerfahrungen mit einer psychodramatherapeutischen Jahresgruppe?"
- „Wer kennt Personen, die an dieser Gruppe teilnehmen?"

Auf die Person bezogene Fragestellungen oder Kriterien:

- Gruppierung nach Augenfarbe, Stil der Schuhe (Ballerinas, Sneakers, klassische Schnürschuhe, …)
- Erholsamste Freizeitbeschäftigung (Kriterien vorgeben wie Sport, Lesen, Kultur, FreundInnen treffen, …)

- Liebste Jahreszeit, Katzen- oder HundefreundIn, Bevorzugung von Hausmannskost, mediterraner oder japanischer Küche, …

Fragen nach dem Herkunftsort:

Mit Hilfe einer „Landkarte", die imaginär auf den Boden des Gruppenraumes projiziert wird, kann erhoben werden, wo die TeilnehmerInnen leben oder wo ihr Geburtsort liegt.

Fragen, die mit Unterstützung von imaginierten oder mit Seilen dargestellten Skalen beantwortet werden:

- Aufstellung nach dem Alter oder der Haarfarbe der TeilnehmerInnen. „An diesem Ende soll die TeilnehmerIn mit dem hellsten Haar, an dem anderen Ende die mit dem dunkelsten Haar stehen."
- „Für wen ist der Gruppenstart mit Herzklopfen verbunden? Dieser Teil der Skala bedeutet, dass es extrem große Überwindung gekostet hat, hierher zu kommen. Das andere Ende steht dafür, dass der Gruppenbeginn mit überhaupt keiner Anspannung verbunden war."

Messung von Gefühlszuständen oder Motiven mit Hilfe eines Koordinatensystems

Mit Seilen wird ein Koordinatensystem dargestellt. Die Achsen dienen als Gradmesser für zum Beispiel zwei verschiedene Zustände. Im Falle des Besuchs einer Psychodrama-Jahresgruppe können die TeilnehmerInnen hiermit zum Beispiel zum Ausdruck bringen, wie ausgeprägt ihre Motivation ist, diese Gruppe zu besuchen und gleichzeitig auch darstellen, wie hoch ihr Angstpegel ist.

Beispiel

„Von diesem Gruppenbesuch erwarte ich mir sehr viel, auf den Start habe ich mich schon sehr gefreut, auf der y-Koordinate würde ich mich im oberen Drittel einordnen. Gleichzeitig weiß ich nicht genau, was da auf mich zukommt, das macht mir etwas Angst. Wenn ich beide Aspekte beachte, muss ich mich in diesem Koordinatensystem also hier platzieren."

Die verschiedenen Beweggründe, die zu einer Entscheidung führen, können auch einzeln dargestellt werden.

Abbildung 1 Darstellung des Grades der Motivation und der Angst

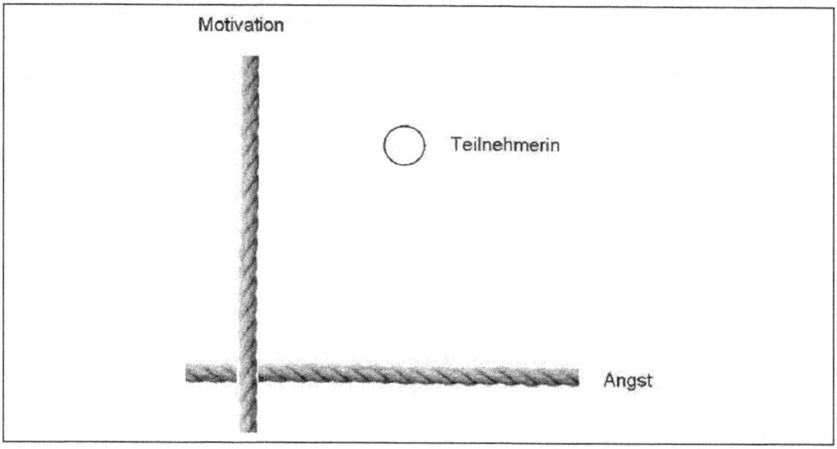

Diamond of opposites

Diese von H. und L. Sabelli entwickelte soziometrische Methode zur Darstellung von widersprüchlichen Gefühlen, macht es möglich, die positiven und negativen Seiten, die mit einer Wahlmöglichkeit in Zusammenhang stehen, sichtbar zu machen (Pruckner 2004, S. 183).

Mit jedem Argument, das für den Gruppenbesuch spricht, wird ein Schritt nach vorne gesetzt. Jedes Gegenargument geht mit einem Schritt zur Seite einher.

Beispiel

„Für den Gruppenbesuch spricht, dass ich mir durch das Teilen meiner Probleme mit Gleichgesinnten Entlastung erwarte." Der Teilnehmer setzt einen Schritt nach vorne. „Den Gruppenbesuch erschwert, dass ich mich als Alleinerzieher für die Zeit der Gruppensitzungen um eine Kinderbetreuung kümmern muss." Dieser Satz geht mit einem Schritt zur Seite einher.

Der Vorteil dieser Übungen ist, dass auf schnelle, einfache und meist auch lustvolle Weise Informationen gewonnen werden, die den TeilnehmerInnen und der Gruppenleitung als Orientierungshilfe dienen können. Vor allem Personen, die aufgrund psychischer Störungen eine Psychodramagruppe besuchen, sind zum Zeitpunkt des Gruppenstarts häufig unsicher und zurückhaltend, das Reden in einer Gruppe ist für sie ungewohnt und fällt ihnen schwer. Sie haben Angst etwas zu sagen, das sie in den Augen der anderen abwerten oder bei diesen auf Ablehnung stoßen könnte. Solche TeilnehmerInnen erleben Vorstellungsrunden als belastend und können sich kaum auf die Wortmeldungen der anderen konzentrieren, weil sie angespannt und nicht selten gedanklich mit der Vorformulierung ihrer ‚perfekten' Vorstellung beschäftigt sind, bevor sie selbst an die Reihe kommen.

Für TeilnehmerInnen einer psychodramatischen Jahresgruppe, die der Selbsterfahrung im Rahmen einer Ausbildung dient, kann es interessant sein, welchen ersten Eindruck sie bei anderen erwecken.

Gefühle auf den ersten Blick

Hierbei gehen die TeilnehmerInnen im Raum herum und wählen ganz spontan Personen zu bestimmten Fragestellungen aus, wie etwa:

- „Welche Personen möchtest Du näher kennen lernen?"
- „Welcher Person fühlst Du dich auf den ersten Blick nahe?"
- „Welche Person hat etwas, das Du immer schon gerne gehabt hättest?"

Die Person legt eine Hand auf die Schulter der von ihr ausgewählten Person. Haben alle TeilnehmerInnen ihre Wahl getroffen, fragt die LeiterIn nach den Hintergründen, warum gerade diese Person gewählt wurde. Wie bei den meisten soziometrischen Wahlen ist es notwendig den TeilnehmerInnen zu vermitteln, dass es sich hierbei um eine Momentaufnahme handelt, die zu einem späteren Zeitpunkt des Gruppenverlaufs ganz anders aussehen könnte.

Ein etwas spielerischer und humorvollerer Umgang mit dem Thema Fremdeinschätzung ist im folgenden Arrangement gegeben:

Spontane Fremdeinschätzung

Die TeilnehmerInnen wandern durch den Raum. Wenn ein bestimmtes Kommando ertönt, sollen sich Paare finden. Die LeiterIn stellt eine bestimmte Frage, wie zum Beispiel „Welches Filmgenre mag dein Gegenüber am liebsten?". Die TeilnehmerInnen sollen ganz spontan jene Einschätzung mitteilen, die ihnen als erste in den Sinn kommt, und dies auch begründen. „Ich glaube, Dein Lieblingsfilmgenre sind Horrorfilme – ich kann mir vorstellen, dass dir ein kontrolliertes Gruseln mit einer Packung Popcorn in der Hand viel Spaß bereitet."

Die Einschätzungen können sich beziehen auf: Lieblingsspeisen, bevorzugte Musikrichtung oder Urlaubsgestaltung u. v. m. In der Gruppe wird in Form eines Feedbacks mitgeteilt, welche Zuweisungen ins Schwarze getroffen haben, wo die Einschätzungen völlig falsch waren, was verwirrt hat und was als angenehm empfunden wurde.

In den ersten Gruppensitzungen stellt sich die Frage, wie viel Sicherheit, Nähe und Akzeptanz die TeilnehmerInnen benötigen, um sich in der Gruppe wohl zu fühlen. Gleichzeitig wird aber auch das Bedürfnis nach Abgrenzung spürbar, das erforderlich ist, um bei sich bleiben und sich als Individuum wahrnehmen zu können. Durch mit Bedacht gewählte soziometrische Arrangements lassen sich diese vordergründig widersprüchlichen Bedürfnisse sichtbar machen, wie zum Beispiel durch die Übung ‚Der Gruppengarten'.

Der Gruppengarten

Die TeilnehmerInnen werden aufgefordert einen Gruppengarten zu gestalten. Dabei geht es nicht darum, dass sie gemeinsam die ‚Gartenarchitektur' übernehmen, sondern, dass jede TeilnehmerIn eine Pflanze setzt und dabei besonderen Wert darauf legt, welche Pflanze er oder sie für diesen Garten wählt und in welchem Bereich des Gruppenraums er oder sie die Pflanzung vornimmt.

Die TeilnehmerInnen sollen sich im Gruppenraum einen Platz suchen, der für sie viel Sicherheit ausstrahlt. Sie werden gebeten genau darauf zu achten, wie viel Nähe oder Distanz sie zu den anderen Pflanzungsstätten benötigen, damit das Gewächs gut gedeihen kann. Aus dem Fundus der LeiterInnen wählen die TeilnehmerInnen ein Intermediär-Objekt aus, das die zu setzende Pflanze symbolisieren soll. Den Bereich um die Pflanze herum, können sie mit Pölstern[1], Decken und Requisiten dekorieren, sodass sie sich gemütlich bei ‚ihrer Pflanze' platzieren können.

Daraufhin werden folgende Fragen an die „GärtnerInnen" gestellt:

- „Welche Pflanze hast Du in den Garten eingebracht?"
- „Welche Bedeutung hat diese Pflanze für Dich?"
- „Warum hast Du sie für den Gruppengarten gewählt?"
- „Welche Qualitäten hat dieser, von Dir ausgesuchte Platz für die Pflanze und für Dich?"

1 Österreichische Bezeichnung für Kissen

Beispiel

Eleonore: „Ich habe eine Linde gesetzt. Mich beeindruckt die Linde, weil sie so einen stabilen Stamm hat und zu jeder Jahreszeit anders aussieht, sie ist so wandelbar. Mir ist es wichtig, dass die Gruppe mich nicht eindimensional sieht, mich nicht auf etwas festlegt. Ich will, dass mein Facettenreichtum wahrgenommen wird. Dieser von den anderen etwas abgegrenzte Bereich des Gartens zeigt auf, dass es für mich extrem wichtig ist, eine Rückzugsmöglichkeit zu haben."

Zum Einprägen der Namen und zum Herausstreichen von Parallelen zwischen den TeilnehmerInnen – beides verstärkt den Gruppenzusammenhalt – setze ich gerne als Abschlussintervention zu einer der ersten Gruppensitzungen folgende Übung ein.

„Was verbindet uns, was bewundere ich?"

Die TeilnehmerInnen stellen sich in einem Kreis auf und werfen einander einen Ball zu. Wenn sie den Ball einem anderen Gruppenmitglied zuspielen, nennen sie deren/dessen Namen und beschreiben etwas, was sie mit dieser Person verbindet.

Beispiel

„Maria, wir haben einen gemeinsamen Vornamen", „Ulli, du besuchst, wie ich, die Gruppe um dich mit deiner Schüchternheit auseinanderzusetzen", „Markus, wir zwei sind die einzigen Männer in der Gruppe".

In einer weiteren Runde können Eigenschaften beschrieben werden, die die Person hat, die man bewundert oder gerne selbst hätte.

Beispiel

„Katharina, Deine wunderschönen Locken hätte ich als Kind gerne gehabt", „Theo, ich bewundere, wie toll Du dich ausdrücken kannst", „Isabella, Du bist so chic gekleidet".

3 Die Spiel- und Aktionsphase

Die Bedeutung der Soziometrie in der Aktionsphase

AbsolventInnen einer psychodramatherapeutischen Jahresgruppe erwarten sich von ihrer Teilnahme eine Verbesserung ihrer psychischen Befindlichkeit, eine Erhöhung ihrer Lebensqualität, aber auch eine Steigerung ihrer Kompetenz in sozialen Interaktionen. In der Aktionsphase sollen durch das Bearbeiten der den Problemen der TeilnehmerInnen zugrunde liegenden Themen die Spontaneität und Kreativität einer Person geweckt werden, sodass Änderungsprozesse eingeleitet werden können. Ebenso soll die Dynamik, die innerhalb der Gruppe läuft, sichtbar gemacht und bei Bedarf modifiziert werden, damit die Gruppe arbeitsfähig bleibt.

Welchen Nutzen kann eine psychotherapeutische Gruppe nun aus der Soziometrie, also dem Messen von zwischenmenschlichen Beziehungen, ziehen? Diese mathematisch anmutende Herangehensweise an das Lösen von Problemen wirkt für eine therapeutische Gruppe vorerst befremdlich. Wird berücksichtigt, dass Soziometrie im psychodramatischen Kontext auch die Abbildung von sozialen Beziehungen beinhaltet, und dass sich die Soziatrie die Heilung aller Personen einer sozialen Gruppierung zum Ziel gesetzt hat, schwinden die Bedenken. Noch mehr wird die Bedeutung von soziometrischen Interventionen verständlich, wenn berücksichtigt wird, dass für das Wohlbefinden einer Person das Eingebettet Sein in ein soziales Netzwerk und das Vorhandensein von tragfähigen und wertschätzenden Beziehungen unabdingbar ist.

Ich unterscheide zwischen zwei Gruppen von soziometrischen Arrangements. Die eine beinhaltet psychodramatische Übungen, die zur Analyse von Anziehung und Abstoßung innerhalb eines sozialen Netzwerks aus der Sicht einer Person eingesetzt werden. Dies stellt eine subjektive Einschätzung des Sachverhalts dar, da er aufgrund der Abwesenheit der anderen Beteiligten nicht verifiziert werden kann. In Österreich wird hierbei von perzeptueller oder egozentrierter Soziometrie gesprochen (vgl. Pruckner 2004, Riepl 2011). Die Arrangements der zweiten Untergruppe können zur gemeinsamen Erforschung der Tiefenstruktur einer Gruppe genutzt werden, wobei alle Gruppenmitglieder daran beteiligt sind.

3.1 Soziometrie aus der Perspektive einer Person

Das soziale Atom

Eine Gruppe, die ich leite, wird unter dem Titel „Wieder Freude am Leben finden“ geführt und ist für Personen konzipiert, die aufgrund von Schicksalsschlägen den Eindruck gewonnen haben, auf der VerliererInnenseite des Lebens zu stehen. Bei vielen geht dies mit einem wie auch immer gearteten Verlust einer engen Bezugsperson einher. Oft stellen sich dabei Fragen wie: Wie sehen meine Beziehungen aus; welche davon sind tragfähig; welche konfliktbeladen; wie kann ich die Quantität, aber auch die Qualität meiner Sozialkontakte steigern? Zur Bestandsaufnahme oder – psychodramatisch ausgedrückt – zur Darstellung der Lage bietet sich dafür die Arbeit mit dem Sozialen Atom an. Diese kann einerseits als Erwärmung für ein ProtagonistInnenspiel dienen oder als psychodramatische Aufstellung der Inhalt der Aktionsphase sein.

Wird die Quantität und Qualität des sozialen Netzwerks der einzelnen Mitglieder zum Gruppenthema, lasse ich die TeilnehmerInnen in Einzelarbeit ihre Beziehungskonstellationen manchmal mit *Intermediären Objekten* wie Steinen, Muscheln oder Playmobil-Figuren aufstellen, aber meist in der Form eines *Dezentralen Sozialen Atoms* aufzeichnen. Die graphische Darstellung eines Sozialen Atoms lässt sich leichter archivieren und mit weiteren, zu einem späteren Zeitpunkt des Gruppenverlaufs gefertigten, vergleichen. Beim Dezentralen Sozialen Atom ist die eigene Position der TeilnehmerIn auf einem Blatt Papier frei wählbar und kann somit sowohl in der Mitte als auch ganz am Rand des Papierbogens gezeichnet werden. Je nach Nähe und Distanz werden Bezugspersonen, Verwandte, aber auch Tiere positioniert. Gewünschte Sozialkontakte sollen, ebenso wie die realen, je nach Begehr von Nähe und Distanz mit einer von den anderen gut zu unterscheidenden Farbe eingefügt werden. Einen Platz in diesem Sozialen Atom sollen auch jene Menschen finden, die für die Person noch immer eine Rolle spielen, obwohl sie im realen Leben physisch nicht mehr vorhanden sind, wie etwa verstorbene Personen oder PartnerInnen, von denen eine Trennung stattgefunden hat. Durch verschiedene Formen von Pfeilen soll die Qualität der Beziehung verdeutlicht werden. Ein durchgehender mit zwei Spitzen versehener Pfeil stellt zum Beispiel eine wechselseitige als bereichernd erlebte Beziehung dar. Eine durchbrochene Linie mit einem Pfeil steht für eine einseitige Irritation.

Im Plenum stellen die einzelnen GruppenteilnehmerInnen ihr Soziales Atom vor. Dabei wird darauf eingegangen, welche Sozialkontakte als besonders stützend erlebt werden, welche etwa als „Energievampire“ bezeichnet werden können, in welchen Beziehungen ein Konfliktklärungsbedarf besteht und bei welchen sonstige Veränderungen anstehen, um das soziale Netzwerk zu optimieren.

Das Soziale Atom ist ein gutes Diagnoseinstrument (vgl. Burmeister 2004). Es zeigt, wie gut oder schlecht eine Person in einem sozialen Netz integriert ist. Viele psychische Störungsformen spiegeln sich im Sozialen Atom einer Person wider; so haben Personen mit einer wiederkehrenden, depressiven Störung aufgrund des sozialen Rückzugs, der mit dieser Problematik einhergeht, ein Soziales Atom, das meist aus wenigen Personen besteht. Es darf aber nicht außer Acht gelassen werden, dass es unterschiedliche Bedürfnisse bezüglich Häufigkeit und Intensität von Sozialkontakten gibt. Manche Menschen brauchen nur wenige Personen, um sich wohl zu fühlen, andere müssen ständig von Personen umgeben sein.

Da das Soziale Atom zu verschiedenen Zeitpunkten unterschiedlich aussehen kann, dient es auch als Möglichkeit, Veränderungsprozesse sichtbar zu machen.

Ich möchte hier die beiden Sozialen Atome von Marina, einer 45-jährigen TeilnehmerIn der Gruppe „Wieder Freude am Leben finden" vorstellen. Das erste wurde als Gruppenintervention am Beginn der Jahresgruppe angefertigt, das zweite gegen Ende. Als sie kurz vor dem Ausklang der Jahresgruppe feststellte, dass ihr Soziales Atom heute ganz anders aussehen würde, bat ich sie, dieses quasi als ‚Hausaufgabe' zu aktualisieren.

Beispiel

Marina besuchte die Jahresgruppe um nach einer Trennung von ihrem langjährigen Lebensgefährten Unterstützung zu bekommen und es wieder zu wagen, mit anderen Personen Kontakt aufzunehmen. Marina klagte immer wieder über

Abbildung 2 Soziales Atom 1

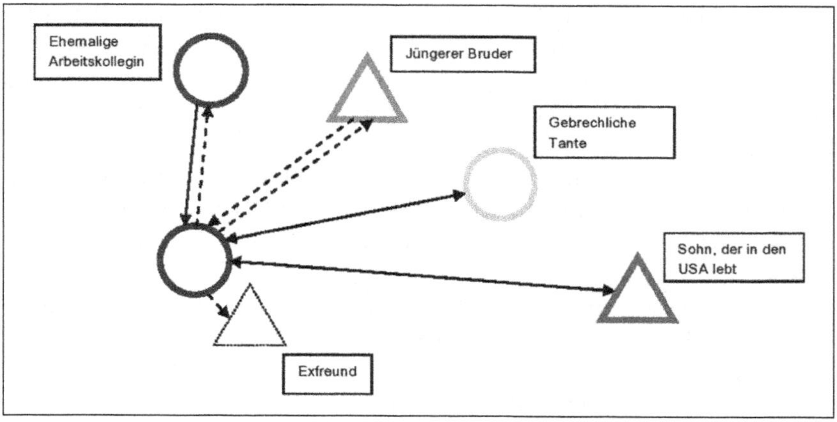

Abbildung 3 Soziales Atom 2

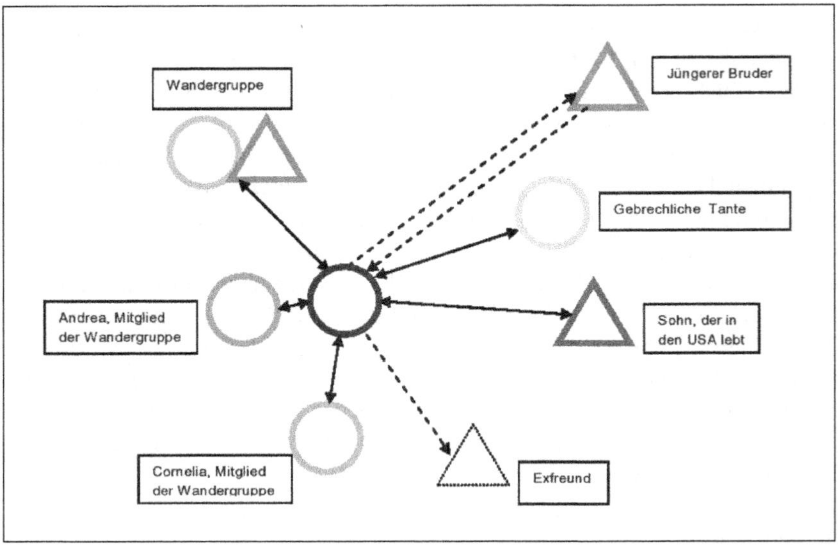

ihren, ihrer Meinung nach sehr inkonstanten und „laschen" Bekanntenkreis, mit dem es unmöglich gewesen sei, Freizeitaktivitäten zu setzen.

Durch die Unterstützung der Gruppe fasste sie Mut, Initiativen zur Kontaktaufnahme mit anderen Personengruppen zu ergreifen und so verfügte sie nach einem Jahr über ein Netzwerk an Personen, mit denen sie in ihrer Freizeit viel unternahm und die sie auch besuchten, als sie krankheitsbedingt ans Bett gefesselt war. Als besonders hilfreich empfand sie, dass die Gruppe sie nach einer enttäuschenden Beziehungserfahrung dahingehend bestärkte, nicht aufzugeben und sie davon abhielt, sich beleidigt zurückzuziehen, wie sie es aus vergangenen Zeiten her kannte.

Häufig dient das Soziale Atom als Grundlage sich mit bestimmten Problemlagen intensiver auseinanderzusetzen. Welche Beziehungen erlebe ich als bereichernd? Welche ungelösten Konflikte liegen vor? Welche Änderungswünsche habe ich?

Themen, die sich aus der Beschäftigung mit dem eigenen Sozialen Atom ergeben, sind häufig Basis für ein ProtagonistInnenspiel. Oft geht es um die Verabschiedung von einem oder einer PartnerIn, von dem oder der die Trennung offiziell schon stattgefunden hat, die aber innerlich noch nicht vollzogen ist.

Das nachfolgende Fallbeispiel zeigt, wie der ‚Diamond of opposites', auch in der Aktionsphase zum Einsatz kommen kann.

Beispiel

Der vierunddreißigjährige Gruppenteilnehmer Armin erkannte im Rahmen einer Auseinandersetzung mit seinem Sozialen Atom, dass eine richtige Verabschiedung von seinem früheren Partner, der ihn vor einem Jahr ohne Angabe von Gründen verlassen hatte, nicht stattgefunden hat. Er fragte sich, ob er ihn um ein klärendes Gespräch bitten solle. Da das Für und Wider so einen zentralen Punkt einnahm, sollten diese widersprüchlichen Gedanken den „Diamond of opposites" verdeutlicht werden.

Die Kanten des Teppichs, der sich auf der Bühne befand, dienten als Achsen. Mit dem Aussprechen eines Arguments, welches das Führen eines klärenden Gesprächs befürwortete, wurde ein Schritt nach vorne gesetzt. Ein Gegenargument wurde von einem Schritt zur Seite begleitet. Je schwerer dieser Beweggrund wog, umso größer wurde die Bewegung in die jeweilige Richtung durchgeführt.

„Wenn mir Hubert in diesem Gespräch erklärt, dass ich nicht auf seine Rückkehr zu hoffen brauche, werde ich ihn besser loslassen können." Ein großer Schritt nach vorne.

„Wenn wir uns treffen, kann ich ihm zeigen, dass ich mich seit der Trennung weiter entwickelt habe und dass ich mich nicht unterkriegen ließ." Ein kleinerer Schritt nach vorne.

„Wenn ich Klarheit habe, kann ich nicht mehr träumen, dass er zu mir zurückkommen wird, das würde ich vermissen." Ein großer Schritt zur Seite.

Mit Hilfe dieser Methode wurde sichtbar, dass die Argumente, die für ein Treffen sprachen, in der Überzahl waren. Ein Hilfs-Ich wurde an diesem Punkt positioniert. Ebenso wurde deutlich, dass Armin zu einem Teil hoffte, dass Hubert zu ihm zurückkehren würde, obwohl er dies außerhalb der Gruppe nie zugeben würde. Auf einer Skala (1–10), die die Stärke des Wunsches, Hubert wieder zurück zu gewinnen symbolisierte, wählte Armin genau die Mitte. Durch eine weitere Messlatte wurde Armin aufgefordert, darzustellen, wie hoch er die Wahrscheinlichkeit einschätze, dass Hubert mit ihm wieder eine Beziehung eingehen würde. Er wählte 1 auf einer zehnteiligen Skala und erklärte, dass sein Verstand ihm sage, dass Hubert nie und nimmer zurückkehren werde.

In einem darauf folgenden Protagonistenspiel trat Armin in ein Zwiegespräch mit seinem gebrochen Herzen, verarztete es und versprach ihm, dass er dafür Sorge tragen werde, dass ‚sie sich' bald wieder verlieben werden.

Psychodramatische Aufstellungen

Psychodramatische Aufstellungen kommen in meinen therapeutischen Jahresgruppen sehr häufig zum Einsatz. Im Vergleich zum Sozialen Atom lade ich bei diesem Arrangement die ProtagonistIn nicht nur dazu ein, ihre subjektive Sichtweise von einem Beziehungsgeflecht aufzuzeigen, sondern auch neue Konstellationen zu erproben. Durch diesen dynamischen Aspekt erleben die GruppenteilnehmerInnen, dass Auswege auch aus scheinbar festgefahrenen Beziehungsmustern möglich sind. In der Vorgehensweise orientiere ich mich an den Richtlinien der österreichischen Psychodramatikerin Roswitha Riepl, die in ihrer Masterthese (2011) die Vorzüge der psychodramatischen Aufstellungsarbeit im Vergleich zu anderen Verfahren hervorhebt.

Ablaufschema einer psychodramatischen Aufstellung nach Riepl (2011, S. 70 ff):

Im Rahmen des Explorationsgesprächs:

- Erhebung der Fragestellung (z.B. „Welche Position habe ich in meiner Familie inne?")
- Erarbeiten des Handlungskriteriums (z.B. „Wie kann ich wieder handlungsfähiger werden?")

Auf der Bühne:

- Wahl des Doubles[2] und der Hilfs-Iche
- Bei geringer Spontaneitätslage seitens der ProtagonistIn, eindoppeln der Hilfs-Iche
- Stellen des ersten Bildes in Bezug auf die Fragestellung
- Betrachten und Erforschen des Bildes aus der Distanz und aus der Nähe (Assoziation)
- Wechsel der ProtagonistIn in verschiedene Hilfs-Ich-Positionen
- Interview zwischen ProtagonistIn und LeiterIn über die gewonnenen Erkenntnisse und die damit verbundenen Gefühle am Bühnenrand
- Positionsfeedbacks der Hilfs-Iche nur dann erheben, wenn sie für die Spontaneitätslage der ProtagonistIn förderlich sind
- Durchführung von Positionsveränderungen bezogen auf das Handlungskriterium
- Überprüfung des neuen Bildes wie oben

2 In Deutschland: StellvertreterIn

- Das Schlussbild ergibt sich aus der derzeitig stimmigsten Antwort auf das Handlungskriterium

Im Gruppenkreis (Integration und Transfer):
- Positionsfeedback
- Sharing

Beispiel

Alexandra, eine 39-jährige TeilnehmerIn, lebte in einer Patchworkfamilie. Ihr Ehemann Fred hatte aus erster Ehe zwei Kinder und mit ihr den siebenjährigen Sohn Viktor. Freds jüngere Tochter Lena (16 Jahre alt) wohnte bei ihm und Alexandra, die 18-jährige Myriam bei seiner Exfrau Petra, die mit ihrem neuen Partner wiederum zwei Kinder, Thomas und Kim, bekam. Mit Myriam gab es immer wieder Probleme, sie hatte vor einem Jahr die Schule abgebrochen und bisher keine für sie passende alternative Berufsausbildung gefunden. Sie nahm immer wieder illegale Drogen und fiel durch ihren hohen Alkoholkonsum auf. Das Verhältnis zwischen Alexandras Mann, der Tochter und seiner Exfrau war sehr angespannt. Alexandra beschäftigte dieser Umstand sehr und sie wollte die Beziehung zwischen ihrem Mann und seiner ältesten Tochter verbessern. Es ärgerte sie, dass er viel weniger von der Problematik berührt war als sie selbst. Sie fühlte sich dabei hilflos.

Alexandra wollte wissen, welche Position sie in diesem Patchworkfamiliensystem inne hat, warum sie sich so überfordert fühlt und was sie unternehmen müsse, um wieder handlungsfähiger zu werden.

Alexandra wurde, nach Absprache mit der Gruppe, dazu eingeladen, sich ihrer Thematik mit Hilfe einer psychodramatischen Aufstellungsarbeit zu widmen. Nach einem vertiefenden Explorationsgespräch entschied sich Alexandra für die Fragestellung „Welche Position habe ich in diesem System inne?". Das Handlungskriterium lautete „Wie kann ich wieder handlungsfähiger werden?".

Auf der Bühne wählte Alexandra für sich ein Double und für ihren Mann Fred, ihren Sohn Viktor, die Kinder des Mannes Lena und Myriam, die Exfrau des Mannes und deren Kinder je ein Hilfs-Ich.

Instruktion

„Kannst Du bitte, alle für Deine Fragestellung wichtigen Personen Deiner Patchworkfamilie so aufstellen, dass deren Postionen bezüglich Nähe und Distanz zu Dir und zu den anderen Beteiligten stimmig ist? Achte bitte darauf, wohin sich deren Blick wendet und in welchem Winkel sie zu Dir stehen. Deine Fragestel-

Abbildung 4 Das erste Bild

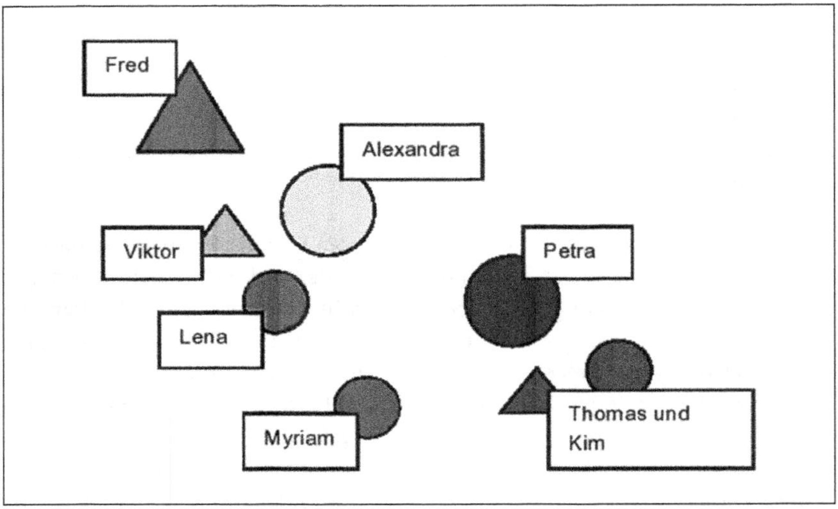

lung lautet: Welche Position habe ich in diesem System inne?" (Wird mehrmals wiederholt.) Daraus entstand das erste Bild (Abb. 4).

Fred, ihr Mann und auch Petra hatten den Blick auf sie gerichtet, Myriam blickte in die Gegenrichtung. Alexandra wurde im Sinne von Distanz und Assoziation aufgefordert sich das aufgestellte Bild von verschiedenen Perspektiven aus anzusehen. In einem ersten Interview am Bühnenrand zur Frage, wie sie die Konstellation wahrnehme, meinte sie, dass sie erstaunt sei, welch zentrale Rolle sie in diesem System einnehme, fast so, als wäre sie das Familienoberhaupt einer Großfamilie. Dann forderte ich sie auf, sich dieses Bild aus verschiedenen Positionen heraus anzusehen. Zuerst wechselte sie in ihre eigene. „Sowohl Fred wie auch Petra blicken mich so fragend an. Einerseits gibt mir das das Gefühl wichtig zu sein, andererseits spüre ich einen enormen Druck zu handeln, aber was soll ich tun. Myriam ist nicht mein Kind, sie will meine Hilfe auch nicht annehmen". In der Position von Myriam bestätigte sich für sie dieser Eindruck. Als Fred nahm sie wahr, dass es für ihn erleichternd sei, sich hinter ihr verstecken zu können und keine Initiative ergreifen zu müssen. In der Position von Petra erlebte sie, dass diese lieber mit ihr kommuniziere, um damit Streitigkeiten mit ihrem Exmann auszuweichen. Zwischen den Rollenwechseln kam es immer wieder zu Zusammenfassungen der Eindrücke in einem Interview am Bühnenrand. In einem

Abbildung 5 Das Schlussbild

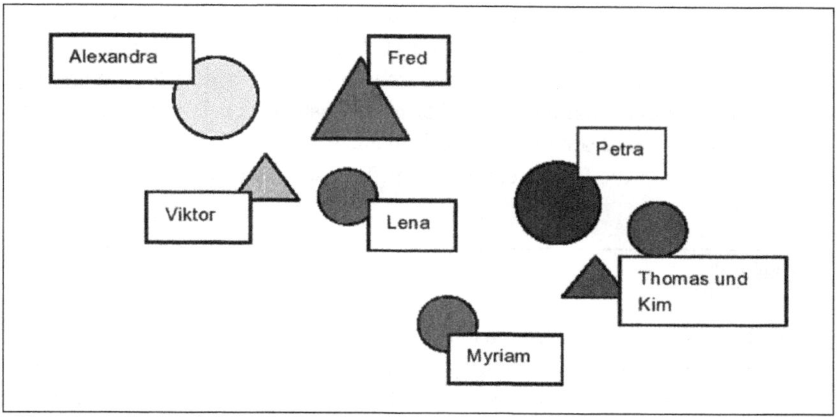

weiteren Wechsel in ihre Rolle wurde eine starke Wut auf ihren Mann und seine Exfrau wahrnehmbar. Diesem Gefühl gab sie Ausdruck, indem sie Fred und Petra mitteilte, dass sie nicht länger als deren Puffer fungieren wolle. Ich brachte nun mehrmals das handlungsleitende Kriterium „Wie kann ich wieder handlungsfähiger werden?" ein, was dazu führte, dass Alexandra in der Spiegelposition ihr Double aus der zentralen Position herausführte und es links neben ihren Mann stellte. Im Rollenwechsel mit ihrem Double fühlte sie sich freier. Sie hatte nun besser ihre eigene Familie, zu der sie auch die Stieftochter Lena zählte, im Auge. Es gelang ihr, sich von der Problematik rund um die ältere Tochter ihres Mannes zu distanzieren, wodurch sie nicht mehr das Gefühl hatte, dass ihr die Hände gebunden seien und sie sich vor allem in Bezug auf ihre eigentliche Familie wieder handlungsfähig fühlte. Das Schlussbild (Abb. 5) sah wie oben dargestellt aus.

Die Arbeit mit Zeitlinien

Um darzustellen, welche bedeutenden Ereignisse in verschiedenen Lebensphasen stattgefunden haben oder aufzuzeigen, welche Gefühlsqualitäten damals vorherrschend waren, arbeite ich in psychodramatischen Jahresgruppen gerne mit Zeitlinien. Der Übergang von einem Lebensabschnitt in einen anderen kann mitunter krisenhaft verlaufen. Gefühle von Orientierungslosigkeit, Angst vor den noch unbekannten Herausforderungen oder das Bewusstwerden der eigenen Vergänglichkeit sind nicht selten damit gekoppelt. Eine Lebenslinie kann zum Beispiel mit einem Seil und Moderationskarten auf denen für die ProtagonistIn einschneidende Jahreszahlen notiert werden oder durch verschiedenfarbige Tücher, die die unterschiedlichen Phasen darstellen, symbolisiert werden. Ereignisse, wie der Kauf des ersten Mopeds, das Entdecken der Sexualität, die Geburt der Tochter oder eine Scheidung können durch Hilfs-Iche besetzt werden. Eine andere Variante wäre, die Lebensgefühle, durch die eine gewisse Zeitepoche geprägt war, durch Gruppenmitglieder als Hilfs-Iche darstellen zu lassen. Unter Zuhilfenahme von psychodramatischen Techniken, wie Spiegeln, Doppeln und Rollenwechsel können die Fragestellungen und Wünsche der ProtagonistIn bearbeitet werden.

Beispiel

Kerstin, die mit 44 sehr früh ins Klimakterium kam, machten nicht nur die damit in Verbindung stehenden physischen Wechselbeschwerden, sondern auch die Trauer um ihre Gebärfähigkeit und die Angst, an körperlicher und sexueller Attraktivität zu verlieren, zu schaffen. Mit einem Tuch wurde im Rahmen einer Aufstellung die Zeit vor der Menarche, mit einem anderen, die Zeit ihrer Gebärfähigkeit und mit einem dritten die Zeit danach symbolisiert. Für die Menarche und für das Klimakterium wurde je ein Hilfs-Ich gewählt. Ebenso wurden Ereignisse, Körperempfindungen und Emotionen, die sie mit ihrer Fruchtbarkeit in Zusammenhang brachte, durch Hilfs-Iche besetzt. So wurden die *sexuelle Lust,* das *Sich-als-sexuell-anziehend-empfinden,* das *Sich-als-Frau-erleben, Regelschmerzen,* das *Gebären-eines-Kindes* und einiges mehr rund um das Tuch positioniert. Im Dialog mit ihnen konnte sie Vor- und Nachteile erörtern, sich von manchem verabschieden, aber auch erkennen, dass einiges, wenn auch in modifizierter Form, schon vor der Menarche Teil ihres Lebens gewesen war, wie zum Beispiel das *sexuelle Lustempfinden.* Das gab ihr die Gewissheit, dass einige dieser Gefühlszustände, unter Umständen in transformierter Form, ihre Begleiter bleiben werden. Symbolisch ließ sie diese auf ihrer Zeitlinie auf und ab ‚tanzen'.

Das Kulturelle Atom

PsychodramatikerInnen gehen davon aus, dass durch die Erweiterung des Rollenrepertoires festgefahrene Verhaltensmuster und damit auch spezielle Störungen aufgelöst werden können. Das Ziel psychodramatherapeutischer Jahresgruppen ist somit, die Handlungsoptionen der TeilnehmerInnen durch den Einsatz bestimmter Arrangements zu vergrößern, damit auch in kritischen Situationen Wahlfreiheit besteht und rigide Rollenkonserven verändert werden können. Eine Jahresgruppe bietet zahlreiche Gelegenheiten neue Rollen zu erproben, Rollenkonfigurationen, die für andere zweckdienlich sind, für sich selbst zu modifizieren und verschüttete oder verloren geglaubte Rollenmuster wieder zum Leben zu erwecken.

Eine Möglichkeit zur Auseinandersetzung mit den eigenen gelebten und nicht gelebten, den dominanten oder zu gering ausgeprägten Rollen bietet das Kulturelle Atom oder Rollenatom.

Hierzu lasse ich die TeilnehmerInnen im Rahmen einer Einzelarbeit ihr Kulturelles Atom aufzeichnen.

Instruktion

„Vor Euch liegt ein Zeichenblatt, auf dem ein großer Kreis abgebildet ist. Stellt Euch bitte vor, dieser stellt Eure ‚Außenhülle' dar. Eure Aufgabe ist es nun, Rollenanteile, die Euch prägen innerhalb dieser Abgrenzung einzuzeichnen, indem Ihr diese aufschreibt und einen Kreis darum malt. Das können Rollen, wie *die Mutter, der Umweltaktivist, der an Migräne Leidende* oder *die Liebhaberin* sein. Auch Kombinationen von Eigenschaften und Rollen haben hier Platz, wie etwa *die nörgelnde Lehrerin.* Die Rollen, die derzeit vorherrschend sind, werden größer eingezeichnet, diejenigen welche eher in den Hintergrund getreten sind kleiner. Je sichtbarer der Rollenanteil für andere ist, umso mehr wird er in die Nähe des Randes positioniert. Rollen, die für andere kaum wahrnehmbar sind, werden im Kreiszentrum platziert."

Nachdem alle TeilnehmerInnen ihr Kulturelles Atom fertiggestellt haben, bitte ich sie, sich folgende Fragen zu stellen:

- „Wie zufrieden bin ich mit meinem Kulturellen Atom?"
- „Welche Rollen werden derzeit nicht gelebt, würde ich aber gerne aktivieren?"
- „Was hindert mich daran?"
- „Gibt es Rollen, die nicht zu meinem Rollenrepertoire gehören, die ich mir aber gerne aneignen würde?"

In der Besprechung im Plenum können sich auch andere TeilnehmerInnen zum Kulturellen Atom einer Person äußern. Gibt es Rollen, die andere sehen, die aber von der Person nicht wahrgenommen werden? Warum wurden sie übersehen?

Andere Varianten, wie mit dem Kulturellen Atom gearbeitet werden kann, werden im Folgenden dargestellt, sie sind angelehnt an Modelle, die in Tian Daytons Buch ‚The Living Stage' beschrieben werden (Dayton 2005, S. 172 ff).

Aufzeichnen der derzeit wichtigsten Rollen

Die TeilnehmerInnen werden aufgefordert, ihre wichtigsten Rollen, die sie derzeit in ihrem Leben ausführen, auf einem Blatt Papier zu notieren.

Im Anschluss sollen sie sich mit folgenden Fragen beschäftigen:

- „Welche Rollen dominieren?"
- „Sind die Rollen in Balance?"
- „Gibt es Rollen, die miteinander in Konflikt stehen?"
- „Welche Rollen werden derzeit besonders gelebt, welche sind in den Hintergrund getreten?"
- „Welche Rolle würde ich, wenn es möglich wäre, gerne entfernen?"
- „Welche Rolle würde ich, wenn es möglich wäre, hinzufügen?"

Auflisten der Rollen nach der Größe

Die Rollen sollen in Kreissegmente (‚Tortenstücke') eingetragen werden, wobei die Größe dieser der Zeit entsprechen soll, die in dieser Rolle verbracht wird.

Rangreihung von Rollen nach bestimmten Kriterien

Ebenso können die Rollen nach bestimmten Merkmalen geordnet werden.

- „Wie viel Befriedigung erfahre ich aus dieser Rolle?"
- „Wie viel Konfliktpotential beinhaltet diese Rolle?"
- „Wie viel Lebensfreude empfinde ich in dieser Rolle?"
- „Wie viel Erfolgsgefühl erhalte ich durch diese Rolle?"
- „Wie viel Gefühl zu versagen erfahre ich durch diese Rolle?"

Rollen und ihre Subrollen

Die TeilnehmerInnen sollen eine Rolle auswählen, mit der sie sich besonders auseinandersetzen möchten. Welche Unterrollen sind mit dieser Rolle verbunden?

Die Rolle der ältesten Schwester kann verbunden sein mit der Rolle des Vorbilds, der Spielgefährtin, der Zuhörerin, der Vernünftigen oder der, die alles besser kann.

- „Welche Subrollen sind positiv besetzt, welche negativ?"
- „Welche Qualitäten haben diese?"
- „Welche dienen als Ressourcen?"

Erkunden von speziellen Rollenqualitäten

Zur genaueren Exploration, mit welchen Gefühlen bestimmte Rollen verbunden sind, können Geschmacksrichtungen, Gerüche, Farben und Töne in Verbindung mit den jeweiligen Rollen gebracht werden. Zum Beispiel: „Mit der Rolle der älteren Schwester verbinde ich die Farbe dunkelgrün."

Die Kulturellen Atome der TeilnehmerInnen bieten wiederum die Grundlage für weitere Gruppen- oder ProtagonistInnenspiele.

So können TeilnehmerInnen in einem Gruppenspiel dazu ermutigt werden, Rollen auszuprobieren, die für sie fremd, mit Angst besetzt sind oder abgelehnt werden. Wie geht es mir in dieser neu entwickelten Rolle? Muss sie verworfen oder kann sie ins Rollenrepertoire aufgenommen werden?

Auf diese Weise können auch Rollenkonflikte identifiziert werden. Welche Rollen sind schwer miteinander zu vereinbaren, in welchen Situationen kommt es zu Rollenkonfusionen?

3.2 Soziometrische Arrangements zur Sichtbarmachung und Bearbeitung der Tiefenstruktur einer Gruppe

Soziometrische Wahl der ProtagonistIn

TeilnehmerInnen einer psychodramatherapeutischen Jahresgruppe besuchen diese, um eine spezielle Problematik zu bearbeiten. Den Gruppenmitgliedern ist bewusst, dass sie diesem Ziel nicht nur durch das eigene ProtagonistInnenspiel näher kommen, sondern dass auch durch das Mitwirken bei Gruppenspielen, der Übernahme von Hilfs-Ich-Rollen und das Mitschwingen bei Inszenierungen anderer, Veränderungsprozesse in Gang gesetzt werden. Das eigene ProtagonistInnenspiel wird aber oft als zentraler Punkt einer psychodramatherapeutischen Jahresgruppe erlebt. Wer wann und warum zum Zug kommt, sollte deshalb so transparent wie möglich gestaltet werden. Da im Psychodrama davon ausgegangen wird, dass die ProtagonistIn stellvertretend das Gruppenthema bearbeiten soll, empfiehlt es sich, die GruppenteilnehmerInnen bei der Auswahl der ProtagonistIn mit einzubeziehen; dies erfolgt meist mit Hilfe einer soziometrischen Wahl.

Die LeiterIn muss den Überblick bewahren, wer im Laufe der Jahresgruppe bereits die ProtagonistInnenrolle inne hatte und wer nicht. Manchmal ist es notwendig, gerade zögerliche Gruppenmitglieder zu bestärken, sich der Wahl zu stellen. Mitunter führe ich gegen Ende einer Jahresgruppe die Regel ein, dass die TeilnehmerInnen, die bisher keine Gelegenheit zu einem ProtagonistInnenspiel hatten, den Vorrang haben.

TeilnehmerInnnen, die ausreichend erwärmt sind, um sich mit ihrer Thematik auseinanderzusetzen, rücken am Ende der Einstiegsrunde mit ihren Stühlen in das Kreisinnere. Die GruppenleiterIn fragt die für ein Spiel Erwärmten, was sie in diesem Spiel genauer ansehen wollen. Die restlichen GruppenteilnehmerInnen werden aufgefordert, beim Zuhören genau darauf zu achten, bei welcher Thematik sie am stärksten mitschwingen. Dann bittet die GruppenleiterIn die TeilnehmerInnen, sich hinter jene Person zu stellen, deren Thema dem ihren am ähnlichsten ist oder sie besonders berührt hat. Die Person, hinter der die meisten anderen Gruppenmitglieder stehen, wird zur nächsten ProtagonistIn. Wichtig ist hierbei, die nicht gewählten potentiellen TeilnehmerInnen zu entlasten und ihnen zu vermitteln, dass es sich um eine Themen- und keine Sympathiewahl gehandelt hat.

Eine weitere Möglichkeit die nächste ProtagonistIn zu bestimmen besteht darin, den Erwärmungsgrad der möglichen KandidatInnen darstellen zu lassen. Mit einem Seil oder imaginär wird eine zehnteilige Skala auf dem Boden des Gruppenraums symbolisiert. Eins bedeutet, „Ich kann mir vorstellen auf die Bühne zu gehen, es ist mir aber nicht wichtig, dass mein Thema heute bearbeitet wird." Zehn steht für „Ich bin hundertprozentig bereit, mich dieser Problematik hier und jetzt zu stellen." Die KandidatInnen positionieren sich bei jenem Skalenabschnitt, der ihre Bereitschaft für ein ProtagonistInnenspiel repräsentiert.

Die Tiefenstruktur der Gruppe sichtbar machen

Gruppentherapie ist deshalb wirksam, weil die Gruppe als ein Mikrokosmos gesehen werden kann, in der sich im Kleinen das wiederspiegelt, was im Großen, im realen Leben, abläuft. TeilnehmerInnen zeigen in der Interaktion untereinander Verhaltensweisen, die sie auch in der Welt außerhalb der Gruppe an den Tag legen. Oftmals nehmen sie innerhalb des psychodramatherapeutischen Gruppensettings die Positionen ein, die ihnen aus interpersonellen Beziehungen außerhalb vertraut sind. Eine tragfähige psychodramatherapeutische Gruppe bietet den sicheren Rahmen, diese Muster erkennbar und damit veränderbar zu machen.

„Welche Position habe ich in dieser Gruppe? Fühle ich mich an diesem Platz wohl? Habe ich ihn selbst gewählt oder wurde er mir von anderen zugewiesen?" Feinfühlig eingesetzte Soziometrie kann auf diese Fragen Antwort geben.

Kartensoziogramm

Diese Form des Soziogramms habe ich bei Hildegard Pruckner kennengelernt. Hierfür wählen die TeilnehmerInnen aus einem Pool von Tierkarten eine aus, die sie als Mitglied dieser Gruppe am besten versinnbildlicht. Im Anschluss werden sie aufgefordert, auf ein vor der gesamten Gruppe ausgebreitetes Tuch die eigene Karte so zu platzieren, dass diese Position mit jener übereinstimmt, die sie glauben, derzeit in der Gruppe zu verkörpern. Die eigene (keine fremde) Karte darf so lange verschoben werden bis das Soziogramm für alle stimmig ist. Ein anderes Kriterium kann lauten: „Welcher Person fühle ich mich zur Zeit besonders nahe?"

Wie bereits mehrfach betont, ist es wichtig zu vermitteln, dass ein Soziogramm ein derzeitiges Abbild der Gruppenstruktur darstellt und ständigen Veränderungen unterworfen ist. Viel Zeit muss für die Integrationsphase eingeplant werden, da auch Kränkungen und Irritationen auftreten können, die bearbeitet werden müssen.

- „Wie ist es Euch mit dieser Aufgabenstellung gegangen?"
- „Was spiegelt die gewählte Tierkarte im Bezug auf Euch und die Gruppe wider?"
- „Gibt es Parallelen zwischen dem, was hier sichtbar geworden ist, zu Situationen außerhalb der Gruppe?"

Beispiel

„Diese Übung war für mich mit starkem Herzklopfen verbunden. Erleichtert war ich, als ich erkannte, dass es Lisa auch wichtig war, dass meine Karte neben ihrer liegt. Ich habe den Bussard gewählt. In der Gruppe bewahre ich gerne den Überblick und beobachte alles ganz genau. Dadurch bin ich für andere etwas unnahbar."

Die Bearbeitung von Konflikten und Konkurrenz zwischen Gruppenmitgliedern

Die Gruppe wäre keine Abbildung der Realität im Kleinen, wenn es im Umgang miteinander nicht auch darum ginge, wer zum Beispiel am häufigsten von den GruppenleiterInnen angelächelt wird, wer die Person ist, die die differenziertesten Feedbacks gibt oder welchem Gruppenmitglied das Schicksal am schwersten mitgespielt hat. Neid und Eifersucht als zutiefst menschliche Gefühle, machen somit auch vor einer psychodramatherapeutischen Gruppe nicht halt. Zum Glück, denn wo könnten besser Strategien erworben werden, wie mit diesen häufig als sehr unangenehm erlebten Gefühlen umgegangen werden kann, so dass auch die positiven Anteile dieser emotionalen Regung genutzt werden können. Die Soziometrie bietet dafür einige hilfreiche Arrangements.

Konkurrenz sichtbar machen

Wie bei allen soziometrischen Arrangements geht es darum, die Tiefenstruktur einer Gruppe sichtbar zu machen, um damit der Gruppe die Möglichkeit zu bieten, mit den ambivalenten Gefühlen, die sich daraus ergeben, besser umgehen zu können (Pruckner 2004). Bevor ich mit den Themen Eifersucht, Neid und Konkurrenz arbeite, bespreche ich im Vorfeld das Wesen dieser Emotionen und die damit in Zusammenhang stehenden Verhaltensweisen. Dadurch wird die mit ihnen verbundene Peinlichkeit und Scham gemindert. Es wird somit enttabuisiert, solche meist negativ konnotierten Gefühle zu haben – was wichtig ist, um offen über sie sprechen zu können.

Neid und Konkurrenz zwischen Personen entstehen häufig dann, wenn es Ähnlichkeiten zwischen ihnen gibt. Kaum jemand konkurriert mit einer Person, die ganz anders als sie selbst ist. Die Wahrscheinlichkeit, dass eine junge Frau mit einem älteren Mann konkurriert, ist geringer, als mit einer Gleichaltrigen, die den gleichen sozialen und bildungsmäßigen Hintergrund besitzt wie sie. Deswegen herrscht häufiger zwischen Personen des gleichen Geschlechts Konkurrenz, als zwischen gegengeschlechtlichen. Hier bietet sich diese soziometrische Übung an:

Die TeilnehmerInnen werden aufgefordert durch den Gruppenraum zu schlendern, sich auf sich zu konzentrieren, die kommenden Fragen auf sich wirken zu lassen und so ehrlich wie möglich zu beantworten. Bestimmte Fragen in Bezug auf die Beziehung zu einzelnen Gruppenmitgliedern werden von der LeiterIn gestellt. Die Person soll die Fragen beantworten, indem sie die Hand auf die Schulter des oder der Gewählten legt.

- „Mit wem in der Gruppe habe ich die meisten Parallelen, sei es lebensgeschichtlich, charakter- oder ausbildungsmäßig?"
- „Wer in der Gruppe hat Eigenschaften, die ich gerne hätte?"
- „Bei wem in der Gruppe habe ich mitunter ambivalente Gefühle?"
- „Bei wem spüre ich am häufigsten Gefühle von Neid und Konkurrenz?"

Zwischen den einzelnen Durchgängen werden die TeilnehmerInnen gefragt, was sie zu dieser Wahl bewogen hat.

Für die Beweggründe der letzten Wahl wird mehr Zeit eingeräumt. WählerIn und GewählteR – nicht selten sind hier gegenseitige Wahlen zu beobachten – sollen sich für ein Vieraugengespräch zusammen finden und sich auf die Suche nach den Gründen dieser Konkurrenzgefühle begeben, indem sie insbesondere auf Ähnlichkeiten achten, aber auch auf Erlebnisse aus der Vergangenheit, die diese Gefühle speisen.

Beispiel

Clarissa erzählt Veronica, dass diese sie an ihre Arbeitskollegin erinnere, die sie gemobbt und bei ihrem Chef schlecht gemacht habe. Im Kontakt mit ihr müsse sie sich immer wieder bewusst machen, dass Veronica nicht ihre Arbeitskollegin sei.

Im Gruppenkreis werden die mit dieser Übung einhergehenden Gefühle und die gewonnenen Erkenntnisse ausgetauscht.

4 Integrationsphase

Ähnlich wie in der Integrationsphase einer einzelnen Sitzung, werden in dieser Phase der Jahresgruppe die Eindrücke und Erfahrungen, die im Laufe der Zeit gesammelt wurden, zusammengefasst. Ebenso wird ein Fokus darauf gelegt, wie ein Transfer dieser Erfahrungen in ‚die Welt außerhalb der Gruppe' aussehen könnte, aber auch welche Veränderungen in der allgemeinen Lebensqualität durch den Gruppenbesuch bereits wahrnehmbar geworden sind.

Dies kann durch die Analyse des Rollenspiegels erfolgen.

Analyse des Rollenspiegels

Dazu wird jeder TeilnehmerIn (dies kann in einem feierlichen Rahmen erfolgen) eine Liste (Rollenspiegel) überreicht, auf der die Rollen zusammengefasst wurden, die sie im Laufe des Jahres eingenommen hat. Die TeilnehmerIn soll sich nun mit folgenden Fragen auseinandersetzen:

- „Welche Qualitäten hatten die Rollen, die mir zugeteilt wurden?"
- „Welche waren mir vertraut, welche waren neu?"
- „Zieht sich ein roter Faden durch diese?"
- „Welche Rollenzuteilungen haben mich am meisten erstaunt?"
- „Welche Rollen waren für meine persönliche Entwicklung besonders wichtig?"
- „Welche neuen Rollenqualitäten konnte ich bereits außerhalb der Gruppe nutzen?"

In der Abschlussphase einer Jahresgruppe ist das Thema Abschied und Ablösung von einem als stark und hilfreich erlebten Gruppenzusammenhalt unausweichlich.

Eine Möglichkeit die Wertschätzung für die Unterstützung, die die TeilnehmerInnen durch die anderen Gruppenmitglieder erfahren haben, auszudrücken, ist folgende:

Die TeilnehmerInnen werden gebeten, durch den Raum zu gehen und die Fragen so zu beantworten, dass eine Hand auf die Schulter der ausgewählten TeilnehmerIn gelegt wird. Sonja Hintermeier, mit der ich seit vielen Jahren Psychodramagruppen leite, hat diese Übung dahingehend modifiziert, dass jeweils zwei TeilnehmerInnen auserkoren werden können, wodurch oft ein lustiges „Knäuel" entsteht, was den Blick mehr auf die Gruppenkohäsion, als auf einzelne Stars lenkt.

- „Welche zwei TeilnehmerInnen haben mich bei der Bearbeitung meiner Fragestellungen besonders unterstützt?"
- „Welche zwei TeilnehmerInnen haben mir häufig als Role-Model gedient?"
- „Welchen zwei TeilnehmerInnen bin ich im Laufe dieser Gruppe ein gutes Stück näher gekommen?"
- „Welche zwei TeilnehmerInnen haben mich im Rahmen dieser Gruppe am meisten verblüfft?"
- „Bei welchen zwei Gruppenmitgliedern konnte ich die größten Veränderungen beobachten?"
- „Welche zwei KollegInnen aus der Gruppe würde ich anrufen, wenn ich mich frisch verliebt hätte?"

Diese Beispiele zeigen auf, dass die Soziometrie zu Unrecht viele Jahre stiefmütterlich in der Behandlung im Rahmen ambulanter Gruppentherapie behandelt wurde. Sie ist in allen Phasen einer psychodramatherapeutischen Jahresgruppe mannigfaltig einsetzbar und stellt eine große Bereicherung dar.

Literatur

Burmeister, J. (2004). Diagnostik im Psychodrama. In: J. Fürst, K. Ottomeyer u. H. Pruckner (Hrsg.), *Psychodrama-Therapie* (S. 81–102). Wien: Facultas Verlag

Dayton, T. (2005). *The Living Stage*. A Step-by-Step Guide to Psychodrama, Sociometry and Experiential Group Therapy. Deerfield Beach, Florida: Health Communications

Gellert, M. u. Nowak, C. (2007). *Teamarbeit, Teamentwicklung, Teamberatung:* Ein Praxisbuch für die Arbeit in und mit Teams. Meezen: Limmer Verlag

Krüger, R.T. (2011). Die Gruppe als sich selbst organisierendes System. *Zeitschrift für Psychodrama und Soziometrie 10 (2)*, 191–207

Pruckner, H. (2004). Soziometrie. Eine Zusammenschau von Grundlagen, Weiterentwicklungen und Methodik. In: J. Fürst, K. Ottomeyer u. H. Pruckner (Hrsg.), *Psychodrama-Therapie* (S. 161–192). Wien: Facultas Verlag
Riepl, R. (2011). *Homo Metrum.* Die Grundlagen der psychodramatischen Aufstellungsarbeit. Masterthese im Department für Psychosoziale Medizin und Psychotherapie an der Donau-Universität Krems
Stadler, C. u. Kern, S. (2010). *Psychodrama.* Eine Einführung. Wiesbaden: VS Verlag

Sabine Kern, 1966, Mag[a]., MSc, Klinische Psychologin und Gesundheitspsychologin, Therapeutin der Fachrichtung Psychodrama. Lehrbeauftragte der Fachsektion Psychodrama im Österreichischen Arbeitskreis für Gruppentherapie und Gruppendynamik (ÖAGG) für Monodrama und Praktikumssupervision. Redaktionsmitglied der Zeitschrift für Psychodrama und Soziometrie. Langjährige Mitarbeit in psychiatrischen, Suchthilfe- und Beratungseinrichtungen und im Kuratorium für Verkehrssicherheit. Derzeit vorwiegend in freier Praxis tätig.

Mag[a]. S. Kern, MSc
Dürergasse 14–16/6
1060 Wien, Österreich
E-Mail: sabine.kern@psychodramazentrum.at

Soziometrie mit Paaren und Familien

Andreas Schulz

1 Tiefenstruktur der Paarbeziehung

Frische Krisen können Paare in Bewegung bringen und in ihnen die Idee heranreifen lassen, mit professioneller Hilfe einmal über sich selber, die Art des Umgangs miteinander, ihre Rollen mit ihren emotionalen Verflechtungen in der Partnerschaft und in ihrer Familie nachzudenken. Hierzu gehören z. B. das Zusammenspiel ihrer persönlichen und gemeinsamen Lebensziele, das Durchleben und Bewältigen alter und neuer eigener Lebensthemen, sowie die Haltungen, die die PartnerInnen gegenüber den bekannten und verborgenen Lebensthemen des Anderen einnehmen (Ludewig 2002; Welter-Enderlin und Jellouschek 2002). Hinter einem Krisenszenario verbirgt sich oft der Wunsch, das Leben auf eine sinnvolle und emotional befriedigende Art zu gestalten. Paarberatung zielt darauf ab, sich mit den offen sichtbaren und tief verborgenen Strukturen der partnerschaftlichen Interaktion zu beschäftigen, diese zu verstehen und Veränderungen zu initiieren. Hierzu gehören eine Verbesserung der Kommunikation des Paares und seiner Reziprozität (Lindemann 2000) sowie die Förderung eines Perspektivwechsels (Ebbecke-Nohlen 2000). Das Handeln und Erleben des Paares ist dabei in einen kontextuellen Rahmen eingebettet, bei dem auch die zeitliche Dimension der Partnerschaft berücksichtigt werden muss (Tiedemann und Jellouschek 2000; Zimbardo und Boyd 2009). Die Soziometrie zielt darauf ab, die Tiefenstrukturen von menschlichen Systemen in einer Momentaufnahme sichtbar zu machen und zu diskutieren, welche latenten Beweggründe, Dynamiken, Grundannahmen und Lebensphilosophien in diesen zum Tragen kommen. Die Kriterien der Fragestellungen richten sich danach nach der Besonderheit partnerschaftlicher Beziehungen wie z. B. Verbindlichkeit der Beziehung, emotionale Zufriedenheit in der Partnerschaft, gegenseitige Achtung, Wertschätzung, Toleranz, Zärtlichkeit und Erotik und dem Zusammenspiel der von den PartnerInnen gelebten Rollen. So gesehen ist die Partnerschaft neben den realen PartnerInnen die Dritte im Bunde. Auf der psychodramatischen Bühne stellt sie einen *zentralen Bezugspunkt* für das Handeln der PartnerInnen dar: jegliches Handeln der einzelnen PartnerInnen wirkt sich auf die Partnerschaft aus. Auf der psychodramatischen Bühne lässt sie sich bei der Paarberatung durch ein Symbol vergegenwärtigen und als Bezugspunkt für partnerschaftliches Handeln in die Reflexion miteinbeziehen.

Paare blicken auf eine bereits bestehende gemeinsame Paargeschichte zurück. Jede soziometrische Fragestellung trifft daher auf eine erlebte und durchlebte Beziehung mit ihren geglückten und weniger geglückten Momenten und Bedeutungszuweisungen durch den einen oder den anderen Partner. Soziometrische Darstellungen greifen zurück auf das Selbstverständnis, das die PartnerInnen von sich und ihrer Partnerschaft entwickelt haben, spiegeln die partnerschaftliche Beziehung aus der Sicht beider PartnerInnen wieder und regen zur Selbstreflexion an. Die Partnerschaft bildet den Bezugsrahmen für die Sinnhaftigkeit partnerschaftlichen Handelns (vgl. Abb. 1). Die Beziehungsfragen, die an das Paar gerichtet werden, regen das Paar dazu an, sich die eigene Partnerschaft gemäß der je eigenen Definition anzuschauen. Williams (1994) spricht in diesem Zusammenhang vom „Forschergeist des Soziometrikers", der Beziehungsstrukturen erkunden und das Paar zum Erkunden anregen möchte. Bei Paaren kann diese Haltung der soziometrisch arbeitenden PaarberaterInnen eine ursprüngliche liebende Neugier der PartnerInnen zueinander wiederbeleben und als Grundhaltung des Paares festigen. Die Wirksamkeit der Soziometrie bei Paaren mag umso höher

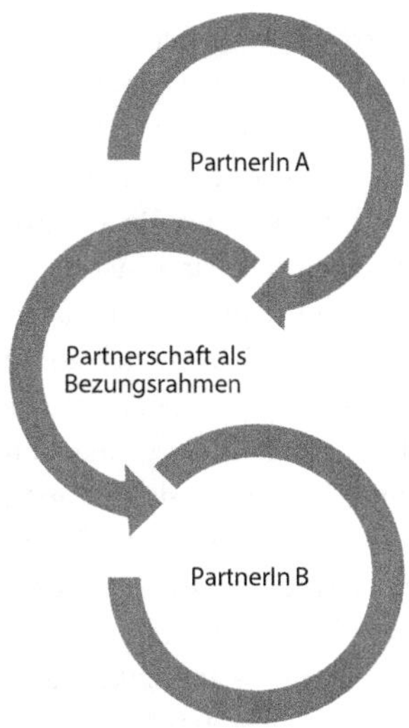

Abbildung 1 Partnerschaft als Bezugsrahmen

sein, als es gelingt, zentrale Kernpunkte ihrer Lebensphilosophien und tragende Überzeugungen ihrer Partnerschaft aufzugreifen.

2 Aktionssoziometrie

Der Grundgedanke der Aktionssoziometrie besteht darin, Beziehungsstrukturen durch Positionierung realer Personen räumlich sichtbar zu machen (Ameln et al. 2009, S. 251). Mit aktionssoziometrischen Darstellungen lassen sich die Merkmale der Beziehungsdynamiken, der Einstellungen der PartnerInnen und ihre Konflikte in kürzester Zeit im Raum abbilden und die Tiefenstruktur ihrer Beziehungen deutlich werden (Ameln und Kramer 2007, S. 109). Moreno spricht hier von der Entwicklung von einem „soziometrischen Bewusstsein" (1996, S. 391). Ameln und Kramer formulieren hier moderner und sprechen von der Förderung der Selbstreflexions- und Selbstregulationsfähigkeit. Die Beziehungsdynamik des Paares zeigt sich sowohl in der Thematik der soziometrischen Darstellung als auch direkt in der Interaktion des Paares während des soziometrischen Handelns. Beachtenswerte Parameter der partnerschaftlichen Beziehung sind u. a. das Einfühlungsvermögen in die Erlebenswelt des Partners/der Partnerin, das Vertrauen, sich in einer Beziehung offen zeigen zu können, die Bereitschaft zur Kooperation, der Wunsch von dem Anderen wahrgenommen und angenommen zu werden und sich miteinander in einem lebendigen Dialog auszutauschen. Jede Äußerung während der soziometrischen Darstellung wird von beiden PartnerInnen in ihrer Bedeutung für die Partnerschaft wahrgenommen: hierzu gehören inhaltliche Aussagen mit Neuigkeitscharakter, offene oder versteckte Appelle an die Partnerin zur Veränderung von Verhaltensweisen, Haltungen und Einstellungen, spontane Selbstoffenbarungen und das Verständnis der gemeinsamen Beziehung (Schulz von Thun 2011).

Soziometrische Darstellungen erleichtern den Einstieg in die Verwendung handlungsorientierter Methoden in der Paarberatung. Sie sind kurz, übersichtlich, weisen eine klare Struktur auf, die emotionale Belastung für das Paar ist abschätzbar. Dieses mag eher bereit sein, sich zu Beginn der Paarberatung auf soziometrische Darstellungen einzulassen als auf zeitintensive und komplexe und vielleicht sogar emotional belastende Rollenspiele (Entwicklung und Aufbau einer Szene, Eindoppeln in die Rolle, spontanes und kreatives Spielen, Rollentausch, Rollenfeedback). Soziometrische Darstellungen vermitteln einem Paar eine Struktur, sich auch auf der interpersonalen Ebene zu erwärmen, die eigene Handlungsbereitschaft zu erhöhen und des eigenen Erlebens verstärkt gewahr zu werden. Der Fokus kann dabei auf der von dem Paar vorgebrachten Problematik liegen und bei dieser neue Aspekte beleuchten, Ressourcen der einzelnen PartnerInnen oder der

Partnerschaft in den Vordergrund rücken und das Paar mit neuen Fragestellungen und Aspekten zu überraschen. Soziometrische Darstellungen bilden zentrale Beziehungsthemen der PartnerInnen oder der Partnerschaft ab, die im weiteren Verlauf der Paarberatung aufgegriffen und vertieft werden können.

„Ich habe Dich gewählt"

Die Frage nach dem jeweiligen Geburtsort mag unverfänglich klingen. Hinter unterschiedlichen Ländern, dargestellt auf einer „imaginären Landkarte" (Stadler und Kern 2010, S. 175 f.) oder „soziometrischen Landkarte" (Ameln et al. 2009, S. 42), können sich jedoch unterschiedliche Traditionen über Partnerschaft, Ehe, Moral und Rollenvorstellungen verbergen, welche in die Paarbeziehung hineinwirken können, auch wenn dies dem Paar selber nicht so bewusst sein mag.

Soziometrische Landkarte

Herr und Frau J. gaben als Grund für die Paarberatung Beziehungskonflikte an. Sie spricht badensisch, er kommt aus Norddeutschland. „Ich bitte Sie, sich einmal vorzustellen, dieser Raum hier wäre eine große Landkarte. Dann wäre hier Norden, dort Süden, dort Westen, dort Osten. Aus welcher Gegend kommt jeder von Ihnen ursprünglich?" Frau J. stellt sich an die eine Seite des Raumes, Herr J. an die andere Seite des Raumes. Jeder schaut vor sich hin. Zu dieser Zeit kennen sie einander noch nicht. Beide sind zu dieser Zeit noch in eigene Beziehungen eingebunden, die durch freundliches Nicken und Lächeln zu dem hier in der Darstellung imaginären Partner angedeutet wird. Beide lernten sich in einem Urlaub kennen, den jeder von ihnen mit dem damaligen Partner verbrachten, sagt Frau J.. Herr und Frau J. gehen mit unterschiedlicher Geschwindigkeit zu einem Ort in der Mitte des Raumes. Sie lernten einander als Urlaubsbekanntschaft kennen, meinte Herr J. „Als ich wieder zuhause war", sagt Frau J. und geht langsam wieder zu ihrem Ausgangspunkt zurück, „habe ich bemerkt, dass ich mich in ihn verliebt habe." Sie geht unruhig ein paar Schritte hin und her und schaut zu Herrn J. hinüber. „Ich habe ihm dann mal eine Karte geschickt und …" „Ich habe eine Weile gebraucht, bis ich merkte, wie wichtig sie mir war", ergänzte Herr J.

Durch die spontane Erwähnung des Kennenlernens bringt Frau J. den Aspekt der erlebten Zeit ins Spiel. Die Zeitreise (Ameln et al. 2009, S. 131) in einer psychodramatischen Paarberatung erfolgt in zwei Zeitstrahlen von beiden PartnerInnen, jeweils dargestellt auf separaten Seiten der psychodramatischen Bühne. Bei der Entscheidung, sich auf eine gemeinsame Beziehung einzulassen, nähern sich diese Zeitstrahlen einander an. Die Entscheidungen, die beide getroffen haben, lassen sich als gegenseitige soziometrische Wahlen (Ameln et al. 2005, S. 224) verstehen. Beide entfernten sich von ihren früheren PartnerInnen und näherten sich den neuen PartnerInnen. Für die Beziehungsdynamik des neuen Paares ist es wichtig wie klar und eindeutig diese Wahl in Bezug auf die neue Partnerschaft ist.

3 Tele als grundlegender Mechanismus zwischenmenschlicher Beziehungen

Handlungsorientierte Methoden bieten den Paaren die Möglichkeit in der Paarberatung spontan aufeinander bezogen zu handeln und einander neu zu erleben. Diese neuen Beziehungserfahrungen erleichtern den Einstieg in einen konstruktiven lebendigen Dialog über die Paarbeziehung und der in ihr gepflegten Interaktions- und Kommunikationskultur. Diese Erfahrungen können das gegenseitige spontane gegenseitige Einfühlungsvermögen (Zweifühlung) und das Gefühl der Zusammengehörigkeit als Paar wiederbeleben oder verstärken. Grundlage für diesen Prozess ist nach Moreno der in zwischenmenschlichen Beziehungen wirksame Mechanismus des Tele (Ameln et al. 2009, S. 211 ff., 241). Für Paare besonders wichtig ist der Aspekt der Reziprozität, der Wechselseitigkeit des Tele-Prozesses und der Veränderbarkeit des Tele durch jede neue Interaktion, durch die sich die gegenseitige Wahrnehmung des Gegenübers innerhalb einer Partnerschaft immer weiter ausdifferenziert (Hutter 2000, zit. nach Ameln et al. 2009, S. 212).

4 Das Paar kennen lernen: zentrale Themen der Partnerschaft

Aktionssoziometrische Darstellungen helfen PaarberaterInnen, sich schnell der Lebenswelt des Paares zu nähern und das Beziehungsgefüge des Paares kennen zu lernen. Die soziometrischen Fragen können darauf abzielen, möglichst unterschiedliche Aspekte der Partnerschaft zu benennen. Die ist sinnvoll, wenn die Gestaltungsweite des Paares durch einen aktuellen oder chronischen Konflikt sehr eingeengt ist. Die Vielzahl von leichten Fragen an das Paar über die einzelnen PartnerInnen, die Partnerschaft und die Beziehungen zwischen den PartnerInnen streben an, den PartnerInnen möglicherweise doch vorhandene Ressourcen nahe zu bringen. Die Beantwortung von Fragen wie „Wer von Ihnen liebt eher körperliche Bewegung, wer von Ihnen bevorzugt weniger Bewegung?", „Wer von Ihnen ließe sich eher als praktischer Mensch bezeichnen, wer nimmt bei technischen

Dingen eher Abstand?", „Wer von Ihnen legt eher Wert darauf, dass Ihre Wohnung besuchsfertig aufgeräumt ist, wer von Ihnen bevorzugt eine eher gemütliche Ordnung in Ihrem Lebensraum?" in Form von Skalierungen (Stadler und Kern 2010, S. 173) geben Auskunft über unterschiedliche Lebenseinstellungen der PartnerInnen. Sie können aber auch darauf hinweisen, wie es einem Paar gelingt, die persönliche Unterschiedlichkeit in ihre Partnerschaft zu integrieren (z. B. Toleranz, Integrationsfähigkeit, Wahrnehmung der Unterschiedlichkeit als Bereicherung der Partnerschaft).

4.1 „Der Baum der Partnerschaft"

Eine Paarberatung kann mit einer soziometrischen Fragestellung zur Einstellung der einzelnen PartnerInnen zur Partnerschaft beginnen, so wie sie jetzt im Moment gelebt wird. Die Partnerschaft kann dabei durch ein Symbol dargestellt werden. Das Symbol kann durch die PaarberaterIn vorgegeben (Stuhl, Baum, Lichterkette) oder von dem Paar ausgewählt werden. Die PartnerInnen werden gebeten, durch Nähe oder Distanz zum Symbol, durch Mimik, Gestik und Körperhaltung sowie ergänzend einem Satz zu zeigen, wie wichtig Ihnen ihre Partnerschaft im Moment ist (vgl. Abb. 2). Hierbei können recht unterschiedliche Darstellungen entstehen: eine Partnerin berührt den „starken Baum unserer Partnerschaft", streicht behutsam darüber und sagt: „Du bist mir ganz wichtig. Ich lasse Dich niemals los." Ihre PartnerIn bleibt zögernd abwartend in einiger Distanz stehen oder geht achtlos an dem Baum vorbei. Ein weiteres Paar läuft zum „blühenden Baum der Partnerschaft", die PartnerInnen lachen sich an, halten ihn beide fest und reichen einander die Hände. Bei sehr belasteten Partnerschaften kann es vorkommen, dass beide PartnerInnen sich nicht rühren, sondern nur traurig, mutlos und verzagt auf den „verdorrenden Baum ihrer Partnerschaft" schauen. Es mag verführerisch sein, alle akut belastenden Momente schon an dieser Stelle benennen zu lassen und mit Hilfe von Symbolen in den Fokus der Aufmerksamkeit zu rücken. Für das Paar mag es entlastend sein, „einmal alles offenzulegen". Für den gesamten Verlauf der Paarberatung kann es sinnvoller sein, auch oder gerade in dieser Situation im Moment noch vorhandene, aber übersehene Ressourcen zu suchen und diesen symbolisch auf der psychodramatischen Bühne einen Platz zuzuweisen. „Könnten Sie bitte einmal zeigen, wie wichtig Ihre Partnerschaft einmal sein könnte für Sie beide? Welche Art von Partnerschaft wünschen Sie sich? Wie mag aus Ihrer Sicht Ihre Partnerschaft aussehen, so dass sie für Sie Beide gut ist?" Eine positive Vision von Partnerschaft kann ergänzt werden durch die Frage: „Wer von Ihnen beiden wäre im Moment eher in der Lage, Ihre Beziehung ein Stückchen weiter in Bewegung zu bringen?" Häufig erfolgt die spontane

Abbildung 2 Wie wichtig ist Ihnen Ihre Beziehung im Moment? Wie wichtig könnte Ihnen Ihre Beziehung am Ende der Partnerschaft sein? Wer von Ihnen sieht die Pflege einer gemeinsamen Partnerschaft als zentrales Thema der Paarberatung an?

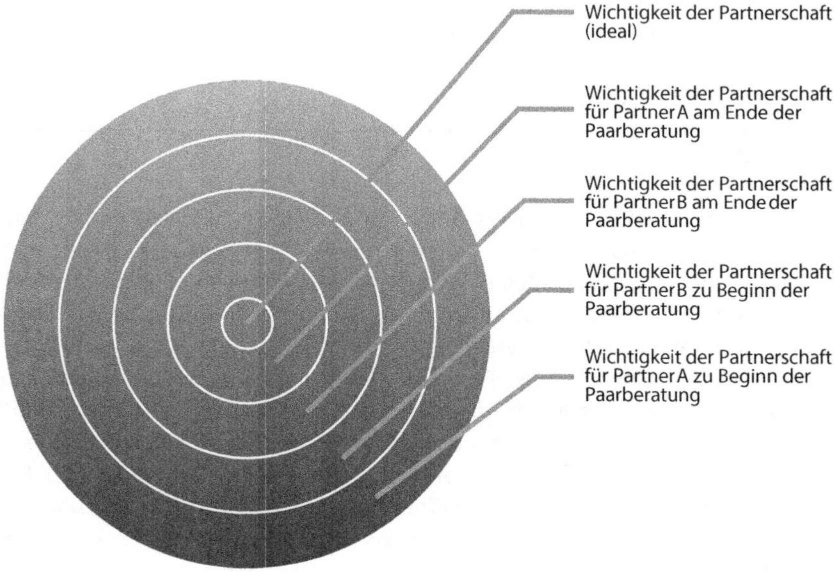

Antwort, indem einE PartnerIn sich meldet und/oder der andere auf ihn zeigt. Die Reaktion spiegelt jedoch nicht die Tendenz der soziometrischen Fragestellung wieder. Diese zielt nicht auf ein entweder/oder der Verantwortung für Veränderungsfähigkeit in der Partnerschaft, sondern darauf, in welchem Maße beide PartnerInnen eine positive Veränderung bewirken können. Angesprochen wird die Kooperationsbereitschaft des Paares. Beide stehen in der Verantwortung für die Partnerschaft.

4.2 Kreativität

Fragen wie „Wer von Ihnen hat die ausgefalleneren Ideen? Wer von Ihnen lässt sich eher vom anderen Partner inspirieren? Wer von Ihnen verfügt über eine künstlerische Ader und wie zeigen Sie diese in Ihrer Beziehung?" weisen darauf hin, welchen Stellenwert Kreativität in der Paarberatung aufweist. Die Zuordnung kann entlang einer gedachten Linie im Raum oder einem Seil erfolgen. Die Paare sind bei diesen „Beziehungsbefragungen" ständig in Bewegung, müssen sich für die handelnde Antwort auf die Beziehungsfragen, die das Paar in Relation zueinander setzen, immer wieder miteinander verständigen und – zumindest für den Moment – klar sichtbare Antworten entwickeln. Die thematische Auffächerung erfolgt durch eine Vertiefung der Fragestellung. Zu Beginn der Paarberatung reicht es auch, zwei oder drei Zusatzfragen zu stellen, die ein oder zwei Ideen in die Paarberatung tragen:

„Kreativität"

In der Paarberatung äußert Peter den Wunsch, wieder zu malen. Er führt aus, dass er früher, vor Beginn der Beziehung, gerne stundenlang alleine gemalt habe, ganz versunken. Er habe das Malen später aufgeben, weil er sich in der Beziehung glücklich fühlte. Jetzt merke er, dass er es vermisse, stundenlang versunken vor der Staffelei zu stehen und über Farben und Licht nachzudenken. Bei der Exploration des Paares werden beide PartnerInnen auf Ressourcen angesprochen, auch wenn diese zunächst von einem Partner benannt werden. „Wie zeigt sich die besondere Art von Kreativität bei jedem von Ihnen? Schreiben Sie, musizieren oder malen Sie gerne?" Zur Vertiefung können diese Darstellung nach verschiedenen Themenbereichen ausdifferenziert und mit Beziehungsfragen verbunden werden. „Wie groß ist Ihrer Ansicht nach die Bereitschaft Ihrer Frau, Sie beim Malen zu unterstützen, zum Beispiel, indem sie Ihnen Zeit zum Malen belässt?" Die soziometrische Darstellung einer vermuteten hohen Bereitschaft in Form einer Skalierung kann paarintern als erwünschte Rückmeldung angesehen werden und die Motivation, das Malen zu akzeptieren, erhöhen. Bei niedrigen Werten deutet sich vielleicht eine konflikthafte Thematik an, verbunden mit dem Wunsch nach mehr Anerkennung. „Wie stark ist ihr Wunsch, dass Ihre Partnerin Ihr Malen anerkennt oder sogar fördert?" ermutigt dazu, die Wichtigkeit des eigenen Wunsches zu bedenken und ihn der Partnerin gegenüber sichtbar darzustellen. „Der Wunsch ist mir sehr wichtig, so bei 80 Prozent, und ich wünsche mir, dass die Bereitschaft meiner Frau, mir hier Raum und Zeit zu belassen, auch bei 80 Prozent liegt, obwohl ich eher glaube, dass 50 Prozent für sie realistischer wäre."

Verweisen die PartnerInnen auf gestaltende Hobbies, können Fragen nach Kreativität und der Wichtigkeit von Kreativität für die Paarbeziehung das Thema etwas vertiefen: „Für wen von Ihnen ist Kreativität eher wichtig in Ihrer Paarbeziehung? Welche Formen von Kreativität halten Sie für sich, IhreN PartnerIn oder Ihre Paarbeziehung für wichtig? Könnten Sie hier bitte eine Rangreihe mit Symbolen aufbauen?" Je nach Einstellung der PartnerInnen können z. B. Malen, Musizieren,

Modellieren, Kurzgeschichten und Gedichte schreiben als beziehungsbereicherndes Handeln für die Paarbeziehung angesehen werden und liebevoll durch die PartnerInnen gefördert oder als beziehungsfeindliche Haltung eines eigenbrötlerischen Partners gebrandmarkt werden. In Reaktion auf diese Fragen sind die PartnerInnen in Bewegung und im Kontakt miteinander (z.B. Blickkontakt, Hinweise auf dem Paar bekannte Szenen oder Erlebnisse). Die sichtbare Sammlung und die im Handeln voreinander vollzogene Reflexion über die Beziehung können aber auch zu Momenten der Freude und der gegenseitigen spontanen Reaktionen der Anerkennung führen: „Ich wusste gar nicht, dass meine Musik so wichtig für Dich ist." „Ich hatte ganz vergessen, dass ich Dich früher einmal modelliert hatte und bin ganz gerührt, dass Du diese alte Figur aufbewahrt hast." „„Ich dachte immer, der Garten wäre Dein Reich und habe Dich dort nicht gestört. Jetzt erfahre ich, dass Du diese Blumen extra für mich gesät hast und freue mich" (liebevolle Umarmung der PartnerInnen).

4.3 Eigenständigkeit

Die Frage „Wer von Ihnen pflegt eher eigene Hobbies" kann auf dem Hintergrund gestellt werden, ob die PartnerInnen einander Eigenständigkeit zubilligen, ob es Strebungen gibt mehr Eigenständigkeit zu erlangen. PaarberaterInnen können ihre Hypothesen hierüber gegenüber dem Paar offen äußern und durch das Paar darstellen lassen. „Könnte es sein, dass persönliche Eigenständigkeit für Sie und Ihre Partnerschaft sehr wichtig ist? Wer von Ihnen achtet eher auf persönliche Eigenständigkeit in Ihrer Partnerschaft?". Das Paar wird gebeten, eine Rangreihenfolge aufzubauen. Eine weitere Möglichkeit besteht darin, wichtige Paarthemen entsprechend ihrer Wichtigkeit um das Symbol, das die Partnerschaft repräsentiert, zu gruppieren. Dies kann mit Hilfe von weiteren Symbolen geschehen, z.B. dem oben erwähnten „Baum der Partnerschaft". Bevor die einzelnen PartnerInnen ein Symbol für ein Thema, das für sie oder die Partnerschaft wichtig ist, niederlegen, werden sie zu einem kurzen Rollenwechsel mit dem Beziehungsthema gebeten. Dieser Rollenwechsel mit dem Symbol (Ameln et al. 2009, S. 58) zielt darauf ab, sich die emotionale Bedeutung des Themas zu vergegenwärtigen.

„Eigenständigkeit"

Bei einem jungen Paar, das noch mit den Herkunftsfamilien emotional verwoben ist, wählt Petra ein Symbol für ihre Eigenständigkeit. Beide PartnerInnen vollziehen einen Rollenwechsel mit den von ihnen gewählten Symbolen: „Ich bin ein Fahrrad. Ich bin die Eigenständigkeit von Petra in ihrer Beziehung zu Peter und ich bin wichtig, damit sich Petra nicht in einer von ihr gefürchteten Abhängigkeit verliert, so wie ihre Mutter. Ich helfe Petra immer wieder ganz schnell wegzufahren, wenn es ihr in der Beziehung zu dicht wird und sie Raum zum Atmen braucht." Sie wirft einen auffordernden Blick zu Peter. Dieser wählt eine Lupe als Symbol für „lauernde Wachsamkeit". „Ich bin die lauernde Wachsamkeit von Peter. Ich achte immer wieder darauf, dass Petra auf ihre Eigenständigkeit achtet. Wenn sie genügend Raum für sich selber hat, kommt sie immer wieder gerne auf Peter zu." Die Beziehungsthemen können durchaus miteinander verknüpft sein, einander ergänzen oder im Widerstreit miteinander stehen. So führte die „lauernde Wachsamkeit von Peter" aus: „Beobachtet werde ich von der Eigenständigkeit von Peter, die mich manchmal beiseiteschiebt und dann macht Peter, was er will, und achtet nicht mehr darauf, wie Petra darauf reagiert.

4.4 Lebensfreude

„Wer von Ihnen beiden kennt aus seinem Leben Lebensfreude?" Die Lebensfreude steht in Form einer „Säule der Lebensfreude" in der Mitte des Raums. „Wie wichtig ist Ihnen Lebensfreude?" Die PartnerInnen positionieren sich um die „Lichtsäule der Lebensfreude". Paare, die sich in einer Beziehungskrise befinden, werden die „Lebensfreude" mit Wehmut betrachten, als sei diese unerreichbar geworden. In diesem Fall ließe sich „Lebensfreude" als anzustrebendes Ziel definieren. Die Frage „Wer von Ihnen Beiden traut sich eher zu, den Mut zu finden, die Lebensfreude wieder ins eigene oder ins gemeinsame Leben wieder zurückzuholen?" kann einen Perspektivwechsel einleiten und Hoffnung mit ins Spiel bringen. In der soziometrischen Darstellung zeigt sich dieser Perspektivwechsel in einer vorsichtigen schrittweisen Annäherung an die „Lichtsäule der Lebensfreude", die ihre Gestalt auch verändern kann. Die Art der Bewegung der PartnerInnen auf dem Wege zu ihrer „Lebensfreude" kann einen Aufschluss über die momentane Qualität des aufeinander-bezogen-Seins geben: PartnerInnen, die einander dabei anschauen können, zeigen einander so ihre Bereitschaft, aufeinander acht zu geben. So können in jeder noch so kurzen Szene für das Paar wichtige oder zentrale Beziehungsthemen mitschwingen, die sichtbar werden, ohne dass die Notwendigkeit besteht, diese sofort aufzugreifen und zu bearbeiten.

Wenn Lebensfreude für das Paar noch spürbar und erlebbar ist, helfen soziometrische Darstellungen zu einer weitergehenden Differenzierung. Wie zeigt jeder der PartnerInnen Lebensfreude? Wieweit sind die PartnerInnen beim Leben und Erleben von Lebensfreude aufeinander bezogen? Die Antwort auf die Frage „Gehören Sie eher zu den Menschen, die Lebensfreude in aller Stille für sich erleben oder eher zu den Menschen, die ihre Lebensfreude offen zeigen und sie am liebsten mit anderen teilen möchten?" lässt sich mittels einer bipolaren Skala darstellen. Paare mit einem hohen Reflexionsvermögen weisen oft auf verschiedene Beziehungskontexte hin, die das Zeigen von Lebensfreude beeinflussen und beginnen spontane Diskussionen über unterschiedliche Situationen, in denen der eine oder andere Partner Lebensfreude zeigte. Diese Diskussionen können den Charakter eines spontanen Sharings annehmen und wertvolle Hinweise auf die Bezogenheit des Paares geben. Die Ideen aus dem Dialog des Paares lassen sich gut für weitere soziometrische Fragestellungen aufgreifen.

Instruktion

„Wie stark können Sie Lebensfreude erleben? Wenn diese Ecke hier im Raum für ‚ganz viel Lebensfreude' steht und die Ecke auf der anderen Seite des Raums für ‚ganz wenig Lebensfreude'. Wo würden Sie sich hinstellen, um das stärkste Gefühl von Lebensfreude einzuschätzen? Wenn Sie zu den Menschen gehören, die Lebensfreude gerne mit anderen Menschen teilen, möchten Sie die Lebensfreude dann eher mit Ihrem Partner oder Ihrer Partnerin teilen oder anderen Menschen wie zum Beispiel der besten Freundin oder dem besten Freund? Wie wichtig ist es ihnen auf einer Skala von eins bis zehn, dass Sie IhreN PartnerIn miteinbeziehen?"

Je nach Situation können einzelne Aspekte auch vertieft werden und sich so einige soziometrische Darstellungen thematisch aneinanderreihen und so als Basis für eine differenzierte Reflexion dienen. Zu dieser gehört auch die jeweilige Einstellung des einen Partners zu den Aktivitäten des anderen Partners.

4.5 Ressourcen der PartnerInnen und der Partnerschaft

Mit Hilfe von Symbolen dargestellte Ressourcen lassen sich entweder beiden PartnerInnen gemeinsam oder dem einen oder der anderen PartnerIn zuordnen. Dies geschieht bildlich, indem die Symbole in drei Strängen angeordnet werden: die Symbole, die ein Partner gewählt hat, stehen in einer Linie. Die Symbole, die die andere Partnerin gewählt hat, sind etwas weiter entfernt aufgereiht. Symbole, die für gemeinsam gewählte Paarressourcen stehen, bilden eine Mittellinie. Sind alle Ressourcen und die sie darstellenden Symbole bekannt, betrachten die PartnerInnen alle Symbole und benennen die mit ihnen verbundenen Ressourcen. Dies kann ich Form eines „Besuches" beim Partner erfolgen („Ich betrachte mir jetzt mal Deine Symbole und die mit ihnen verbundenen Symbole") oder in

Abbildung 3 Wer von Ihnen trägt an ehesten dazu bei, dass jeder von Ihnen die eigenen Ressourcen pflegen kann? Wer von Ihnen achtet am ehesten darauf, dass die Ressourcen Ihrer Partnerschaft gepflegt werden?

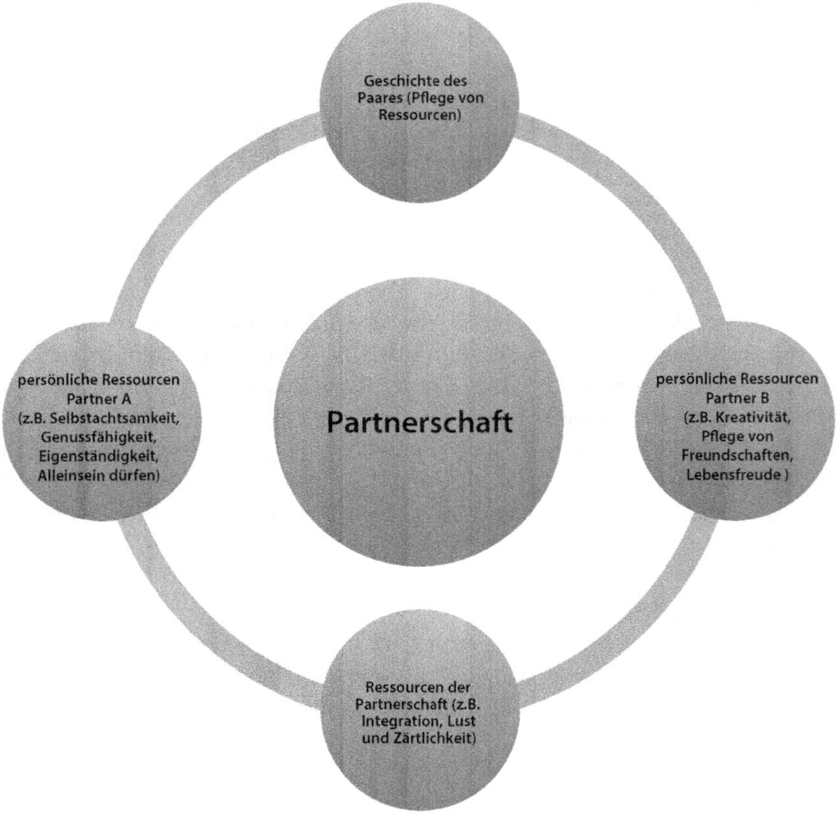

Form eines Rollenwechsels. Der Rollenwechsel ermöglicht, sich in die Erlebniswelten (Realitäten) des Partners hineinzuversetzen, diese als „andere" Realitäten zu verstehen. Über den in einer Beziehung vorgelebten Rollenwechsel („So erlebe ich Dich") kann ein tief verwurzeltes Bedürfnis nach Anerkennung befriedet werden. Persönliche Ressourcen der PartnerInnen können zum Beispiel *Lebensfreude*, die *Pflege von Freundschaften, Genussfähigkeit, Selbstachtsamkeit, Lesen, Musizieren, Theaterbesuche* sein (vgl. Abb. 3).

Neben der symbolischen Darstellung der persönlichen Ressourcen lassen sich auf der psychodramatischen Bühne auch die besonderen Fähigkeiten der jeweiligen Partnerschaft darstellen. Steht die persönliche Eigenständigkeit im Vordergrund, mag *Integrationsfähigkeit* eine wichtige Ressource sein. Bei Paaren, die sich offen miteinander auseinandersetzen, erweist sich eine gemeinsam gepflegte *Streitkultur* als wesentliche gemeinsame Fähigkeit. Bei Paaren, die Wert auf Harmonie legen, kann die Bereitschaft, einander den persönlich benötigten Raum zu belassen zu den tragenden Aspekten ihrer Beziehung gehören.

In einer soziometrischen Darstellung lässt sich für alle sichtbar zeigen, bis zu welchem Ausmaß die Ressourcen einander beflügeln und bei welchen Handlungen der Bogen überspannt wird und eine schädigende Wirkung aufweist.

Instruktion

„Wer von Ihnen beiden würde eher bemerken, wann der „schützende Rückzug", den Sie für beide als so wertvoll ansehen, die Gefahr einer Isolierung in sich bergen würde?"

Indirekt werden mit dieser Frage eine wechselseitige Achtsamkeit und die gemeinsame Verantwortung füreinander angesprochen. Metaphorisch kann der „Baum der Partnerschaft" seine Zweige über die PartnerInnen ausbreiten. Wird die Belastung zu stark, können die Zweige brechen. Das Bewusstsein über die Auswirkungen paarbezogenen Handelns kann durch einen Rollentausch beider PartnerInnen mit ihrer Partnerschaft intensiviert werden.

5 Kommunikation: Offenheit und Zurückhaltung

Soziometrische Fragestellungen zu kommunikativen Fähigkeiten weisen auf die zentrale Bedeutung einer liebevoll gepflegten Kommunikationskultur und ihre gemeinsame Verantwortung füreinander hin.

Instruktion

„Menschen unterscheiden sich darin, wieweit sie offen sagen, was sie denken und fühlen. Manche sind sehr direkt, andere ziehen es eher vor, sich zurückhaltend zu zeigen. Wie würden Sie Ihre Fähigkeit zur Offenheit selber einschätzen?"

Die soziometrische Darstellung erfolgt in Form einer eindimensionalen Darstellung (Einschätzung der Offenheit auf einer Skala zwischen Null und Zehn) oder entlang einer bipolaren Darstellung zwischen der Tendenz zur Offenheit und der zur Zurückhaltung in der Beziehung (Ameln et al. 2009, S. 42 f.).

Instruktion

„Wie würden Sie sich selber zwischen den Polen ‚Offenheit' und ‚Zurückhaltung' einschätzen? Die Wand am Fenster mag für eine sehr stark ausgeprägte Offenheit stehen, das Regal an der Wand dort drüben mag für eine sehr stark ausgeprägte Zurückhaltung stehen."

Soziometrische Fragestellungen können dabei helfen, verfestigte Zuschreibungen wie „Du bist immer so direkt" und „Nie sagst Du etwas über Dich" behutsam aufzulösen und zu verflüssigen. Soziometrische Fragestellungen zielen darauf Handlungstendenzen, die bei beiden PartnerInnen potentiell vorhanden sind, zu aktivieren:

Instruktion

„Wir haben kurz darüber gesprochen, dass Menschen sich darin unterscheiden, was Sie von sich selber anderen Menschen mitteilen und was sie eher für sich selber behalten möchten. In welchem Ausmaße kennen Sie Beide Offenheit und Zurückhaltung als sinnvolle Möglichkeiten des Kontaktes innerhalb Ihrer Partnerschaft?"

Die Bedeutungszuweisung der wahrgenommenen Fragen hängt u. a. vom Erfahrungshintergrund des Paares, seiner aktuellen Problematik, der Fähigkeit zur Selbstreflexion, der Bereitschaft zur gegenseitigen Verständigung und den Ressourcen des Paares ab. Innerhalb einer Partnerschaft kann Unterschiedlichkeit zur Stabilität der Partnerschaft beitragen. Der Partner, der zu mehr Offenheit in der Beziehung anregt, kann in manchen Situationen die Zurückhaltung des anderen Partners durchaus schätzen und eigenen Gewinn daraus ziehen.

Von Paaren wird bei soziometrischen Fragestellungen oft spontan eine Differenzierung angeboten, die die Beziehungswirklichkeit des Paares stärker verdeutlicht. Die Offenheit oder Zurückhaltung innerhalb der Beziehung kann sich durchaus ändern, wenn Dritte mit im Spiel sind. Die Gegenwart von bestimmten Mitgliedern der Herkunftsfamilie kann dazu führen, dass beide PartnerInnen gemeinsam verschlossener werden. Die Gegenwart von vertrauten FreundInnen kann zu einer vermehrten Offenheit führen. Das Handeln des Paares ist eingebettet in ein Beziehungsnetz, das in die paarinterne Kommunikation hineinwirkt. Die Differenzierung kann sowohl auf Konfliktherde als auch auf Ressourcen hinweisen. Die aufmerksame Wahrnehmung von „Nebenthemen" hat durchaus diagnostischen Wert für die Exploration der Beziehungsmuster (Moreno 1987, S. 59).

6 Heiße Eisen – Reflexion auf der zweiten Bühne

Wenn das Paar mitschwingt, können auch „heiße Eisen" angesprochen werden wie faires und unfaires Streiten, Zärtlichkeit und erotische Wünsche, aber auch „dunkle" Seiten der Partnerschaft wie z. B. eine emotionale Erpressung. Die Benennung durch die BeraterInnen kann dem Paar den Weg weisen, ansonsten ausgesparte Themen zur Sprache zu bringen. Es empfiehlt sich, bei einer potentiell verletzenden Thematik Kontakt mit dem Paar zu halten, sei es durch Blicke oder eine direkte Frage und abzuklären, ob beide PartnerInnen sich auf die offene Darstellung einlassen können. Die Entscheidung zu Verschwiegenheit und Schutz kann dabei sehr plötzlich bei dem einen oder anderen auftauchen und hat Vorrang. Auf der psychodramatischen Bühne steht immer ein etwas abgesonderter *Schutzraum* zur Verfügung, der jeder Zeit ohne weitere Begründung aufgesucht werden kann und der Selbstreflexion und Prozessreflexion dient. Das psychodramatische Interview ist eine Form (Ameln et al. 2009, S. 52), es kann aber auch eine zweite Bühne eröffnet werden, auf der einer der PartnerInnen zunächst Raum für eine eigene Darstellung gewinnt. Dies kann z. B. sinnvoll sein, wenn Befürchtungen auftauchen, mit der einen Sichtweise durch den Partner oder die Partnerin abgelehnt zu werden oder zu verletzen. Im Hintergrund mag auch ein altes Beziehungsthema aus der Herkunftsfamilie lauern. „Ich fürchte, wenn ich sagen würde, dass mich seine offene Kritik verletzt hat, könnte ich ihn vielleicht verletzen". „Wie stark, glauben Sie, könnte er durch Ihre klare Rückmeldung verletzt sein? Könnten Sie dies einmal anhand einer gedachten Linie, die links mit Null beginnt und einige Schritte weiter mit einer Zehn endet, einschätzen?" Die Rückkehr zur gemeinsamen Bühne kann durch eine soziometrische Fragestellung eingeleitet werden, die beide PartnerInnen miteinbezieht: „Wer von Ihnen beiden zeigt sich eher als verletzbarer Mensch?" Diese Formulierung ist bewusst gewählt: der Fokus wird vom befürchteten Handeln der eigenen Person („Ich bin ein verletzender Mensch") auf die Ebene einer möglichen allgemein menschlichen Gefühlsreaktion verlegt und somit entschärft („Ich neige dazu, schnell verletzt zu sein").

Weitere zentrale Themen sind die Beziehungserfahrungen in den Herkunftsfamilien (Lauterbach 2011, S. 289), Nähe, Distanz, Rollenzuschreibungen und die damit verbundenen Erwartungen und Anforderungen zur Lebensgestaltung. Systemische Fragen, die Vergleiche beinhalten, eignen sich gut für die psychodramatische Arbeit mit Paaren und Familien. Sie zielen darauf ab, Beziehungsverflechtungen und das Maß ihrer Verbundenheit sprachlich abzubilden (Ameln et al. 2009, S. 251; Simon und Rech-Simon, 2002; Williams, 1991, S. 275) und als polare Skalierungen darstellen (Ameln et al. 2009, S. 42 ff).

Anhand der soziometrischen Darstellungen lassen sich vielleicht erste vorsichtige Hypothesen zu typischen Interaktionsmustern, der Art der partnerschaftlichen Kommunikation und der von den PartnerInnen dargestellten Rollen formulieren. Sie beruhen auf der Wirklichkeit, wie sich das Paar einander und dem Betrachter zeigt. Diese Überlegungen können dem Paar zum Schluss der Sitzung angeboten werden.

7 Paargruppen

In Paargruppen erhalten Paare anhand soziometrischer Fragestellungen einen Eindruck über die Beziehungsstrukturen und Beziehungstänze der anderen Paare in der Gruppe, deren vertraut anmutenden Themen, Unterschiede in der Herangehensweise an problembehaftete Situationen und Beziehungserfahrungen.

Fragen nach der Anzahl der Geschwister der einzelnen TeilnehmerInnen einer Paargruppe lassen sich gewiss schnell in Form einer soziometrischen Kette (Ameln et al. 2009, S. 42) oder in Form einer Kreissoziometrie (Stadler und Kern 2010, S. 175). darstellen. Um das zentrale Kriterium (in diesem Fall Anzahl der Geschwister in der Herkunftsfamilie) bilden die TeilnehmerInnen Subgruppen. Die konzentrische Form der Kreise kann durch mehrere Flächen (Quadrate) im Raum ersetzt werden. Die soziometrische Frage nach den Geschwistern zielt auf frühe biographische Beziehungserfahrungen der einzelnen GruppenteilnehmerInnen ab (Ebene des Individuums). Andere Fragen zielen auf die Lebenserfahrungen in der Partnerschaft (Paarebene). Hinter einfachen Fragen wie „Wer von Ihnen hat Kinder, wer nicht" (polare Skalierung) können schmerzhafte Lebenserfahrungen lauern, wie z. B. verstorbene Kinder, Beziehungsverluste zu geliebten Kindern nach einer früheren Trennung von der Partnerin oder einer heimlichen Geliebten), die zumindest in der Anfangsphase einer Gruppe den Schutz der Verschwiegenheit benötigen (Stadler und Kern 2010, S. 174).

Höchste Wachsamkeit in einer Paargruppe erlangen soziometrische Fragen, die auf zentrale Themen der Partnerschaft und mögliche Lösungswege hinweisen:

Instruktion

„In manchen Beziehungen versöhnen sich Paare sehr schnell nach einem Streit. In anderen Beziehungen gehen die PartnerInnen erst nach einer geraumen Zeit wieder aufeinander zu. In manchen Beziehungen ist dieses Muster sehr starr, in anderen wiederum sehr flexibel. Wer von Ihnen neigt eher dazu, nach einem Streit versöhnlich auf Ihren Partner/Ihre Partnerin zuzugehen? Wer von Ihnen beharrt eher auf eigenen Meinungen? Könnten Sie sich bitte auf einer quer durch den Raum gedachten Linie zuordnen und sich gemäß Ihrer persönlichen Einschätzung zuordnen?"

Neugierige Blicke können die sich bildenden Gruppen verfolgen („Ach, so viele gehen aufeinander zu?") verbunden mit Kommentaren an den eigenen Partner/die eigene Partnerin („Siehst Du, die beharren nicht so auf ihrer Meinung"). Im Verlaufe einer Paargruppe und auf dem Hintergrund neuer Erfahrungen können die Beziehungen zwischen den GruppenteilnehmerInnen emotional tragender und dichter werden (Gruppenebene).

Soziometrische Fragestellungen können diese Ebenen miteinander verbinden, bzw. die Fragestellungen auf alle drei Ebenen ausweiten. (Hier empfiehlt sich viel Zeit und eine digitale Kamera mitzubringen.)

Instruktion

„Wem von Ihnen ist es während der letzten 5 Monate seit Beginn dieser Paargruppe am ehesten gelungen, persönliche Wünsche an sich selber und Erfordernisse der Partnerschaft in eine gute Balance zubringen?"

Diese Frage lässt sich verschieden beantworten: die Rangreihenfolge bei einer Selbsteinschätzung (Reihe 1) mag dabei anders aussehen als die Einschätzung durch die weiblichen oder männlichen GruppenteilnehmerInnen (Reihe 2a, Reihe 2b) oder die eigene PartnerIn (Reihe 3, Reihe 4). Bei einem hohen Grade der Vertrautheit in der Paargruppe kann die Einschätzung durch den jeweiligen Partner vor der gesamten Paargruppe stattfinden. Bei einem erhöhten Schutzbedarf können die Partner in abgegrenzten Räumen die Einschätzungen vornehmen und darüber gemeinsam reden (Schulz 2010, S. 169).

Skulpturen zeigen in verdichteter Form die Beziehungsgefüge, in die die PartnerInnen durch Bestrebungen anderer eingebunden sind oder die sie selber zu gestalten suchen. Wie hoch mögen BeraterInnen das Gelingen einer Partnerschaft bei folgender Konstellation einstufen?

„Der Weg in die Freiheit"

In der Familienskulptur von Herrn P., 24 Jahre alt, hält seine Großmutter die Zügel in der Hand. Diese führen über seine Eltern zu seinen Geschwistern und zu ihm. Sie schlingen sich um seinen Oberkörper und um seine Beine. Stolpernd sucht er seinen Weg ins Freie. „Du wirst noch sehen, wo Du landest", gellt es ihm in den Ohren. Er bewegt sich auf eine junge Frau zu, die sich vorsichtig in einer sumpfigen Landschaft bewegt.

„Wanderung durch die Beziehungslandschaft"

Frau P., 21 Jahre alt, wankt durch einen Sumpf. Vorsichtig tastet sie Schritt für Schritt auf schwankendem Boden voran. Hinter ihr steht auf trockenem Boden ihre Familie, die eng verbunden beieinander stehen und sich gegenseitig stützen und festhalten. „Alleine wirst Du es nie schaffen" rufen sie ihr nach. Ihr Blick sucht einen jungen Mann, der stolpert und taumelt.

8 Familien

Soziometrische Fragestellungen können Familien dabei helfen, festgefahrene Rollen so zu verändern, dass die natürliche Entwicklung von Kindern und Jugendlichen zu mehr Autonomie von diesen vollzogen werden kann. Die Qualität der Elternrollen verändert sich im Verlaufe dieses über Jahre andauernden Prozesses: eine primär versorgende Haltung der Eltern gegenüber den Kindern tritt zurück zugunsten einer Begleitung zur mehr Eigenständigkeit und sozialer Verantwortung. Das folgende Beispiel entstammt einer sehr kurzen Familienberatung, in der es darum ging die Selbstwahrnehmung der Familie zu erweitern, Ideen für neue Familienstrukturen zu sähen und so die Weichen für eine notwendige Entwicklung in der gesamten Familie zu stellen.

„Der Schläfer"

Herr und Frau Z., beide Ende Dreißig, schilderten, dass ihr fast 12 jähriger Sohn nachts schlecht schlafe und jede Nacht zu den Eltern ins Bett krieche. Die Eltern zeigten im ersten Elterngespräch ohne den Sohn eine sehr ambivalente Haltung. „Von mir aus kann der Junge noch so lange nachts kommen, bis er eine eigene Freundin hat", sagte der Vater, woraufhin die Mutter sehr skeptisch zu ihrem Mann guckte.

In dem nachfolgenden Familiengespräch nahmen die Eltern und ihr Sohn, den wir hier Markus nennen wollen, die „Einladung zu einem Experiment" an. Die soziometrischen Fragen zielten darauf ab, Ideen für eine Weiterentwicklung zu sähen und alle Beteiligten in einem guten Licht dastehen zu lassen. Die Skalierungen waren von einer regen Diskussion in der Familie begleitet, so dass nicht immer klar war, ob die Darstellungen auf einer Selbsteinschätzung oder einer Einschätzung durch die anderen Familienmitglieder beruhte.

- „Wer in der Familie ist Familienmeister für Selbständigkeit?" Die Familie stellte eine Rangreihenfolge auf, in der die Mutter die Familienmeisterin war, der Vater folgte und der Sohn sich neben dem Vater stellte. Dann korrigierte er seine Wahl und ging ein paar Schritte auf die Mutter zu.
- „Wer in der Familie achtet am meisten darauf, dass alle immer wieder miteinander etwas unternehmen?"
- „Wem in der Familie ist ein eigenes Zimmer am wichtigsten? Ein eigenes Zimmer kann dabei als Rückzug dienen oder einfach nur als Wohnraum, den jeder in der Familie nach eigenen Vorstellungen gestalten kann." Die Familie wählte hierauf den Vater, gefolgt von dem Sohn.
- „Wen in der Familie würde es am meisten freuen, wenn die Eltern mal alleine gemeinsam ausgehen würden?" Hier zeigte die Ehefrau den stärksten Wunsch etwas mit ihrem Mann gemeinsam zu unternehmen. Markus nickte nur.
- „Wer von Ihnen könnte das größte Entsetzen zeigen, wenn die Eltern nachts ihr Schlafzimmer abschließen würden?" Diese Frage konnte gar nicht beantwortet werden, da es in der Familie bis dahin gar keine abschließbaren Räume gab.
- „Wer wäre am traurigsten, wenn es Markus gelingen würde, in 5 Jahren (dann wäre er 17 Jahre alt) nachts im eigenen Bett zu schlafen?" Hier lachten die drei nur, ebenso bei der paradoxen Variante:
- „Wer in der Familie würde wohl am ehesten dafür sorgen, dass Markus sich nachts immer mal wieder in das Schlafzimmer der Eltern stiehlt?" Auf die direkte Frage an Markus, bis wann er gelernt habe, eine ganze Nacht im eigenen Bette zu schlafen, lachte er nur verschmitzt. Im nächsten Familiengespräch teilte Markus mit sichtlicher Zufriedenheit mit, dass die Eltern ihm ein neues großes Bett gekauft hätten und er das alte Kinderbett gemeinsam mit dem Vater zersägt habe.

9 Zusammenfassung

Soziometrie als handlungsorientierte Methode zielt darauf ab Beziehungsmuster und Beziehungsstrukturen abzubilden. Zentrale Themen werden mit ihren bewussten, unbewussten und bislang verschwiegenen Aspekten in kürzester Zeit symbolisch verdichtet dargestellt. Soziometrisches Handeln ist höchst subjektiv und spontan. Soziometrie in der Beratung von Paaren und Familien hilft Beziehungsaspekte mit ihrer emotionalen Bedeutung für jeden Einzelnen und die Familienangehörigen offen zu legen. Das offene Zeigen und Offenbaren persönlicher Ansichten und Überzeugungen erfordert gegenseitiges Vertrauen und die Bereitschaft einander die eigenen Sichtweisen zuzugestehen, diese anerkennend wahrzunehmen und als schützenswert zu betrachten. Jedem Einzelnen sollte daher genügend Zeit und Raum zur Verfügung stehen, um die persönlichen Sichtweisen mit ihren emotionalen Bedeutungen darzustellen (Gleichwertigkeit) und auf spontane Reaktionen durch Familienangehörige einzugehen. Soziometrische Fragestellungen weisen aber auch hin auf anstehende mögliche und notwendige Veränderungen für ein besseres Zusammenleben. In seiner Knappheit bietet soziometrisches Handeln einen guten Einstieg in weitere handlungsorientierte Methoden.

Literatur

Ameln, F. v., Gerstmann, R. u. Kramer, J. (2005). *Psychodrama*. Heidelberg: Springer

Ameln, F. v., Gerstmann, R. u. Kramer, J. (2009). *Psychodrama* (2. Auflage). Heidelberg: Springer.

Ameln, F v. u. Kramer, J. (2007). *Organisationen in Bewegung bringen*. Handlungsorientierte Methoden für die Personal-, Team- und Organisationsentwicklung. Heidelberg: Springer

Ebbecke-Nohlen, A. (2000). Systemische Paartherapie – Das Balancieren von Gemeinsamkeiten und Unterschieden. *Psychotherapie im Dialog. Zeitschrift für Psychoanalyse, Systemische Therapie und Verhaltenstherapie* 2, 21–28.

Gunkel, S. (2009) (Hrsg.). Psychodrama und Soziometrie. Erlebnisorientierte Aktionsmethoden in Psychotherapie und Pädagogik. *Zeitschrift für Psychodrama und Soziometrie*. Sonderheft 1

Hutter, C. (2000). *Psychodrama als experimentelle Theologie*. Rekonstruktion der therapeutischen Philosophie Morenos aus praktisch-theologischer Perspektive. Münster: Lit.

Lauterbach, M. (2009). Die vergessenen Seiten der Familiendynamik. Zur Ableitung eines familienorientierten Psychodramas. In: S. Gunkel (Hrsg.). Psychodrama und Soziometrie. Erlebnisorientierte Aktionsmethoden in Psychotherapie und Pädagogik. *Zeitschrift für Psychodrama und Soziometrie*. Sonderheft 1, 273–292.

Lindemann, J. (2000). Paartherapie aus der Sicht der Verhaltenstherapie. *Psychotherapie im Dialog. Zeitschrift für Psychoanalyse, Systemische Therapie und Verhaltenstherapie* 2, 15–20.

Ludewig, K. (2002). Systemische Therapie mit Paaren und Familien. In: M. Wirsching u. P. Scheib (Hrsg.). *Paar- und Familientherapie*. Heidelberg: Springer.

Moreno, J. L. (1987). *Psychodrama und Soziometrie*. Köln: Edition Humanistische Psychologie.

Moreno, J.L. (1996). *Die Grundlagen der Soziometrie.* Wege zur Neuordnung der Gesellschaft. (4. Auflage). Opladen: Leske + Budrich.
Schulz, A. (2010). Lebendige Partnerschaft. Psychodramatische Arrangements in der Paarberatung und Partnerseminaren. *Zeitschrift für Psychodrama und Soziometrie* 9 (1), 161–174
Schulz von Thun, F. (2011). *Miteinander Reden, Bd. 1–3.* Hamburg: Rororo
Simon, F.B. u. Reich-Simon, C. (2002). *Zirkuläres Fragen.* Systemische Therapie in Fallbeispielen: Ein Lernbuch. Heidelberg: Carl-Auer-Systeme.
Stadler, C. u. Kern. S. (2010): *Psychodrama. Eine Einführung.* Wiesbaden: VS
Tiedemann, F. v. u. Jellouschek, H. (2000). Systemische Paartherapie – Ein integratives Konzept. *Psychotherapie im Dialog. Zeitschrift für Psychoanalyse, Systemische Therapie und Verhaltenstherapie* 2, 37–44.
Welter-Enderlin, R. u. Jellouschek, H. (2002). Systemische Paartherapie – Ein integratives Konzept. In: M. Wirsching und P. Scheib (2002) (Hrsg.). *Paar- und Familientherapie.* Heidelberg: Springer.
Williams, A. (1991). Strategische Soziometrie. *Psychodrama* 4 (2), 273–289.
Williams, A. (1994). Klinische Soziometrie: Spielräume in Familiensystemen und Gruppen schaffen. *Psychodrama* 7(2), 217–238.
Zimbardo, P. u. Boyd, J. (2009). *Die neue Psychologie der Zeit und wie sie Ihr Leben verändern wird.* Heidelberg: Spektrum Akademischer Verlag.

Andreas Schulz, 1955, Psychologischer Psychotherapeut, Psychodrama-Therapeut, Supervisor (DGSv). Arbeitsschwerpunkte: Psychodrama mit Eltern, Paaren und Familien, Workshops zum Thema „Psychodramatische Arrangements in der Arbeit mit Paaren und Familien"

A. Schulz
Psychosoziale Dienstleistungen Enzian
Eintrachtstr. 23
40699 Erkrath, Deutschland
E-Mail: as@enzian-gbr.de; www.enzian-gbr.de

„Die Eule liegt zwischen mir und dem Rudi und berührt jeden von uns mit einem Flügel …"

Anwendung und Bedeutung der Soziometrie in der psychodrama-therapeutischen Arbeit mit Kindern und Jugendlichen

Gabriele Biegler-Vitek und Barbara Schorn

1 Mit Hilfe der Soziometrie vom „ICH" zum „DU"- zum „WIR"

Während des Entwicklungsprozesses vom Kleinkind zum Erwachsenen erlangt die *Gruppe* für uns Menschen immer mehr an Bedeutung. Die Entwicklung der Wahrnehmung und Gestaltung von Beziehungen erfolgt im besten Fall vom „ICH" zum „DU" – zum „WIR". In der psychodramatherapeutischen Gruppe sind Kinder und Jugendliche, die aufgrund ihrer individuellen Lebenserfahrungen unterschiedliche Schwierigkeiten mit Gleichaltrigen haben und deshalb in Gruppen immer wieder durch gewaltbereites, störendes oder zurückgezogenes Verhalten auffällig werden. Oft ist es ihr Misstrauen, das sie darin hindert, Beziehungen zu Gleichaltrigen herzustellen. „Auf Grund negativer Lebenserfahrungen tendieren diese Jugendlichen dazu, Beziehungsangebote als bedrohlich wahrzunehmen und sie schreiben den anderen oft feindselige Motive zu" (Schaller 2005, S. 81). Gerade für diese Kinder und Jugendlichen ist es von besonderer Bedeutung ihre eigene Wirkkraft, sowie die Wirkkraft der anderen, auf gruppendynamische Prozesse erkennen und verstehen zu lernen. Dann können eigene Positionen handelnd verändert und dadurch eher die Balance im eigenen Gefühlshaushalt hergestellt werden. Das Ziel dabei ist die Erweiterung des individuellen Spielraumes, sowie die Förderung der Beziehungsfähigkeit der Kinder und Jugendlichen im Allgemeinen, vor allem aber in der Peergroup. Mit Hilfe der Soziometrie sollen Tiefenstrukturen sichtbar, und damit Oberflächenstrukturen erklärbar und verstehbar gemacht werden. Die dabei gemachten Erfahrungen müssen in den Alltag transferiert werden. Auch Pruckner weist eindrücklich darauf hin: „Damit ist der Sinn jeder soziometrischen Arbeit für Moreno erst durch die Möglichkeit praktischer Verwertbarkeit gegeben, oberstes Prinzip die *Nützlichkeit soziometrischer Verfahren*" (Pruckner 2004, S. 169).

2 Soziometrische Differenzenübung und Rangreihen

Beispiel

In der Gruppe der 14–18 jährigen Burschen starten wir mit einer soziometrischen Differenzenübung. Zuerst stellen wir uns wie auf einer Landkarte nach Wohnorten, also in unserem Fall nach Wiener Bezirken auf. „Hey, du bist auch aus dem 11. Bezirk, kennst du den Rudi aus dem Jugendzentrum?", „... weiß nicht – wie heißt der noch?", wird gleich kontaktaufnehmend gefragt. Danach stellt sich die Frage, wer in dieser Gruppe zur Schule geht und wer berufstätig ist. Es macht den Anschein, als wäre es den Schülern etwas peinlich zu dieser Gruppe zu gehören. „Wir haben schon berufspraktische Tage, da müssen wir auch schon arbeiten, nur verdienen wir kein Geld – das ist eigentlich ungerecht!", hört man aus der Schulgruppe. Die Antwort aus der Gruppe der Lehrlinge darauf ist: „Ich kann mir bald ein Moped kaufen, weil ich so viel verdiene". Da Jugendliche Geld verdienen mit Freiheit, Erwachsen sein und Selbstverantwortung verbinden, ist es klar, dass die Burschen, die zur Schulgruppe gehören bei diesem Kriterium bezüglich des „Lässig seins" etwas ins Hintertreffen geraten. Das nächste Kriterium der Zuordnung ist die Lieblingsmusik. Hier ergeben sich wieder andere Gruppen. Und schon entstehen neue Anknüpfungsversuche. „Ich habe diese Nummer auf meinem Computer, willst du sie runterladen?" Einzig Sepp, ein Bursche mit Asperger Autismus steht alleine bei „klassischer Musik", worauf er von den anderen etwas irritiert und sehr verwundert angesehen wird. In dieser Gruppe ist „klassische Musik" kein Kriterium des „ cool" oder „lässig seins". Da Sepp aufgrund seines Autismus generell nicht sehr an Zuordnungen zu anderen interessiert ist, reagiert er darauf nicht, er bleibt stolz stehen. Karl, ein gewalttraumatisierter junger Mann reagiert auf Sepps Alleinsein sichtlich verunsichert. „ Aber du magst doch sicher auch andere Musik? Da kannst du dich doch auch wo dazu stellen."

Aus dem Beispiel wird schnell ersichtlich, wie wichtig für die jugendlichen Burschen Zuordnungen zu, und Status in unterschiedlichen Gruppen sind. Diese geben Sicherheit und damit auch Informationen über die eigene Identität. Die Erfahrung, dass einmal zu den „uncoolen" zu gehören, nicht heißt, immer dableiben zu müssen, ist für diese Burschen, für das Erleben ihres Status enorm bedeutend. Sie erfahren dadurch, dass es immer auf das *Kriterium* der Wahl ankommt. Durch die Unterscheidungen der Differenzen entsteht benannte und sichtbare Konkurrenz. Wenn die Jugendlichen es schaffen diese Konkurrenz anzunehmen, indem sie sich zuordnen, sind sie kooperativ und können in der Gruppe im Allgemeinen bestehen. Diese Burschen sind aufgrund ihrer Gewaltbereitschaft, oder anderer sozialer Anpassungsschwierigkeiten in der Gruppe. Das heißt, sie fallen im täglichen Leben im sozialen Handeln auf. Für die meisten gibt es nur zwei wichtige Kriterien der Zuordnung, nämlich *gewinnen* und *verlieren*. Also stellen sich im täglichen Leben dieser Burschen vorerst nur die Wahlmöglichkeiten zwischen „bin ich stärker als mein Konkurrent oder schwächer, oder wenn ich nicht Täter bin, bin ich Opfer und das geht gar nicht". Durch die unterschiedlichen Differenzen sollen die Burschen neue Perspektiven entwickeln können, um auf mehreren Ebenen in Konkurrenz treten zu können. Dadurch haben sie mehr Wahlmöglichkeiten und sind somit nicht nur Gewinner oder Verlierer. Sie können der Coolste, Lästigste, Gescheiteste, Stärkste ... sein. Sie lernen unterschiedliche Kriterien der Zuordnung kennen. Das ermöglicht ihnen wiederum wählen zu lernen, wo sie überhaupt konkurrieren können. „Die Entwicklung eines Individuums oder einer Gemeinschaft ist abhängig von dem Ausmaß der Erfahrung, selber wählen zu können und somit Einfluss zu haben auf die aktive Gestaltung von Beziehungskonstellationen." (Schwehm 2008, S. 322) Eine bewusste Wahl zu treffen heißt allerdings auch, das Risiko einzugehen, einmal nicht zu einer bestimmten Gruppe zu gehören. Davor haben viele Jugendliche Angst. Gerade in einer psychotherapeutischen Psychodramagruppe, in der sich Kinder und Jugendliche mit unterschiedlichen Problemfeldern finden, für die sie Lösungsmöglichkeiten erarbeiten wollen, ist die Erweiterung des individuellen Handlungsspielraumes in Bezug zu den anderen Gleichaltrigen von enormer Bedeutung. So schreibt Schwehm weiter: „Mit der Erfahrung, selber aktiv handeln und wählen zu können, nicht mehr ohnmächtig einer Soziodynamik ausgeliefert zu sein, gewinnen Subjekte immer mehr Freiheitsgrade für das eigene Handeln und können sich so quasi selbst „ermächtigen" (a. a. O., S. 323). Durch das Sichtbar machen der Differenzen, können Ängste benannt und auch bearbeitet werden.

Im Wesentlichen gibt es keine „richtigen" beziehungsweise „falschen" Kriterien die gefragt werden können. Die jeweiligen Zuordnungen richten sich allerdings immer nach der Phase in der sich die Gruppe gerade befindet, welche Themen, beziehungsweise welches Gruppenthema derzeit aktuell ist. Bei der Auswahl ist es von Vorteil, wenn darauf geachtet wird, dass die Jugendlichen die Erfahrung machen können je nach Kriterium einer unterschiedlichen Subgruppe anzugehören.

Sinnvoll ist es auch die Interessen und Fragestellungen der Jugendlichen mit einzubeziehen. Oft liegt das Hauptinteresse der Burschen darin Hierarchien untereinander sichtbar zu machen. Dazu eignen sich Rangreihen. Auch hier ist darauf zu achten, dass jedeR TeilnehmerIn sich an unterschiedlichen Positionen der Rangordnung wiederfinden kann.

Wir fragen die Burschen, was sie noch voneinander wissen wollen. Sofort stellt sich die Frage, wer wohl hier der Stärkste ist? Also fordern wir sie auf eine Rangreihe zu bilden. „Meinst du mental oder körperlich?", fragt Eugen, ein sehr ungeschickter, gescheiter Junge. „Bitte was heißt mental, es geht um Kraft! – Muskeln verstehst du?" erwidert Otto und zeigt zur Demonstration seine Muskeln. Gemeinsam klären wir den Unterschied und stellen uns einmal nach der körperlichen Stärke und danach nach der geistigen Stärke in einer Rangreihe auf. Der gewaltbereite Otto ist sehr beruhigt bei der körperlichen Stärke den ersten Platz bekommen zu haben, bei der geistigen Stärke hatte er den letzten Platz

„Das macht mir gar nichts, wenn ich hier der letzte bin, Hauptsache ich war zuerst der erste."

Die Frage nach dem „Stärksten" in der Gruppe läuft als Hintergrundfolie zu Beginn einer Burschengruppe mit gewaltbereiten Jugendlichen immer mit. Da sie selbst bei Unsicherheiten in die aktive Aggression kippen, ist für diese Burschen der beste Schutz das Wissen um die eigene Stärke und das Einschätzen der Stärke des anderen. Wird also der Frage nach dem Stärksten keine Aufmerksamkeit geschenkt, sondern zum soziodramatischen Spiel übergegangen, so bestimmt dieses Kriterium die Tiefenstruktur der Gruppe und nimmt damit großen Einfluss auf die Dynamik. „Das heißt: In der Oberflächenstruktur könnten wir zum soziodramatischen Spiel übergehen, aber in der Tiefenstruktur würde diese Frage weiterhin zwischen den beiden und der Gruppe stehen und würde bestenfalls über die Rollenwahl, eher aber über störende Interaktionen wie raufen oder stoßen ausverhandelt werden" (Biegler-Vitek 2011, S. 270).

Nicht zuletzt setzen die Autorinnen die soziometrische Differenzenübung auch dafür ein, um Themenbereiche der Jugendlichen zu eröffnen und Gefühle ansprechbar werden zu lassen.

Anschließend an die Rangreihen nannten wir folgende Kriterien: Wer lebt mit beiden Elternteilen, mit der Mutter, mit dem Vater, mit der Oma, in der Wohngemeinschaft, zusammen. Während bei der Oma ein Bursche, bei Wohngemeinschaft, sowie bei beiden Eltern ebenfalls jeweils einer stand, fanden sich in der Gruppe derer, die mit der Mutter leben, sieben Burschen. Von diesen sieben Burschen haben sechs aus den unterschiedlichsten Gründen keinen Kontakt mit dem Vater. Das Erleben, damit nicht alleine zu sein, ermöglicht diesen Jungen immer wieder Kränkungen anzusprechen und nicht gleich in die Wut zu gehen. „Eigentlich finde ich das schon ziemlich schlimm, dass mein Vater kein Interesse an mir hat" oder: „Ich will meinen Vater sehen, aber meine Mutter verhindert das". Stefan hingegen lebt in einer Wohngemeinschaft und erzählt über seine Verzweiflung nicht bei seinen Eltern leben zu können. Da sagt Otto aus seiner Position in der „Vaterlosen" Gruppe: „Na, sind ja nur mehr drei Jahre, die du durchhalten musst, schau, ich sehe meinen Vater gar nicht mehr". Es war tröstend gemeint, aber Stefan kann sich gerade nicht einmal vorstellen auch nur einen Tag länger dort zu bleiben. Da baten die Therapeutinnen Otto mit Stefan Platz zu tauschen, um die jeweils andere Position zu spüren. Der Rollenwechsel ermöglichte Otto folgende Aussage: „Wirklich blöd da so alleine zu sitzen!" Dieses ‚Rollenfeedback' tat Stefan sehr gut.

Diese und andere Themenbereiche finden in der Jahresgruppe ihren Platz. Wie zuvor schon erwähnt, macht eine soziometrische Übung in einer psychotherapeutischen Gruppe nur Sinn, wenn sie auch nachbearbeitet werden kann. Gerade Burschen zeigen selten ihre tatsächlichen Gefühle. Natürlich ist dann auch das Erkennen und Benennen dieser Gefühle, sowie danach zu Handeln oftmals unmöglich. Durch die Zuordnungen und die Erfahrung, damit nicht allein zu sein, wird ein Sicherheitscontainer geschaffen und es wird möglich ungeliebte Gefühle, wie gekränkt, traurig, ängstlich zu sein, ansprechbar.

So sehr sich diese Differenzenübungen dazu eignen Gefühle wie Kränkungen, Wut und Verzweiflung sichtbar und in weiterer Folge auch ansprechbar zu machen, so vorsichtig ist damit umzugehen. Der Schutz des Einzelnen, sowie der Gruppe muss im Vordergrund stehen. Traumatisierende, beziehungsweise spezielle Ereignisse wie zum Beispiel die Frage wessen Vater/Mutter im Gefängnis sitzt, oder sich umgebracht hat, eignen sich nicht als Zuordnungskriterien.

3 Aktionssoziometrie

Burschen leben Konkurrenz oft über körperliche Stärke, Mädchen hingegen versuchen sich meist darin zu übertrumpfen wer die Sozialste ist, wer am besten zuhören kann, wer sich am besten anpasst, wer mehr nachgibt. So kommt es oft zu „ungewöhnlichen" Ansichten.

In einer Stunde wurde als Vorbereitung ein Papier (ca. 2 × 3 m) auf den Boden aufgeklebt. Dann gaben wir den sechs 13–15 Jahre alten Mädchen die Instruktion sich jeweils eine Partnerin zu suchen, um die Körperumrisse der jeweilig anderen auf das gemeinsame Papier zu bringen. Die erste Runde war noch einfach. Da war genug Platz für drei Körper. In der zweiten Runde machte sich erst Ratlosigkeit breit, sie fragten uns und sich, wie sie denn die anderen noch unterbringen sollten. Sie fanden schließlich die Lösung, manche Körperteile sich überkreuzen zu lassen. Beim Ausmalen mussten sie sich wiederum ausmachen, welcher Teil nun angemalt wird und welcher quasi in den Hintergrund tritt. Michi und Susi fragten bei jedem Teil nach: „Darf ich den Teil anmalen oder willst du?" Valentina malte einfach drauf los. Helga und Bibiane hielten sich sehr zurück und malten nur, was übrig blieb aus. Zenia wollte gar nicht malen und klinkte sich aus. Entgegen unserer Erwartung hatten sie versucht sich in Reih und Glied nebeneinander zu malen. In der Nachbesprechung zeigte sich, dass das Bild wie ein lebendiges Bild eines Soziogramms war. Bibiane stand am Rand nur mit einer Hand überkreuzt an der Gruppe dran. Susi strahlte neben ihr in bunten Farben. Zenia am anderen Rand verschwand beinahe, da nur ihr Umriss und der überdeckt von Valentina einfarbiger vollständiger Figur, kaum noch zu sehen war. Michi hatte ähnlich bunt wie Susi gemeinsam mit dieser, Helga, die in der Mitte des Blattes platziert war, völlig in den Hintergrund gedrängt. Auf die Frage, wie das geschehen sei, antwortete Michi: „Wir haben ja gefragt, aber es hat keiner Antwort gegeben, also haben wir gemalt."

Durch diese Stunde waren die verschiedenen Positionen – in der Mitte, aber im Hintergrund; am Rand, nur noch über eine Hand verbunden; ganz verschwindend oder lebendig im Vordergrund – sichtbar, betrachtbar und damit auch besprechbar geworden. Es handelt sich dabei quasi um ein implizites, visualisiertes gemeinsames Soziogramm der Gruppe.

In dieser Gruppe mit überwiegend sozialängstlichen Mädchen wird ein weiteres Konkurrenzthema über das „perfekte Ziel" keine Fehler zu machen, keine Ablehnung zu erleben, gelebt. Laut Michael Schacht verfolgen „Menschen mit Angststörungen meist *perfekte* Ziele, die entweder auf autonome Stärke und Vermeidung von Schwäche oder aber auf Sicherheit, Schutz bzw. Vermeidung von Wagnis gerichtet sind." (Schacht 2009, S. 339) Konkurriert wird darum, wer am besten auf alle anderen aufpasst, wer die Sozialste ist. In einer Stunde, in der zweiten Hälfte des Jahres, ließen wir die inzwischen sieben Mädchen der Gruppe ein Gruppensoziogramm aufstellen.

Nach einem Warm-up über Bewegung und Kontaktaufnahme im Raum, erklärten wir den nun stehenden Mädchen, sie sollten sich auf ein Signal hin einen Platz suchen. Durch diesen sollen sie den Mädchen, die sie sympathisch finden und interessieren möglichst nahe sein. Sie sollten darauf achten den Platz zu finden, der genau für sie passt. Die Mädchen kamen schnell zum Stillstand. Zwei hatten sich jeweils eine zweite geschnappt und sich neben sie gestellt. Zwei waren stehen geblieben. Eine hatte sich von allen weggestellt. In der Position befragt, wieso und wie sie diese gewählt hätten, sagte Bibiane, die stehen geblieben war: „Das ist schwierig, ich weiß nicht, wo ich hindarf." Diejenigen, welche zu zweit zusammen standen, waren sehr zufrieden, auch die, die da-

Abbildung 1 Grafische Darstellung des Gruppensoziogramms und der nachfolgenden Veränderung

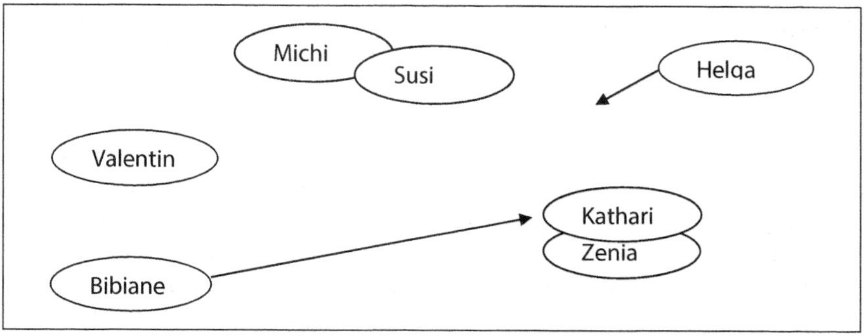

> durch gewählt worden waren, wie Michi von Susi. Sie meinten: „Das ist fein, da muss ich mich nicht entscheiden, ich mag zwar Valentina auch, aber so habe ich schon einen Platz." Helga, die sich weggestellt hatte, formulierte zwei Dinge „Wenn ich zu wem hingehe, weiß ich ja nicht, ob die das auch will", und: „Wenn ich mich für eine entscheide, dann könnten ja die anderen beleidigt sein." Diese beiden Aspekte bewegten, wie sich in der Nachbesprechung zeigte, alle anwesenden Mädchen.

Ein Gruppensoziogramm erfordert immer, aber insbesondere bei sozialängstlichen Jugendlichen unbedingt ein Warm-up um die Gruppe füreinander anzuwärmen und sie in eine Spontaneitätslage zu bringen. Das ist besonders wichtig, da es sich bei einem Gruppensoziogramm um eine Momentaufnahme handelt. Ohne das Warm-up riskiert die Leitung, dass die Jugendlichen sich nicht klar positionieren. Weiter ist darauf zu achten, dass die Jugendlichen die Erfahrung machen können, dass sich durch die Nacharbeit die Momentaufnahme verändern kann. Somit können sie ihre Wirkkraft, die Fähigkeit ihre eigene Position zumindest in dieser geschützten Gruppe unter Gleichaltrigen zu verändern, erleben. Es mag bei den Mädchen, mit ihren verschiedenen Problemen unterschiedliche Hintergründe geben, warum sie in diese Not kommen, die sie zum Erstarren oder gar zur Abwendung von der Gruppe bringen. Die einen kennen es aus ihrem unmittelbaren realen sozialen Atom, dass sie sich zu Entscheidungen gedrängt sehen, bei denen es im Hintergrund auch darum geht, sich zwischen zwei ihnen nahe stehenden Personen zu entscheiden. Jede Entscheidung beinhaltet jedoch die Kränkung zumindest einer dieser Personen. Andere sind in der Ambivalenz zwischen Autonomiebestrebungen und Abhängigkeit gefangen. Wieder andere haben zu früh erfahren, wie es ist, verlassen oder abgelehnt zu werden und versuchen um jeden Preis, diesen Schmerz nicht wieder zu erleben. Dies bestimmt die Tiefenstruktur der Gruppe und drückt sich in ihrem Handeln in Gruppen aus. Ist die Lage durch die soziometrische Arbeit sichtbar und besprechbar geworden, ist nun ein zweiter Schritt notwendig. Neues kann – zumindest in diesem geschützten Rahmen – erprobt werden.

> Die Mädchen, die stehen geblieben waren, wurden von uns nun – immer noch in Position stehend – gefragt, zu wem sie sich denn hingestellt hätten, wenn sie sich getraut hätten. Nun ging es daran, dies auch umzusetzen. Bibiane war mutig und stellte sich mit Katharinas Einverständnis zu ihr. Helga wagte sich nur einen Schritt in Richtung Katharina und Valentina. Helga befragt, was nun besser sei, meinte sie: „Jetzt können sie mich zumindest sehen und ich sehe sie."

Die Mädchen hatten erlebt, dass sie selbst mitbestimmen können, wo und wie ihre Position in der Gruppe ist. Sie hatten etwas gewagt und Positives erlebt, entgegen der erwarteten oder befürchteten Ablehnung bekamen sie Respekt, Zuwendung und erlebten ein Gefühl der Gemeinsamkeit. Ihnen wurde bewusst, dass es manchmal einfacher ist zu zweit oder zu dritt einen Schritt zu wagen und erlebten eine Stärkung durch das Gegenüber und Miteinander. Wenn auch nicht ein Erleben des „WIR" als Gruppe möglich war, so wurde aber das „DU" positiv erlebt und diese Erfahrung gestärkt. Im realen sozialen Atom ist die Mitbestimmung und eigenständige Positionierung bei (vor)pubertären Mädchen noch wenig möglich. Die Abhängigkeit vom engeren Bezugssystem ist noch zu groß. Dennoch besteht auch hier eine gute Möglichkeit über perzeptuelle Soziometrie, mittels des Sozialen Atoms der einzelnen Mädchen, ihre Wahrnehmung sichtbarzumachen, in der Gruppe zu besprechen und die Umsetzung von Veränderungswünschen zumindest anzubahnen und in begleitenden Elterngesprächen zu unterstützen. „Moreno geht ursprünglich davon aus, dass die Menschen, deren Beziehungen mit Hilfe von soziometrischen Methoden dargestellt werden, alle anwesend sind. *Soziometrie dient in Gruppen zur wechselseitigen Offenlegung*". (Pruckner 2004, S. 178)

> Jedes Mädchen bekam einen A3 Bogen, verschiedenste Smiley-Aufkleber und Stifte. Sie sollten nun für sich auf dem Papier einen Platz suchen und diesen markieren. Für alle bedeutsamen Menschen in ihrem sozialen Alltag klebten sie dann einen Smiley in der Nähe oder Distanz, in der sie diese in diesem Moment erlebten. Jedes fertige soziale Atom wurde den anderen Gruppenmitgliedern vorgestellt. Die Wahrnehmung jedes einzelnen Mädchens wurde für alle sichtbar und es konnte nachgefragt werden. So hatte Susi zum Beispiel die Gruppe recht nahe zu sich in ihr soziales Atom platziert, worauf die anderen durchaus

erfreut reagierten und Katharina meinte: „Ach ja, das hab ich ganz vergessen." Michi hatte neben einzelnen Gruppenmitgliedern auch Zenia, welche die Gruppe vorzeitig beendet hatte, als Freundin recht nahe, aber mit einem traurigen Gesicht platziert. Darauf gab es Nachfragen: „Triffst du sie noch? Bist du traurig, dass sie weg ist?" und Kommentare: „Mir ist das egal, das sie weg ist!" oder: „Ich find es schon schade, ich hätte sie gerne noch hier!" Die Veränderungswünsche, die zusätzlich erfragt wurden, betrafen vor allem Freundinnen, die näher sein sollten, oder wie bei Valentina eine Schwester, die sie weiter weg wünschte, damit sie mehr Raum in der Familie bekäme, oder bei Michi den Vater, der die Familie verlassen hatte und den sie sich wieder näher wünschte.

Wie beschrieben ist nicht jeder Veränderungswunsch umsetzbar. Aber schon der Mut diese Wünsche zu äußern und mit diesen Wünschen gesehen und akzeptiert zu werden bewirkt eine verstärkte Wahrnehmung, wo Veränderung durch Wählen und Handeln möglich ist und wo nicht.

4 Ein soziometrisches Projekt

Die Arbeit mit Mädchen im Alter der (Vor)Pubertät unterscheidet sich stark von der Arbeit mit Burschen. In ihrem gelebten Alltag sind Jugendliche jedoch immer wieder mit gemischtgeschlechtlichen Gruppen konfrontiert. Da es eine herausfordernde Aufgabe dieses Lebensalter ist, diese Gruppen auch zu suchen und sich mit dem Gegengeschlecht und der eigenen Identität auseinander zu setzten, starteten die Autorinnen ein neuartiges Projekt.

Drei Gruppen, die gewaltbereiten Burschen, eine Gruppe von jugendlichen Mädchen zwischen 14 und 16 Jahren und die Gruppe der überwiegend sozialängstlichen Mädchen trafen sich ca. einmal im Monat zu einer gemeinsamen Großgruppe.

Zum Zeitpunkt des Projektbeginns waren die Burschen mit dem Thema Konkurrenz beschäftigt. Wer ist wohl neben den beiden LeiterInnen der beste Co-Therapeut? Also, die Frage war, wer wohl der Ranghöchste in dieser Gruppe ist? In der letzten Burschengruppe, die vor der gemeinsamen Großgruppe stattfand, waren sie noch damit beschäftigt, sich zu überlegen, wer bitte nicht kommen soll, um die Begegnungen mit den Mädchen nicht zu zerstören.

Die jugendlichen Mädchen wirkten weniger nervös, waren neugierig und dennoch unsicher.

Für die 13–15 jährigen, überwiegend sozialängstlichen Mädchen, war dieses Projekt eine große Herausforderung. Durch das vorangegangene Gruppensoziogramm hatten sie erlebt, dass es manchmal einfacher ist, zu zweit oder zu dritt einen Schritt zu wagen. Dies setzten sie nun um, indem sie sich vor der Großgruppe verabredeten und sich so getrauten in die Gruppe zu gehen.

> 22 Burschen und Mädchen kamen und wir starteten ein für uns alle interessantes Projekt. Bei einem dieser Treffen begannen wir mit einer soziometrischen Differenzenübung. Diese wurde zwar von allen mitgemacht, im Anschluss allerdings heftig kritisiert und entwertet. Die von uns gestellten Kriterien waren nicht den Themen der Jugendlichen entsprechend. In ihrer Opposition gegen die Leitung waren sie sich einig und bildeten so eine Gemeinschaft. Dadurch gab es klare Zuordnungen, die anfängliche Unsicherheit war wie verflogen.

Dies konnten sowohl die Burschen als auch die Mädchen in den nachfolgenden Besprechungen gut reflektieren. Obwohl aus Sicht der Jugendlichen die Kriterien falsch gewählt waren, hatte der Einsatz einer soziometrischen Übung die Tiefenstruktur der Großgruppe beinahe blitzartig verändert.

5 Gelebte Soziometrie und die Bedeutung der Soziometrie in Bezug auf das Lebensalter der Kinder/Jugendlichen in der Psychotherapeutischen Gruppe

Das gezielte soziometrische Arbeiten gewinnt in der Jugendgruppe, wie zuvor beschrieben, mit zunehmendem Alter immer mehr an Bedeutung. Dagegen wird in Gruppen mit Kindern im Kindergarten- und Volksschulalter die Soziometrie weitgehend über die Rollenwahl und die Wahl, wer mit wem in einem Haus wohnt, eingesetzt und angewandt.

Im Vorschul- beziehungsweise Volksschulalter starten wir die Gruppen ebenfalls mit einer Differenzenübung zum Kennenlernen und um Gruppenthemen zu eröffnen. Eine gute Möglichkeit soziometrischer Übung finden wir in herkömmlichen strukturierten Spielen wie zum Beispiel: „ König, wie weit darf ich gehen?", oder „Alle Kinder, die auch rote Socken anhaben tauschen Platz".

Das von Monika Wicher (2007) in ihrer Masterthese „Erlebnis Gruppe" beschriebene Gruppenkonzept, in dem sie großen Wert auf die Dreiteilung des Raumes legt und die Grenzen dieser Räume auch deutlich kennzeichnet, ermöglicht ebenfalls ein soziometrisches Arbeiten mit jüngeren Kindern. Die klaren Abgrenzungen und die Schutzhäuser erfordern immer wieder aufs Neue die gewünschten SpielpartnerInnen zu wählen und Nähe und Distanz zu regulieren. Die Kinder sind herausgefordert, bewusst Wahlen zu treffen. Im anschließenden Spiel werden diese überprüft, reflektiert und möglicherweise verändert. Dadurch erleben die Kinder, dass das Benennen der Wahl eines Spielpartners per se nicht kränkend sein muss. Im Gegenteil erfahren sie, dass der andere die Möglichkeit hat, etwas für sich durch Handeln zu verändern, da die Tiefenstruktur in der Oberflächenstruktur sichtbar werden kann. Kränkung geschieht, wenn jemand zum Beispiel ausgeschlossen wird und nicht weiß warum.

Eine andere Möglichkeit soziometrischen Arbeitens mit Kindern im Volksschulalter ist das Sichtbarmachen der gegenseitigen Wahrnehmung, sowie die Beziehungen zu den unterschiedlichen Kindern in der Gruppe durch ein Soziogramm.

Soziogramm der Gruppe

In der Gruppe der Volksschulkinder laden wir die Kinder in der vorletzten Gruppenstunde ein, sich jeweils ein Kind zu wählen. Anschließend sollen sie sich überlegen, was sie mit diesem Kind in diesem Jahr in der Gruppe gespielt und wie sie dieses in der Gruppe erlebt haben. Danach bieten wir den Kindern alle Handpuppen an und fordern sie auf sich zu überlegen, welche Handpuppe das von ihnen gewählte Kind wäre. Oliver hat Rudi gewählt und sucht für ihn eine Schnecke aus. Auf die Frage wieso er diese gewählt hat, sagt er: „Der Rudi ist öfter aus seinem Haus herausgekommen und hat mit mir gespielt. Und manchmal hab ich mich mit ihm in seinem Haus verstecken dürfen." In der Mitte des Kinderkreises wurde ein Bereich mit Klebestreifen markiert. In diesem Bereich legt Oliver die Schnecke auf den Platz, wo er Rudi in der Gruppe erlebt hat. Rudi darf daraufhin überlegen, ob der Platz für ihn passt und ihn gegebenenfalls verändern. Nacheinander darf nun jedes Kind die Wahl der Handpuppe beschreiben und einen Platz für sie aussuchen, der dann wiederum vom anderen Kind korrigiert werden kann. Auch für die Erwachsenen als Hilfs-Ich werden Handpuppen ausgesucht und entsprechend platziert. „Regina ist die Eule, sie sieht alles und kann uns wohin fliegen, wenn wir Hilfe brauchen. Sie liegt zwischen mir und Rudi und berührt jeden von uns mit einem Flügel, so sind wir miteinander verbunden."

Bei dieser Übung verwenden die Therapeutinnen Intermediärobjekte, nicht nur um den Platz in der Gruppe sichtbar zu machen, sondern auch um die Person mittels Symbol zu beschreiben. So wird den Kindern ein annehmbares Feedback ermöglicht. Kinder dieses Alters symbolisieren mit Vorliebe. Das Feedback wirkt somit über das Symbol verstärkend, da Kinder noch nicht im gleichen Maße wie

Erwachsene zu einer differenzierten Rückmeldung fähig sind. Pruckner schreibt über diese soziometrische Übung: „Soziogramme oder andere Visualisierungsformen können auch mit Hilfe von Intermediärobjekten gestaltet werden [...] Die Methodenkombination ist gerade bei soziometrischen Übungen oft hilfreich, sonst zu ängstigende Themen können sichtbar gemacht werden, weiters ist bei dieser Arbeitsform ein guter Überblick gegeben." (Pruckner 2004, S. 185)

6 Soziometrische Aufstellung in der Einzelarbeit mit Jugendlichen

Schon mit Vorschulkindern kann ein einfaches soziales Atom erstellt werden. Moreno forderte bei seinen soziometrischen Untersuchungen die Kindergartenkinder auf jeweils ihre FreundInnen an der Hand zu nehmen und ins Nebenzimmer zu gehen. In der Einzeltherapie stellen sich bei der Anfertigung eines sozialen Atoms eines so jungen Kindes die Fragen „Mit wem spielst du oft? Wo, mit wem streitest du manchmal? Mit wem verbringst du viel Zeit...?" Je jünger die Kinder sind, desto größer ist die Relevanz der Eltern im sozialen Atom. Jugendliche beschäftigen sich in ihren unterschiedlichen Gruppen immer wieder mit Rangdynamiken, Dreiecken und anderen Beziehungsstrukturen. Die dadurch entstehenden Konflikte bringen sie dann in die Einzeltherapie. Diese können mittels Aufstellung soziometrisch beleuchtet und bearbeitet werden. „Mit Aufstellungen kann in kurzer Zeit und mit wenig Aufwand eine präzise Bestandaufnahme der emotionalen Beziehungen, der Hierarchie und der Struktur einer Gruppe gemacht werden" (Schaller 2005, S. 80).

Ob nun mit symbolarmen Materialien wie Knöpfen, Muscheln und ähnlichem, oder mit symbolreichen Materialien wie Spielzeugtieren, Playmobilfiguren und ähnlichem gearbeitet wird, hängt von Alter und Struktur der KlientIn ab. Während junge Kinder noch nicht so gut direkt symbolisieren können, ist für Ju-

gendliche die Arbeit am Familienbrett durchaus hilfreich. Bei jüngeren Kindern hingegen empfiehlt es sich daher eher Handpuppen oder Holztiere zu verwenden. „Ältere Jugendliche erstellen bereits sehr komplexe soziometrische Bilder. Die Darstellungen regen sie zum eigenen Prozess der (wechselseitigen) Perspektivenübernahme, zur Ausdifferenzierung der eigenen Position an." (Biegler-Vitek et al. 2004, S. 319).

Literatur

Biegler-Vitek, G.(2011). „Wer ist in unserer Gruppe wohl der Stärkste, die Schönste, der Mutigste, ...". Gruppendynamik und Soziometrie in psychodramatischen Psychotherapiegruppen für Kinder und Jugendliche. *Zeitschrift für Psychodrama und Soziometrie* 10 (2), 267–276.

Biegler-Vitek, G., Riepl, R. u. Sageder T. (2004). Psychodrama mit Kindern und Jugendlichen. In: J. Fürst, K. Ottomeyer u. H. Pruckner. (Hrsg.), *Psychodramatherapie. Ein Handbuch* (S. 306–325), Wien: Facultas.

Pruckner, H. (2004). Soziometrie – Eine Zusammenschau von Grundlagen, Weiterentwicklungen und Methodik. In: J. Fürst, K. Ottomeyer u. H. Pruckner. (Hrsg.), *Psychodramatherapie. Ein Handbuch* (S. 161–192), Wien: Facultas.

Schacht, M. (2009). *Das Ziel ist im Weg.* Störungsverständnis und Therapieprozess im Psychodrama. Wiesbaden: VS Verlag für Sozialwissenschaften.

Schaller, R. (2005). *„Wege, an sie ranzukommen" Selbstmanagement-und Psychodrama-Training mit gewaltbereiten Kindern und Jugendlichen.* Weinheim: Juventa.

Schwehm, H. (2008). Soziometrie – Die Methode der Wahl. In: S. Gunkel (Hrsg.). *Psychodrama und Soziometrie,* (S. 321–333), Wiesbaden: Springer VS

Wicher, M. (2007). *Erlebnis Gruppe. Psychodramagruppen für traumatisierte Kinder und Jugendliche im stationären Setting – unter besonderer Berücksichtigung von Bühnenaufbau, Nachnähren und Einsatz der Techniken Hilfs-Ich und Intermediär- bzw. Intraintermediärobjekte.* Master of Science, Krems: Donau-Universität Krems.

Biegler-Vitek, Gabriele, (Lehr-)Psychotherapeutin und (Lehr-)Supervisorin der Fachsektion Psychodrama im ÖAGG, freie Praxis, Leiterin des Weiterbildungslehrganges für Kinder- und Jugendlichenpsychotherapie, Schwerpunkt: Arbeit mit Gruppen, mutistischen und sozialängstlichen Kindern und Jugendlichen, sowie mit Kindern-und Jugendlichen mit Gewalterfahrungen.

Untere Viaduktgasse 57/5
1030 Wien, Österreich
E-Mail: g.biegler-vitek@aon.at

Schorn, Barbara, Psychotherapeutin in Ausbildung unter Supervision (Fachsektion Psychodrama im ÖAGG), Ergotherapeutin: Angestellt in der Kinder- und Jugendpsychiatrie des AKH-Wien, freie Praxis; Schwerpunkte: Arbeit mit Gruppen, sozialängstlichen und mutistischen Kindern und Jugendlichen; Kinder, Jugendliche und Erwachsene in Krisen.

Untere Viaduktgasse 57/5
1030 Wien, Österreich
E-Mail: praxis-barbaraschorn@aon.at

Soziometrie in der Akutintervention

Hildegard Pruckner

Wann immer ich über meine Arbeit in der Akutintervention nachdenke, bin ich davon überzeugt, dass mir dabei meine soziometrische Grundhaltung und mein soziometrisches Wissen am meisten helfen. Im folgenden Beitrag werde ich diese Ansicht theoretisch und an Hand von ausführlichen Fallbeispielen erläutern. Ich werde auf andere Teilbereiche meines psychodramatischen Denk- und Handlungsgebäudes nur kursorisch verweisen, ebenso in den Fallbeispielen aus meiner Arbeit in der Akuthilfe nur die Teile schildern, die sich mit Soziometrie verbinden lassen.

Definitionen und Grundsätzliches

Unter einem Notfall, der eine Akutintervention[1] nötig macht, verstehe ich „ein plötzlich auftretendes Ereignis oder eine Situation, die das Funktionieren eines Systems (körperlich, psychisch, familiär, sozial, ökologisch, technologisch etc.) akut gefährdet. Die normalen Abläufe sind stark eingeschränkt oder überhaupt unterbrochen“ (Hausmann 2003, S. 18).

Meine bisherigen Erfahrungen in diesem Bereich sind drei Orten kombiniert mit unterschiedlichen sozialen Rollen zuzuordnen: erstens als Psychotherapeutin oder Supervisorin, meist in meiner Praxis oder im klinischen Setting, zweitens als Mitglied eines Teams am jeweiligen Einsatzort. Hier muss man zwischen Ein-

---

1 Ich verwende den Begriff Akutintervention. In der Literatur und in Helfersystemen werden die Begriffe Notfallversorgung oder Krisenintervention oft synonym verwendet. Letzteres führt leicht zu Verwechslungen, da dieser Begriff auch für Interventionen in schwierigen Phasen einer Langzeittherapie verwendet wird. Helferorganisationen in Österreich verwenden je nach Region und Organisation den Begriff Akutteam oder Kriseninterventionsteam.

sätzen bei Einzelereignissen und Großschadenseinsätzen unterscheiden. Drittens kann ich auch als Privatperson, die zufällig vor Ort ist, mit meinen Fähigkeiten aus der Akutintervention helfen (müssen).

Den Begriff Soziometrie definiere ich sehr grundsätzlich. Ich verknüpfe ihn eng mit dem Begriff der Szene und beziehe mich auf Christoph Hutter und Helmut Schwehm, wenn sie u.a. fragen: „Was genau sehen Psychodramatikerinnen und Psychodramatiker vorrangig, wenn sie eine Szene wahrnehmen? Worauf legen sie ihr Augenmerk primär, selbstverständlich und mit spezifischer Kompetenz?" (Hutter und Schwehm 2009, S. 26). Soziometrie wird im Anschluss daran von den beiden Autoren als eine der drei Strukturtheorien genannt, die szenisches Verstehen ermöglichen. Bei den in ihrem Buch im Folgenden ausgeführten inhaltlichen Dimensionen der Szene taucht die Soziometrie wiederum auf. In diesem Zusammenhang geht es nicht mehr um Mechanismen und Strukturen, die den Menschen in das soziale Gefüge der Szene einbinden, sondern um die erlebten Beziehungen der ProtagonistInnen, es lässt sich keine beziehungslose Szene vorstellen (Hutter und Schwehm 2009, S. 26 ff). Diese Definition von Soziometrie als grundlegendes Element szenischen Denkens und Handelns ist eine andere als die oftmalige Reduktion von Soziometrie auf spezielle Techniken zur Erforschung der Dynamik einer Gruppe. Technikorientiertheit ist in der Akutintervention nicht oder höchst selten möglich.

Ich werde mich neben der oben ausgeführten Verbindung von szenischem Denken und Soziometrie bei den Fallbeispielen immer wieder auf das Soziale Atom beziehen. Auch hier sind nicht die Techniken vorrangig, sondern die dazu gehörige Theorie. In der Akutintervention baue ich oft nur für mich gedanklich rund um den Menschen mit dem ich arbeite, sein oder ihr Soziales Atom auf. Wenn ich Zeit finde, zeichne ich es rasch. Dieses perzeptuelle Bild ergänze ich laufend, wenn ich zum Beispiel von jemandem erfahre, der hilfreich sein könnte. Der Focus liegt auf der Ressourcenorientierung. Der zweite Kreis der nicht vollzogenen Beziehungen ist für die Personen reserviert, von denen meine Probanden sich Hilfe erwarten, dies ist aber nach meiner Einschätzung unrealistisch. Die Wichtigkeit der Wahlverwandten und die Selbstverständlichkeit, mit der ich sie einbaue, zeigen mein tiefes Vertrauen in die psychodramatisch-soziometrische Philosophie. Typisch für die Arbeit im Akutbereich ist der oftmalige Wechsel zwischen dem Bild des Sozialen Atoms und der Arbeit mit Menschen daraus, also mit dem realen sozialen Atom. Wenn ich mit diesen auf der Sozialen Bühne[2] arbeite, benötige ich Rollenflexibilität. Meist kann ich die Umgestaltung meines Rollenreper-

2 Ich habe für die Arbeit mit traumatisierten Kindern mein Dreibühnenmodell entwickelt und publiziert. Ich spreche hier von der Arbeit auf der Begegnungsbühne, der Spiel-Aktionsbühne und der Sozialen Bühne. Ich verwende es und die dafür nötigen Vorgangsweisen in der

toires mit niemandem vorbesprechen. Dies ist ein wesentlicher Unterschied zu der in anderen Formaten üblichen Vorgangsweise. Wenn ich z. B. ein Elterngespräch im Rahmen einer Kindertherapie führe, bespreche ich das mit dem Kind vor und nach. Im Akutsetting muss ich oft sehr rasch alleine entscheiden, welches Rollenrepertoire angebracht ist – und welches sicherlich nicht.

Dies gilt auch für die Arbeit mit und in psychosozialen Netzwerken. Franz Stimmer bezeichnet Moreno wegen seiner soziometrischen Arbeiten als den „Begründer der sozialen Netzwerkanalyse" und meint dazu ausführend: „Dadurch wurde im Grunde ein neues sozialwissenschaftliches Paradigma eingeführt, das zugleich die wissenschaftstheoretische Basis der Sozialen Netzwerkarbeit bildet, nämlich nach den Tiefenstrukturen von sozialen Netzwerken zu suchen und sich nicht mit der Beschreibung und Erklärung von Oberflächenstrukturen zufrieden zu geben" (Stimmer 2000, S. 70 f.). Dieser Grundsatz ist sehr hilfreich. Ich habe mir angewöhnt, hier meist ebenfalls zunächst gedanklich ein Überblickssoziogramm zu zeichnen. Es ist natürlich perzeptuell, ausschließlich meine Wahrnehmung, es hilft mir aber sehr, um soziometrische Positionen von Opfern und den sie umgebenden HelferInnen zuordnen zu können. Auch meine eigene soziometrische Position reflektiere ich damit. Wenn man bei einem Großschadensereignis länger an einem Ort arbeitet, können solche Soziogramme laufend ergänzt bzw. modifiziert werden. Externe HelferInnen sind oft verwirrt und hilflos, wenn sie versuchen, sich ausschließlich nach der Oberflächenstruktur einer Gemeinschaft zu orientieren. SoziometrikerInnen wissen, „dass unterhalb der ständig fließenden und wechselnden sozialen Strömungen mehr oder weniger beharrliche Strukturen, die Verkehrswege der sozialen Gefühle bestehen. Diese Netzwerke sind Entstehungsorte der öffentlichen Meinung" (Moreno 1959, zit. in Schwehm 1994, S. 169). Sich einen Menschen zu suchen, der hier als Guide, als PfadfinderIn fungiert, ist wichtig. Wenn die von außen kommende Einsatzleiterin eines Krisenteams, der Koordinator der Akuthilfe, dies versäumt und glaubt, nach vorgegebenen starren Strukturen vorgehen zu müssen, sind Konflikte statt Hilfe an der Tagesordnung.

SoziometrikerInnen werden in der Literatur in ihrer Forscherrolle oft als teilnehmende BeobachterInnen bezeichnet, die aber auch Hilfs-Ichs sind. Der wissenschaftliche Begriff der soziometrischen Forschung lässt sich auf die Arbeit im Akuteinsatz nur für Nachfolgestudien anwenden. Mir waren und sind aber die beiden oben genannten Begriffe und ihre Verknüpfung gerade während der konkreten Arbeit sehr hilfreich. Ich bin mitagierendes Hilfs-Ich, es ist aber unabdingbar, zumindest innerlich immer wieder mehrere Schritte zurückzugehen und zu

---

Zwischenzeit auch für die Arbeit mit Erwachsenen. Ein Artikel zur Vorstellung dieser modifizierten Form ist unter dem Titel Das Modell der drei Arbeitsbühnen (2012) erschienen.

beobachten, wenn man im Team, womöglich im Verband mehrerer Organisationen arbeitet. Ich richte den Blick quasi forschend auf das Gesamtsystem und versuche, das soziometrische Zusammenspiel zu erkennen und vielleicht sogar aufzuzeichnen. Unerlässlich ist dies, wenn ich Konfliktsituationen und meine Position und Rolle darin besser verstehen möchte.

Fallbeispiel

Ich (x) arbeite seit ca. einer Woche bei einem Großschadensereignis[3]. Es ist mein Heimatort, ich habe mich sofort nach dem Ereignis beim örtlichen ELRK (Einsatzleiter des Roten Kreuzes) (A) gemeldet, bin mit ihm in seinem Einsatzwagen unterwegs und versuche ihn vor Ort zu unterstützen. Ich lerne rasch einige seiner MitarbeiterInnen (a, a, a) kennen. Als die Leiterin des Akutteams NÖ (B) mit Mitgliedern des Akutteams (b, b, b) eingetroffen ist, leiten beide gemeinsam den Einsatz, der sich über eine ganze Region mit zahlreichen betroffenen Ortschaften erstreckt. Ich ersuche um Kooptierung in das Akutteam und arbeite ab diesem Zeitpunkt im Einsatzplan dieses Teams. Meine speziellen Kenntnisse von Orten, Institutionen und handelnden Personen werden manchmal speziell angefordert. Auf Grund der guten Arbeitsbeziehung des Leitungsteams, ihrer fachlichen Kompetenz und wertschätzenden Haltung kann ich mit dieser Position und der dazugehörigen Rollenflexibilität trotz oftmaliger persönlicher Involviertheit gut umgehen. Unabhängig davon habe ich zu einigen Feuerwehrkommandanten (C, C) von Orten, für die ich eingeteilt wurde, eine gute

3 Im Sommer 2002 wird das Kamptal in Niederösterreich überschwemmt. Das Spezielle daran ist, dass die Überflutung in einem nicht vorstellbaren Ausmaß und für BewohnerInnen und Einsatzkräfte völlig überraschend erfolgt, als die im Oberlauf gelegenen Staudämme die Wassermassen nicht mehr abhalten können. Meine Heimatgemeinde, wo ich gerade meinen Sommerurlaub begonnen habe, wird nicht so schwer betroffen wie die dazugehörige Katastralgemeinde Zöbing und andere kleinere Ortschaften im Großraum Langenlois. Ich danke Fr. Mag.a Eva Münker-Kramer, der damaligen Leiterin des Akutteams für ihr Einverständnis zur Veröffentlichung des ersten Fallbeispiels, ebenso dem damaligen ELRK, dem Bezirksstellenleiter des Roten Kreuzes Hr. Hans Ebner. Das Gespräch mit Beiden hat mir meine Hochachtung für ihre damalige Arbeit wieder in Erinnerung gebracht. 2012, also 10 Jahre danach, werden viele Erinnerungen auch bei den Hochwasseropfern nach wie vor sehr rasch aktiviert. Ich danke Gertraud Schigl. Sie hat mir als Ortsansässige sensibel die Wiederaufnahme des Kontakts mit Fr. A. ermöglicht. Eigentlich wollte diese zunächst nicht „von damals" reden, dann wollte sie mir aber sogar ihr Fotoalbum zeigen – Bilder der Verwüstung, aber auch der Freude beim Wiedereinzug in das Haus. Fr. A. ist mit der Veröffentlichung ihrer Geschichte einverstanden, wir haben uns auf diese Abkürzung ihres Namens geeinigt. Das Fallbeispiel enthält keine anderen Fakten als diejenigen, die sie 2002 selbst in Interviews erzählte.

Beziehung aufgebaut, ich fahre am Morgen zur Besprechung dorthin und arbeite mit Familien speziell aus diesen Orten.

Als ich eines Morgens in das Einsatzzentrum komme, bietet sich ein völlig neues Bild. In der Zentrale sitzen mir unbekannte junge Männer mit Laptops. Eine Kollegin aus dem Akutteam teilt mir flüsternd mit, dass es Mitglieder des neu eingetroffenen Krisenteams des ÖRK (D, d, d, d) seien. Die örtlichen ÖRK Mitglieder hätten sich auf ihren eigenen Stützpunkt zurückgezogen, die Leiterin des Akutteams sei dort zu einem Gespräch. Parallel dazu erklärt mir einer der jungen Männer, dass es ab jetzt einen von ihnen entworfenen neuen Einsatzplan gebe, ich solle sofort in einen mir völlig unbekannten Ort fahren. Gleichzeitig höre ich ein Telefonat mit: einer „meiner" Feuerwehrkommandanten fordert dringend Unterstützung für eine „meiner" Familien an. Die neue Einsatzleitung teilt eine andere Kollegin dafür ein. Innerlich gehört meine Loyalität bei dem vermuteten Hierarchiekonflikt sowieso ab dem ersten Augenblick dem bisherigen Einsatzleiter und der Leiterin des Akutteams, jetzt artikuliere ich das auch vehement. Ich weigere mich, dem neuen Einsatzplan Folge zu leisten und fahre wie ursprünglich geplant zum Arbeiten in „meinen" Ort. In der Mittagspause zu Hause greife ich zu Papier und Bleistift.

Soziogramm

Beim Betrachten des Soziogramms sehe ich zum ersten Mal deutlich, in welch schwieriger Position ich durch das Arbeiten in meiner Heimat war und bin. Ich kenne viele der handelnden Personen aus ganz anderen Zusammenhängen und fühle mich ihnen verbunden. Grundsätzlich bin ich sehr zufrieden damit, wie ich mich trotzdem bisher korrekt in die Hierarchie eingegliedert habe. Zur morgendlichen Situation wird mir klar, dass ich in der Sache Recht hatte. Ich habe allerdings einen Stellvertreterkonflikt angezettelt. Es ist die Aufgabe der Leiterin des Akutteams, dafür zu sorgen, dass die Betreuung der betroffenen Menschen kontinuierlich weitergeht. Ich traue ihr eine Konfliktbearbeitung plus klarer Positionierung des Akutteams absolut zu. Ich kann auf Grund des Soziogramms für mich aber gut überlegen, wie und ob ich weiterarbeiten möchte, wenn eine Konfliktbereinigung nicht gelingt. Bei diesen Überlegungen spielen natürlich die Betroffenen, die ich der Übersichtlichkeit halber nicht eingezeichnet habe, auch eine große Rolle. Nachdem ich mir mit Hilfe des Soziogramms Klarheit verschafft habe, fahre ich in die Einsatzzentrale. Zu meiner großen Freude ist der ELRK mit den örtlichen ÖRK MitarbeiterInnen zurückgekehrt. Der Leiterin des Akutteams ist es gelungen, die alte Hierarchie wieder herzustellen und die neu dazugekommenen zu integrieren. Damit kann ich

Abbildung 1 Soziogramm

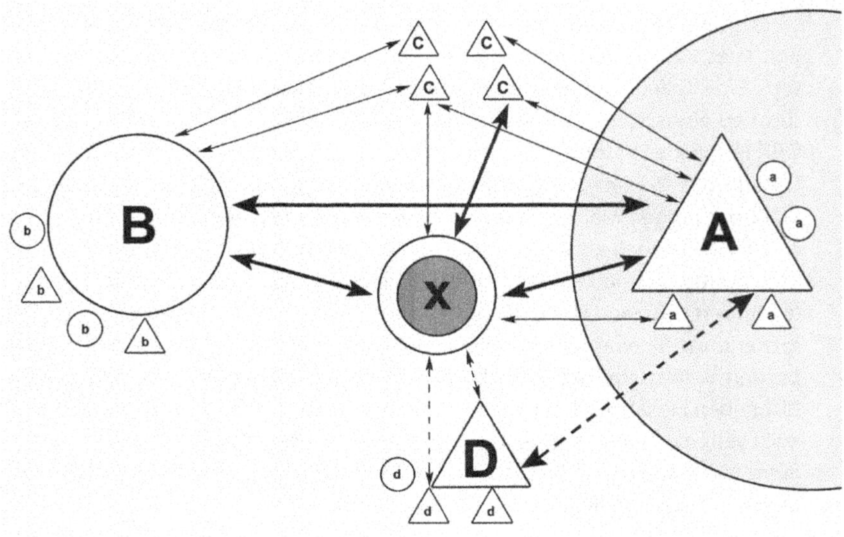

Legende zu Abb. 1

A	ELRK (Einsatzleiter des Roten Kreuzes)	a	MitarbeiterInnen
B	Akutteam NÖ Leiterin	b	MitarbeiterInnen
C	Örtliche Feuerwehrkommandanten		
D	Überregionales Krisenteam des ÖRK	d	MitarbeiterInnen
X	H.P.		
_____	positive Beziehungen		
_ _ _ _	negative Beziehungen		

großer Halbkreis: vorläufiger Rückzug des örtlichen ÖRK aus der gemeinsamen Einsatzzentrale

> mich für mein lautstarkes Auftreten am Morgen entschuldigen und finde in den nächsten Wochen bei den FahrerInnen des Krisenteams sehr kompetente und nette EinsatzbegleiterInnen.

Wenn ich länger in einem Großteam arbeite, lohnt es sich, an Hand eines Soziogramms weiterführende Fragen zur Gesamtorganisation oder auch zu Subsystemen zu stellen: Welche Konfigurationen gibt es? Wo sind die „Stars" der Helfersysteme? Wo Vergessene, deren Ressourcen vielleicht dringend gebraucht würden? Sind die in der Oberflächenstruktur sichtbaren offiziellen HierarchieträgerInnen tatsächlich diejenigen, nach deren Anordnungen gearbeitet wird? Wenn nicht, wo sitzen die inoffiziellen BefehlsgeberInnen, bzw. gibt es graue Eminenzen? Das klingt nun sehr zeitaufwändig und Zeit ist in der Akutintervention ein knappes Gut. PsychodramatikerInnen, die sich viel mit Soziometrie beschäftigen, werden aber sehr rasch bemerken, wie sehr ihnen diese Art der Fragestellung und die dazu gehörige Sichtweise „in Fleisch und Blut" übergegangen ist. Auch den eigenen soziometrischen Standort gilt es, wie schon im Fallbeispiel aufgezeigt, immer wieder zu überprüfen, wenn ich im Team arbeite. Bin ich tatsächlich dort, wo ich auf Grund der Hierarchiekette und der kollegialen Zusammenarbeit sein sollte? Fühle ich mich vielleicht bereits im innersten Kreis des Sozialen Atoms riesengroß an der Seite eines Opfers und verstelle damit den Platz für die weit wichtigeren Teile seines Sozialen Atoms? Wenn ich inoffiziellen Hierarchiekanälen folge: kann ich es begründen und verantworten, auch vor mir selbst, wenn ich mir kurz Zeit zum Nachdenken nehme?

Zusammenfassend kann gesagt werden: klassische soziometrische Techniken sind in der Akuthilfe nur beschränkt und modifiziert einsetzbar. Das Soziale Atom kann ich in der Praxis und bei manchen Einsätzen auch als Technik verwenden. Das Kulturelle Atom kann ich hauptsächlich dann für mein Gegenüber als Technik sichtbar machen, wenn ich mehrere Stunden zur Verfügung habe. Dies ist fast ausschließlich der Fall, wenn ich Menschen in einem Arbeitsraum begleite. Ähnliches gilt für die Arbeit mit Lebenslinien[4] oder der „Bewegung auf der Zeitachse" (Bender und Stadler 2012, S. 115 ff)[5]. Soziometrische Differenzierungsübungen sind möglich und hilfreich, wenn Arbeitsteams um einige Einheiten Akutintervention bitten. Hier sind auch andere Möglichkeiten aus dem Bereich der Aktionssoziometrie verwendbar.

Ich werde mich bei den folgenden Schilderungen aus meiner praktischen Erfahrung immer explizit und implizit auf die bisher genannten grundlegenden Bereiche soziometrischen Denkens und Handelns beziehen. Ich beginne in dem Arbeitsfeld, wo wir uns alle auf „sicherem Grund" befinden, einem Arbeitsraum mit einer klar definierten sozialen Rolle, meist auch einem ebensolchen Auftrag. Die im zweiten Abschnitt geschilderte Arbeit als Mitglied einer Organisation bietet Sicherheit durch das Eingebundensein in ein Team. Auch in unserem Privatleben glauben wir oft akut Hilfe leisten zu müssen. Darauf werde ich im dritten Teil kurz eingehen. Ob und in welcher Rolle wir es tatsächlich tun, müssen wir vor Ort entscheiden. Auch dabei ist ein Moment des Innehaltens hilfreich: als teilnehmende

4 Ich habe eine modifizierte Vorgangsweise der Lebenslinienarbeit für die Arbeit mit Traumatisierten entwickelt. Grundsätzlich geht es dabei um eine ressourcenorientierte Vorgangsweise, in der das traumatische Ereignis aber nicht ausgespart wird. Eine Publikation dazu liegt derzeit noch nicht vor.

5 Christian Stadler bezeichnet diese von ihm geschilderte Arbeitsweise in der Akutintervention als schönes Beispiel dafür, wie Psychodrama und Soziometrie eine Einheit bilden (schriftl. Mitteilung).

Beobachterin, die die Szene, ihre soziometrischen Strukturen und das dazu gehörige Beziehungsgeflecht erfasst und erst dann entscheidet, ob die Rolle des Hilfs-Ichs angebracht und nötig ist.

Auf gewohntem Terrain. Akutintervention als Therapeutin oder Supervisorin

In den letzten Jahren nimmt mit der Kenntnis um Traumaspätfolgen erfreulicherweise auch die Häufigkeit zu, dass Menschen nach belastenden Ereignissen rasch die Praxis aufsuchen, dorthin begleitet werden oder man sofort angefordert wird. Auch Teams holen sich nach traumatisierenden Ereignissen verstärkt sehr schnell Hilfe. In diesem Setting lässt sich, wie schon weiter oben mehrfach gesagt, psychodramatisch-soziometrische Grundhaltung am ehestens mit gewohnten Techniken verbinden.

Fallbeispiel

Akutarbeit mit einem Team[6]

Eine Betreuerin eines psychosozialen Teams ruft an. Sie und ihr Team möchten sehr rasch Unterstützung bei der Aufarbeitung des Suizids eines dort Beschäftigten. Nach einem ausführlichen Informationsgespräch mit dem Leiter der Einrichtung fahre ich einige Tage später in das Umland von Wien. Für einen halben Tag wurde in der Nähe der psychosozialen Einrichtung ein Raum angemietet. Dort erwarten mich zehn Personen. Es sind dies drei BetreuerInnen und sieben im Projekt Beschäftigte. Letztere sind alle über lange Jahre psychisch krank, fast alle sind medikamentös eingestellt. Es ist der Teil der im Projekt Beschäftigten, der sich eine Teilnahme zutraut und sie auch möchte. Nach einer Vorstellrunde tragen wir die Informationen über den Suizid zusammen. Fragen dazu werden gestellt und von den besser Informierten beantwortet. In der Pause lege ich in ein Seil in Kreisform auf. Für alle Teilnehmenden habe ich kleine Kreise aus Karton vorbereitet. Ich erkläre, dass sich eine Person aus mehreren Anteilen zusammensetzt, auch der Tote habe viele Anteile gehabt. Manche hätten die mit ihm Arbeitenden gemocht, andere weniger. Ich bitte alle, die Anteile auf ihre Kartons zu schreiben, die in der Zusammenarbeit mit dem toten Kollegen für sie am Wichtigsten waren. Die beschrifteten kleinen Kreise werden dann in den

6 Das Fallbeispiel ist anonymisiert und aus der Akutarbeit mit mehreren Teams zusammengesetzt.

großen Kreis gelegt. In dieser Situation ist die Vorbildwirkung der BetreuerInnen sehr hilfreich. Mit Unterstützung schaffen es alle, die Übung zu verstehen und durchzuführen. Wir ordnen in einem nächsten Arbeitsschritt gemeinsam die kleinen Kreise. Jede(r) Einzelne erklärt dabei, was mit seiner Aussage genau gemeint ist, Szenen werden zur Erklärung und in Erinnerung an den Toten erzählt. Kartons, auf denen Ähnliches steht, werden zusammengelegt. So entsteht ein Rollenatom des toten Kollegen. Ausschnitte aus den Kulturellen Atomen einzelner Anwesender mit ihm werden sichtbar und besprechbar. Den Vorschlag einer Teilnehmerin, sich doch gemeinsam einen Platz im Projekt zu überlegen, wo man sich an den toten Mitarbeiter erinnern könne, greife ich als Abschluss gerne auf. Es erfolgt nun ein gedanklicher Bühnenwechsel. Es wird nämlich genau besprochen, wo ein Foto des Verstorbenen hinkommen solle. Als Ort wird schließlich die Küche des Projektes gewählt: dort sei er gerne gewesen und habe auch oft mitgeholfen. In Rückbindung auf das Rollenatom wünschen sich die TeilnehmerInnen, dass es ein Foto des Toten sein solle, wo man ihm möglichst viele der netten Eigenschaften ansehen könne, die nun aufgeschrieben im Kreis vor uns liegen. Die BetreuerInnen übernehmen diesen Arbeitsauftrag: sie werden allen an diesem Tag Beteiligten Fotos zur Auswahl vorlegen, sie bekommen von mir auch das gemeinsam erarbeitete Rollenatom zur Aufbewahrung. In einer telefonischen Nachbesprechung erfahre ich, dass alle Beteiligten mit dem Tag sehr zufrieden waren. Die BetreuerInnen teilen mir dabei auch noch mit, dass sie durch die Arbeitssequenz nach der Pause quasi nebenher wichtige Informationen über das soziometrische Netzwerk ihrer Arbeitsgruppe erhalten hätten.

Wo immer man hingeschickt wird. Akutintervention als Mitglied eines Teams

Als Mitglied einer Organisation, die Akuthilfe oder Krisenintervention anbietet, ist es zunächst einmal wichtig, das soziale Gefüge dieser Organisation zu verstehen. Ist das Team multiprofessionell zusammengesetzt, treffen verschiedenen Organisationskulturen aufeinander. Dies einzubeziehen ist PsychodramatikerInnen geläufig. Bei einem Großschadensereignis potenzieren sich die Reibungsflächen, da alles sehr rasch stattfinden muss. Alle Beteiligten, auch die HelferInnen, stehen unter Stress. Auf die Wichtigkeit soziometrischer Wahrnehmung und dazu gehörigen Überlegungen wurde schon eingangs und mit dem ersten Fallbeispiel hingewiesen, sie sind das zentrale Hilfsmittel bei dieser Arbeit. Traditionelle psychodramatische und soziometrische Techniken sind in diesem Setting, wenn überhaupt, nur mehr sehr improvisiert möglich.

Fallbeispiel

Arbeit bei einem Großschadensereignis

Fr. A. ist hochbetagt und gerade von einem Rehabilitationsaufenthalt zurückgekehrt. Sie erlebt den Hochwassereinbruch alleine in ihrem ebenerdigen Haus. Es dauert eine Nacht lang, in der auch der Strom ausfällt, bis der Nachbar sie durch ein kleines Fenster durch die Fluten in sein Haus bringen kann. Ihre Todesangst war berechtigt, sie ist schwer traumatisiert. Ich werde von der Einsatzleitung ersucht, mich unter anderem speziell um sie zu kümmern. Ich spreche die Traumaszene mehrfach mit ihr durch, auch was sie selbst zu ihrer Rettung beigetragen hat. Trotzdem ist sie weiterhin sehr verzweifelt und suizidgefährdet. Diese Situation verschlimmert sich, als sie sieht, dass die meisten Familien aus ihrem Ort nur mehr zum Schlafen in das riesige Internat zurückkehren, das zur Unterkunft für Hochwassergeschädigte umfunktioniert wurde. Fast alle arbeiten während des Tages in den vermurten Höfen und Häusern. Nur einige Hochbetagte sitzen den ganzen Tag im großen Speisesaal. Sie beschäftigen sich mit Phantasien, wie es in ihren Häusern wohl aussehen werde. Fr. A. ist auch deswegen total deprimiert, weil sie keine Verwandten im Ort hat. Sie habe niemanden, der ihr helfen werde, bei dem sie vorläufig wohnen könne, ihr Grundstück sei das Einzige, wo niemand arbeitet – das höre ich immer wieder von ihr. Sie möchte unbedingt, dass ich sie zu ihrem Haus bringe, damit sie sehen kann, wie es dort aussieht. Die Schilderungen der anderen Ortsansässigen bestätigen meine schlimmsten Befürchtungen über den Zustand des Hauses, alle Zimmer sind einen halben Meter hoch verschlammt. In mir hat sich das Schreckensszenario von Fr. A. festgesetzt. Ich sehe mich mit ihr mutterseelenallein in einem total verwüsteten Haus stehen, weiß aber, dass ich sie nicht mehr lange davon fernhalten kann. Ich fahre ziemlich verzweifelt alleine in den Ort und finde dort viele Gruppen von Schlammschaufelnden, in Zivil, aber auch Angehörige der örtlichen Feuerwehr und Soldaten. Der Feuerwehrkommandant kennt mich von anderen Einsätzen und nimmt mich trotz seiner Überbelastung mit zum Haus von Fr. A.. Dort ist ein Zug des soeben eingetroffenen Bundesheeres gerade dabei, sich einen Überblick zu verschaffen. Der Kommandant ist über meine Sorge, Fr. A. könnte vergessen worden sein, wirklich erstaunt. Da sei ja wohl selbstverständlich, dass man in der Dorfgemeinschaft gerade jetzt auch an die Alleinstehenden denke. Mein inneres Bild des leergefegten sozialen Atoms von Fr. A. relativiert sich. Als ich zurückgekehrt den Speisesaal betrete, um Fr. A. davon zu erzählen, sitzt der Besitzer eines großen Weingutes an ihrem Tisch. Er berichtet ihr gerade, dass er eine Gruppe von jungen Leuten aus dem Nachbarort zusammengestellt hat. Sie würden sich ab jetzt um ihr Haus kümmern. Auch er ist über meine Sorge erstaunt. Fr. A. habe lange bei ihm gearbeitet, da sei es wohl selbstverständlich, dass er und seine Familie sich jetzt um sie kümmern würden. Fr. A. weint zwar, aber es sind erste Tränen der Erleichterung dabei, auch ich bin sehr gerührt. Ich ergänze mein Bild ihres sozialen Atoms noch einmal und habe damit ein Gegengewicht zu ihrem Gefühl der Einsamkeit. Als sie dieses wieder überschwemmt, stelle ich Gegenstände aus dem Speisesaal vor ihr auf, Salzstreuer, Bierdeckel, Weingläser u. ä. m. Diese schiebe ich vor ihr am Wirtshaustisch herum, zeige ihr damit, dass ihre Blutsverwandten zwar weit weg seien, dass sich aber doch sehr bald Menschen gefunden hätten, die nun an ihrer Seite stünden. Sie habe Wahlverwandte, erkläre ich ihr, die seien genauso wertvoll. Einige Tage später fahren wir gemeinsam zu ihrem Haus. Ich habe organisiert, dass sowohl die Gruppe der jungen Menschen als auch ein Zug des Bundesheeres genau zu dieser Zeit in ihrem Haus arbeiten, der Feuerwehrkommandant begrüßt sie und versichert ihr, dass man ihr weiterhin helfen werde.

Unterwegs. Akutintervention als Privatperson

Wie bereits eingangs gesagt, ist es unsere ganz persönliche Entscheidung, auch im Leben jenseits der Arbeit Akuthilfe zu leisten. Der Überblick über das Geschehen, das Aufnehmen der soziometrischen Landkarte hilft ganz wesentlich bei der Entscheidung und auch bei der Arbeit ohne Berufsrolle.

Fallbeispiel

Als Autofahrerin unterwegs

Ich fahre wie schon hunderte Male zuvor von meinem Landhaus auf der Autobahn Richtung Wien. Plötzlich bemerke ich einen sich anbahnenden Stau, drei Spuren Autos werden langsamer, die Kolonnen kommen zum Stillstand. Nicht weit vor mir sind zwei Rettungshubschrauber gelandet, die Autobahn ist gesperrt. Ich richte mich auf eine längere Wartezeit ein, nach einiger Zeit steige ich aus. Ich sehe, dass nicht weit von mir entfernt ein Auto auf dem Dach im Graben im Wasser liegt, rund um das Auto sehe ich Feuerwehr und einige Menschen mit den Jacken des Roten Kreuzes. Plötzlich eilt ein Privatmann mit Arzttasche an mir vorbei. Neugierig geworden folge ich ihm ein Stück, er klettert bereits eilig den Hang hinunter und mischt sich unter die dort Arbeitenden. Sehr bald kommt er wieder retour geklettert und stapft zu seinem Auto, das einige Reihen hinter meinem steht. Mir fallen in diesen Minuten immer mehr

Szenen aus meiner Arbeit im Akutteam ein, auch die oberste Grundsatzregel des Eingebundenseins in eine Organisation und deren Hierarchie. Gewohnheitsmäßig zeichne ich gedanklich ein Soziogramm der Szene. Ich kann nicht wahrnehmen, ob auch Angehörige des Krisenteams vor Ort sind. Auf dem Pannenstreifen stehen Autos der Feuerwehr, davor steht ein Feuerwehrmann mit einem Funkgerät in der Hand. Ich nehme an, dass er der Einsatzleiter ist. Da sich meine Berufsrolle der Akuthelferin in der Zwischenzeit immer mehr in den Vordergrund geschoben hat, gehe ich zu ihm hin. Er hat die Einsatzleitung. Ich teile ihm mit, dass ich die Ausbildung und Erfahrung in Akutintervention habe, aber als Privatperson unterwegs sei. Ich nehme an, sage ich weiter, dass das Kriseninterventionsteam bereits arbeite. Für den Fall, dass man mich trotzdem brauchen würde, nenne ich ihm mein Autokennzeichen und wo ich etwa zu finden sei. Ich bin kaum wieder bei meinem Auto, kommt mir ein Polizist nachgelaufen. Man habe gerade ein kleines Mädchen geborgen, erzählt er mir außer Atem. Er solle fragen, ob ich kommen könne. Ab diesem Zeitpunkt bin ich in der Rolle eines Hilfs-Ichs, ich laufe mit zu einem Feuerwehrauto, wo eine junge Feuerwehrfrau ein zitterndes ca. sechsjähriges Mädchen am Schoß hält. Sie möchte rasch aussteigen und wieder zu ihren KollegInnen zurück. Da in der Zwischenzeit klar ist, dass kein Krisenteam vor Ort ist, ersuche ich, dass sie bleiben und ab jetzt mit mir arbeiten dürfe. Das strukturelle Überblicksbild, das ich mir aus der Ferne verschafft habe, reicht nun nicht mehr, ich brauche für die Betreuung des Mädchens Informationen. Diese kann ich mir nicht mit einem traumatisierten Kind am Arm verschaffen. Nachdem ich kurz den Zustand des Mädchens exploriert habe und sie mich damit auch kennt, frage ich sie, was sie brauche. Die Antwort habe ich erwartet: „Was ist passiert, was ist mit meinen Eltern, wie geht es meiner Schwester?" Ich verspreche ihr, dass ich mich erkundigen werde. Mit mulmigem Gefühl klettere ich aus dem Auto. Rundum ist noch mehr Betriebsamkeit, auf einer Bahre wird jemand den Hang heraufgeschafft. Strukturell müsste ich nun wiederum die Einsatzleitung suchen. Ich sehe allerdings den Polizisten, der mich geholt hat, sehr nahe beim Abhang. Er beobachtet von dort das Geschehen. Nun verlasse ich mich auf den Beziehungsaspekt. Ich spreche ihn an, entschuldige mich für die Störung und erkläre ihm kurz, dass ich Informationen für die Tochter bräuchte, ich sei sonst ziemlich hilflos. Er spricht daraufhin seinerseits den Polizisten an, der sich über die Bahre beugt. Es sei der Vater, zwar schwer verletzt, aber ansprechbar, sagt er mir bei seiner Rückkehr. Ich frage, ob er mir weiterhin helfen würde, es sei wichtig, den Kontakt Kind-Vater herzustellen. Quer durch die Institutionen schaffen wir einen sehr berührenden Moment. Die junge Feuerwehrfrau trägt die zitternde Tochter zur Bahre des Vaters, der Polizist verschafft uns einen Zeitpunkt der Ruhe für ein kurzes Gespräch. Ich verspreche dem Vater, der jetzt ärztlich erstversorgt und polizeilich einvernommen werden soll, mich auch weiterhin um seine Tochter zu kümmern. Dies mache ich und erreiche zum Schluss auch noch, dass sie gemeinsam mit dem Vater in einem Rettungsauto in dasselbe Spital gebracht werden wird. Mutter und Schwester werden mit den Hubschraubern zu freien Intensivbetten geflogen, auch diese Information gebe ich ihr zum Abschied. Dann melde ich mich, jetzt wieder strukturell korrekt, beim Einsatzleiter ab und kehre zu meinem Auto zurück.

Psychodrama und vor allem die Soziometrie sind für die Akutintervention bestens geeignet, das kann zum Abschluss noch einmal gesagt werden. Voraussetzungen für diese Arbeit werden in der psychodramatischen Ausbildung gelegt. Trotzdem ist eine methodenimmanente, störungsspezifische Weiterbildung für dieses Feld sehr empfehlenswert. Neben einer vertieften theoretischen Auseinandersetzung mit Soziometrie und Übung in der praktischen Umsetzung sind spezielle Formen der Selbstfürsorge oder die verstärkte Beschäftigung mit axiodramatischem Gedankengut unabdingbar nötig. Die Philosophie J. L. Morenos, die gesellschaftsbezogene Ausrichtung und das humanistische Menschenbild geben dieser Arbeit für PsychodramatikerInnen viele sinnstiftende Momente. Damit ist sie zwar sehr belastend, aber auch bereichernd für das Leben der AkuthelferInnen.

Soziometrisches Denken und Handeln ist bei der Arbeit in der Akutintervention unerlässlich. Aus dem großen Bereich der Soziometrie sind es für dieses Format speziell:

- die Entscheidung für Arbeit im Sinn der gesellschaftspolitischen Ausrichtung der Soziometrie.
- die Verinnerlichung der Theorie des Sozialen Atoms und der Vielfältigkeit seiner Anwendbarkeit.
- das Wissen über die soziometrische Theorie der psychosozialen Netzwerke und Übung im graphischen Umsetzen von Szenen in Soziogramme.
- Kenntnisse einer Vielzahl von soziometrischen Techniken (Rollenatom, Kulturelles Atom, Lebenslinienarbeit, Arbeit auf der Zeitachse u. a.) und die Bereitschaft, sie modifiziert und improvisiert einzusetzen.

Literatur

Bender, W. u. Stadler, C. (2012). *Psychodrama-Therapie.* Grundlagen, Methodik und Anwendungsgebiete. Stuttgart: Schattauer

Hausmann, C. (2003). *Handbuch Notfallpsychologie und Traumabewältigung.* Grundlagen, Interventionen, Versorgungsstandards. Wien: Facultas Verlag

Hutter, C. u. Schwehm, H. (2009). *J. L. Morenos Werk in Schlüsselbegriffen.* Wiesbaden: VS Verlag

Pruckner, H. (2002). „Du sollst nicht fragen, das Kind will nicht reden." Psychodramatherapie mit traumatisierten Kindern. *Zeitschrift für Psychodrama und Soziometrie 2002/1* 147–176.

Pruckner H. (2004). Soziometrie. Eine Zusammenschau von Grundlagen, Weiterentwicklungen und Methodik. In: J. Fürst u. K. Ottomeyer u. H. Pruckner (Hrsg.) *Psychodrama-Therapie.* Ein Handbuch (S. 161–193), Wien: Facultas Verlag

Pruckner, H. (2012). Das Modell der drei Arbeitsbühnen. Theoretische Grundlagen und praktische Umsetzung in der psychodramatischen Einzeltherapie. *Zeitschrift für Psychodrama und Soziometrie* 11 (2), 239–254, DOI 10.1007/s11620-012-0148-7

Schwehm, H. (1994). Soziometrie – Die Methode der Wahl. *Psychodrama* 2/94, 165–179.

Stimmer, F. (2000). *Grundlagen des methodischen Handelns in der Sozialen Arbeit.* Stuttgart: Kohlhammer

Hildegard Pruckner, MSc, Jahrgang 1949, Psychodrama-Psychotherapeutin, Supervisorin und Persönlichkeitscoach in freier Praxis, Lehrtherapeutin der Fachsektion Psychodrama im ÖAGG, Mitglied des Psychotherapiebeirats im Bundesministerium für Gesundheit.

H. Pruckner
Wimbergergasse 5/36
A-1070 Wien, Österreich
office@hildegardpruckner.at
www.hildegardpruckner.at

Soziometrie im Religionsunterricht an Grund- und Förderschulen

Kerstin Rapelius

In diesem Beitrag möchte ich einen Einblick in mein soziometrisches Arbeiten in der Schule geben. Seit vielen Jahren arbeite ich gerne und mit sehr guten Erfahrungen mit soziometrischen Elementen im Religionsunterricht an verschiedenen Schulen. Zum einen kommen die Beispiele aus meinem Unterricht an einer Grundschule, einer kombinierten ersten und zweiten Klasse, zum Teil aus der Förderschule mit dem Förderschwerpunkt „Lernen".

Inhaltlich sind die soziometrischen Elemente sowohl dem Bereich des sozialen Lernens zuzuordnen (Klassenbildungsprozess, Sitzordnung, Förderung von Empathie und Verständnis für soziale Dilemma-Entscheidungen) als auch der Arbeit mit den konkreten Inhalten des Fachs Religion (Verschränkung von Lerninhalten mit der konkreten Lebenswirklichkeit der SchülerInnen, schülerorientierte Gestaltung des Lernprozesses).

1 Soziometrie zur Förderung der Gemeinschaft und des Zusammenhalts in der Klasse

1.1 Kreis- und Bewegungssoziometrie zu Beginn eines neuen Schuljahres

In diesem Schuljahr soll ich die evangelischen Schülerinnen und Schüler aus sechs verschiedenen Klassen jahrgangsübergreifend unterrichten. Zu den drei zweiten Klassen, die ich schon im letzten Schuljahr unterrichtet habe, kommen noch die evangelischen SchülerInnen der drei ersten Klassen. 28 Kinder in einer Religionsgruppe – aus sechs verschiedenen Klassen! Die einen können bereits lesen und schreiben, kennen das System Schule seit einem Jahr und die anderen sind ganz neu, erleben alles zum ersten Mal, staunen …

Wie können diese Kinder zu einer Gemeinschaft zusammenwachsen, in der man miteinander über Gott und die Welt, das eigene Leben und religiöse Fragen nachdenkt?

Für einen guten Beginn kann die Kreissoziometrie hilfreich sein, die den Kindern spielerisch die Gemeinsamkeiten und die Unterschiede zeigt, die sie über die Klassengrenzen mitbringen.

Wir sitzen alle in einem großen Stuhlkreis. Ich frage:

1) „Wer kommt denn aus der Klasse 1a von Frau …? Steht ihr bitte einmal auf! Und weil ihr in der ersten Klasse seid, hüpft ihr einmal hoch. Die Zweitklässler hüpfen zwei Mal hoch."

Weitere Fragen kommen erst einmal aus dem vertrauten sozialen Umfeld der Kinder:

2) „Wer hat denn ein Haustier?" Ich rufe ein Kind auf, das sich meldet. Es darf aufstehen und vormachen, welches Geräusch sein Tier macht: bellen, miauen, zwitschern, blubbern. Die Kinder sind hier sehr erfindungsreich. Wer ebenfalls ein Tier hat, das dasselbe Geräusch macht, darf sich zu dem ersten Kind in die Mitte stellen und das Geräusch mitmachen.
3) Wie viele Geschwister seid ihr zuhause? Dreht euch bitte so häufig, wie ihr Kinder zuhause seid. Wer Einzelkind ist, dreht sich einmal – für sich. Wer ein Geschwister, eine Schwester oder einen Bruder hat, dreht sich zweimal. Einmal für sich und einmal für die Schwester oder den Bruder.

Einige Kinder hören gar nicht mehr auf, sich zu drehen – so scheint es mir und den anderen Kindern. Was ist da los? Haben sie die Anweisung nicht richtig verstanden? Oder haben sie einfach so viel Lust an der Bewegung? Fast gleichzeitig stoppen die letzten drei Kinder und werden von mir und den anderen neugierig angeschaut. „Ich habe vier Schwestern – wir sind fünf Kinder zuhause", erzählt das eine Mädchen. Der Junge, der sich ebenfalls bis zum Schluss gedreht hat, lacht: „Und wir sind fünf Jungs zuhause!" Das dritte Kind hat sowohl Schwestern als auch Brüder – aber auch insgesamt fünf Geschwister. Ein Gefühl von Gemeinschaft und Zusammengehörigkeit fängt an, sich zu entwickeln – über alle Klassengrenzen hinweg. „Ich weiß zwar nicht, wer du bist und wie du heißt. Aber dass du – so wie ich – vier Geschwister hast: Das weiß ich von dir. Und das verbindet dich mit mir." Dieses Gefühl breitet sich mit jeder soziometrischen Frage immer mehr aus. Dasselbe Haustier, dieselbe Anzahl von Wackelzähnen oder Zahnlücken, dasselbe Lieblingsfach in der Schule – all das hilft den Kindern, sich gegenseitig wahrzunehmen und die Gemeinsamkeiten und Unterschiede zwischen ihnen spielerisch zu entdecken. Die ersten Schritte hin zum Ziel, eine Gemeinschaft zu entwickeln, sind gegangen. Und die Bewegung, die zu jeder Frage gehört (so häufig stampfen, klatschen... wie du alt bist, Geräusche machen: Tier, Lieblingssport mit einer Bewegung vorstellen...) hilft den Kindern, ihr großes motorisches Bedürfnis auszuleben.

Gerne nehmen die Kinder die Idee auf, sich für die nächste Religionsstunde selbst ein paar Fragen für den Anfangskreis auszudenken.

1.2 Soziometrische Festlegung der Sitzordnung

Ein zartes Band der Gemeinschaft, des Miteinanders entwickelt sich. Schön zu sehen, wie das Mädchen, das als einziges Mädchen aus seiner Klasse mit lauter wildfremden Kindern in einer Religionsgruppe zusammen ist und das dementsprechend sehr unsicher war, sich zunehmend wohler fühlt, Kontakte zu Mädchen aus anderen Klassen knüpft ...

Aber immer noch sitzen alle Kinder streng nach ihren Klassen getrennt im Religionszimmer. Hier die 1a, dort die 1b, hinten die 1c. Die ZweitklässlerInnen, die sich bereits seit einem Jahr kennen, haben sich bereits gemischt. Die Mädchen aus der 2a, b, c sitzen zusammen. Nach Moreno besitzt „jede Gruppen unter ihrer oberflächlichen, greifbaren, sichtbaren, ablesbaren Struktur eine zugrunde liegende, nicht greifbare, unsichtbare, inoffizielle Struktur, die allerdings lebendiger, wirklicher und dynamischer ist als die erstere (Moreno in Hutter und Schwehm 2009, S. 231). Ziel des Gruppenleiters, in diesem Fall der LehrerIn, ist es, die Gruppen in ihrer sozialen Ordnung „so umzugestalten, dass die formelle Oberflächenstruktur so weit wie möglich der Tiefenstruktur entspricht“ (a. a. O. S. 232).

Dies möchte ich ausprobieren.

Dazu kommt für mich noch ein weiterer Gedanke von Moreno: Es gibt den Faktor ‚Tele‘, der zwischen den Individuen als anziehende und abstoßende Kraft wirkt (Moreno in Hutter und Schwehm 2009, S. 257; Ameln 2009, S. 211) und dieses Tele wirkt bereits vom ersten Kennenlernen an. D. h. ich kann nach Moreno davon ausgehen, dass – neben den nach dem Kriterium ‚Klassenzugehörigkeit‘ und ‚Geschlecht‘ gebildeten Untergruppen – bereits andere Wahlen nach dem Teleprinzip getätigt wurden. Diese „Telestruktur zwischen den Individuen ist der soziometrische Kern einer Gruppe (Moreno 1996, S. 368).

Also kündige ich an, dass wir immer nach den Ferien – und davon gibt es viele: Herbstferien, Weihnachts-, Faschings-, Ostern- und Pfingstferien – eine neue Sitzordnung für die nächste Zeit ausmachen.

Aus meiner eigenen Schulzeit kenne ich solche Versuche von LehrerInnen, die

Sitzordnung per Wahlen festzulegen in folgender Form: Man sollte auf einen Zettel schreiben, neben wem man sitzen möchte, erste und zweite Wahl, evtl. auch einen Namen aufschreiben, neben dem man nicht sitzen möchte, den Zettel der Lehrkraft abgeben und dann ganz gespannt sein, welchen Platz einem die Lehrerin in der nächsten Stunde zuweisen wird. Und dazu gehörte auch immer das ein bisschen ungute Gefühl: ‚Was weiß die Lehrerin jetzt über einen? Wie kommt sie zu dem Ergebnis? Was ist, wenn mir mein Platz nicht gefällt?'

So wollte ich die Sitzordnung mit den Kindern gemeinsam entwickeln, hatte aber auch die Angst, dass alles ein bisschen im ‚Chaos' ausartet. 28 Kinder, die erzählen sollen, neben wem sie sitzen möchten. Normalerweise hören sich die Kinder nicht in aller Ruhe an, bis so viele MitschülerInnen etwas gesagt haben. Aber alle sind sehr motiviert, sie spüren, dass es um ihre eigenen Anliegen und die für sie wichtige Strukturierung ihrer Beziehungen in der Klasse geht. Sie erzählen der Reihe nach, neben wem sie sitzen möchten. Ich schreibe alle Wünsche mit. Einige Wünsche passen gut zusammen, ganz nach der Theorie von Moreno, nach der sich ein Tele „mit einem anderen verketten" kann „und ein Beziehungspaar bilden" (Moreno 1996, S. 180).So möchte Sascha neben Nico sitzen und auch Nico hat Sascha gewählt.

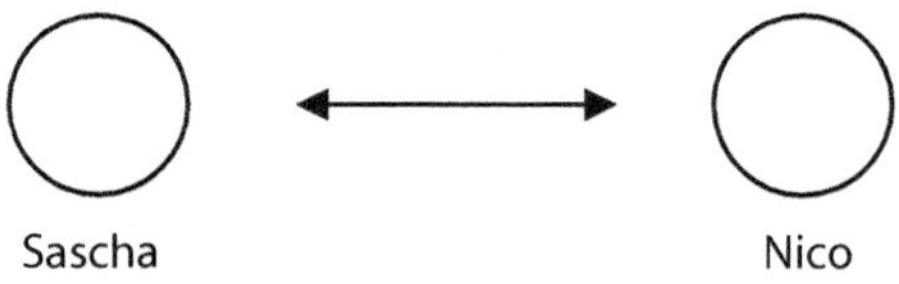

Daneben gibt es noch eine weitere soziometrische Figur: Die Kettensoziometrie: Luisa möchte neben Elisabeth sitzen. Diese wiederum hat sich Franka als Nachbarin gewünscht, die wiederum neben Nicole sitzen möchte. Die klassische Soziometrieform für diese Altersstufe – die Kettensoziometrie – entsteht.

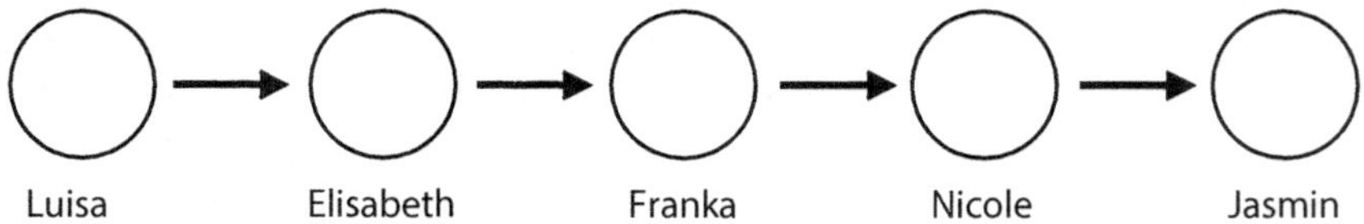

Nach fünf Mädchen bricht die Kette ab.

Jetzt machen wir mit einer Jungengruppe weiter. Überraschend schnell und einfach lassen sich Lösungen finden. Manche freuen sich, dass sie zufällig auch neben ihrem Zweitwunsch sitzen können.

Dann wird es schwierig. Bei einer Jungengruppe lässt sich keine Lösung finden, die alle Wünsche berücksichtigt. Auch dies entspricht der soziometrischen Theorie: In einem Netzwerk strahlen Anziehungen und Abstoßungen „in alle möglichen Richtungen aus. Manchmal treffen sie sich; oft kreuzen sie sich oder fließen aneinander vorbei." (Moreno 1996, S. 159f.). Mir ist es wichtig, die Lösung gemeinsam mit den Kindern zu entwickeln, damit die gefundene Sitzordnung möglichst gut den Tiefenstrukturen der Gruppe entspricht. So denken alle SchülerInnen mit, überlegen sich Vorschläge. Aber wir finden keine Lösung, die für jedeN passt. „Der Max hat sich gewünscht, neben Leon zu sitzen. Aber neben Leon wollen auch Alex und Sebastian sitzen. Und Leon kann keine drei Sitznachbarn haben." Dieses Problem leuchtet allen Kindern sofort ein. Und Max entscheidet sich schnell um. „Dann setze ich mich eben neben Robert. Den kenne ich noch nicht so gut. Aber der wohnt bei mir in der Nähe." Ich freue mich über diese große Kompromissbereitschaft und auch über den Mut, etwas Neues auszuprobieren. Zusätzlich kündige ich an, dass ich mir aufschreiben werde, dass dieses Mal der Wunsch von Max nicht erfüllt wurde. Wenn wir nach den nächsten Ferien wieder versetzen, soll der Wunsch von Max auf jeden Fall berücksichtigt werden. Das finden alle Kinder eine faire Lösung.

Auch hier zeigt sich die soziometrische Theorie (Moreno 1996, S. 51ff u. 355ff), in der Realität. Kinder im Alter von 6–9 Jahren sind noch sehr frei und ungebunden in ihren Wahlen. Greifen Kindergartenkinder noch bei der Frage, mit wem sie in die Turnhalle gehen wollen, schnell zur Hand des Kindes, das neben ihnen steht, so wählen Erst- und ZweitklässlerInnen bereits zielgerichteter. Die beste Freundin, der beste Freund ist erst einmal die erste Wahl. Aber die wechseln in dem Alter noch ziemlich schnell. Und dann gibt es noch den Jungen, mit dem man zusammen im Fußballverein ist und der eigentlich auch total nett ist, oder das Mädchen von nebenan. So können sich die Kinder in diesem Alter relativ schnell um entscheiden.

Am Ende der Stunde haben alle Kinder einen Sitzplatz gefunden, an dem sie sich wohl fühlen. Einige haben vertraute SitznachbarInnen, einige haben etwas Neues ausprobiert.

Beim nächsten Umsetzen spreche ich die Beobachtungen von der ersten Umsetzaktion an.

> „Beim letzten Mal wollten einige gerne neben der Freundin oder dem Freund sitzen. Und einige Kinder haben auch etwas Neues ausprobiert und wollten mal neben dem Freund aus dem Sportverein oder neben dem Kind, mit dem sie in der Pause schon einmal gespielt haben, sitzen. Du kannst dir jetzt überlegen: Möchte ich neben jemand sitzen, den ich gut kenne? Oder möchte ich gerne neben jemand sitzen, den ich kennenlernen möchte?"

Diese Einladung motiviert einige Kinder neue Wahlmöglichkeiten auszuprobieren. Zusätzlich kommt dieses Mal noch ein weiteres Motiv dazu: „Mir gefällt der Platz, an dem ich sitze. Ich möchte mich nicht wegsetzen." Auf meine Nachfrage bestätigt der Junge, dass es ihm egal ist, wer neben ihm sitzt, Hauptsache, er kann auf seinem vertrauten Platz sitzen bleiben.

Im Lauf des Schuljahres hat sich eine recht wilde Jungengruppe gefunden. Sie saßen natürlich immer zusammen, haben sich gegenseitig abgelenkt und gemeinsam viele kreative Ideen entwickelt, die nicht immer etwas mit dem Unterricht zu tun hatten (überraschend gab es dann doch häufig einen Bezug zum Unterricht, wenn ich mir die Zeit nahm, diesen zu suchen). So stellte sich die Frage: Sollen die Kinder weiterhin neben ihrem gewählten Sitznachbarn bleiben dürfen gemäß der soziometrischen Theorie oder sollen sie per Lehrerin-Machtwort auseinandergesetzt werden? Die letztere Lösung widerstrebte mir. Ich wollte gerne eine Lösung finden, die die Kinder mit einbezieht und ihre Eigenverantwortlichkeit stärkt. Also sprach ich dies beim nächsten Umsetzen an:

> „In eurer Ecke gibt es immer wieder Unruhe und Ärger. Überlege dir, ob du weiterhin mit den anderen zusammensitzen möchtest. Oder ob es einen Platz für dich gibt, an dem du besser aufpassen kannst."

Alle Kinder wollten unbedingt zusammenbleiben. Einen Platz zum besser Aufpassen war für sie keine interessante Option. Deswegen sprach ich es noch einmal deutlich an:

> „Ihr könnt von mir aus gerne zusammen sitzen bleiben. Aber ihr müsst aufpassen und mitmachen. Wenn das nicht geht, dann werde ich einen von euch für diese Stunde wegsetzen. Ist das für euch in Ordnung?"

Alle Jungs stimmten diesem Vorschlag zu. In den nächsten Stunden musste ich immer wieder mal einen Buben wegsetzen. Aber insgesamt war ihnen deutlich geworden, dass es mir wichtig ist, dass sie zuhören und mitmachen. Und dass es ihre Verantwortung ist, ob sie zusammensitzen können oder nicht.

Als ich am Ende des Schuljahres eine Bilanz über das Zusammenfinden dieser so vielen und unterschiedlichen Kinder gezogen habe, konnte ich feststellen: Die Kinder sind zu einer guten Gruppe zusammengewachsen. Sie kennen sich gegenseitig, erzählen sich gegenseitig für sie wichtige Erlebnisse und haben ein großes Maß an Offenheit und Vertrauen zueinander entwickelt. Auch die am Anfang des Schuljahres noch so strengen Grenzen zwischen Erst- und ZweitklässlerInnen haben sich zusehends vermischt. Eine motivierte und arbeitsfähige Gruppe ist entstanden. Interessanterweise ist bei keinem Umsetzen ein Kind isoliert geblieben. Auch dies spricht für eine große Kohäsion in der Gruppe.

Somit finde ich die Aussage Morenos, dass Oberflächen- und Tiefenstruktur einer Gruppe möglichst deckungsgleich sein sollten, bestätigt.

2 An den Unterrichtsinhalten orientierte Soziometrie

2.1 Die eigene Lebenswirklichkeit in biblischen Geschichten wiederfinden – Verschränkung von Lerninhalten mit der Lebenswirklichkeit der SchülerInnen

Neben den Soziometrien, die das Gemeinschaftsgefühl und das Miteinander in der Klasse, also die Gruppenkohäsion stärken sollen, setze ich die Soziometrie auch gerne inhaltlich orientiert ein.

So steht in der zweiten Klasse die Geschichte von Josef und seinen Brüdern auf dem Lehrplan in Bayern. Josef hat elf Brüder und eine Schwester. Er ist der Lieblingssohn des Vaters, der ihn krass bevorzugt. Dementsprechend finden ihn seine Brüder einfach nur „doof" und wollen ihn aus dem Weg räumen. Sie werfen ihn in einen Brunnen und verkaufen ihn anschließend an eine Karawane, die nach Ägypten zieht. Also jede Menge Familiengeschichte, in der sich die SchülerInnen mit ihren Erfahrungen aus ihren eigenen Familien wiederfinden können.

Je nachdem, wie viel Vertrauen und Offenheit in der Religionsgruppe ist, kann man unterschiedlich intensiv einsteigen.

Relativ einfach ist folgende Soziometrie zur eigenen Stellung in der Geschwisterfolge:

Wir sitzen im Stuhlkreis. Ich erzähle kurz die Familiensituation von Josef.

„Wir wollen schauen, wie das bei uns ist. Einmal gibt es Kinder, die keine Geschwister haben, die Einzelkinder sind (Schild „Einzelkind" in die Mitte legen). Dann haben wir Kinder, die Geschwister haben. Hier können sie die Ältesten sein, in der Mitte oder die Jüngsten sein (entsprechende Schilder in die Mitte legen). Stelle dich jetzt bitte zu dem Schild, das zu dir passt.

In der Gruppe könnt ihr euch dann austauschen:

- Was ist schön daran, Ältester, Jüngster ... zu sein?
- Was gefällt mir daran nicht?
- Was würde ich mir wünschen? Von meinen Geschwistern? Von meinen Eltern?

> Du kannst in deiner Gruppe so viel erzählen, wie du willst. Je nachdem, wie gut du die anderen kennst. Hinterher dürft ihr die Ergebnisse aus eurer Gruppe den anderen vorstellen. Und auch hier dürft ihr auswählen, was ihr den anderen erzählen möchtet."

Schnell sind die Kinder an ihren eigenen Erfahrungen dran: Das Gefühl, zurückgesetzt zu werden, immer den Kürzeren gegen die ältere Schwester oder den jüngeren Bruder zu ziehen, den Wunsch nach mehr Zeit von Mama und Papa, aber auch Gefühle von Wut, Verzweiflung, Ohnmacht ... werden erzählt.

Wenn sich die Gruppe bereits sehr gut kennt und miteinander vertraut ist, bietet sich auch folgende Übung an:

> „Wir wollen uns unsere eigenen Familien anschauen und mit Steinen legen; wie es bei uns zuhause aussieht (wenn die Kinder den Umgang mit Symbolen schon gut geübt sind, biete ich auch zusätzlich zu den Steinen vielfältige andere Symbole an: Muscheln, Federn, Perlen, Tannenzapfen ...)."
>
> Ich nehme ein DIN A4 großes Filzdeckchen und lege als Beispiel die Familie von Josef: Dreizehn Steine für die 13 Geschwister, einen Stein für den Vater und den Stein von Josef ganz nahe beim Vater.

Und dann legen die Kinder ihre eigenen Familien. Interessant ist auch immer die Farbe, in der sie ihr Filzdeckchen auswählen. Wenn sie anschließend die Ergebnisse vorstellen, ist ein großes Vertrauen in die Gruppe wichtig. Dass keiner lacht, wenn ein Kind nur zwei Steine liegen hat: „Meine Mutter und ich". In Gruppen, die sich gut kennen, erlebe ich dann, dass die Kinder interessiert nachfragen: „Und was ist mit deinem Vater?" Das gefragte Kind darf dann entscheiden, ob es diese Frage beantworten will. Häufig erhält es Sharings der anderen: „Bei mir ist es genauso. Mein Vater lebt auch nicht mehr zuhause." Oft sind hier sehr intensive, tiefgehende Gespräche entstanden, die eine große Solidarität unter den Kindern entstehen lässt. Allerdings sind für diese gemeinsam geteilten Verletzungen ein sicheres und stabiles Umfeld dringend nötig.

Je nach Gruppe kommt es auch vor, dass Kinder andere Personen bzw. Tiere mit auf ihr Filzdeckchen legen. Die Nachbarin, zu der das Kind am Nachmittag nach der Schule geht, weil die alleinerziehende Mutter arbeitet, der Hase, dessen Fell-Symbol das Kind ganz nahe neben sich gelegt hat. Und immer wieder kommt von den anderen Kindern: „Bei mir ist das genauso." Oder „Ich mag meinen Hund auch so gerne. Nachts kuschele ich mich immer an ihn und dann geht es mir ganz gut." Wenn andere Kinder jetzt noch nachträglich ihre Haustiere mit auf ihr Filzdeckchen legen möchten, ist das natürlich jederzeit noch möglich. Selbstverständlich lege ich als Lehrerin auch meine Familiensituation – entweder die meiner Ursprungsfamilie oder die meiner jetzigen Familie und stelle dies den Kindern vor.

In diesen Unterrichtsstunden erfahren ich und die anderen Kinder sehr, sehr viel voneinander. Das hier dargebrachte Vertrauen ist mit großem Respekt zu schützen. Am Anfang wird vereinbart, ob von dem, was hier erzählt wurde, auch außerhalb der Religionsgruppe erzählt werden darf oder nicht. In all den Jahren habe ich noch nie erlebt, dass die Gruppe nicht behutsam, achtsam und verantwortungsvoll mit den zum Teil sehr offen berichteten Erfahrungen umgegangen ist.

In einem Jahr habe ich in einer kleinen Gruppe an der Förderschule auch die Bühne aufgemacht für die Familiensituation der Kinder. Jedes Kind, das wollte, durfte seine Familiensituation als Foto auf die Bühne holen und die anderen Familienmitglieder, Tiere, etc. mit Symbolen bzw. KlassenkameradInnen besetzen und dann seiner Situation noch einmal nachspüren.

Es war ein sehr schönes und intensives Arbeiten. Aber es hat auch viele Religionsstunden gebraucht – so dass es bis jetzt bei diesem einmaligen „Auf die Bühne bringen“ geblieben ist.

2.2 Zur Förderung der Empathie und des Verständnisses für soziale Dilemma-Entscheidungen

Eine weitere Einsatzmöglichkeit der Soziometrie soll ebenfalls anhand der biblischen Geschichte von Josef geschildert werden. Als Sklave nach Ägypten verkauft wird Josef dort Unterkönig. Nach langen Jahren wird es am nächsten Tag zu einem Wiedersehen mit den Brüdern kommen. Josef ist hin- und hergerissen zwischen Rachegelüsten: „Endlich zeige ich denen, was sie mir angetan haben“ und dem Wunsch nach Versöhnung und Familie „Es sind doch meine Brüder. Wie es ihnen wohl geht? Und dem Vater?“

Die Lehrkraft stellt zwei Stühle auf die Bühne. Einen für den Josef, der sich versöhnen möchte, und einen für den Josef, den es nach Rache und Bestrafung für seine Brüder dürstet (auf beide Stühle wird ein Schild mit der entsprechenden Aufschrift gelegt.). „Wenn du jetzt der Josef wärst, wie würdest du dich entscheiden? Stelle dich hinter den Stuhl, der für dich passt. Du kannst auch ausprobieren, wo es sich gut anfühlt, zu stehen. Hinter dem Stuhl „Rache“ oder hinter dem Stuhl „Versöhnung“.

Überraschend viele SchülerInnen probieren die verschiedenen Möglichkeiten aus, stehen mal hinter dem einen, mal hinter dem anderen Stuhl. Andere haben sich schnell und klar entschieden. Manche stehen auch hin- und hergerissen zwischen beiden Stühlen. Dann werden die drei Gruppen befragt. Zum Teil berichten die Kinder aus der Identifikation mit Josef heraus „Diese Mistkerle haben mich damals in den Brunnen geworfen und verkauft. Das kann ich ihnen nie verzeihen", oder sie sind ganz bei sich selbst und erzählen: „Mir ist es immer wichtig, dass man sich wieder versteht. Dass ein Streit auch wieder aufhört." Andere berichten: „Eigentlich wollte ich mich zu dem Stuhl mit der Rache stellen. Aber dort hat es sich gar nicht gut angefühlt. Und hier bei der Versöhnung ist es ein viel besseres Gefühl."

Auch hier öffnet sich durch die soziometrische Übung die biblische Geschichte für die eigenen Lebenserfahrungen, eine Verbindung von Lebens-und Glaubenserfahrungen wird möglich. Gleichzeitig findet ein Austausch in der Klasse statt. Sehr gespannt hören die Kinder den Argumenten der anderen Gruppe zu, Einfühlungsvermögen und Empathie wird gestärkt und neue Handlungsmöglichkeiten werden eröffnet.

Eine weitere kurze inhaltlich orientierte soziometrische Übung soll noch vorgestellt werden. In einer kombinierten 4. – 6. Klasse an der Förderschule habe ich bereits seit einigen Stunden das Thema „Tod" unterrichtet. Immer wieder stellten die SchülerInnen die Frage: „Was kommt nach dem Tod? Gibt es ein Leben nach dem Tod? Wie sieht das aus?" In dieser Stunde soll es explizit um dieses Thema gehen.

> Ich beginne mit einer Liniensoziometrie zu dem Kriterium: „Ich glaube, dass es ein Leben nach dem Tod gibt." Dazu wird ein Filzseil im Klassenzimmer ausgelegt. „Ja, sicher" – das entsprechende Schild wird an das eine Ende des Seils gelegt, das Schild „Nein, auf keinen Fall" an das andere Ende. Stelle dich jetzt an die Stelle an dem Seil, die zu deiner Meinung passt. Du kannst dich an ein Ende stellen, wenn du eine klare Meinung hast oder auch in der Mitte, wenn du zwischen den beiden Antworten schwankst, oder näher zu der einen Antwort."

Nachdem die SchülerInnen sich gestellt haben, befrage ich sie nach ihren Gründen, was an der Förderschule manchmal etwas knapp ausfällt „Mei, das kann ich mir nicht vorstellen, dass es nach dem Tod weitergeht." Auf mein Nachfragen erhalte ich vielleicht noch die Antwort „Das sagt mein Papa so." Aber immerhin haben sich alle SchülerInnen mit der Frage beschäftigt und eine Position bezogen. Sie haben ihre Antwort begründet und auf die Begründungen der anderen gehört. Interessant fand ich auch die Position eines Mädchens, dem ihr Glaube sehr wichtig ist und die sich in den vorausgehenden Stunden sehr intensiv mit dem Leben nach dem Tod beschäftigt hat. Äußerte sie in vorherigen Stunden die Meinung, es gäbe sicher ein Leben nach dem Tod, so stand sie diesmal am Ende „Nein". Als Begründung für ihren Standort äußerte sie knapp „Weiß auch nicht, warum ich hier stehe." Als ich ihr meine Beobachtungen der letzten Stunden spiegelte und gezielt nachfragte, sagte sie: „So sicher bin ich mir gerade auch nicht. Und ich wollte einmal sehen, wie es ist, wenn man hier steht." Diese körperliche Dimension des soziometrischen Stellens ist mir gerade an der Förderschule immer wieder aufgefallen. Lernen geschieht gerade bei den FörderschülerInnen nicht über Reden, sondern über körperliches Ausagieren und dem, was sich für sie richtig anfühlt.

2.3 Soziometrische Entscheidungsfindung für eine schülerorientierte Gestaltung des Lernprozesses

Nach den neuen Lehrplänen soll sich der Unterricht an dem jeweiligen Kompetenzstand der SchülerInnen orientieren und die konkrete Lernausgangslage jeder SchülerIn in den Mittelpunkt der unterrichtlichen Prozesse stellen. Diese beiden Punkte kann die LehrerIn beobachten und Hypothesen über den Ist-Zustand erstellen. Oder sie kann die SchülerInnen in die Verantwortung für ihren eigenen Lernprozess einbeziehen. Denn sie sind die besten ExpertInnen dafür, was sich für sie lohnt, zu lernen.

> So durften sich die SchülerInnen z. B. bei der Einheit „Wie Menschen sich Gott vorstellen" eines der zehn vorgestellten biblischen Gottesbilder aussuchen, mit dem sie in der nächsten Stunde weiterarbeiten möchten. Dazu lege ich Bibelsprüche, die zu den Vorstellungen von Gott passen, in die Mitte. JedeR SchülerIn stellt sich zu dem Bibelspruch, mit dem er/sie sich näher beschäftigen möchte. In der Kleingruppe wird dann überlegt, mit welchen Methoden dies geschehen kann.

Eine möglichst nah an der individuellen Motivationslage der SchülerInnen orientierte Planung und Gestaltung des Unterrichts ist so möglich.

Soziometrische Entscheidungsfindungsprozesse können auch angewendet werden, um herauszufinden, womit die SchülerInnen konkret weiterarbeiten wollen. So haben z. B. alle Kinder ein Bild zu einem vorgegebenen Thema gemalt (‚Als ist einmal Angst hatte', eine Szene aus einer Erzählung, die ihnen besonders wichtig geworden ist …). Diese Bilder sollen jetzt auf der Bühne in Szene gesetzt werden.

Aber mit welchem Bild sollen wir anfangen? Alle Kinder erhalten drei Holzperlen und dürfen sie auf das Bild legen, dass sie gerne im psychodramatischen Spiel sehen möchten. Hier ist sowohl Häufeln möglich als auch die Auswahl von drei verschiedenen Bildern. Das Bild mit den meisten Perlen gilt als ausgewählt – wenn der/die MalerIn einverstanden ist.

Interessant ist, dass es immer wieder Kinder gibt, deren Bild ausgewählt wird, und die dann erst einmal davor zurückschrecken, ihr Bild auf der Bühne in Szene zu setzen. Aber durch das Spielen anderer Bilder, dabei evtl. erhaltene Rollen oder auch nur die Rolle als ZuschauerIn geschehen Erwärmungsprozesse, so dass häufig Kinder nach einer Weile äußern, jetzt würden sie doch gerne ihr Bild spielen.

Durch diese kleinen soziometrischen Entscheidungen ist eine möglichst passgenau auf den Lernprozess und die Interessenslage der Kinder und Jugendlichen abgestimmter Lernweg möglich.

3 Resümee

Soweit einige Einblicke in mein soziometrisches Arbeiten im Religionsunterricht an der Schule. Beim Schreiben wurde mir noch einmal deutlich, warum ich gerne mit der Soziometrie in der Schule arbeite.

Zum einen stärkt sie den sozialen Zusammenhalt und fördert die Gruppenkohäsion in den Klassen, zum anderen lässt sich die so wichtige Verbindung vom inhaltlichen Lernen zu der Lebenswirklichkeit der Schülerinnen und Schüler spielerisch herstellen. Und bei Entscheidungssoziometrien fordert sie die Kinder und Jugendlichen auf, eine Position zu beziehen. Und was in der Schule sonst eher selten ist – das Lernen geschieht nicht nur über Zuhören und Reden – sondern über körperliches Handeln und Ausagieren.

Zusätzlich möchte ich noch auf weitere Effekte des soziometrischen Arbeitens verweisen, die bei Springer (1995, S. 176 f.) angegeben sind.

1) Das Vorstellen der sozialen Atome weckt das Verständnis füreinander, Tele wird gefördert und Integration erleichtert.
2) Durch das Prinzip des ‚Maximum an freien Wahlen' wird die freie Wahl der LernpartnerInnen bzw. der SitznachbarInnen zugelassen. Dies fördert Umgruppierungen.
3) Die soziometrische Struktur der Gesamtgruppe wird erforscht, emotionale Tiefenstruktur und persönliche Vernetztheit gefördert.

4) Der Gesamtkonsens der Gruppe wird gefördert. Die Erwärmung für ein Arbeitsthema muss immer die höchstmögliche Zahl der TeilnehmerInnen umfassen. Hierfür gibt es auch zwei Argumentationslinien bei Moreno.
   - Zum einen schreibt Moreno (Moreno 1996, S. 330), dass SchülerInnen häufig Inhalte in gefühlsarmer Lage lernen. Diese gelangen so nicht ins Handlungszentrum. Durch soziometrisch selbstgewählte Inhalte und die dadurch entstehende Erwärmung wird nachhaltiges, langandauerndes Lernen ermöglicht.
   - Zum anderen gibt es bei Moreno (zit. nach Hutter und Schwehm 2009, S. 243) neben der Präferenz für Individuen, auch die Präferenz für Objekte und Werte. In der Pädagogik wird dies die Verbindung von Lerninteresen der SchülerInnen mit den Lerninhalten genannt. Je selbstbestimmter Lernen geschieht, desto effektiver ist es. Dies kann durch soziometrische Wahlen gewährleistet werden.
5) Rollenflexibilität wird durch die Übernahme von zugeschriebenen und selbstgewählten Rollen gefördert.

Literatur

Ameln, F. v., Gerstmann, R., Kramer, J. (Hrsg.) (2009). *Psychodrama.* Heidelberg: Springer

Gellert, M. (1996). Lebendige Soziometrie in Gruppen. In: R. Bosselmann, E. Lüffe-Leonhardt u. M. Gellert (Hrsg.), *Variationen des Psychodramas.* Ein Praxisbuch – nicht nur für Psychodramatiker (S. 346–364). Meezen: Limmer

Hutter, C. u. Schwehm, H. (Hrsg.) (2009). *J. L. Morenos Werk in Schlüsselbegriffen.* Wiesbaden: VS Verlag für Sozialwissenschaften

Moreno, J. L. (1996). *Die Grundlagen der Soziometrie.* Wege zur Neuordnung der Gesellschaft. Opladen: Leske + Budrich

Moreno, J. L. (2008). *Gruppenpsychotherapie und Psychodrama.* Einleitung in die Theorie und Praxis. Stuttgart: Georg Thieme Verlag KG

Springer, R. (1995).*Grundlagen einer Psychodrama-Pädagogik.* Köln: inScenario Verlag

Stadler, C. u. Kern, S. (2010). *Psychodrama. Eine Einführung.* Wiesbaden: VS Verlag für Sozialwissenschaften

Wittinger, T. (2000). *Psychodrama in der Bildungsarbeit.* Mainz: Matthias-Grünewald-Verlag

Zeitschrift für Psychodrama und Soziometrie (2011). 10 (2). Soziometrie und Gruppendynamik

Rapelius, Kerstin, Religionspädagogin, Religionsunterricht an Grund- und Förderschulen, Psychodrama-Leiterin, Moreno-Pädagogin, Lehrbeauftragte des Moreno-Instituts Goslar-Überlingen, Mitarbeitendenjahresgespräche sowie Visitation für Religionslehrkräfte im Schulreferat München, Kirchliche Seminarleitung für Förderschulen in Oberbayern, Aus-, Fort- und Weiterbildung von ReligionslehrerInnen

Heideweg 6
D-82140 Olching
Tel.: 08142/18110
Mail: rapelius@t-online.de

Soziometrische Aufstellungsarbeit mit Gruppen und Teams im Unternehmenskontext

Personal- und Organisationsentwicklung im Stehen

Bärbel Kress und Eva Kern

1 Soziometrie im Unternehmen – ja, bitte oder: nein, danke?!

Um die Antwort gleich vorweg zu nehmen: Ja, bitte! Aus unserer langjährigen Erfahrung als TrainerInnen, BeraterInnen und Coaches im Unternehmenskontext wissen wir, dass insbesondere die Aktionssoziometrie eine Bereicherung für die Arbeit mit Gruppen oder Teams darstellt.

Eine Gruppe, wie z. B. der Führungskreis eines Unternehmens, die TeilnehmerInnen einer Vortragsveranstaltung oder eines Trainings im Unternehmen, ist niemals eine lose Ansammlung von Menschen in einem Raum. Die Arbeit im Unternehmen bringt es mit sich, dass zwischen den einzelnen Personen die unterschiedlichsten Verbindungen bestehen. MitarbeiterInnen kennen sich vielleicht von früheren Projekten oder Anlässen und stehen sich freundlich, gleichgültig oder ablehnend gegenüber. Selbst wenn sich die MitarbeiterInnen nicht persönlich kennen, so wissen sie doch, dass z. B. ihr Chef mit dieser Person gut befreundet ist und regelmäßig zum Mittagessen geht. Dieses Wissen beeinflusst ihre Haltung, ihre Gedanken und Gefühle im Hinblick auf diese KollegenInnen. Moreno sagt: „Die unstrukturierte Gruppe ist ein angenehmer konzeptueller Mythos. In Wirklichkeit zeigt selbst eine Gruppe von Fremden vom ersten Moment ihres Treffens an eine minimale Struktur. […] Aber wenn vom ersten Treffen an eine Struktur existiert, können wir uns dann leisten, die Teilnehmer zu trainieren, ohne die existierende Struktur der Gruppe zu beachten?" (Hutter und Schwehm 2009, S. 414).

Es gibt eine Vielzahl von *Einflussfaktoren auf die Beziehungsstrukturen* in einer Gruppe im Unternehmen, d. h. in einer Ansammlung von MitarbeiterInnen, die zeitlich begrenzt und zweckbezogen zusammenkommen. Diese sind z. B.:

- Hierarchische Unterschiede, wenn z. B. BereichsleiterIn und TeamleiterIn gemeinsam ein Training besuchen,
- Über- und Unterordnungsverhältnisse, wenn z. B. ChefIn und MitarbeiterIn zusammen an einer Diskussionsrunde teilnehmen,
- Homogene oder heterogene Altersstrukturen, wenn z. B. junge Führungskräfte im Rahmen eines Führungskräfte-Workshops auf solche mit langjähriger Erfahrung treffen,
- Internationalität, wenn z. B. eine Projektgruppe aus MitarbeiterInnen verschiedener Nationen besteht,
- Firmenzugehörigkeit, wenn z. B. in einem Change Management Programm junge PotentialkandidatInnen mit langjährigen MitarbeiterInnen, die schon viele Veränderungsprojekte in ihrem Unternehmen erlebt haben, über die Notwendigkeit und Geschwindigkeit der anstehenden Umstrukturierung diskutieren,
- Mischung von Führungskräften und TarifmitarbeiterInnen, wenn z. B. zu einer Vortragsveranstaltung neben dem Top-Management auch einige handverlesene MitarbeiterInnen eingeladen werden,
- Bereichsinterne oder -übergreifende Mischung der Gruppenmitglieder, wenn z. B. durch ressortübergreifende Workshops die Silos, die in einem Unternehmen bestehen, gelockert werden sollen.

In Teams, die in die Organisationsstruktur des Unternehmens eingebunden und durch eine längerfristige Struktur sowie ein definiertes arbeitsbezogenes Ziel gekennzeichnet sind, können oben genannte Einflussfaktoren ebenfalls zum Tragen kommen. Hinzu kommen jedoch noch weitere Kriterien, die neben Organigrammen und Stellenbeschreibungen die Beziehungen der Teammitglieder zu einander und zwischen Team und Vorgesetzten beeinflussen:

- Stadium der Teamentwicklung, wenn sich z. B. das Team noch in der von Bruce Tuckman[1] so treffend bezeichneten Storming Phase befindet und die Teammitglieder um ihre Positionierung kämpfen,
- Teamhistorie, wenn die Abteilung z. B. nach einer längeren Zeit der Führungslosigkeit einen neuen Vorgesetzten bekommt,
- Teamzugehörigkeit, wenn z. B. ein Subteam seit der „Stunde Null" des Bereichs an Bord ist, während die übrigen Mitglieder sukzessive hinzugekommen sind,

1 Die Entwicklung eines Teams wird von Bruce Tuckman als Prozess angesehen, dessen Ablauf er in vier Phasen plus Auflösungsphase gliedert: Forming, Norming, Storming und Performing (siehe dazu auch Tuckman, 2012).

- Kohäsion, wenn z.B. die MitarbeiterInnen eines virtuellen Teams sich z.T. kaum kennen, da sie an unterschiedlichen Standorten arbeiten,
- Hierarchie, wenn z.B. der Vorgesetzte in seinem Bereich MitarbeiterInnen zu führen hat, die in der Hierarchie eigentlich über ihm stehen,
- Informelle Strukturen, wenn z.B. der Chef als Führungskraft relativ schwach ist und eine MitarbeiterIn dieses Führungsvakuum ausfüllt, indem er oder sie de facto die Führung des Teams übernimmt.

Moreno selbst hat in verschiedensten Organisationen gearbeitet und mit Hilfe der Soziometrie die Gruppenstrukturen und sozialen Prozesse, die zwischen den einzelnen Gruppenmitgliedern ablaufen, analysiert. Ziel seiner Arbeit war es, durch den auf die sozioemotionalen Verflechtungen gerichteten Erkenntnisprozess einen Lern- und Veränderungsprozess beim Einzelnen und in der Gruppe in Gang zu setzen. „Soziometrie ist immer dann die Methode der Wahl, wenn es darum geht, latente Beziehungsstrukturen in einer Gruppe zu erfassen, an die Gruppe zurück zu spiegeln und im Hinblick auf die Verbesserung der Gruppenbeziehungen zu reflektieren" (Ameln, Gerstmann und Kramer 2009, S. 243).

Ein zentraler Punkt aus Morenos Gedankengut ist in diesem Zusammenhang aktueller denn je. MitarbeiterInnen sollen laut Moreno durch soziometrische Arbeit miteinander in Kontakt treten und sich begegnen. Dafür ist eine gute ‚Tele'-Beziehung nötig, ein Begriff Morenos, der im Unternehmenskontext nicht gebräuchlich ist. „Die […] gegenseitige realitätsgerechte Wahrnehmung und die sich daraus ergebende Beziehung zweier (oder mehrerer) Menschen nennt Moreno Teleprozess bzw. Telebeziehung" (Leutz 1974, S. 20). Aus unserer Erfahrung in Trainings und Teamworkshops ist die Schulung und Schärfung der Wahrnehmung für viele MitarbeiterInnen und Führungskräfte sehr wertvoll und häufig auch notwendig zur Verbesserung der Interaktionen im Unternehmen. „Tele ist aber keineswegs nur gegenseitiges Erkennen, sondern gegenseitige Einfühlung auch analog dem zweiten Teil unserer Definition der Einfühlung, also der gegenseitigen, imaginativen Annahme der Rolle des anderen, wodurch flexible kreative Interaktion erst möglich wird." (Leutz 1974, S. 20). In den Kompetenzmodellen vieler Unternehmen spricht man statt von Tele eher von emotionaler Intelligenz nach Daniel Goleman, guter Selbst- und Fremdwahrnehmung oder von Empathie und zielt ab auf die Fähigkeit von MitarbeiterInnen und vor allem Führungskräften, gelungene Arbeitsbeziehungen zu gestalten. Hier kann Soziometrie einen Beitrag leisten und zwar nicht nur zum Miteinander, sondern auch im Hinblick auf den Erfolg des Unternehmens.

Die Bedeutung der sogenannten weichen Faktoren für die Leistungsbereitschaft des Einzelnen, für den Wissensaustausch und die Kooperation im Team ist seit langem bekannt. Als mittelbarer Treiber für den Unternehmenserfolg ist die

MitarbeiterInnenperspektive deshalb heute in den Managementsystemen vieler Unternehmen wie z. B. in Balanced Scorecards[2] oder EFQM Modellen[3] verankert.

Für externe wie interne TrainerInnen, BeraterInnen und Coaches, die mit Gruppen oder Teams in Unternehmen arbeiten, muss sich immer die Frage stellen, wie weit sie in das Beziehungsgeflecht der MitarbeiterInnen und Führungskräfte hineinschauen und eingreifen dürfen oder auch müssen, um das Ziel ihres Auftrags zu erreichen. In einigen Fällen besteht der Auftrag scheinbar „nur" darin, mit der Arbeitsgruppe ein sachliches Ziel zu erreichen, z. B. die Klärung von Teamzielen, Organisationsstrukturen, Aufgaben oder Prozessen. Häufig können diese Hard Facts orientierten Themen aber nicht bearbeitet werden, ohne sich auch um die weichen Faktoren, die Soft Facts, zu kümmern, die wie Öl im Getriebe das Team erst zu einem leistungsfähigen Organismus machen. Vor Durchführung z. B. eines Teambuilding Workshops, eines Teamcoachings, eines Trainings oder einer Tagung ist deshalb auf jeden Fall zu klären, wie der Auftraggeber die bestehende Gruppen-/Teamstruktur einschätzt und welche besonderen Einflussfaktoren hier zum Tragen kommen.

2 Weg vom Besprechungstisch, hin zur Aufstellung im Raum

Um einen Einblick in die informellen Strukturen eines Teams oder einer Gruppe zu erhalten, eignet sich unserer Erfahrung nach die sogenannte Aktionssoziometrie in Form der soziometrischen Aufstellung für den Unternehmenskontext hervorragend. Mögliche Formate, in denen eine soziometrische Aufstellung angewendet werden kann, sind z. B. Teamworkshops, Teamentwicklungsmaßnahmen oder Teamcoachings, aber auch Trainings von Führungskräften und MitarbeiterInnen.

---

2 Das Konzept der Balanced Scorecard geht zurück auf Robert S. Kaplan und David P. Norton. Die Balanced Scorecard dient als Führungsinstrument zur Ausrichtung der Organisation an strategischen Zielen und berücksichtigt neben klassischen Kennzahlen auch nicht-finanzielle Indikatoren in vier Perspektiven: Finanzen, KundInnen, Prozesse, MitarbeiterInnen (siehe auch Kaplan und Norton 1997).

3 Das EFQM Modell wurde 1988 von der European Foundation for Quality Management entwickelt und zielt ab auf die operative Umsetzung von Qualität nicht nur als Strategiebestandteil, sondern als Teil der Unternehmenskultur. Die Orientierung am Mitarbeiter ist dabei ein wichtiges Element des Modells. In einer Langzeitstudie wurde nachgewiesen, dass sich Unternehmen wirtschaftlich besser entwickeln (Börsenkurse, Umsätze, Gewinne, Mitarbeiterzahlen, etc.), wenn sie nach Qualitätsmanagementmodellen wie dem EFQM-Modell arbeiten. Siehe auch http://www.efqm.org/en/

Zielsetzungen für soziometrische Aufstellungen sind …

- die Analyse und Diagnose der Gruppen- oder Teamstruktur, von der sowohl TrainerIn als auch Gruppenmitglieder profitieren,
- das Erwärmen der Gruppenmitglieder für bestimmte Themen und
- das gezielte Anstoßen von Veränderungen der bestehenden Strukturen oder der eigenen Position.

Bei einer soziometrischen Aufstellung positionieren sich die Gruppenmitglieder aufgrund vorgegebener Kriterien im Raum. Dieses Vorgehen bringt eine Reihe positiver Nebeneffekte für die Gruppenmitglieder und die Aufstellungsleitung mit sich:

- Die Gruppenmitglieder stehen auf und bewegen sich. Wenn Trainings im Unternehmen mit MitarbeiterInnen durchgeführt werden, die eher operative oder organisierende Tätigkeiten inne haben bzw. im Arbeitsalltag primär „Management by walking around" betreiben, dann ist vieles Sitzen ermüdend und die Aufstellungsarbeit eine willkommene, Körper und Geist belebende Aktivität.
- Strukturen und Positionen werden visualisiert. Die Anordnung der Personen im Raum macht in kurzer Zeit transparent, was ansonsten zeitaufwändig beschrieben und erläutert werden müsste.
- Die Wahrnehmung der eigenen Position und die der Anderen werden durch die Aufstellung erleichtert. Unterschiede und Gemeinsamkeiten, Vielfalt oder Gleichartigkeit, mögliche Konfliktherde, aber auch Ansatzpunkte für Lösungen können schnell erkannt oder erarbeitet werden.

Angestoßen wird die Aufstellung durch eine konkrete Fragestellung durch die LeiterIn oder ModeratorIn der Maßnahme.

2.1 Aufstellungsarten

Folgende Aufstellungsarten werden bei der Aktionssoziometrie unterschieden und können je nach Zielgruppe und Setting eine Bereicherung für die Arbeit mit Gruppen oder Teams darstellen.

Eindimensionale Aufstellungen

- *Einfache soziometrische Kette:* Die Aufstellung in einer einfachen soziometrischen Kette ist eine häufig eingesetzte Methode, um z. B. zu Beginn eines Trainings die TeilnehmerInnen zu ermuntern, sich näher kennenzulernen, in

Abbildung 1 Beispiel für eine einfache soziometrische Kette

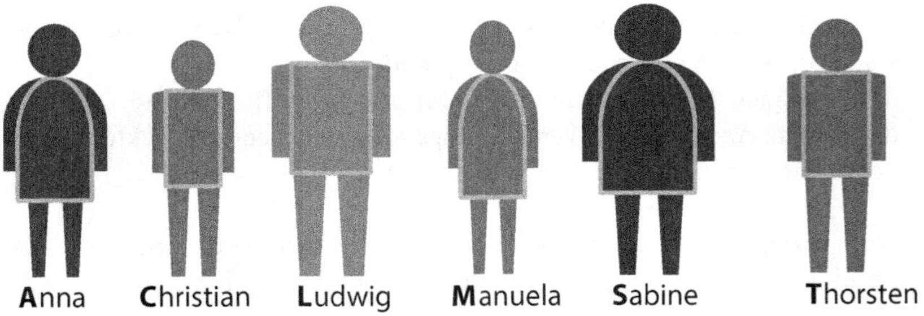

Beziehung zu treten und sich auszutauschen. Dazu stellen sich die TeilnehmerInnen in einer Reihe im Raum auf entlang einer gedachten Linie oder eines ausgelegten Seiles. Mögliche Kriterien für Aufstellungen sind z. B.:

- Anfangsbuchstabe des Vor- oder Nachnamens (A–Z)
- Firmenzugehörigkeit (1 Jahr – x Jahre)
- Anzahl MitarbeiterInnen (0 MitarbeiterInnen – x MitarbeiterInnen)

- *Eindimensionale Einstellungsabfragen:* Auf einer Skala von 1 bis 10 oder als bipolare Skalen (eher dies oder eher das) zeigen die Gruppenmitglieder, wo sie stehen und ob die Gruppe eine homogene oder eher heterogene Haltung zur definierten Frage hat. Auch hier kann mit einem Seil gearbeitet werden, um die Skala zu visualisieren. Die beiden Pole der Skala können durch Stühle oder/und beschriebene Moderationskarten dargestellt werden. Bei Platzmangel kann diese Einstellungsabfrage mit einer bipolaren Skala auch durch das Aufstehen vom Stuhl bzw. das Sitzenbleiben symbolisiert werden. Mögliche Fragen im Unternehmen sind z. B.:
  - Wie groß ist Ihr Interesse an einem Einsatz im Ausland auf einer Skala von 1 bis 10? „1“ bedeutet „kein Interesse“, „10“ bedeutet „sehr großes Interesse“
  - Bevorzugen Sie eher operative oder eher strategische Aufgaben?

Zweidimensionale Aufstellungen

- *Soziometrische Landkarte:* Damit die Teammitglieder sich oder ihre Präferenzen näher kennenlernen, z. B. innerhalb eines neu gegründeten Projektteams, verdeutlichen sie ihre Position auf einer imaginären Landkarte, bei der die Nord/Süd- und Ost/West-Achse mit Hilfe von Moderationskarten am Boden markiert werden. Der Aufstellungsleiter stellt folgende mögliche Fragen:
  - Wo ist Ihr jetziger Wohnort? Oder: Wo liegt Ihr Heimatort?
  - In welcher Region möchten Sie die anstehenden Kundenbefragungen durchführen?

Abbildung 2 Beispiel für eine eindimensionale Einstellungsabfrage

Abbildung 3 Beispiel für eine soziometrische Landkarte

Abbildung 4 Beispiel für eine zweidimensionale Einstellungsabfrage

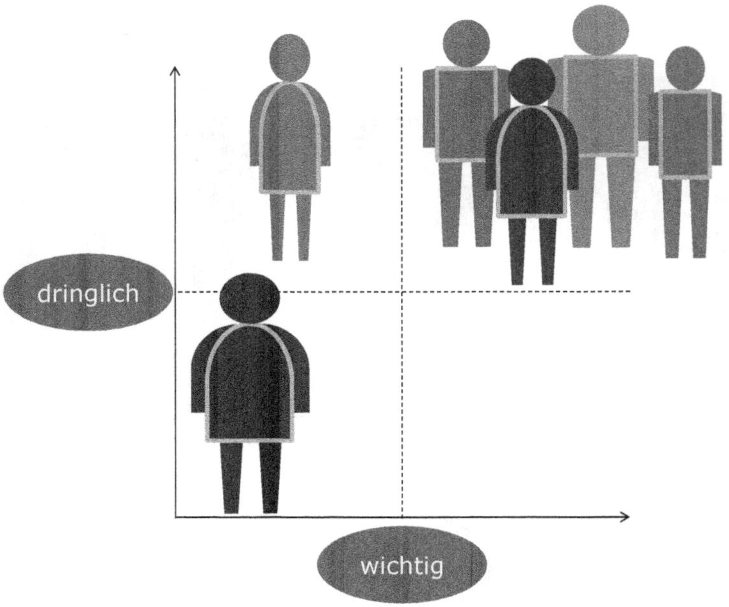

Abbildung 5 Beispiel für eine polare Aufstellung zu einem Thema

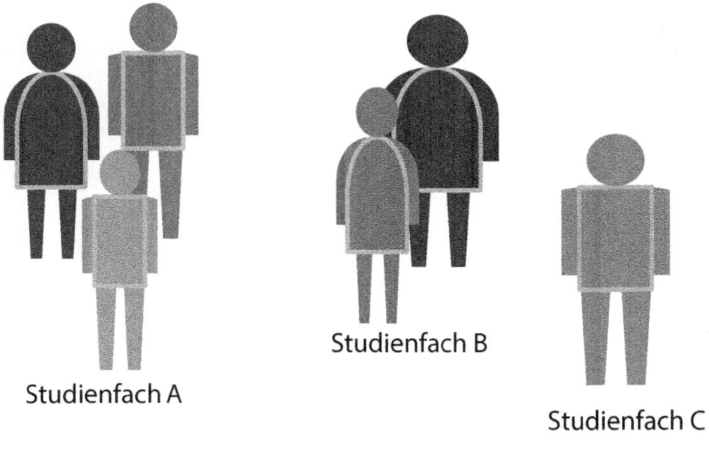

- *Zweidimensionale Einstellungsabfragen:* Eine Vier-Felder-Matrix ermöglicht die kombinierte Abfrage von zwei Aspekten, die für die Teamarbeit wichtig sind, z. B.
  - Wie viel Wissensvermittlung und wie viel praktische Übungen möchten Sie?
  - Wie wichtig und wie dringlich finden Sie das Projektziel xy?

Polare Aufstellungen zu einem Thema
Bei der polaren Aufstellung ist der Bezugspunkt nicht eine Achse, sondern ein Punkt im Raum. Mit Hilfe dieser Aufstellung wird eine für die Gruppe wichtige Fragestellung beleuchtet, gewissermaßen auf den Punkt gebracht. Das Thema wird mit einem Symbol dargestellt und dieses mitten im Raum platziert. Die Gruppenmitglieder stellen sich entsprechend nah oder weit davon auf, dem Symbol zu- oder abgewandt. Beispielhaft seien folgende Fragen genannt:

- Wie nah sind Sie schon Ihrem Ziel, der kundenorientierteste Anbieter zu sein?
- Wo würden Sie sich im Hinblick auf Ihren Wunsch nach Vertrauen im Team positionieren?

Multipolare Aufstellungen (Häufelungen im Raum)
Für eine multipolare Aufstellung werden mehrere Punkt im Raum für die Positionierung der Gruppenmitglieder herangezogen. Die möglichen einzunehmen-

Abbildung 6 Beispiel für eine multipolare Aufstellung

den Plätze werden durch Symbole, Tücher oder auch beschriftete Moderationskarten dargestellt und mitten im Raum ausgelegt. Die Gruppenmitglieder stellen sich zu dem Symbol, das sie anspricht. Mögliche Aufstellungen sind z. B.:

- Was ist Ihr Ausbildungshintergrund? Studienfach?
- Wie ist der Energiezustand in der Gruppe? Mit Hilfe von vier Moderationskarten, die mit den Begriffen „Erde", „Feuer", „Wasser" und „Luft" beschriftet sind, kann in kurzer Zeit eine Standortbestimmung während des Seminars vorgenommen werden.

2.2 Der soziometrische Test im Unternehmenskontext

Das klassische Verfahren im Psychodrama zur Aufdeckung informeller Strukturen und zur Erfassung des Beziehungsgeflechts in einer Gruppe ist der sogenannte soziometrische Test. „Soziometrische Tests zeigen auf dramatische und exakte Weise, dass jede Gruppe unter ihrer oberflächlichen, greifbaren, sichtbaren, ablesbaren Struktur eine zugrunde liegende, nicht greifbare, unsichtbare inoffizielle Struktur besitzt, die allerdings lebendiger, wirklicher und dynamischer ist als die erstere. Dies konnte für Gruppen nachgewiesen werden, die einen sehr formalisierten, institutionalisierten Charakter haben, wie auch für Gruppen, deren Struktur informell, fließend und vergänglich ist." (Moreno zit. nach Hutter und Schwehm 2009, S. 231 f.).

Ein soziometrischer Test muss immer gut vorbereitet und eingeführt werden, denn es ist wichtig, dass die Gruppe sich explizit dazu bereit erklärt, die Beziehungsstrukturen in ihrem Kreis genauer anzuschauen und die Ergebnisse für die Veränderung ihres Systems zu nutzen. Das Aufdecken der Strukturen bietet Chancen für die Gruppe und den Einzelnen, da die Ursachen für schwelende Konflikte und mögliche Lösungsansätze transparent werden. Für viele ist dies jedoch gleichzeitig auch die Kehrseite der Medaille, wenn die daraus entstehenden Konflikte gefürchtet werden.

In einem soziometrischen Test werden die TeilnehmerInnen gebeten, anhand definierter Fragen ihre Präferenzen für einzelne Teammitglieder offen zu legen. Mögliche Fragen wären z. B.:

- Mit wem würde ich am liebsten in einer Arbeitsgruppe zusammenarbeiten?
- Mit wem würde ich am liebsten eine Präsentation vor dem Führungskreis halten?

Die Ergebnisse jeder einzelnen Wahl werden in eine Soziomatrix eingetragen, an die Gruppenmitglieder zurückgemeldet und können in Form von sogenannten Soziogrammen grafisch dargestellt werden (siehe dazu auch die ausführlichere Beschreibung in Ameln 2009, S. 243 ff) Im Unternehmenskontext ist der soziometrische Test in seiner Urform unseres Erachtens nur mit großer Vorsicht einzusetzen.

Die Anwendung eines soziometrischen Tests im Unternehmenskontext setzt voraus, dass

- die Gruppe schon über einen längeren Zeitraum miteinander gearbeitet hat und auch weiter bestehen bleibt,
- alle Gruppenmitglieder ihre Bereitschaft zur Durchführung des Tests erklärt haben,
- die Leitung dafür den expliziten Auftrag vom Auftraggeber (z. B. der HR Abteilung und/oder vom Vorgesetzten) erhalten hat und der Auftrag auch die weitere Begleitung der Gruppe nach dem Test umfasst,
- das etwaige Mitbestimmungsrecht des Betriebsrates im Unternehmen berücksichtigt worden ist,
- ausreichend Zeit für die Entwicklung einer sinnvollen Fragestellung, eines sinnvollen Untersuchungskriteriums, für die Durchführung und vor allem auch für die Nachbesprechung der Ergebnisse zur Verfügung steht,
- diese Maßnahme in einen längerfristigen Teamentwicklungsprozess eingebunden ist und
- die Ergebnisse des Gruppenprozesses – insbesondere schriftliche Dokumente wie die Soziogramme – von der Gruppe und der LeiterIn vertraulich behandelt werden.

Der Aufwand für die Durchführung eines soziometrischen Tests ist nicht unerheblich. Es ist sorgsam im Einzelfall zu prüfen, ob die möglichen nachhaltigen negativen Auswirkungen, z. B. kränkende Ergebnisse, auf die (Zusammen-)Arbeitsfähigkeit des Teams die Chancen rechtfertigen.

3 Anwendungsbeispiele aus der Praxis

3.1 Aufstellungen mit dem Projektteam eines Change Management Projekts

Ausgangssituation/Hintergrund:
MitarbeiterInnen aus verschiedenen Abteilungen kommen zusammen für einen Workshop, der den Auftakt für ein Change Management Projekt darstellt und in dem konkrete Change Management Maßnahmen sowie Arbeitspakete für die weitere Projektarbeit definiert werden sollen.

Zielsetzung der Aufstellung:
Zum einen gilt es, die TeilnehmerInnen des Workshops miteinander bekannt zu machen. Einige kennen sich sehr gut, andere sind ganz neu im Unternehmen. Zum anderen ist unklar, wer welches Wissen über und wer welche Erfahrung im Thema Change Management besitzt. Hier Transparenz und Klarheit zu bekommen, ist ein weiteres Ziel.

Beschreibung der Durchführung:
Nach einer kurzen Begrüßung durch den Projektleiter und durch den Moderator, stellt der Moderator die Ziele des Workshops vor. Danach führt er durch die Aufstellungsarbeit wie folgt:

„Ich möchte Euch zu einer Übung einladen, mit Hilfe derer wir uns besser kennen lernen können. Dazu bitte ich Euch aufzustehen. Ich habe ein paar Fragen vorbereitet und anhand dieser Fragen positioniert Ihr Euch im Raum. Damit Ihr Euch besser vorstellen könnt, wie das funktioniert, fangen wir ganz einfach mit der ersten Frage an: Wie lange seid Ihr schon im Unternehmen? Bitte stellt Euch in einer Reihe auf entsprechend Eurer Betriebszugehörigkeit. Auf dieser Seite des Raums sollte der Kollege stehen, der schon am längsten dabei ist, auf der anderen Seite (Moderator deutet auf die andere Seite des Raums) dann entsprechend derjenige, der am wenigsten lang dabei ist."

Nachdem die TeilnehmerInnen sich in einer Reihe aufgestellt haben, befragt der Moderator die beiden außenstehenden Personen, wie lange sie schon im Unternehmen sind, um einen Überblick über die Bandbreite zu bekommen und bittet dann die TeilnehmerInnen der Reihe nach kurz zu sagen, für welche Betriebszugehörigkeit sie stehen. Diese einfache soziometrische Kette zeigt, dass es Personen gibt, die bereits mehr als 10 Jahre im Unternehmen sind und andere wiederum erst seit wenigen Wochen.

Im nächsten Schritt bittet der Moderator die Gruppe, sich im Sinne einer multipolaren Aufstellung nach ihrer fachlichen Ausbildung aufzustellen, also wer hat welches Studium oder welche Ausbildung absolviert. Die TeilnehmerInnen stellen sich dabei in kleinen Gruppen im Raum verteilt auf. Auch hier erfolgt eine Befragung der einzelnen Gruppen durch den Moderator: „Für was steht Eure Gruppe?“. Die letzte Aufstellung umfasst die Frage „Wie schätzt Ihr Eure Erfahrung zum Thema Change Management ein?“ Bei dieser Frage gibt der Moderator Kategorien vor und definiert Bereiche im Raum, die zu den Kategorien „viel Erfahrung“, „mittelmäßig viel Erfahrung“ und „eher wenig Erfahrung“ gehören. Bei der Befragung der TeilnehmerInnen, warum sie sich zu welcher Kategorie gestellt haben, wird klar, dass die Beschreibung „Erfahrung mit dem Thema Change Management“ teilweise sehr unterschiedlich aufgefasst wird – einige beziehen es z. B. nur auf den beruflichen Kontext, andere schließen auch Erfahrungen im privaten Bereich mit ein. Diese Interpretation der Fragestellung kann als Schutzmechanismus gedeutet werden, um nicht offen legen zu müssen, dass die Personen im beruflichen Kontext nur relativ wenig Erfahrung mit dem Thema haben.

Dauer (für Aufstellungen und Interviews): ca. 15–20 Min.

Gruppengröße: mind. 8–10 Personen

Effekte der Übung:
Ziel dieser Aufstellungsarbeit war ein besseres Kennenlernen der Teammitglieder untereinander und ein erstes Anwärmen mit dem eigentlichen Projektauftrag ‚Change Management‘. Vor diesem Hintergrund wurde in den Interviewfragen darauf verzichtet, das Beziehungsgeflecht in der Gruppe genauer zu erkunden (Fragen in diese Richtung wären z. B.: „Wie ist das für Dich, wenn Du als neue MitarbeiterIn die vielen erfahrenen KollegInnen dort stehen siehst? Du bist der einzige Psychologe hier, dort drüben steht eine große Gruppe mit BetriebswirtschaftlerInnen, wie geht es Dir damit? Für mich schaut das fast ein bisschen bedrohlich aus.“) Die Aufstellungsarbeit bildete einen Teil des Fundaments, auf dem die weitere Projektarbeit im Team basierte, und war damit ein wichtiger Bestandteil der Projektteamsitzung.

3.2 Aufstellungen mit Führungskräften im Rahmen eines Führungskräftetrainings

Ausgangssituation/Hintergrund:
Führungskräfte aus verschiedenen Standorten eines Unternehmens treffen sich im Rahmen eines mehrtägigen Führungskräfte-Entwicklungsprogramms. Im ersten

Modul dieses Programms geht es um die Grundlagen der Führung, Führungstheorien, aber auch die eigene Rolle als Führungskraft.

Zielsetzung der Aufstellung:
Durch vorangegangene Briefings des Auftraggebers und eine anonymisierte, elektronische Vorabbefragung der TeilnehmerInnen weiß die Trainerin, dass die Führungsmannschaft sehr heterogen ist im Hinblick auf Alter und Führungserfahrung. Ziel der Aufstellung ist es, diese Heterogenität gleich zu Beginn des Trainings sichtbar zu machen und die Wahrnehmung der TeilnehmerInnen für die Vielfalt in ihrer Gruppe zu schärfen. Die „realitätsgerechte Wahrnehmung" (Moreno) der eigenen Führungserfahrung sowie die der Anderen soll an die Stelle von Vermutungen und eventuellen Befürchtungen treten: Die Anderen haben bestimmt alle viel mehr Erfahrung als ich. Ob ich da überhaupt mithalten kann?

Zielsetzung ist es darüber hinaus, die Trainingsgruppe für die gemeinsame Auseinandersetzung mit dem Thema Führung zu erwärmen.

Durchführung der Aufstellung:
Die Aufstellung im Raum beginnt mit der folgenden Frage: „Wie viel Jahre Erfahrung haben Sie als Führungskraft?" Die Trainerin markiert die Eckpunkte der Aufstellung mit zwei Stühlen (von „1 Jahr Führungserfahrung" bis „mehr als 15 Jahre Führungserfahrung"). Die TeilnehmerInnen kommen mit einander ins Gespräch, während sie klären, wer neben wem stehen muss. Dabei entsteht erwartungsgemäß die vertiefende Frage danach, wann man denn eigentlich eine Führungskraft ist: wenn man MitarbeiterInnen im eigenen Team disziplinarisch oder fachlich führt oder auch wenn man schon als Projektleiter ProjektmitarbeiterInnen geführt hat. Wo fängt Führung an – wo hört sie auf? Der inhaltliche Austausch zwischen den TeilnehmerInnen unterstützt durch die Trainerin führt zur Klärung dieser Fragen, und einige Personen korrigieren ihre im ersten Anlauf gewählte Position. Die heterogene Struktur der Gruppe wird sehr deutlich. Es gibt drei Gruppen von TeilnehmerInnen: eine kleine Gruppe mit noch sehr unerfahrenen Führungskräften, von denen einer erst seit wenigen Monaten die Führungsrolle inne hat, eine zweite Gruppe mit mehr als 15 Jahren Erfahrung und eine dritte Gruppe, die einen Erfahrungshorizont von 3 bis 6 Jahren mitbringt. Die Trainerin interviewt jede Gruppe, beginnend mit der Gruppe der eher Unerfahrenen: „Warum stehen Sie da, wo Sie stehen?", „Wie geht es Ihnen hier an Ihrer Position?", „Welche Fragen oder Überlegungen gehen Ihnen durch den Kopf?" Bei den jungen Führungskräften ist der Zweifel groß, ob sie hier im Seminar viel beitragen werden können. Sie hoffen, dass sie einiges für die Zukunft lernen werden. Wohingegen die sehr erfahrenen Führungskräfte hoffen, dass sie ihre Erfahrungen einbringen können und dass sie etwas Neues lernen werden.

Als nächste Frage bietet sich an: „Wie viele MitarbeiterInnen führen sie zur Zeit?“ (0 bis > 50 MitarbeiterInnen). Auch hier kann einiges zur Klärung der Führungsthematik beigetragen werden, denn an dieser Stelle wird diskutiert, ob nur die sogenannten Direct Reports (z. B. die direkt von einem Bereichsleiter geführten vier Abteilungsleiter) gerechnet werden oder alle 35 MitarbeiterInnen, die zum eigenen Bereich gehören. Nach einer kurzen Befragung der TeilnehmerInnen zu ihrer jetzt gewählten Position, fasst die Trainerin die Erkenntnisse aus den beiden Aufstellungen und den Diskussionen zusammen, indem sie vor allem auf die erkannten Gemeinsamkeiten (Lernen wollen) abzielt und die positiven Effekte der Unterschiedlichkeit noch einmal bekräftigt, denn schon in dieser kurzen Übung hat sich gezeigt, dass die TeilnehmerInnen voneinander sehr viel lernen können, von den Erfahrungen und Kenntnissen der erfahrenen Führungskräfte ebenso wie von den Fragen der jungen Führungskräfte.

Dauer (für Aufstellungen und Interviews): 20–30 Min.

Gruppengröße: 10–12 Personen

Effekte der Aufstellung:
Die Gruppenmitglieder haben sich in kurzer Zeit für einander und für das Thema erwärmt. Die Trainerin erhält einen Überblick über die Struktur der Gruppe im Hinblick auf die beiden Kriterien Führungserfahrung und Anzahl geführte MitarbeiterInnen. Zudem erfahren alle viel über die Gruppenkohäsion und die Persönlichkeit der einzelnen TeilnehmerInnen: wie vertrauensvoll interagiert die Gruppe bereits miteinander, wer ist mit wem gut bekannt, wer hält sich zurück bei der Wahl seiner Position, wer berichtet offen über sich selber und seine Erfahrungen, wer hat sich schon intensiver mit dem Thema Führung beschäftigt.

3.3 Aufstellungen mit dem Top Management im Rahmen einer Führungskräftetagung

Ausgangssituation/Hintergrund:
Die oberen Führungskräfte eines großen Unternehmens erhalten im Rahmen einer Führungskräftetagung eine halbtägige Einführung zum Thema Change Management. Die Unternehmensleitung erwartet von ihren Top-Führungskräften, dass diese eine noch aktivere Rolle im Initiieren, Betreiben und Managen von Veränderungsprozessen im Unternehmen einnehmen.

Zielsetzung der Aufstellung:
Ziel ist es, die TeilnehmerInnen für die Notwendigkeit eines systematischen Veränderungsmanagements im Unternehmen zu sensibilisieren. Aufgrund der knappen Zeit, die für die Vermittlung des Themas Change Management zur Verfügung steht, gilt es, die Gruppe möglichst schnell für die Veränderungsthematik zu erwärmen.

Durchführung der Aufstellung:
Die Trainerin bittet die Führungskräfte nach einer kurzen Einführung in das Thema Change sich im Raum aufzustellen zur Frage: „Wie viele Veränderungen (z. B. Umstrukturierungen, strategische Neuausrichtungen) haben Sie hier im Unternehmen schon erlebt?" (viele – wenige). Die meisten Führungskräfte haben bereits eine ganze Reihe an immer schneller aufeinander folgenden Veränderungen im Unternehmen erlebt. Bei der nächsten Frage stellt sich heraus, dass die Häufigkeit von Veränderungen auch im gerade begonnenen neuen Jahr noch hoch sein wird. „Wie viele Veränderungen stehen in Ihrem Bereich in diesem Jahr an (werden begonnen oder laufen noch weiter in diesem Jahr)?" (gar keine – sehr viele). Für eine spätere Gruppenarbeit kann die Trainerin an dieser Stelle schon einige Beispiele sammeln. Die Vielzahl an Veränderungen und der schnelle Rhythmus, in dem diese von der Organisation bewältigt werden müssen, sehen die TeilnehmerInnen als große Herausforderung für das Unternehmen. Nach Capgemini Consulting (Capgemini Consulting, Change Management Studie 2010, S. 35 ff) ist die Veränderungsfähigkeit (Changeability) einer Organisation das Ergebnis aus der Veränderungsbereitschaft, der Veränderungskompetenz, die im Unternehmen vorhanden ist und konkreten Veränderungsmöglichkeiten. Die Veränderungsbereitschaft der MitarbeiterInnen und Führungskräfte ist dabei der Schlüsselfaktor. Mit Hilfe der dritten Frage sollen sich die TeilnehmerInnen deshalb darüber klar werden, wie hoch die Veränderungsbereitschaft im Unternehmen ist. „Wie schätzen Sie die Veränderungsbereitschaft der Führungskräfte und MitarbeiterInnen im Unternehmen ein?" (hoch – niedrig). Hier fragt die Trainerin zunächst nach der von den Führungskräften wahrgenommenen Veränderungsbereitschaft bei den MitarbeiterInnen, die als nur durchschnittlich hoch eingeschätzt wird, dann nach der Veränderungsbereitschaft bei den Führungskräften des Unternehmens, die höher bewertet wird, aber mit einer breiten Streuung von durchschnittlich bis sehr hoch. In den Interviews mit den TeilnehmerInnen werden die Gründe für diese Einschätzung hinterfragt und die Notwendigkeit eines verbesserten Veränderungsmanagements im Unternehmen deutlich. Da die Offenheit der Gruppe recht groß ist, geht die Trainerin noch einen Schritt weiter und befragt die Führungskräfte nach ihrer ganz persönlichen Veränderungsbereitschaft. „Wie hoch ist Ihre eigene Veränderungsbereitschaft?" (hoch – niedrig). Die Ergebnisse sind

ebenfalls heterogen. Einige Führungskräfte sind hochmotiviert und zeigen viel Energie für die in ihrem Bereich anstehenden Projekte, andere wiederum spüren die gleichen Ermüdungserscheinungen, die auch im Hinblick auf die Veränderungsbereitschaft der MitarbeiterInnen genannt worden sind.

Dauer (für Aufstellungen und Interviews): 20–30 Min.

Gruppengröße: bis 25 Personen

Effekte der Aufstellung:
Durch die Aufstellungen sind die TeilnehmerInnen der Führungskräftetagung für das Thema Change Management erwärmt worden. Die Führungskräfte erkennen, dass sie als Führungsmannschaft in ihrer Einschätzung der Stärke der Veränderungshäufigkeit und der zu geringen Veränderungsbereitschaft der MitarbeiterInnen übereinstimmen. Das verbindet. Die Aufstellung der Veränderungsbereitschaft auf Seiten der Führungskräfte sowie die Betrachtung der eigenen Motivation für weitere Veränderungen löst z. T. Betroffenheit aus und den Wunsch, sich mit diesem Thema genauer auseinander zu setzen.

3.4 Aufstellung zu Nähe und Distanz im Rahmen eines Teamworkshops

Ausgangssituation/Hintergrund:
Infolge der Umstrukturierung eines großen Konzerns ist eine neue Gesellschaft entstanden, in der einige Funktionen zukünftig gebündelt für den Konzern erbracht werden. Durch die Zentralisierung sind die Bereiche und Abteilungen der Gesellschaft zum großen Teil neu zusammengestellt worden. Das bedeutet, dass viele Teams ihre Businessziele und Arbeitsprozesse sowie Werte und Normen, Spielregeln erst finden und definieren müssen. Das hier betrachtete Team ist sukzessive auf 18 Teammitglieder angewachsen, von denen einige aus Zeitarbeitsfirmen kommen und andere nur befristete Verträge haben, d. h. nicht auf Dauer in diesem Team sein werden. Der Teamworkshop soll dabei helfen, die Neuausrichtung des Unternehmens zu verstehen, die Ziele für den eigenen Bereich zu schärfen und als Team noch enger zusammenzuwachsen.

Zielsetzung der Aufstellung:
Die Teammitglieder sind fachlich ausgezeichnete Einzelkämpfer, die viel Eigeninitiative und Selbständigkeit zeigen. Zusammenarbeit und Austausch im Tagesgeschäft ist aus Sicht der MitarbeiterInnen aber so gering, dass der Eine oder An-

dere sich fragt: „Was machen die eigentlich den ganzen Tag?“ Ziel der Aufstellung ist es, zum einen die gefühlte Nähe bzw. Distanz sichtbar zu machen und zum anderen einen Impuls für die Nähe-Distanz-Regulierung zu setzen.

Durchführung der Aufstellung:
Das Team hat bereits an den fachlichen Themen gearbeitet und auch schon die eigenen Kompetenzen und Stärken im Team beleuchtet. Die Stimmung im Team ist gut, der Austausch offen und recht vertrauensvoll. Für die Aufstellung sollen sich nun die TeilnehmerInnen zu folgenden Fragen im Raum zueinander positionieren: „Mit wem tauschen Sie sich fachlich am meisten aus?“ Die Trainerin erläutert dazu: „Überlegen Sie, mit wem Sie in der täglichen Arbeit zu tun haben, von wem Sie Informationen bekommen, an wen Sie Dinge weiterleiten im Team, etc. … Stellen Sie sich zu den Personen, mit denen Sie zu tun haben und legen Sie den entsprechenden Personen die Hand auf die Schulter.“ Es zeigt sich, dass sich die Gruppe doch viel näher zueinander positioniert als vorher angenommen. Das ist überraschend und freut die TeilnehmerInnen. Es lässt sich jedoch nicht leugnen, dass die Gruppe in Subgruppen zerfällt. Sofort beginnt ein Prozess des Sich-Austauschens und -Annäherns. Insbesondere die Führungskraft erkennt, dass sie sich im fachlichen Austausch zu stark auf eine Person fokussiert, während sie eigentlich die Nähe zu mehreren anderen KollegInnen suchen sollte. Nach der Aufstellung des Ist-Zustands, wird nun der Soll-Zustand im Raum visualisiert.

Da auch der Wunsch besteht, sich persönlich noch besser kennenzulernen, leitet die Trainerin eine zweite Aufstellung ein: „Mit wem tauschen Sie sich jenseits des Fachlichen am meisten aus? Das heißt, mit wem besprechen Sie auch Persönliches, sei es nun beim Kaffee trinken, Mittagessen oder am Kopierer? Stellen Sie sich neu auf und legen den entsprechenden Personen die Hand auf die Schulter.“ Hier gibt es einige persönliche Verbindungen, aber noch relativ viel Distanz. Einige Lösungsmöglichkeiten zur Steigerung der Interaktionsdichte werden diskutiert.

Dauer (für Aufstellungen und Interviews): 20 Min.

Gruppengröße: 10–15 Personen

Effekte der Aufstellung:
Die Gruppe hat ihr Selbstbild (Einzelkämpfer) korrigiert und erkannt, dass sie im Hinblick auf den fachlichen Austausch schon auf einem guten Weg ist. Um die Herausforderungen der Neuorganisation zu bewältigen, wurde vereinbart, welche Verbindungen innerhalb des Beziehungsnetzes gestärkt werden müssen. Auch eine Bereitschaft zur Annäherung auf der persönlichen Ebene wurde signalisiert.

Der Aufforderung, sich bei der Aufstellung die Hand auf die Schulter zu legen, ist die Gruppe im Übrigen nicht gefolgt. So viel Nähe war dann doch noch nicht möglich.

4 Anleitung zur Planung und Durchführung einer soziometrischen Aufstellung

Da es in diesem Kapitel praktisch wird, möchten wir Sie nun als LeserIn direkt ansprechen.

Soziometrische Aufstellungen werden in vielen Trainings und Workshops verwendet. Die Methode an sich ist nicht besonders kompliziert, ein Frage ist schnell formuliert und die Aufstellung ohne großen Aufwand in den Workshop- oder Trainingsablauf eingebaut. Hier ist aber Vorsicht geboten. Stellen Sie nicht auf um des Aufstellens willens.

Unserer Erfahrung nach lohnt es sich, eine soziometrische Aufstellungsarbeit sorgfältig vorzubereiten. Zum einen können Sie als TrainerIn/Coach damit sicherstellen, dass Sie auch das erreichen, was Sie bezwecken, also z. B. nicht durch eine Aufstellung, die rein zum Kennenlernen angedacht war, bereits einen gruppendynamischen Prozess in Gang zu setzen. Zum anderen vergeben Sie sich durch eine wenig durchdachte und ungenaue Vorbereitung die Chance, das Potential aus der Methode zu schöpfen, das in ihr steckt.

4.1 Planung einer soziometrischen Aufstellung

Wir haben 4 Schritte definiert und Fragen dazu formuliert, die Sie in der Planung Ihrer soziometrischen Aufstellung unterstützen sollen:

Schritt 1: Formulierung der Ziele:
Welches Ziel verfolgen Sie mit der soziometrischen Aufstellung?

- Wollen Sie damit etwas über die Gruppe oder einzelne Personen erfahren? Soll sich durch die Aufstellung die Gruppe/das Team gegenseitig besser kennen lernen? In diesem Fall steht die *Diagnose und Analyse der Gruppen- oder Teamstruktur* im Vordergrund.
- Möchte Sie durch die Aufstellung die Gruppe/das Team auf eine Folgeaktivität oder ein nachfolgendes Thema vorbereiten? *Erwärmung* ist hier das Ziel.
- Möchten Sie mit der soziometrischen Aufstellung bereits einen (Veränderungs-)Prozess in der Gruppe bzw. dem Team oder bei einzelnen Personen in

Gang bringen? Wenn dies der Fall ist, dann beabsichtigt die Aufstellung ein *gezieltes Anstoßen von Veränderungen der bestehenden Struktur oder der einzelnen Positionen.*

Behalten Sie bei der Formulierung der Ziele immer auch im Auge, wo die Gruppe im Gruppenprozess steht, wie vertraut die TeilnehmerInnen miteinander oder wie angewärmt sie für bestimmte Themen durch vorhergegangene Aktivitäten sind. Befindet sich das Team, mit dem Sie arbeiten, z. B. gerade erst in der Forming Phase (nach der Teamuhr von B.Tuckman), ist wahrscheinlich eher eine Diagnose und Analyse der Teamstruktur zielführend, als bereits Veränderungen im Team anzustoßen.

Schritt 2: Auswahl geeigneter Kriterien für die Aufstellung
Abhängig vom Ziel definieren Sie ein oder mehrere Kriterien, nach denen die soziometrische Aufstellung erfolgen soll. Dabei sollte Ihnen bewusst sein, dass man in den meisten Fällen mit einem Kriterium mehrere Effekte erzielt. So erwärmt man in der Regel die TeilnehmerInnen auch mit einer vermeintlich rein diagnostischen Frage. Hier ein Beispiel: Die Frage „Welcher Anteil überwiegt momentan in Ihrer derzeitigen Führungsaufgabe – eher Management oder eher Leadership?" in einem unternehmensinternen Führungskräftetraining gibt der/die TrainerIn und den TeilnehmerInnen einen Überblick, wer welche Aufgabenschwerpunkte hat. Die Frage wird aber mit hoher Wahrscheinlichkeit auch die Diskussion unter den TeilnehmerInnen anstoßen, wie viel Leadership bzw. Management es im Unternehmen braucht.

Bei den meisten Kriterien ergibt sich die Aufstellungsart fast automatisch. Beachten Sie auch, dass die meisten Aufstellungsarten einen gewissen räumlichen Platzbedarf haben und überprüfen Sie, ob dieser auch realisierbar ist.

Schritt 3: Klare und eindeutige Formulierung der Fragestellung
Haben Sie Ziele, Kriterien und Aufstellungsart festgelegt, geht es nun an die Formulierung der konkreten Fragestellung. Eine klare und eindeutige Formulierung, die von den TeilnehmerInnen einfach verstanden und umgesetzt werden kann, ist wichtig, damit nicht unnötig Zeit und Energie in Rückfragen und Klärung dieser verschwendet werden muss. Auch sollten Sie darauf achten, dass Sie nicht mehrere Aspekte auf einmal in der Fragestellung abfragen.

Schritt 4: Gedankliche Vorwegnahme mögliche Ergebnisse und nochmalige Überprüfung der Kriterien und Fragestellung
Abschließend sollten Sie die Aufstellung gedanklich durchspielen und überlegen, welche Ergebnisse eintreten könnten. Für diese gedankliche Überprüfung können folgende Fragen und Hinweise hilfreich sein:

- Brauchen Sie Materialien (z. B. Karten, Klebeband, Stühle), um z. B. die beiden Pole der Abfrage zu symbolisieren?
- Wie leiten Sie die Aufstellungsarbeit ein? (als Beispiel siehe Anwendungsbeispiel 1)
- Welche Gruppen könnten sich in der Aufstellung bilden und welche Auswirkung könnte dies auf die weiteren Fragen bzw. den weiteren Ablauf des Trainings oder des Workshops haben?
- Ist es möglich, dass durch die Aufstellung die Außenseiterposition einer Person offensichtlich wird? Welche Auswirkungen hätte dies auf den weiteren Ablauf? Bei AußenseiterInnen in der Gruppe ist es wichtig, dass Sie als LeiterIn der Aufstellung diese Person stärken und unterstützen. Dies können Sie tun, indem Sie sich z. B. neben diese Person stellen, sie zuerst zu ihrer Position befragen, und dann erst alle anderen TeilnehmerInnen interviewen.
- Ist es möglich, dass einzelne Personen außergewöhnlich emotional auf eine der Fragestellungen reagieren? Nicht immer ist vorherzusehen, ob und in welchem Ausmaß Gruppenmitglieder emotional erwärmt werden durch eine soziometrische Aufstellung. Deshalb ist es wichtig, dass Sie auf somatische Merkmale bei Ihren TeilnehmerInnen achten, die Hinweise auf innerliche, emotionale Prozesse geben können (z. B. eine sonst sehr aktive Person wirkt plötzlich sehr still und zurückhaltend, eine TeilnehmerIn klagt plötzlich über Kopfschmerzen oder wirkt sehr unruhig). Sollte Ihnen etwas Derartiges auffallen, können Sie die Person ansprechen, ihr Ihre Beobachtung mitteilen, es aber der Person selbst überlassen, ob und in welchem Ausmaß sie sich dazu äußern möchte. Gegebenenfalls können Sie die Person auch zu einem späteren Zeitpunkt unter vier Augen dazu ansprechen. Im Unternehmenskontext ist es für viele Menschen schwer über Emotionen öffentlich zu sprechen.

Nachdem Sie die Aufstellung gedanklich durchgegangen sind, nehmen Sie die Anpassungen vor, die sich daraus ergeben haben und die reale Durchführung Ihrer soziometrischen Aufstellung kann starten. Hierzu haben wir noch einige Hinweise für Sie zusammengestellt.

4.2 Durchführung einer soziometrischen Aufstellung

Beginnen Sie Ihre soziometrische Aufstellung mit einer Einleitung. Nehmen Sie Bezug auf Inhalte oder Aktivitäten, die zuvor gelaufen sind, zeigen Sie auf, was die nächsten Schritte sind und was Sie damit bezwecken. Erklären Sie kurz, was bei einer Aufstellung passiert, z. B. „Wir stellen uns im Raum zu verschiedenen Kriterien auf", und weisen Sie TeilnehmerInnen ein, was sie tun müssen. Danach stellen Sie die erste Frage, zu der sich die Gruppenmitglieder im Raum positionieren sollen. Nun beginnen Sie, die einzelnen Personen zu ihrer Position zu interviewen. Dabei stellen Sie sich in der Regel in die Nähe der Person, die Sie befragen wollen. Das Interview können Sie mehr oder weniger ausführlich gestalten, und mit Ihren Fragen beeinflussen Sie auch den Effekt, den die Aufstellung hat. Beginnen Sie zuerst mit solchen Fragen, die die Position der TeilnehmerIn beschreiben z. B. „Für was/Warum stehen Sie hier an dieser Position im Raum?". Damit erhalten Sie und die TeilnehmerInnen ein besseres Bild über die verschiedenen Positionen und Ausprägungen, und die TeilnehmerInnen selbst können damit ihre eigene Position nochmal nachjustieren: „Wenn Du für XY stehst, dann muss ich aber noch ein wenig weiter nach rechts rücken, weil ich für AB stehe". Nicht selten reicht dieses erste, eher kognitive Erkunden und Verstehen der verschiedenen Positionen aus und Sie können bereits zur nächsten Aufstellungsfrage übergehen.

Sie können das Interview aber auch intensivieren, indem Sie Gedanken und Gefühle der Personen an ihrer Position explorieren, z. B. „Wie geht es Ihnen an dieser Position?", „Welche Gedanken oder Gefühle kommen bei Ihnen hier auf?". In einem weiteren Schritt können Sie Fragen stellen, die die eigene Position in Bezug zu der der anderen TeilnehmerInnen setzt, z. B. „ Wenn Sie nun so in die Runde schauen und die Positionen der anderen sehen – was für Gedanken gehen Ihnen da durch den Kopf?". Ein Einsatz von Interviewfragen, die über den beschreibenden Charakter der eigenen Position hinausgehen, sollten Sie im Unternehmenskontext aber gut abwägen und klären, ob dies Ihrem Auftrag entspricht.

Nach Abschluss der Interviewphase leiten Sie nun entweder zur nächsten Fragestellung über oder Sie beenden die soziometrische Aufstellung, indem Sie z. B. den TeilnehmerInnen für das Mitmachen danken, kurz zusammenfassen, was die Aufstellungsarbeit aus Ihrer Sicht gezeigt und bewirkt hat, welche Themen aufgekommen sind und wie Sie nun damit weiterarbeiten wollen.

5 Fazit

Soziometrische Aufstellungsarbeit kann der Türöffner für Begegnung und Interaktion, Selbst- und Fremdwahrnehmung, für individuelle und Gruppenprozesse, für Lernen und Veränderung sein. Als TrainerIn, BeraterIn oder Coach stehen wir immer in der Verantwortung dafür, wie weit wir die Tür öffnen und Prozesse initiieren. Anders als im therapeutischen Umfeld sind die Zielpersonen einer Aufstellung im Unternehmen gesunde Menschen, deren Persönlichkeitsentwicklung die AufstellungsleiterIn für einige Zeit begleiten darf. Freiwilligkeit, Transparenz und Vertraulichkeit sind Eckpfeiler des professionellen Umgangs mit dieser besonderen Methode, die sowohl ganz kleine Impulse zum Kennenlernen setzen hilft, als auch eine tiefergehende Intervention zur Personal-und Organisationsentwicklung darstellen kann.

Beenden möchten wir unseren Erfahrungsbericht mit einem Zitat von Konfuzius und einem Appell an Aufstellungsinteressierte: „Erkläre mir, und ich vergesse. Zeige mir, und ich erinnere. Lass es mich tun, und ich verstehe".

Literatur

Ameln, F. v., Gerstmann, R., u. Kramer, J. (2009). *Psychodrama*. Heidelberg: Springer (2. Auflage).

Capgemini Consulting, Change Management Studie 2010, Business Transformation – Veränderungen erfolgreich gestalten. http://www.de.capgemini.com/insights/publikationen/ 29. 07. 2012

Hutter, C. u. Schwehm, H. (Hrsg.) (2009). *J. L. Morenos Werk in Schlüsselbegriffen*. Wiesbaden: VS Verlag für Sozialwissenschaften

Kaplan R. S. u. Norton D.P (1997). *Balanced Scorecard: Strategien erfolgreich umsetzen*. Verlagsort: Schäffer-Poeschel

Leutz, G. A. (1974). *Das klassische Psychodrama nach J. L. Moreno*. Heidelberg: Springer

Tuckman, B. W. Developmental sequence in small groups, Classics for Group Facilitators, http://www.osu.edu/search/ 29. 07. 2012

Bärbel Kress, 1966, Diplom-Kauffrau, Psychodrama Praktikerin und Business Coach, 17 Jahre Erfahrung in internationalen Unternehmensberatungen sowie bei einem großen Automobilhersteller, Leiterin der Coaching Academy CIP GmbH, München, Dozentin, Seminarleiterin und Business Coach aus Leidenschaft mit den Schwerpunkten Führungskräfte Coaching und Team Coaching.

Eva Kern, 1972, Diplom-Kauffrau, Psychodrama Praktikerin und Systemische Beraterin, arbeitet in der Halbleiterindustrie als Senior Manager im Bereich Personal- und Organisationsentwicklung sowie Change Management.

Bärbel Kress
Moosstraße 15
D-82194 Gröbenzell/München
Homepage: www.kress-consulting-coaching.de
E-Mail: info@kress-consulting-coaching.de

Eva Kern
Kernbauernstr. 13
D-82061 Neuried
E-Mail: evakern@gmx.de

Das Projekt-Atom im Experten Coaching

Ein soziometrisches Arrangement im Bereich Projektmanagement

Brigitte Baumann und Friedrich Strobusch

Zusammenfassung

Das Projekt hat in der Informationstechnologie (IT) eine wichtige Position eingenommen, es ist ein fester Bestandteil in der heutigen Arbeitswelt. Nach mehr als 20 Jahren eigener Erfahrung in verschiedenen Rollen in IT-Projekten ist klar, dass Erfolg und Misserfolg im Projekt meist nicht von den technischen Faktoren abhängen, sondern von den menschlichen Beziehungen.

Nach einer kurzen Darstellung der Projekte in ihren Stärken, Zielsetzungen, den darin enthaltenen Rollen, Problemen und den besonderen Herausforderungen für Projektteams, wird das soziometrische Arrangement des Projekt-Atoms beschrieben, das eine grafische Visualisierung der zwischenmenschlichen Beziehungen im Projekt ermöglicht. Diese können anschließend z. B. im psychodramatischen Rollenspiel weiter bearbeitet werden. Die Zielgruppe sind im Wesentlichen Projektmanager[1], die für den Erfolg ihrer jeweiligen Projekte verantwortlich sind, aber auch für andere zentrale Rollen im Projekt wie z. B. Qualitätsmanager. Im interkulturellen Coaching mit Coachees aus verschiedenen Ländern/Kulturen hat sich das Projekt-Atom im Rahmen eines Coaching Prozesses oder zur Klärung schwieriger Situationen im Projekt bewährt. Die Anwendung des Projekt-Atoms wird anhand konkreter Beispiele veranschaulicht und die Möglichkeiten der Exploration und Folgearbeit werden erläutert.

1 Im Folgenden wird für Managerinnen und Manager der Begriff Manager verwendet. Dies gilt entsprechend auch für die anderen geschlechtsspezifischen Bezeichnungen.

Einleitung

Ein Großteil der Dienstleistungen für Kunden im Bereich der Informationstechnologie (IT) wird in Form von Projekten erbracht. Projekte sind zeitlich und auch hinsichtlich anderer Ressourcen wie z. B. Budget und Personal begrenzt und existieren als eigenständige fachliche Organisation neben der Organisationsstruktur im Unternehmen. Sie dienen dem Zweck, ein bestimmtes definiertes Ziel in festgelegter Qualität mit dem definierten Budget zu erreichen (vgl. Brüch 2004).

Neben der eigenen Projektorganisation als Auftragnehmer sind dabei auch die Organisationsstrukturen der wesentlichen Unterauftragnehmer, sowie die meist komplexe Organisationsstruktur des Auftraggebers zu berücksichtigen. Oft arbeiten mehrere Personen, die sich zum Teil vor dem Projektbeginn noch gar nicht kennen, mit unterschiedlichen Kompetenzen und Aufgaben in einem Projekt zusammen und bilden für die Zeit des Projekts aufgrund ihrer gemeinsamen Zielsetzung ein Team. Auch arbeiten einige Projektmitglieder oft gleichzeitig noch an anderen Aufgaben und auch in anderen Teams. Gerade große Projekte stehen von Anfang an unter Erfolgsdruck, was zu einer nicht unerheblichen Belastung der Teams führt. Der Erfolg eines Projektes ist nur als Leistung des gesamten Teams erreichbar, der Projektleiter alleine oder eine andere einzelne Person kann den Gesamterfolg normalerweise nicht schaffen. Der Gesamterfolg eines Projektes ist zu ca. 40 % von sachlichen Gründen, zu ca. 60 % jedoch von Menschen und zwischenmenschlichen Beziehungen abhängig.

Daher können zwischenmenschliche Spannungen den Projekterfolg gefährden und es ist besonders wichtig schon zu Beginn, aber auch während eines Projektes ein gutes Klima für die Zusammenarbeit zu schaffen (vgl. Baumann 2011).

Die besondere Herausforderung für Projektmanager und Projektteams

Ein Projektmanager ist verantwortlich für den Projekterfolg, d. h. das vorgegebene Ergebnis mit dem definierten Budget, in festgelegter Qualität und zum vereinbarten Termin zu erreichen. Die Problematik der Projektmanager liegt generell darin, dass sie die Komplexität dieser Projekte nie vollständig beherrschen können. Die Projektmanager beherrschen in der Regel die technischen Komponenten in ihrem Arbeitsfeld, Planungstechniken und Strukturierungs-Methoden. Oft sind sie jedoch nicht darauf vorbereitet, dass der Schlüssel für Ihren Erfolg im angemessenen Umgang mit Beziehungspartnern liegt wie z. B. den Vertretern des Auftraggebers und der Unterauftragnehmer, Projektmitarbeitern, Kollegen und Vorgesetzten. Die Zusammenstellung eines Projektteams erfolgt aus Sicht fachlicher Qualifikationen, es werden fachliche Experten zu den unterschiedlichen Themen benötigt. So wird im Rahmen einer Rollenbesetzung nicht immer gefragt, ob diese Person auf zwischenmenschlicher Ebene erfolgreich mit den Personen interagieren kann, mit denen sie sich aufgrund des definierten Settings des Projekts notwendigerweise austauschen muss. Oft lernen sich die einzelnen Personen erst in dem Projekt kennen, in dem sie als Team zusammenarbeiten. Ob die einzelnen Mitglieder in einem Projektteam gut zusammenarbeiten können, wird daher erst während der Projektdurchführung festgestellt.

Neben der formalen und offiziellen Struktur (Projektorganisation) existiert eine Sozialstruktur, die meist projektentscheidende Auswirkungen auf zwischenmenschlicher Ebene hat. Die soziometrische Tiefenstruktur der Sozialbeziehungen beeinflusst die Menschen und ihre zwischenmenschlichen Verhaltensweisen und Interaktionsmuster in sehr starker Weise (vgl. Strobusch et al. 2008, S. 263).

„Zwischen diesen beiden Strukturen besteht stets ein Unterschied. Das Ausmaß dieser soziodynamischen Differenz ist eine Ursache möglicher zwischenmenschlicher Probleme und Spannungen innerhalb des Projekts“ (Strobusch et al. 2008, S. 263).

Experten-Coaching

Hauptsächlich unter Projektmanagern, aber auch bei anderen zentralen Verantwortlichen im Projekt wie z. B. Qualitätsmanagern gibt es die Nachfrage nach Coaching durch erfahrene Kollegen, nach Experten-Coaching. Dieses ist im Wesentlichen *aufgabenorientiert* im Gegensatz zu eher *verhaltensorientiertem* Coaching, was einem Coach mit psychologischer Ausbildung und Selbsterfahrung vorbehalten sein sollte. Beide Arten von Coaching überlappen sich, da beim aufgabenorientierten Coaching immer auch die Kommunikation mit allen Facetten menschlichen Verhaltens vorhanden ist, speziell beim Projektmanagement, wo der wesentliche Erfolgsfaktor im Management von Menschen und ihren Beziehungen zueinander besteht. Wichtig ist die Sensibilisierung für diesen sich überlappenden Bereich, um rechtzeitig bei der Beobachtung von Störungen dem Coachee nahe zu legen, sich um professionelle psychologische Hilfe zu bemühen (vgl. Strobusch 2004, S. 175).

Die Aufgabenstellung beim Experten-Coaching besteht darin, den Coachee aus dem Hintergrund darin zu unterstützen, seine Lage richtig einzuschätzen, seine Handlungsoptionen zu erkennen und zu eigenen Entscheidungen zu gelangen. Experten-Coaching soll durch einen im Projektmanagement erfahrenen Coach erfolgen, der aus dem Hintergrund den Coachee betreut und ihm nicht die Verantwortung für seine Ziele abnimmt.

Das Projekt-Atom

Das Projekt-Atom (Strobusch 2004) ist eine grafische Darstellung der zwischenmenschlichen Beziehungen in einem Projekt, es basiert auf dem von Moreno (1959) entwickelten Konzept des Sozialen Atoms. Die grafische Darstellung der sozialen Beziehungen ist eine aktuelle Bilanz, welche die Beziehungsstrukturen zwischen dem Coachee und ihm wesentlichen Personen im Projektumfeld beschreibt. Dabei werden Anzahl, Qualität und Wichtigkeit der Beziehungen, der Grad der Vernetzung und Störungen sichtbar gemacht (genauere Angaben hierzu bei Strobusch 2004; Stadler und Kern 2010). Die Vorzüge des Projekt-Atoms gegenüber einer rein verbalen Beschreibung liegen vor allem in der Konkretheit, Übersichtlichkeit und Handhabbarkeit einer grafischen Darstellung.

Eine Anweisung zur Anwendung des Projekt-Atoms ist in Abbildung 1 dargestellt (Kopie aus Strobusch 2004, S. 177).

Diese Anweisung basiert auf den allgemeinen Darstellungsformen und Symbolen, die zur Erstellung von Soziogrammen verwendet werden (vgl. Ameln et al. 2009, S. 252 ff)

Projektmitarbeiter sind gewohnt in Prozessen und Strukturen zu denken, somit lässt sich auch das Prinzip des Projekt-Atoms einfach vermitteln. Das Projekt-Atom ist anwendbar für projektbezogene Aufgaben- und Problemstellungen und die Reflexion relevanter Arbeitsbeziehungen. Dabei werden Subgruppen, Grup-

Abbildung 1 Anweisungen zur Anwendung des Projekt-Atoms

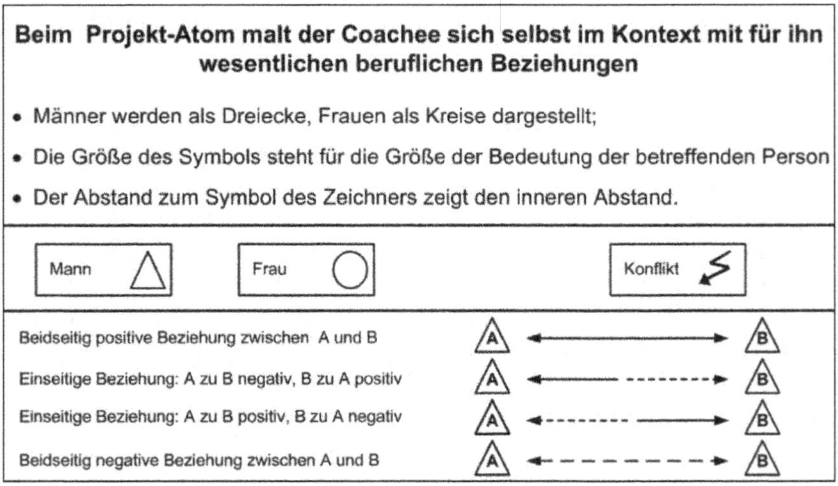

penkonflikte, Außenseiter und andere gruppendynamische Phänomene erkennbar. Konkrete Anwendung findet das Projekt-Atom sowohl in der Einzelfallarbeit wie auch in der gruppenbasierten Begleitung von Projektmanagern und weiteren zentralen Rollen im Projekt. In der Gruppe erweist sich der Vergleich mit anderen Atomen häufig als erkenntnisreich und für das aus der Atomarbeit resultierende Rollenspiel ist das Gruppen-Setting hilfreich.

Typische Konstellationen

Die folgenden 3 Beispiele wurden dem Beitrag von Strobusch et al. (2008, S. 264 ff) entnommen. Sie beschreiben typische Konstellationen von Beziehungsnetzen in Projekten. Die Bezeichnungen in den Symbolen sind für diesen Beitrag nicht relevant und werden daher nicht erklärt.

Beispiel 1: Der Mann im Zentrum

Das Atom (siehe Abbildung 2) ist sehr sternförmig ausgerichtet mit dem Projektmanager (PM) im Zentrum. Dies ist eine typische Konstellation, in welcher der Projektmanager als Integrator sein Bestes gibt, alle Fäden in der Hand zu haben.

Abbildung 2 Projekt-Atom zu *Der Mann im Zentrum*

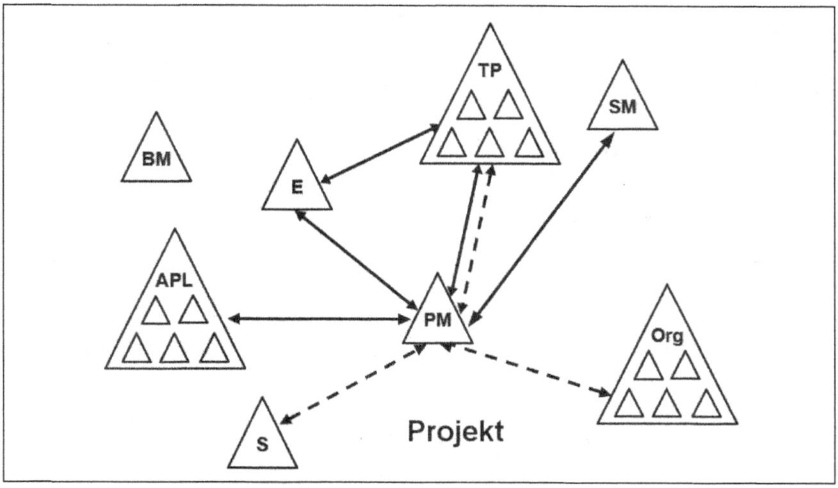

Er kann Defizite an Kommunikation beim übergeordneten Management nicht ersetzen, häufig kann er aber Impulse in einem persönlichen Gespräch geben.

Beispiel 2: Der Unbeliebte

In sehr vielen Projekten gibt es einen *Unbeliebten*. Für den betroffenen Projektmanager (PM), der von dem *Unbeliebten GV* abhängig ist (siehe Abbildung 3), besteht z. B. im Rollenspiel die Möglichkeit herauszufinden, ob er die bestehenden Verhältnisse ändern oder aushalten kann oder aber das Projekt aufgeben muss.

Beispiel 3: Der Projektmanager, der im Dunkeln tappt

Der Projektmanager (PL) ist nicht in der Lage, die Qualität der Beziehungen im Projekt zu beurteilen (siehe Fragezeichen in Abbildung 4). Durch die Visualisierung mit dem Projekt-Atom ist es ihm möglich Ideen zu entwickeln für Vorgehensweisen, die es ihm ermöglichen, die Beziehungsqualität einschätzen und benennen zu können.

Anwendungsbeispiele

Anwendungsbeispiel 1: Experten Coaching Projektmanager

Am Anwendungsbeispiel werden wesentliche Erfahrungen erläutert. Es stammt aus der Erwärmungsphase der ersten Coaching Sitzung mit einem Coachee (Monodrama).

Ziel des Coachings

„Wie kann ich meine Wirkung als Projektmanager verbessern?"

Instruktion

„Skizzieren Sie bitte einen groben Projektplan Ihres Projektes mit den für Sie wichtigen Rollen.

Bitte verwenden Sie dabei das Dreieck als Symbol für Männer und den Kreis für Frauen. Die Größe des Symbols soll die Bedeutung der Person im Projekt ausdrücken."

Abbildung 3 Projekt-Atom zu *Der Unbeliebte*

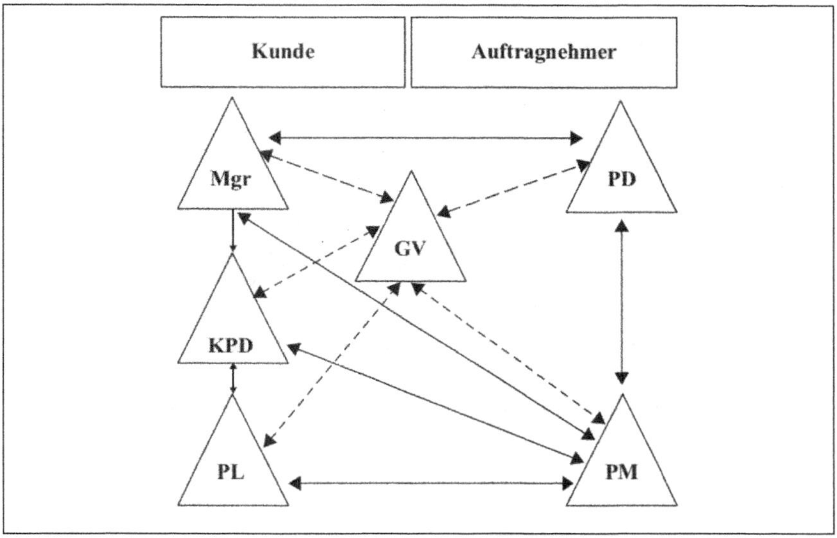

Abbildung 4 Projekt-Atom zu *Der Projektmanager, der im Dunkeln tappt*

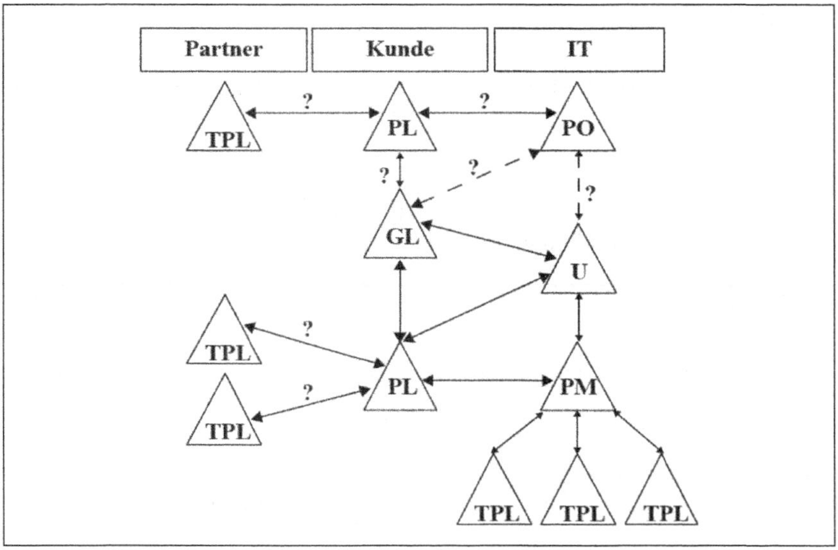

Abbildung 5 Projekt-Atom zum Anwendungsbeispiel *Experten Coaching Projektmanager*

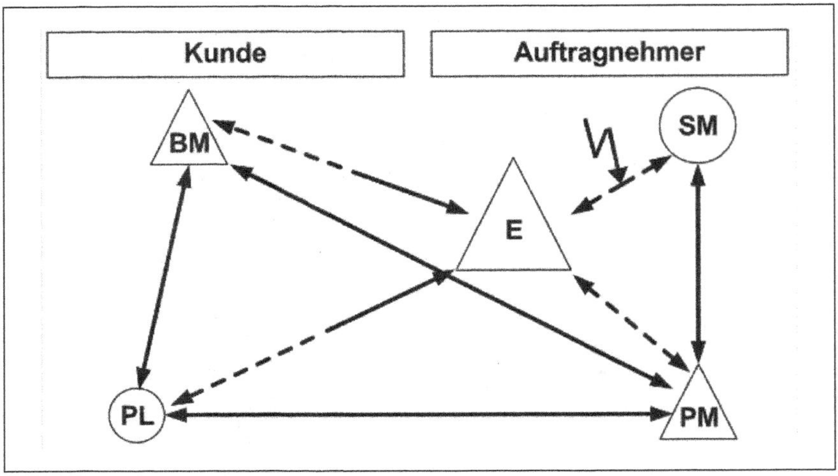

Der Coachee PM malt die Projektorganisation seines Projektes und die Seite des Auftraggebers. Anschließend wurden die *Anweisungen zur Anwendung des Projekt-Atoms* übergeben.

Instruktion

„Bitte zeichnen Sie die Beziehungen zwischen den Personen in den Projektplan ein."

Auf die Frage nach bestehenden Konflikten wurde ein Konflikt zwischen E und SM benannt und die Beziehung im Projektplan mit einem Blitz markiert.

Das Ergebnis ist in Abbildung 5 dargestellt.

Instruktion

„Bitte stehen Sie mit mir auf und sehen sich das Bild aus einer anderen Perspektive an."

Im Rahmen der Befragung des Coachee PM als Kollege über seine Beobachtungen werden nachfolgende Punkte per Interviewtechnik herausgearbeitet:

- PM hat aus seiner Sicht bilateral gute Beziehungen zu seiner übergeordneten Managerin SM, zur Projektmanagerin des Auftraggebers PL und deren übergeordnetem Manager BM.
- Es gibt Ablehnungen in der Organisation von PM zwischen PM und E, sowie E und SM.
- Es gibt einen sichtbar gemachten Konflikt zwischen E und SM.
- Es gibt keine Top-Beziehungen zum Kunden zwischen BM und SM (Beziehung fehlt!), damit ist eine Eskalation zur Lösung von Problemen schwer möglich.
- E steht als Mittler zwischen BM und SM, was ihm eine Machtposition im Projekt gibt (E ist in der Mitte sehr groß dargestellt). Zwischen PM und E ist die Beziehung bilateral schlecht.
- E wird von PL und BM geschätzt, schätzt sie aber selbst nicht.

Frage an PM

„Was ist Ihre Position in diesem Beziehungsgeflecht neben der großen Position von E?"

PM stellt fest, dass er sich als Integrator zwischen den Fronten von einem negativen Beziehungs-Netzwerk behindert sieht.

Der im Projekt-Atom sichtbar gemachte Konflikt zwischen E und SM wurde vom Coachee benannt und als nächstes bearbeitet. PM ist nacheinander in die Rolle von E und SM gegangen (Rollentausch) und hat den Konflikt aus verschiedenen Rollen-Perspektiven erlebt.

Am Ende erfolgt wieder ein Perspektivwechsel aus der Szene. Im kollegialen Austausch des Coachs mit PM vom Regieplatz aus kann PM die Lage erkennen und selbst geeignete nächste Schritte für sich vorschlagen:

- Konzentration auf seine Rolle
- Persönliches Gespräch mit SM

Anwendungsbeispiel 2: Experten Coaching Frau J.

Ziel des Coachings

Frau J. hat die Verantwortung als Qualitätsmanagerin in ihrem ersten großen IT Projekt übernommen. Um diese für sie neue Herausforderung gut bewältigen zu können, sucht sie Unterstützung durch Experten Coaching für die Dauer von ca. einem halben Jahr. Ihr Hauptthema für diese erste Coaching Sitzung ist ihr Problem bei der Durchsetzung ihrer Qualitätsanforderungen im Projekt.

Die Erstellung des Projekt-Atoms erfolgt hier an einem großen White Board an der Wand; der Vorteil ist, die Stifte sind abwischbar, d. h. Änderungen sind möglich (vgl. Baumann und Stadler 2012). Die in Abbildung 1 beschriebene *Anweisung zur Anwendung des Projekt-Atoms* wurde bereits am Rand des White Boards befestigt.

Instruktion

„Damit die Projektsituation klarer wird, zeichnen Sie bitte die Projektorganisation, die für Sie in ihrer Situation wichtigen Personen und die Beziehungen zwischen den Personen aus Ihrer Sicht auf dem White Board auf. Bitte verwenden Sie die Symbole aus der Anweisung zur Anwendung des Projekt-Atoms. Ein Dreieck für weibliche Personen, einen Kreis für männliche Personen, umso bedeutender eine Person für dieses Projekt ist, umso größer ist das jeweilige Symbol. Die Symbole werden mit den Projekt-Rollen der entsprechenden Personen beschriftet. Durchgezogene Linien kennzeichnen positive und gestrichelte Linien negative Beziehungen, der innere Abstand zwischen 2 Personen wird durch den Abstand der Symbole verdeutlicht. Einen Blitz verwenden Sie für einen Konflikt und Fragezeichen, wenn Sie sich nicht sicher sind. Bitte beginnen Sie mit dem Symbol für Sie selbst."

Das Ergebnis ist in Abbildung 6 dargestellt.

Folgendes fällt Frau J. an diesem Projekt-Atom aus Sicht QM (Auftragnehmer) auf:

- Die dicke Linie, die die gute Beziehung zum Projektmanager (PM) in der eigenen Organisation kennzeichnet.
- Fehlende Beziehungen zum Qualitätsmanager (QM) und Projektmanager (PM) auf der Kundenseite, zum Linienmanagement der Organisation (SM), in der das Projekt angesiedelt ist, sowie zu verschiedenen Teams im Projekt, die für die fachliche Realisierung verantwortlich sind.
- Auf Auftragnehmer Seite fehlt der interne Auftraggeber für das Projekt (E), dieser ist auch für das Management der Kundenschnittstelle verantwortlich und erste Instanz bei einer Eskalation im Projekt.

Vor dem White Board stehend werden diese Punkte mit Frau J. in Interview Technik diskutiert und analysiert.

Abbildung 6 Projekt-Atom zu Anwendungsbeispiel *Experten Coaching Frau J.*

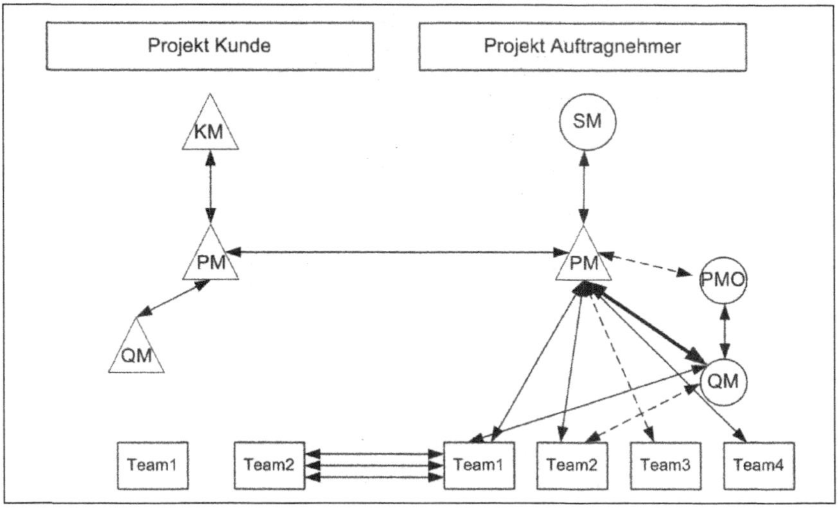

Fragen an Frau J.

„Was bedeutet die besonders dicke Linie zwischen Ihnen und dem PM? Welche Beziehungen fehlen aus Ihrer Sicht? Wer ist der interne Auftraggeber für das Projekt in der eigenen Organisation?"

Im nächsten Schritt werden die noch fehlenden Beziehungen (hier als gepunktete Linien dargestellt) in dem Projekt-Atom ergänzt und unbekannte Personen in der Projektorganisation werden mit einem Fragezeichen markiert, das Ergebnis ist in Abbildung 7 dargestellt.

Instruktion

„Bitte ergänzen Sie den internen Auftraggeber und die aus Ihrer Sicht noch fehlenden Beziehungen in einer anderen Farbe in Ihrem Projekt-Atom. Personen und Teams, die Sie noch nicht kennen markieren Sie bitte mit einem Fragezeichen."

Basierend auf der Visualisierung ihrer Situation durch das Projekt-Atom und der gemeinsamen Analyse versteht Frau J. ihre eigene Lage besser und entwickelt für

Abbildung 7 Ergänztes Projekt-Atom zu *Experten Coaching Frau J.*

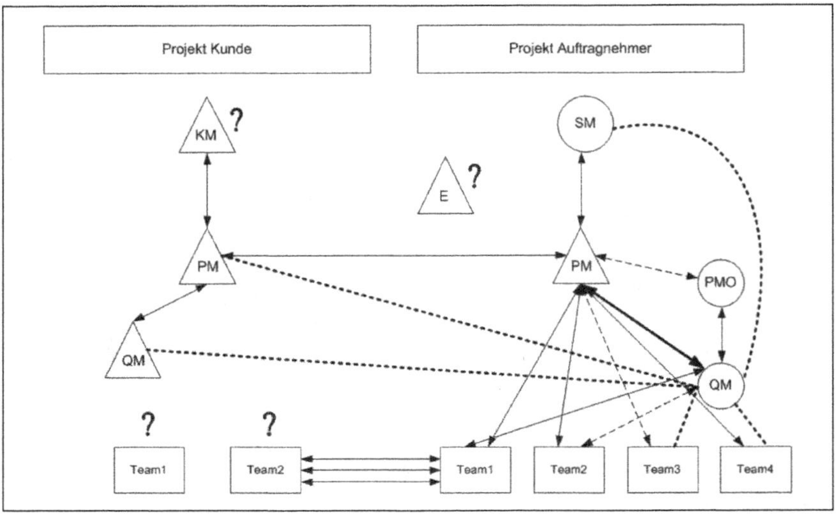

sich Ideen, wie sie Ihre eigene Situation im Projekt verbessern kann. Entsprechende Aktionen wie z. B.

- die eigene Teilnahme an dem 2-wöchentlichen Auftraggeber internen Projekt Statusmeeting (Teilnehmer sind PM, Teamleiter Team 1 bis 4, PMO, SM, E) erwirken oder
- mit dem Qualitätsmanager (QM) auf Kundenseite einen Termin vereinbaren zu einer ersten Klärung der Schnittstelle/Zusammenarbeit zwischen ihnen beiden

werden dokumentiert. Frau J. verpflichtet sich diese Aktionen bis zu unserer nächsten Coaching Sitzung zu erledigen.

In den folgenden Sitzungen wird mit dem Projekt-Atom weitergearbeitet; zum einen bis aus der Sicht von Frau J. alle relevanten Beziehungen in ausreichender Qualität bestehen, zum anderen als Einstieg zu jedem Termin, da sich das Projekt-Atom als prägnante und verständliche Darstellung der aktuellen Projektsituation bewährt hat und somit eine gute Anwärmung für jede Sitzung ist. Zusätzlich erweist sich das Projekt-Atom als begleitendes Medium über mehrere Coaching Sitzungen auch für die Visualisierung möglicher zukünftiger Veränderung als geeignet.

Die Zeichnung auf dem White Board wird hierfür auf ein Flipchart übertragen, das Frau J. zu jedem Coaching Termin mitbringt.

Möglichkeiten der Exploration und Folgearbeit

Wie in Strobusch (2004) erläutert können für eine umfassende Diagnose mit dem Projekt-Atom folgende Punkte exploriert werden, wofür sich vor allem die Interview-Technik eignet, d.h. der Coachee wird vom Coach gefragt:

- Wie ist der Grad der Vernetztheit der Beziehungen (ausgewogen, isoliert, sternförmig)?
- Gibt es Quer-Beziehungen, die den Zielen oder Regeln des Projekts zuwider laufen?
- Welches sind die offiziellen und inoffiziellen Machtpositionen?
- Wo gibt/gab es offene oder verborgene Konflikte?
- Welche Beziehungen fehlen?
- Gibt es Wunsch-Beziehungen?
- Welche Bedeutungen haben Mann-Frau-Konstellationen?
- Fehlen wichtige Personen oder Rollen im Projekt?
- Welche Rollen hat der Coachee im Projekt-Atom?
- Werden Projektrollen der Partner adäquat wahrgenommen?
- Ist der Coachee Verursacher von Problemen oder werden Problem an ihm festgemacht?
- Wo liegen die Wurzeln für die Bewertung?
- Welche Befürchtungen, Bedürfnisse und Wünsche hat der Coachee?

Bei der Folgearbeit geht der Weg in der Regel von den organisatorischen Gegebenheiten hin zu den persönlichen Verhaltensweisen und Wertvorstellungen. Dabei wird deutlich, was dem Coachee zu sehen und zu akzeptieren möglich ist. Der Coachee findet eigene Strategien für ihm mögliche Alternativen oder Verhaltensänderungen.

Im Einzelsetting hat sich die Arbeit mit Stühlen, Symbolen (z.B. mit Gegenständen aus dem Büroalltag wie Stiften, Lineal, Post Its …) und der Wandbühne (vgl. Baumann und Stadler 2012) bewährt. In der Gruppe erweist sich oft der Vergleich mit Atomen anderer Teilnehmer als erkenntnisreich sowie das aus der Atomarbeit resultierende Rollenspiel als hilfreich. Je nach Diagnose des Coachee wurde zur Folgearbeit verwendet:

- Visualisierung einer erfolgskritischen Beziehung (Arbeit mit Stühlen).

- Darstellung einer schwierigen oder der aktuellen Situation (Stühle, Symbole oder Postkarten)
- Rollen Cluster des Coachee darstellen
- Visualisierung der dem Coachee möglichen Alternativen (Stühle, Symbole oder Postkarten)
- Was würde bei einer Änderung der Lage geschehen? (Probehandeln als Vignette)
- Visualisierung des persönlichen Wertesystems
- Systemische Aufstellung des Projektteams zur Organisationsentwicklung

Die Interventionen verbessern bei den Klienten die Wahrnehmungsfähigkeit sozialer Beziehungen und die Einfühlung in andere Personen. Ihr eigenes Rollenspektrum wird erweitert und die Akzeptanz von rollenspezifischem Verhalten und von Spannungen zwischen Rollen wird erhöht. Als wirkungsvollste Psychodrama-Techniken haben sich gezeigt:

- Schöpfer des wahren zweiten Males beim Szenenaufbau
- Anschauen von außen (Regieposition) mit kollegialer Ansprache unter Gleichen,
- Spiegeltechnik (Spiegeln des Wahrgenommenen durch den Coach)
- Rollenwechsel
- Rollentausch (Erleben der Antagonisten-Rolle)
- Szenenwechsel

Fazit

Das Projekt-Atom wurde sowohl in der Einzelarbeit, als auch mit Teams erfolgreich angewendet. In einer Evaluation von über hundert Coaching-Situationen in deutscher und englischer Sprache mit Coachees aus mehr als 10 Ländern hat das Projekt-Atom zu 98 % das Feedback *sehr nützlich* erhalten, weil es einen guten Überblick gibt und neue Perspektiven zeigt (vgl. Strobusch 2004, S. 180). Mit Hilfe der Anleitung in Abbildung 1 ist es außerdem leicht zu vermitteln.

Das Projekt-Atom ist ein ausgezeichnetes diagnostisches Mittel für den Einstieg in ein Coaching, um die Projekt-Situation und die Lage des Coachee sichtbar zu machen. Für die Darstellung von Änderungen in der Situation des Coachees oder die Visualisierung möglicher zukünftiger Veränderungen hat sich das Projekt-Atom auch als begleitendes Medium über viele Coaching-Sitzungen bewährt. Ein wesentlicher Vorteil ist dabei, dass die Projektmitglieder und besonders die

Projektmanager gewohnt sind, in Organisationsstrukturen zu denken und die Projektorganisation ein neutraler Boden ist, auf dem sich der Coachee beim Einstieg sicher fühlt. Das Projekt-Atom holt den Coachee bei der Darstellung seiner organisatorischen Situation ab und führt dann von der Organisations- zur Beziehungsebene. Erst in diesem zweiten Schritt wird der eigene Anteil an der Problemstellung beleuchtet. Das Projekt-Atom eignet sich besonders, die Situation aus mehreren Perspektiven anzusehen (z. B. aus der organisatorischen Rolle, der persönlichen Situation und von der Metaebene).

Da im internationalen Kontext die englische Sprache als Nicht-Muttersprache Grenzen in der Verständigung und Interpretation aufwies, haben sich die grafische Darstellung und eine Vertiefung im Rollenhandeln unter Einsatz von Spiegeltechniken und Auswertung der Körpersprache bewährt (vgl. Strobusch 2004, S. 180).

Literatur

Ameln, F. v., Gerstmann R. u. Kramer J. (Hrsg.) (2009). *Psychodrama.* Heidelberg: Springer 2.Aufl.

Baumann, B. (2011). Aktionssoziometrie als Arrangement in Projektworkshops. *Zeitschrift für Psychodrama und Soziometrie, 10(2),* 209–220, DOI: 10.1007/s11620-011-0104-y

Baumann, B. u. Stadler, C. (2012). Psychodrama in der zweiten und dritten Dimension. Die Wandbühne im psychodramatischen Coaching. *Zeitschrift für Psychodrama und Soziometrie, 11(2), 227–238,* DOI: 10.1007/s11620-012-0156-7

Brüch, A. (2004). Personalentwicklung und Coaching für Projektmanager bei Siemens Business Services in Deutschland. In: G. Hauke u. K. Sulz (Hrsg.), *Management vor der Zerreißprobe – Oder: Zukunft durch Coaching?* (S. 183–195). München: CIP-Medien

Moreno, J. L. (1959): *Gruppenpsychotherapie und Psychodrama. Einleitung in die Theorie und Praxis.* Stuttgart: Thieme

Stadler C. u. Kern S. (2010). *Psychodrama. Eine Einführung.* Wiesbaden: VS

Strobusch, F. (2004). Das „Projekt-Atom" beim Experten – Coaching. In: G. Hauke u. K. Sulz (Hrsg.), *Management vor der Zerreißprobe – Oder: Zukunft durch Coaching?* (S. 175–181). München: CIP-Medien

Strobusch, F., Spörrle, M. u. Stadler, C. (2008). Projekt-Atom und Rollenspiel als Arrangement im projektbasierten Kontext. *Zeitschrift für Psychodrama und Soziometrie, 7(2),* 260–269, DOI: 10.1007/s11620-008-0023-8

Brigitte Baumann, 1958, Diplom-Informatikerin, Psychodrama-Leiterin, arbeitet in der Informationstechnologie im industriellen Bereich als Senior Quality Managerin in Projekten und als Projekt-Workshop-Moderatorin. Der Einsatz von Psychodrama erfolgt hauptsächlich in der Arbeit als Projekt-Workshop-Moderatorin und als Coach im Bereich Projektmanagement.

Friedrich Strobusch, 1948, Diplom-Ingenieur, arbeitet in der Informationstechnologie im industriellen Bereich als Projekt Direktor, Auditor und Gutachter. Im Rahmen seiner Ausbildung zum Psychodrama-Leiter spezialisierte er sich auf das Coaching von Projektmanagern.

B. Baumann
Kidlerstr. 20
D-81371 München
E-Mail: 1_brigitte@web.de

F. Strobusch
Gertraudenstraße 4
D-81827 München
E-Mail: friedrich.strobusch@siemens.com

Soziometrische Interventionen in Großgruppen

Beispiele aus einer Organisationsentwicklungsmaßnahme in Nepal

Manfred Gellert

1 Rahmenbedingungen

Die soziometrischen Interventionen der hier in Ausschnitten beschriebenen Organisationsentwicklungsmaßnahme sind Teilaspekte aus verschiedenen Veranstaltungen in einem fünfjährigen Beratungsprozess, den der Verfasser mit einem KollegInnenteam von TrainerInnen und OrganisationsberaterInnen in einer Organisation in Kathmandu/Nepal begleitete.

Das International Centre of Integrated Mountain Development (ICIMOD) in Kathmandu ist eine regionale Institution mit 8 regionalen Mitgliedsländern (Hindukusch-Himalaya-Anrainern): Afghanistan, Bangladesch, Bhutan, China, Indien, Myanmar, Nepal und Pakistan.

Das Zentrum unterstützt regionale Programme durch Zusammenarbeit mit Partnerinstitutionen in der Region. Es will als regionales Wissenszentrum und als Trainingsplattform zu den Themen Ressourcen- und Umweltmanagement, der Biodiversität, der Agrarentwicklung der Bergregion sowie Lebensbedingungen und soziale Sicherung der Bergbevölkerung wirken und Austausch mit und zwischen den Partnerorganisationen und Mitgliedsländern sowie Netzwerkbildung von regionalen wie auch globalen Institutionen mit Bezug zu Politik- und entwicklungsrelevanter Forschung, Strategiebildung und Umsetzung stärken.

Die Organisation beschäftigt insgesamt gut 170 MitarbeiterInnen, davon etwa 60 Professionals, aus Ländern der Region: Europa, Nordamerika und Afrika.

ICIMOD ist eine faszinierende Organisation, insofern sie verschiedenste Aktivitätenbereiche von Verbreitung angepasster Bienenvölker bis zu satelitengestützter Gletscherbeobachtung unter einem Dach vereint und mit einer Vielzahl unterschiedlich bedeutender regionaler Partner verschiedenste Projekte durchführt.

Im Rahmen einer grundlegend strategischen Neuorientierung mit dem Focus auf Politik, Positionierung der Organisation und Partnerbeziehungen wie auch auf deren internes Funktionieren wurde Concepta Team Consulting beauftragt diesen Veränderungsprozess zu begleiten.

Diese Reorientierung und Reorganisation stellte hohe Anforderungen an die MitarbeiterInnen und war naturgemäß mit erheblichen organisatorischen und persönlichen Veränderungen verbunden. Sie brachte u. a. Mehrarbeit für viele, insbesondere in Managementpositionen mit sich, sie veränderte die Art der Zusammenarbeit an vielen Stellen, sie war zu Beginn mit Unsicherheit bezüglich der eigenen Arbeitsplätze verbunden, sie forderte von WissenschaftlerInnen neue Rollen im Management zu übernehmen u. a.

Auf Grundlage einer ausführlichen Organisationsdiagnose im Vorfeld des Auftrages zur Organisationsentwicklung wurden folgende Empfehlungen für OE-Interventionen in den Bereichen:

- Organisationsstruktur
- Matrix Management und Arbeit in interdisziplinären Teams
- Human Resource Management
- Führung durch Zielvereinbarungen
- Infrastruktur für den Veränderungsprozess

sowie ein Meilensteinplan erarbeitet und mit dem Management abgestimmt.

2 Soziometrische Interventionen

Soziometrische Verfahren wurden im Organisationsentwicklungsprozess vor allem in den Großgruppenveranstaltungen angewendet wie z. B. im Kick-off für den Gesamtprozess, in einer Zwischenauswertung und bei der Abschlussveranstaltung mit Präsentation und Feedback zum gesamten Verlauf des Veränderungsprozesses.

Im Folgenden sollen am Beispiel der Kick-Off-Veranstaltung soziometrische Interventionen exemplarisch dargestellt werden, die auf in der Zwischenauswertung und in der Abschlussveranstaltung in leicht revidierter Form mit abgewandelten Fragestellung zum Einsatz kamen.

In diesen drei Großveranstaltungen war es uns wichtig, das gesamte System der Organisation dabei zu haben, alle Arbeitsebenen von den FahrerInnen und Reinigungskräften bis hin zum TOP-Management.

Rahmenbedingung dafür waren ein großer Plenumsraum im Obergeschoss der Einrichtung mit Platz für ca. 150 Personen und genügend Fläche, Aufstellungen und andere Verfahren im Großgruppensetting durchführen zu können. Arbeitssprache war durchgehend Englisch, für die nepalesischen MitarbeiterInnen mit geringen Englischkenntnissen waren KollegInnen bereit in kleinen Untergruppen zu übersetzen.

Möglichst breite und immer wieder offensiv praktizierte Informationspolitik und Schaffung von Transparenz ist eine der wichtigsten Gelingensbedingungen für jeden Veränderungsprozess. Insofern war es uns in Absprache mit einem, in der Zwischenphase etablierten Steering-Committee für den gesamten Prozess wichtig, möglichst früh die gesamte MitarbeiterInnenschaft über die geplanten Schritte des Veränderungsprozesses zu informieren, ihre Expertise und Empfehlungen dazu abzurufen sowie ihnen die Möglichkeit zu Fragen und auch kritischen Anmerkungen zu ermöglichen.

Für den überwiegenden Teil der MitarbeiterInnenschaft war das Zusammenkommen in einer solch großen Gruppe mit allen Hierarchieebenen der Organisation vollkommen ungewohnt und zum Teil auch mit großer Verunsicherung und Ängsten belegt.

Bei der Planung der Anfangssoziometrie (vgl. Gellert 2006, S. 346 ff) war es uns wichtig, alle Teile der Organisation sichtbar zu machen und auch wenn möglich in Beziehung zueinander zu bringen.

Nach der Begrüßung durch den Director General, der in seiner Eröffnungsrede den Anlass und die Zielsetzung der Großveranstaltung und des Changeprozesses aus der Sicht des Managements und der Geldgeber veranschaulichte, begann die *Aktionssoziometrie* mit folgenden Kriterien:

Arbeitsbereiche der Organisation

Instruktion

„Bitte stellen Sie sich in den Abteilungen und Teams zusammen, in denen Sie in der Organisation ICIMOD zurzeit arbeiten. Finden Sie in der Gruppe gemeinsam eine kurze Darstellung, z. B. Pantomime, Standbild, Sketch, o. ä. das die Arbeit und den Beitrag Ihrer Gruppierung in der Organisation auf den Punkt bringt, sozusagen „ohne Worte". Sie haben dafür 20 Minuten Zeit."

Die Aufgabenstellung löste innerhalb kürzester Zeit viel Heiterkeit aus und es begannen intensive Kleingruppenprozesse mit aktiver Beteiligung und mit hohem Lärmpegel in allen Ecken des Raumes.

Ohne Mikrofon oder ein anderes Hilfsmittel wie z. B. Zimbeln oder eine Glocke gelingt es in diesen Fällen nur selten die Gruppe wieder aus der Aktionsphase in die Präsentationsphase zurück zu holen.

Zur Präsentationsphase bildete die Gesamtgruppe einen Halbkreis, vor dem sich nach guter psychodramatischer Tradition dann die Bühne öffnete.

Jede Untergruppe stellte anschließend ihr nonverbales Ergebnis vor; der verantwortliche Moderator für diesen Teil der Veranstaltung interviewte dann in kurzer Form einzelne Mitglieder der Gruppe mit Fragen nach Stimmung und dem Arbeitsklima in der Gruppenarbeit.

In diesen Phasen der Aktionssoziometrie ist es sehr wichtig, die gesamte Gruppe immer wieder zu animieren sich im Raum zu bewegen um neue Perspektiven und Standpunkte einzunehmen. Dies lässt sich gut mit folgendem weiteren Kriterium verbinden:

Kontakte knüpfen

Instruktion

„Bitte bewegen Sie sich mit der Ihnen gerade angemessenen Geschwindigkeit im gesamten Raum. Schauen Sie sich die Menschen an, denen Sie begegnen und begrüßen Sie sich kurz nonverbal in der Form, wie es in Ihrer Kultur üblich ist."

Dieses Kriterium ermöglicht es den Teilnehmenden ihren Blick in das Gesamtsystem zu erweitern und nicht nur in der gewohnten Gruppierung zu bleiben, die natürlich die scheinbar größte Sicherheit in diesem ungewohnten Setting bietet. Außerdem nimmt es dabei kleine interkulturelle Aktionen auf, die auch Unterschiede klar machen können.

Im nächsten Schritt wollten wir die Vielseitigkeit der in einem Raum zusammen gekommenen Nationalitäten der MitarbeiterInnen anhand eines weiteren Kriteriums sichtbar machen. Nach unseren Unterlagen arbeiteten zum Zeitpunkt des Startes des Changeprozesses in ICIMOD MitarbeiterInnen aus 17 verschiedenen Ländern. Uns interessierte natürlich auch dabei die Aufteilung in MitarbeiterInnen aus Ländern außerhalb Nepals zu der Gewichtung der nepalischen KollegInnen. Die Übung wurde dann folgendermaßen anmoderiert:

Weltkarte der Geburtsorte

Instruktion

„Bitte stellen Sie sich in einem großen Halbkreis vor der Bühne auf. Vor sich sehen Sie imaginär die Weltkarte mit den vier Himmelsrichtungen. Bitte suchen Sie auf dieser Weltklarte „gefühlt" Ihren Geburtsort auf den Kontinenten und platzieren sich dort. Wenn Sie Ihren Platz gefunden haben, schauen Sie sich um wer um sie herum steht, wer nahe dran ist und wer weit entfernt steht."

Der Moderator ging dann auf der Weltkarte herum und interviewte einige MitarbeiterInnen auf den verschiedenen Kontinenten mit Fragen nach Besonderheiten/Sehenswürdigkeiten des Geburtsortes und was die anderen Mitglieder der Gruppe sich dazu merken könnten. Die Übung lockerte nochmals die Gesamtgruppe auf und es kamen spontan Gespräche zwischen Menschen zustande, die nah beieinander standen, aber nicht vor her gewusst hatten, dass sie derselbe Geburtsort verbindet.

Es folgte die Einladung zu einem weiteren Kriterium:

Jahresring der Organisation

Instruktion

„Bleiben Sie an dem Platz stehen, an dem Sie sich gerade befinden. Wir möchten Sie im nächsten Schritt bitten, den Jahresring der Zugehörigkeit zur Organisation ICIMOD für alle sichtbar hier im Raum abzubilden. In die Mitte des Raumes bitten wir die Menschen, die im Gründungsjahr der Organisation ihre Arbeit begonnen haben. Sie sind sozusagen das „Urgestein" und die VertreterInnen des Organisationsgedächtnisses. In weiteren Ringen um die Jahreszahlen herum gruppieren sich nun bitte alle weiteren Mitglieder der Organisation bis hin zum äußersten Ring mit den KollegInnen, die in diesem Jahr mit der Arbeit bei ICIMOD begonnen haben."

Die soziometrische Arbeit mit dem „Jahresring der Organisation" bietet eine Fülle von weiteren Interventionsmöglichkeiten. Wir haben an dieser Stelle mit folgenden Schritten gearbeitet:

Interviews mit ausgewählten Personen in den Jahresringen. Hierbei war es wichtig, Personen aus unterschiedlichen Hierarchieebenen zu interviewen, um ein möglichst breites Bild an Eindrücken für alle zu vermitteln. Je nach Anlass können die Interviewfragen auf die spezifische Situation zugeschnitten werden. Wir stellten drei Fragen:

- Wie haben Sie Veränderungsprozesse in der Phase Ihres Eintritts bei ICIMOD erlebt?
- Was würden Sie aus ihrer bisherigen Erfahrung in der Organisation dem Management und uns als Beratungsfirma für das Gelingen des Changeprozesses mit auf den Weg geben?
- Die sog. „Wunderfrage": Wenn Sie der Director General dieser Organisation wären, womit würden Sie sofort anfangen?

Den Abschluss dieser Aktion, bei dem alle MitarbeiterInnen nach wie vor in den „Jahresringen“ stehen, bildete die Aufforderung an das älteste Mitglied der Organisation eine Empfehlung an das jüngste Organisationsmitglied zu geben, was er/sie unbedingt in der Organisationskultur beachten sollte, sozusagen eine für alle hörbare Empfehlung zu den „dos und donts“ der Organisation.

Wichtig und unbedingt regelmäßig einzuplanen sind bei Großgruppensettings kurze Pausen, da die Nähe und die teilweise Unüberschaubarkeit für viele Teilnehmende Fluchttendenzen verstärkt und den Wunsch nach Ein- oder Zweisamkeit in gewohnten Konstellationen hervorruft.

Wir haben in Großgruppensettings, aber auch in vielen Teamentwicklungsprozessen in asiatischen Ländern überwiegend die Erfahrung gemacht, dass Gruppenmitglieder sich gern auf spielerische Formen einlassen, sich häufig über Symbole und Bilder ausdrücken, und auch Interesse an Informationen über die Familie, Kinder und Hobbies etc. von anderen Gruppenmitgliedern bekommen möchten. Also entschieden wir uns im letzten Schritt der Aktionssoziometrie zur Übung: *„Wer ist wie ich“?*

„Wer ist wie ich“?

Bei dieser Übung steht die gesamte Gruppe in einem großen Kreis dicht beieinander. Der oder die ModeratorIn lädt speziell zu dieser Übung ein.

„Jetzt haben wir viel voneinander über unsere berufliche Situation erfahren, aber es gibt ja auch noch andere Kriterien, die uns miteinander verbinden. Wer also eine Frage nach einem Kriterium hat, das bisher noch nicht veröffentlicht wurde, dass aber eventuell von anderen Mitgliedern dieser Gruppe geteilt wird, kann dies jetzt nachholen. Ich gebe Ihnen mal ein Beispiel.“

Die Moderatorin stellt sich in die Gruppenmitte und stellt ihr Kriterium vor: „Wer kocht wie ich gern? Alle diejenigen aus der Gruppe, die auch gern kochen bilden sich jetzt nach Nähe und Distanz dazu räumlich zu mir ab, d.h. diejenigen, die auch gern kochen, kommen näher zu mir, die gar nicht gern kochen, bleiben auf der Außenlinie stehen.“

Nach und nach bilden sich die Gruppenmitglieder nun ab. Die Moderatorin nutzt nun die Gelegenheit nachzufragen, z.B. „Was ist denn Ihre bevorzugte Kochrichtung?“

Wichtig bei der Übung ist, dass die Moderation das Ganze spielrisch hält, ab und zu mal auch einen Kommentar zu der einen oder anderen Aussage gibt, der eher zum schmunzeln anregt und gute Laune in der Gruppe schafft.

Nach dem Beispiel der Moderatorin werden nun die Gruppenmitglieder eingeladen, ihr Kriterium in der Gruppe zu erfragen und abbilden zu lassen. Meistens trauen sich die TeilnehmerInnen am Anfang noch nicht so recht aber wenn jemand aus der Gruppe anfängt oder auch direkt von der Moderatorin eingeladen wird, z. B. eine obere Führungskraft oder der Director General selbst, ist meisten schnell das Eis gebrochen. Oft gestellte Fragen sind dann die nach Hobbies, nach der Zahl der Kinder usw.

Im weiteren Verlauf des Kick-Offs setzten wir für die Klärung und Formulierung von Erwartungen und Befürchtungen an den Veränderungsprozess als weitere soziometrische Intervention die Übung: „*Thematische Ecken*“ ein.

Thematische Ecken

Bei dieser Übung werden in den verschieden Ecken des Raumes Flipcharts oder Pinnwände aufgestellt mit Fragestellungen zum Veränderungsprozess, z. B.

- Auf was muss im Veränderungsprozess unbedingt geachtet werden?
- Woran könnte der Prozess scheitern?
- Wie wollen wir als MitarbeiterInnen einbezogen werden?
- Wo sehen wir die größten „Knackpunkte“ in der derzeitigen Organisation?
- Assoziationen zum derzeitig „gefühlten“ Organisationsklima
- Wenn ich zum obersten Management von ICIMOD gehören würde, meine erste Maßnahme im Veränderungsprozess wäre …

Alle MitarbeiterInnen haben einen Filzstift bekommen und wandern im Raum herum. Je nach Impuls verweilen sie vor einer thematischen Ecke und schreiben ihren Kommentar oder ihre Assoziationen auf Flipchart oder schreiben diese auf bereit liegende Moderationskarten und heften diese an die Pinnwand. In dieser Phase war das gesamte System in Bewegung. An manchen thematischen Ecken bildeten sich spontan zusammen gekommene Gruppen, die einzelne Äußerungen kommentierten oder heftig diskutierten. Zu jeder „Ecke“ war ein Mitglied des Moderationsteams oder aus dem Steering-Committee abgeordnet als „Hüter des Grals“, der die Aufgabe hatte dafür zu sorgen, dass alle Eintragungen im Originaltext so stehen blieben und nichts gestrichen wurde. Weiterhin hatte diese Person die Aufgabe, für das danach stattfindende Plenum eine kurze Zusammenfassung der Kommentare und Hinweise zusammenzustellen und zu präsentieren. So wurden alle Ergebnisse für alle anwesenden MitarbeiterInnen noch einmal hörbar und bildeten damit eine gute Grundlage für die Weiterarbeit der Beratungsfirma mit dem Steering-Committee.

Die Übung nimmt den bekannten Satz aus der Changemanagement auf: „Betroffene zu Beteiligten machen", indem die MitarbeiterInnen mit ihrem Organisationsknowhow diejenigen sind, die aus der Innensicht der Organisation die zu bearbeitenden Themen am besten als ExpertInnen einschätzen können.

Nach einer Pause erfolgte der nächste Schritt in der Auftaktveranstaltung. Zielsetzung war, zu den geplanten Instrumenten und Interventionsformen im Rahmen der Organisationentwicklung zu informieren und konkrete Fragen seitens der Beteiligten stellen zu können.

Hierzu boten wir die Form des *soziometrischen Marktplatzes* an.

Soziometrischer Marktplatz

Die Gesamtgruppe steht im Kreis und die Mitglieder des Beratungsteams und ausgewählte Mitglieder der Steuerungsgruppe betreten nacheinander den Innenkreis mit einem auf einem großen Plakat geschriebenen Begriff, der eine Arbeitsform im Rahmen der geplanten Maßnahmen im OE-Prozess betrifft, z. B.

- Coaching
- Teamentwicklung
- Project-Cycle-Management
- Management by Objectives
- Sounding board
- Institutional Cross-Happiness-Index
- Matrix Management
- Leadership-Training
- Reviewstruktur
- u. a.

Der *Repräsentant des Themas* hat kurz Zeit seinen/ihren Begriff in der Mitte der Gruppe zu erläutern und fragt dann, wer an einer weiteren kurzen Diskussion von Fragen zum Begriff mit ihm oder ihr in eine Kleingruppe gehen möchte. Es wird außerdem angekündigt, das in dem folgenden Zeitraum die Möglichkeit besteht, drei Kleingruppen zu besuchen, wobei der *Repräsentant* konstanteR BegleiterIn und ModeratorIn der sich jeweils sich neu findenden Gruppen bleibt.

Diese Form der Beteiligung ermöglicht es den MitarbeiterInnen ihre Fragen zu teilweise neuen und noch nicht im Rahmen der Personalentwicklung eingesetzten Methoden frühzeitig zu stellen und Phantasien dazu mit Hilfe eins Fachmanns oder einer Fachfrau zu überprüfen. So konnten z. B. vorgebrachte Phantasien zur Teamentwicklung relativiert werden, die darin bestanden, dass mit Teamentwicklung verschärfte Selbsterfahrung und Bloßstellung einzelner Personen verbunden war, also „Gesichtsverlust“, der in einer asiatischen Kultur ein no go darstellt.

Im letzten Teil der eintägigen Veranstaltung wurden soziometrische Interventionen zur Evaluierung und zum Feedback der Veranstaltung eingesetzt. Baumann (2011, S. 216) stellt in ihrem Artikel: Aktionssoziometrie als Arrangement in Projektworkshops den Einsatz der Aktionssoziometrie als Feedback-Methode an verschiedenen Beispielen dar.

Wir wählten für unsere Auswertung folgende Form:

Zufriedenheitsskalierung

Im Plenumsraum wurden große Moderationskarten mit den Werten 1–10 ausgelegt mit genügend Abstand zwischen den Karten. Dabei war 1 geringste Zustimmung, 10 höchste Zustimmung.

Die Teilnehmenden am Kick-Off wurden nun vom Moderator aufgefordert, sich nach folgenden Kriterien auf dieser Skala zu positionieren:

- Zufriedenheit mit den erarbeiteten Ergebnissen
- Meine offenen Fragen zum Veränderungsprozess sind geklärt mit dem Wert …
- Empfundenes Klima in der Gruppe während des Tages

Diese Abfrage erfolgte natürlich mit größeren Abständen zwischen der Abbildung des jeweiligen Kriteriums. Im Rahmen der Abbildung der einzelnen Kriterien hatten die Personen, die auf dem gleichen Skalenwert zusammen standen, jeweils Zeit, sich über die Begründung ihrer Einschätzung auszutauschen. EinE benannteR SprecherIn in der Untergruppe wurde dann vom Moderator gebeten, die Begründungen für die Wahl kurz zusammen zu fassen und zu erläutern. Die jeweiligen Aussagen wurden von einem anderen Mitglied des Moderationsteams parallel am Flipchart mitgeschrieben und waren Bestandteil der später für alle erstellten Fotodokumentation mit allen Ergebnissen der Veranstaltung.

3 Veränderungen in der Soziometrie in der Zwischenauswertung und in der Abschlussveranstaltung

3.1 Zwischenauswertung

Im vorher erwähnten Meilensteinplan für den gesamten OE-Prozess waren die Großveranstaltungen schon früh festgelegt und damit auch mit Termin allen Mitgliedern der Organisation bekannt. Auch hier war gemeinsam mit dem Steering-Committee festgelegt, dass möglichst alle Mitarbeitenden daran teilnehmen sollen, um direkt in den Verlauf und die Ergebnisse des Veränderungsprozesses eingebunden zu sein.

Bezüglich der Zwischenauswertung entschieden wir dann, diese in zwei Veranstaltungen zu unterteilen. Am Vormitttag fand eine Veranstaltung nur mit den ca. 60 Professionals statt, am Nachmittag kamen dann die weiteren MitarbeiterInnen der Organisation aus allen Arbeitsbereichen dazu. Dies hatte den Hintergrund, dass wir aus Workshops und anderen Veranstaltungen wie z. B. Teamentwicklungen, in Management und bei anderen Professionals den Eindruck hatten, dass der Veränderungsprozess zum Teil unterschiedlich bewertet und anders wahrgenommen wurde als bei MitarbeiterInnen in den eher dienstleistungsorientierten Funktionen ohne Führungsfunktion oder ExpertInnenaufgabe. Es war uns wichtig, getrennt die Einschätzungen dieser Gruppe der Professionals, die in ihre Abteilungen und Teams sehr stark als „Changeagents“ wirken sollten gesondert abzurufen um mit ihnen danach in intensive Diskussionen einzusteigen. Dafür war die Ausdrucksfähigkeit in der englischen Sprache unabdingbare Voraussetzung.

Als soziometrische Intervention starteten wir daher die Vormittagsveranstaltung mit einer Einladung zu der Übung: *„Inseln der Zufriedenheit“*

Inseln der Zufriedenheit

Vom Moderationsteam sind in der Vorbereitung auf die Veranstaltung im Plenumsraum mit Krepppapier Inseln abgeklebt worden. Diese Inseln tragen Bezeichnungen, die sich auf die Wahrnehmung und Einschätzung des Changeprozesses zum heutigen Zeitpunkt beziehen, wie z. B.:

- Insel der total Zufriedenen
- Insel der Skeptiker
- Insel der Ambivalenten
- Insel der noch zu Überzeugenden

- Insel derer, die noch nicht genug wissen
- Insel der Auskunftsfreudigen
- usw.

Die MitarbeiterInnen werden nun vom Moderator aufgefordert, zunächst die Insel aufzusuchen, die sie im Blick auf ihre Wahrnehmung des Veränderungsprozesses zum Zeitpunkt der Zwischenauswertung am meisten anspricht. Nach dem Aufsuchen der Insel wird Zeit eingeräumt mit den anderen InselbewohnerInnen sich über ihr Motiv, gerade diese Insel zu wählen, auszutauschen. Auf der Insel liegen große Packpapierbögen, auf die die TeilnehmerInnen ihre Assoziationen mit Filzstiften schreiben können.

Danach gibt es noch zwei Möglichkeiten für jede TeilnehmerIn eine andere Insel aufzusuchen mit derselben Arbeitsvorgabe. Diese Übung lehnt sich an das Prinzip des „Worldcafes" in ihrem Ablauf an (vgl. Brown und Isaacs 2007).

Die Bögen der Inseln werden dann von einer vorher festgelegten InselmoderatorIn, welcheR die ganze Zeit während der drei Durchgänge auf seiner oder ihrer Insel bleibt, zusammen gefasst und präsentiert.

Mit den Ergebnissen aus dieser Übung erhielten das Management, das Steering Commitee und die Beratungsfirma einen hervorragenden Überblick über Einschätzungen, High-Lights und Schwachpunkte des bisherigen Organisationsentwicklungsprozesses.

In der Nachmittagssitzung wurden dann die anderen MitarbeiterInnen in die Zwischenauswertung einbezogen. Hier entschieden wir uns für Kleingruppenarbeit, in der Mischung von Teilnehmenden des Vormittags und neu dazu gekommenen.

3.2 Abschlussgroßgruppe

In der Abschlussveranstaltung am Ende des fünfjährigen Prozesses nutzen wir noch einmal intensiv die Soziometrie um Stimmungen, Ergebnisse und Feedbacks zu den wahrgenommenen Veränderungen abzurufen. Dazu nutzen wir u. a.:

- Skalierungen, ähnlich wie bei der Anfangssitzung beschrieben, nur mit dafür entwickelten Kriterien, die einen Rückblick auf die fünf Jahre ermöglichten,
- Kleingruppen mit gemischten Teilnehmerinnen (langgediente MitarbeiterInnen mit relativ neuen KollegInnen, die wir soziometrisch zusammenstellten, mit der Aufgabe, ihre Sicht des OE-Prozesses in kurzen Szenen darzustellen,

- ein im Raum ausgelegtes, großes Puzzle, das die verschiedenen Interventionen im Prozess noch einmal in der Gesamtheit verdeutlichte. Die für alles sichtbaren Puzzleteile waren dann wiederum Anlaufpunkte in den verschiedenen Ecken das Raumes, bei denen man sich bei einem *Markt der Möglichkeiten* immer wieder neu zusammenfand und Kommentare auf Metaplankarten an Pinnwände heftete.

Die einzelnen Interventionen hier ausführlich darzustellen, würde den Rahmen dieses Beitrages sprengen.

4 Lessons Learned

Aus den geschilderten Beispielen wird deutlich, das sich soziometrische Interventionen im Rahmen von Großgruppenveranstaltungen hervorragend eignen, ein großes System auf lebendige Art und Weise zu nutzen. Kellermann (1996) weist allerdings auch auf Gefahrenmomente des aktionsorientierten Vorgehens in Großgruppen hin.

Großgruppenprozesse in der Organisationsentwicklung sind z. B. aus dem Wunsch entstanden, *das ganze System in den gleichen Raum zu holen,* um *die gewünschte Veränderung in der Organisation als Veränderung möglichst vieler Beziehungen untereinander zu erreichen,* z. B. Open Space Technology (Owen 1997) und Future Search (Weisboard 1992).

Auch in diesen Darstellungen wird allerdings erkannt, dass die Moderation und Leitung von Großgruppen mit ihrer Dynamik, die sich von traditionellen Kleingruppen erheblich unterscheidet, und Anpassungen und die Einhaltung und Beachtung einiger Spielregeln erforderlich macht.

Zu beachten sind meines Erachtens folgende Regeln, die sich in vielen durchgeführten Veranstaltungen bewährt haben:

Spielregeln und Hinweise für erfolgreiche soziometrische Interventionen in Großgruppen

- Moderation und Leitung erfordert immer einen klaren und für alle Beteiligten nachvollziehbaren Rahmen (Zeiteinteilung – und Einhaltung, verbindliche Absprachen zwischen Leitung und Gruppe, etc.). Denken Sie daran, die in der Agenda vorgeschlagenen Pausen auch unbedingt einzuhalten. Das Moderationsteam muss der Gruppe diesen Rahmen gegeben und ist für das Halten des Rahmens verantwortlich.

- Begrenzen Sie die Anzahl der soziometrischen Interventionen auf max. vier bis fünf. Bedenken Sie, dass selbst die minimale Auswertung einzelner Interventionen durch gezielte Interviews viel Zeit erfordert und große Gruppen mit der Zeit ungeduldig werden und auf den nächsten Schritt warten. Stimmen Sie Ihre Interventionen auf die Gruppengröße und den Anlass der Großgruppenveranstaltung ab. Achten Sie schon bei der Planung der Interventionen auf mögliche interkulturelle Fallstricke (z. B. verbietet es sich in Indien oder Sri Lanka Kastenzugehörigkeiten soziometrisch abzubilden oder in China nach dem Status des Kindes in der Herkunftsfamilie zu fragen, da es dort überwiegend ohnehin nur Familien mit einem Kind gibt, usw.).
- Machen Sie im Raum die Orte für verschiedene Aktivitäten durch Klebeband o. ä. für alle sichtbar, z. B. wo ist die Bühne, wo sind die Orte für Kleingruppenarbeit, o. ä.
- Erforderlich sind Hilfsmittel zur Artikulation wie z. B. Mikrofon, Glocke, o. ä. um den z. T. erheblichen Lärmpegel in der Gesamtgruppe für Ansagen unterbrechen zu können.
- In den Moderationsschritten sollten sich die Teammitglieder bei der Moderation abwechseln, damit in der Gruppe verschiedene Klangfärbungen von Stimmen (Frauen und Männer) hörbar werden. Dies führt zu mehr Aufmerksamkeit bei den Gruppenmitgliedern als bei nur einer SprecherIn.
- Treten Sie vor der Großgruppe selbstbewusst, aber nicht arrogant auf, als wenn Sie tagtäglich nichts anderes tun würden als große Gruppen zu moderieren. Je sicherer Sie in Sprache und Anweisungen wirken, desto sicherer fühlt sich auch nach und nach die Großgruppe.
- Geben Sie kurze, klare Arbeitsanleitungen für die jeweils nächsten Schritte bei Übungen oder nachfolgenden Arbeitsphasen.
- Visualisierung über Beamer oder auf Flipchart mit wenigen großen und gut lesbaren Angaben sollten unbedingt zur Moderationsunterstützung genutzt werden. Eine große Gruppe braucht unbedingt Visualisierung.
- Bei Interviews im Rahmen soziometrischer Übungen, z. B. Aufstellungen, sollte die Moderation Interviews wertschätzend, aber auch humorvoll durchführen. Kontraindiziert sind nach meiner Erfahrung überzogene, auf die Person bezogene Kommentare, die eventuell bloßstellen, aber auch „bierernste", leblose Ansagen.
- Großgruppenprozesse erfordern ein eingespieltes Team mit klarer Rollenverteilung und klar abgegrenzten Aufgaben, die auch der Gruppe zu Beginn transparent erläutert werden sollten, um auch hier die Großgruppe in ihrer Dynamik in einem sicheren Rahmen zu halten.
- Alle Teammitglieder sollten sich in verschiedenen Teilen des Raumes immer wieder unter die Gruppe mischen um Stimmungen und Widerstände aufzu-

nehmen. Vermeiden Sie Blockbildung des Moderationsteams an einer Stelle des Raumes, dies führt oftmals zu Phantasien auf Seiten der Gruppenmitglieder.

- Nutzen Sie Kleingruppenphasen für kurze Teamabstimmungen zwischendurch um verschiedene Perspektiven und Eindrücke der Teammitglieder miteinander abzustimmen und eventuelle Korrekturen im Prozessdesign schnellstmöglich herbeiführen zu können.

Literatur

Baumann B. (2011). Aktionssoziometrie als Arrangement in Projektworkshops. *Zeitschrift für Psychodrama und Soziometrie* 10(2), 209–220

Brown, J. u. Isaacs, D. (2007). *Das World Café.* Zukunftsgestaltung in Organisation und Gesellschaft. Heidelberg: Carl Auer Verlag

Gellert, M. (2006). Lebendige Soziometrie in Gruppen und Organisationen. In: R. Bosselmann, E. Lüffe-Leonhardt u. M. Gellert (Hrsg.), *Variationen des Psychodramas.* (192–196). Meezen: Limmer Verlag

Gellert, M. u. von Ameln, F.(2009). Themenheft: Arbeit mit großen Gruppen, *Zeitschrift für Psychodrama und Soziometrie, 8 (2)* Wiesbaden: VS Verlag für Sozialwissenschaften

Gellert, M. u. Nowak, C. (2010). *Teamarbeit – Teamentwicklung – Teamberatung.* Ein Praxisbuch für die Arbeit in und mit Teams, 4. erw. Aufl. Meezen: Limmer Verlag

Gellert, M. u. von Ameln, F.(2011). Themenheft: Soziometrie und Gruppendynamik, *Zeitschrift für Psychodrama und Soziometrie, 10 (2)* Wiesbaden: VS Verlag für Sozialwissenschaften

Kellermann, P. F. (1996). *Sociodrama: A group-as-a-whole method for social exploration.* Unpublished paper, University of Jerusalem

Königswieser, R. u. Keil, M. (Hrsg.) (2000). *Das Feuer großer Gruppen.* Konzepte, Designs, Praxisbeispiele für Großveranstaltungen. Stuttgart: Klett-Cotta

Owen, H. (1997). *Open space technology: A user's guide.* San Francisco: Berrett-Koehler

Weisboard, M. (1992). *Discovering common ground.* San Francisco: Berrett-Koehler

Von Ameln, F. u. Kramer, J. (2007). *Organisationen in Bewegung bringen.* Handlungsorientierte Methoden für die Personal-, Team- und Organisationsentwicklung, Heidelberg: Springer

Gellert, Manfred, Jahrgang 1947, Dr. rer.soc., Diplomsozialwirt, Organisationsberater, Trainer und Coach, Buchautor. Seit über 30 Jahren tätig in Trainings- und Beratungsprozessen mit Einzelnen, Teams und Organisationen in Deutschland, USA, Afrika, Südostasien und Zentralasien. Geschäftsführer von Concepta Team Consulting, Gelnhausen, Organisations- und Personalentwicklung. Lehrsupervisor (DGSV), Psychodramaleiter (DFP)

Heinrich-Mahla-Str. 45
63571 Gelnhausen
E-Mail: congel@t-online.de

Dieser Artikel war nur möglich auf dem Hintergrund der Zusammenarbeit und der kollegialen und kompetenten Unterstützung der Teammitglieder, mit denen ich als Teamleiter diesen Organisationsentwicklungsprozess durchführen konnte. Mein besonderer Dank gilt: Angela Girz, Anette Massar, Frank Baschab, Prof. Dr. Claus Nowak, Dr. Christoph Reichert, Peter Ueberfeldt.

Computergestützte Soziometrie

Sabine Spitzer-Prochazka

Hr. O. kommt über die Empfehlung eines Facebook-Freundes zur Supervision zu mir. Fr. F. möchte sich per Mail einen Termin für ein Erstgespräch in meiner Praxis ausmachen. Hr. K. schreibt mir über das Kontaktformular auf meiner Homepage, dass er an einer Psychotherapie interessiert sei. Fr. L. trägt am Ende der Therapiestunde ihren nächsten Termin im Kalender ihres iPhones ein. Hr. M. führt mir am iPad die PowerPoint-Präsentation jener Rehabilitationsanstalt vor, für die er sich infolge seiner Burnout-Erkrankung entschieden hat. Fr. S. zeigt mir am iPod Fotos ihrer Kinder. Hr. I. zückt seinen Laptop, um sich im Lauf unseres Gespräches Notizen zu machen. Fr. N. meldet per SMS versandtem E-Mail, dass sie krankheitshalber ihren Therapietermin absagen muss.

Die Kommunikation, der Austausch von Daten und Informationen, läuft in unserem Zeitalter ganz selbstverständlich über digitale Systeme. Folgerichtig stellt sich daher die Frage, ob die neuen Technologien nicht auch für die soziometrische Arbeit eingesetzt werden können?

Als Moreno sein Grundlagenbuch zur Soziometrie (Moreno 1954) veröffentlichte, war die erste Serie der Großrechner gerade in Produktion gegangen. Die Computer dieser Epoche benötigten aufgrund ihrer Größe ein ganzes Zimmer für sich allein, das wegen der Hitzeentwicklung auch noch extra gekühlt werden musste. Es wurden Lochkarten verwendet und die Anschaffungskosten für ein Gerät betrugen etwa 1 Million Dollar. Den Einzug der ersten Computer in die Privathaushalte – es handelte sich um den legendären Altair 8800, Auslieferung 1975 – erlebte Moreno, der 1974 starb, nicht mehr.

In seiner Biografie finden sich jedenfalls Hinweise auf das technische Verständnis Morenos: 1926 entwickelte er gemeinsam mit Franz Lörnitzo ein neuartiges Tonaufnahmegerät (vgl. Stimmer und Stimmer 2008, S. 282; Fürst, o. A.). Es bleibt eine naheliegende Vermutung, dass Moreno ganz selbstverständlich auch Computer eingesetzt hätte. Vermutlich hätte er geschätzt, welch hilfreiches Potential in dieser neuen Technik steckt.

Die stichprobenartige Befragung einiger Wiener Psychodrama-KollegInnen dagegen ergab, dass zwar fast alle für Marketingzwecke, Dokumentation und Praxisverwaltung Computer nutzen, aber kaum jemand sie in der direkten Arbeit mit PatientInnen oder KlientInnen einsetzt. Zu umständlich sei es, zu unpersönlich und aufwändig. Was ist dran, an dieser Einschätzung, und welche Möglichkeiten gibt es nun? Ich möchte zwei soziometrische Techniken näher beleuchten, für die TherapeutInnen auf Computer zurückgreifen können: computergenerierte Soziogramme und das computergestützte Soziale Atom. Ich werde exemplarisch Programme vorstellen, keinesfalls mit dem Anspruch auf Vollständigkeit (das betrifft auch die Linkliste am Ende des Artikels) – dies ist bei einem derart schnellen Medium wie dem Internet nicht möglich. Was heute noch online ist, kann morgen schon nicht mehr auffindbar sein, woran wir heute noch nicht einmal denken, kann morgen schon weltweit verfügbar sein.

Soziogramm

Wer kennt das nicht: Die Auswertung von soziometrischen Tests kann, besonders bei größeren Gruppen, mühsam sein und das Zeichnen des Soziogramms eine echte Herausforderung. Gut leserlich beschriftet soll es sein, möglichst keine Überschneidungen bei den Linien aufweisen und vor allem übersichtlich angeordnet soll es sein (vgl. auch Pfeffer, 2008). Ein verlockender Gedanke, sich diese Arbeit von einem Computerprogramm abnehmen zu lassen! Das geht tatsächlich: Entsprechende Software kann entweder – online – gekauft oder als kostenlose Freeware heruntergeladen werden. Die Funktionsweise ist den meisten Programmen sehr ähnlich: Man gibt die Namen der GruppenteilnehmerInnen oder der SchülerInnen einer Klasse in eine Tabelle ein, legt die Fragekriterien fest, überträgt die getroffenen Wahlen und lässt die Software das entsprechende Soziogramm berechnen und zeichnen. Meist werden zusätzlich noch verschiedene Analysemöglichkeiten angeboten.

Der Soziogramm-Editor

Der Soziogramm-Editor (http://www.pabst-software.de/doku.php/programme:-soziogramm-editor:start) ist als kostenlose Freeware ebenso einfach downzuloaden, wie anschließend einzusetzen (Abb. 1).

Abbildung 1 Soziogramm-Editor

In einem Kurs zur Nachschulung von AutofahrerInnen, die wegen Schnellfahrens bestraft worden waren, setzt die Gruppenleiterin die soziometrische Wahl ein, um die TeilnehmerInnen, die allesamt unfreiwillig anwesend und nur mäßig motiviert sind, für das gemeinsame Gespräch anzuwärmen.

In einem ersten Schritt erstellt sie die Namensliste für dieses Projekt bereits im Vorfeld der Gruppensitzung.

Die Frage für die GruppenteilnehmerInnen lautet dann: „Mit wem aus der Gruppe würden Sie als BeifahrerIn auf der Strecke von Wien nach Salzburg (ca. 300 km) am ehesten mitfahren wollen?"

Im zweiten Schritt werden von der Leiterin die Wahlen eingegeben (Abb. 2).

Sind alle Daten eingegeben, genügt ein Klick auf den Button „Soziogramm zeichnen" und schon ist die Auswertung auf dem Bildschirm: Unschwer zu erkennen, dass Michael in dieser Gruppe und bei dieser Fragestellung der *Star* ist.

Abbildung 2 Eingabe der Wahlen

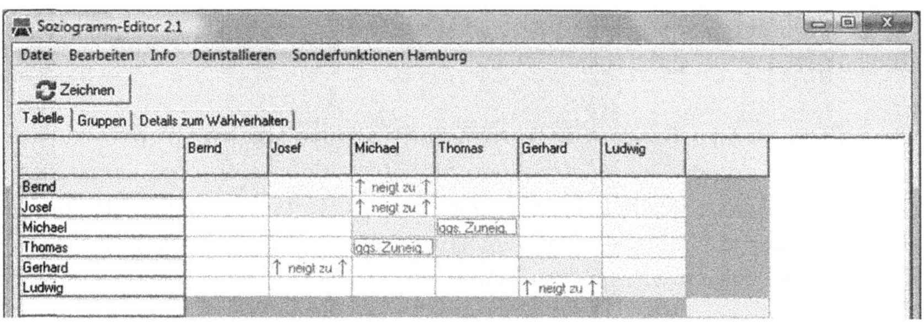

Abbildung 3 Soziogramm

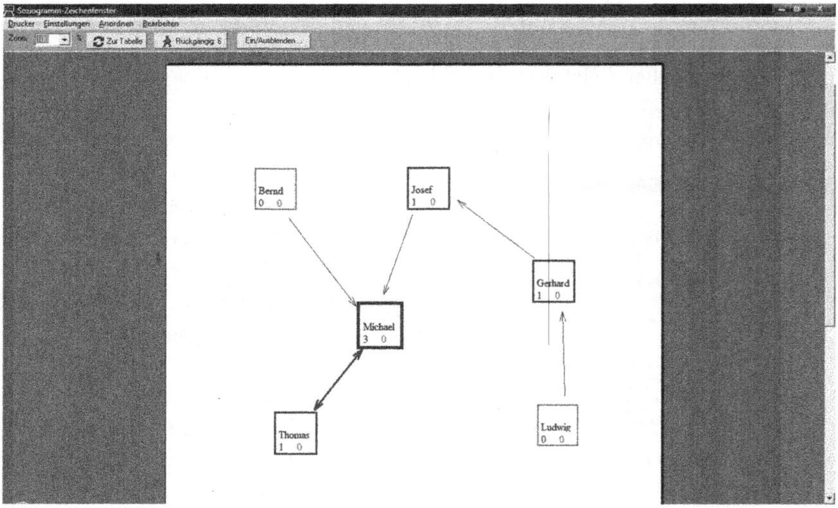

Die Position der einzelnen Kästchen kann mit der Maus verändert werden, die Verbindungen bleiben dabei erhalten. So können auch verschiedene Soziogramme ausgedruckt werden, indem etwa jeweils einE TeilnehmerIn in den Mittelpunkt gestellt wird. Das fertige Soziogramm ist eine hilfreiche Gesprächsgrundlage, es erwärmt die TeilnehmerInnen für einander und für das Thema.

Für die Auswertung sind sowohl eine Namens- als auch eine anonyme Version wählbar. Für Zweitere werden in die Tabelle anstelle der Namen zum Beispiel Zahlen oder Buchstaben eingegeben.

Die Soziogramme können gespeichert und somit jederzeit wieder abgerufen werden. So sind Vergleiche etwa im Verlauf einer Jahresgruppe möglich.

Soziogramm-Designer

Als stellvertretendes Beispiel für kostenpflichtige Soziogramm-Software möchte ich den Soziogramm-Designer nennen (http://www.babstsoft.com/Soziogramm/Datenframes/Ladeseite_Test.htm). Eine kostenlose Testversion sowie das BenutzerInnen-Handbuch können heruntergeladen werden. Wer die Vollversion kaufen möchte, kann das um derzeit € 87.– online tun.

Abbildung 4 Soziogramm-Designer

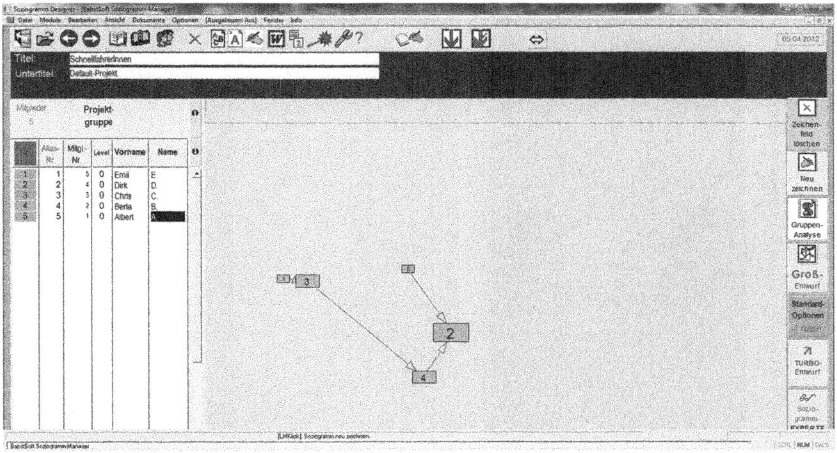

Im Unterschied zur Freeware bietet das Programm mehr an Funktionen und einen höheren Bedienungskomfort. Es arbeitet mit Datenbanken und die Auswertungen können sowohl in Form von Tabellen, als auch in ausführlicher Textversion generiert werden.

Ein Vorteil bei der Verwendung von Soziogramm-Software liegt in der Geschwindigkeit der Auswertung. Man erspart sich das händische Aufzeichnen, hat gute Speichermöglichkeiten und kann verschiedene Soziogramme miteinander vergleichen. Die oben beschriebenen Anforderungen an die Darstellung eines Soziogramms berücksichtigt die Software ganz automatisch.

Neben dem therapeutischen Setting ist die Arbeit mit computergezeichneten Soziogrammen auch in der Supervision und für Organisationsaufstellungen von Vorteil: Hier ist die Verwendung von Computern meistens so selbstverständlich, dass dieses vertraute Arbeitsinstrument die gemeinsame Arbeit erleichtert. Soll die Auswertung unmittelbar in der jeweiligen Einheit erfolgen, ist das zum Beispiel mit dem Einsatz eines Beamers, der die Bildschirmansicht auf die Wand projiziert, möglich.

Ein weiterer Vorteil liegt in der Verwendung für Fachliteratur: Zur Veranschaulichung von Fallbeispielen wird das computergenerierte Soziogramm zumeist übersichtlicher sein, als eine von Hand angefertigte Skizze. Ein Beispiel da-

Abbildung 5 Beispiel für die Visualisierung großer Netzwerke

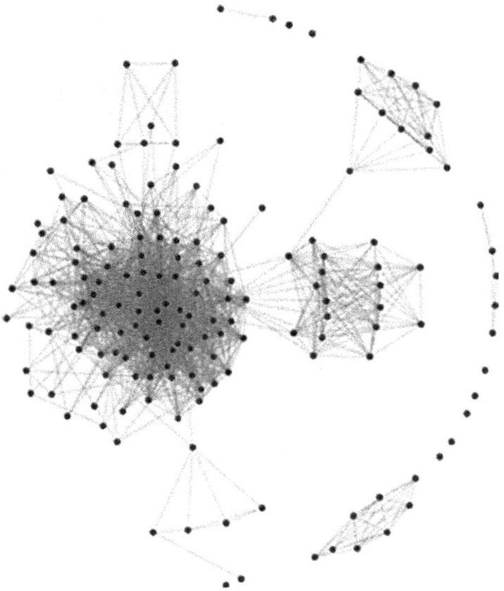

(http://de.wikipedia.org/wiki/Soziales_Netzwerk_%28Soziologie%29)

für findet sich unter anderem bei Staudinger (2011, S. 244 f), der über konflikthafte Schulsituationen berichtet und dies sehr anschaulich mit Soziogrammen (erstellt mit dem Soziogrammeditor) illustriert.

Nicht zuletzt in der modernen Netzwerkforschung und bei der Darstellung größerer Netzwerke sind entsprechende Computerprogramme unverzichtbar.

Wer sich mit Tabellenkalkulationsprogrammen wie MS-Excel gut auskennt, kann auch mithilfe dieses oder ähnlicher Programme soziometrische Wahlen auswerten und Soziogramme darstellen lassen.

Und selbst wer gerade keinen PC zur Hand hat, muss dennoch nicht auf die digitale Unterstützung verzichten: Es gibt bereits eine App für's Handy, mit der „auf Tastendruck" Soziogramme erstellt werden können (https://play.google.com/store/apps/details?id=adit.sociogram&hl=de; 01. 06. 2012).

Soziales Atom – computergestützt

„Mit dem Netzwerk-Coaching-System (NCS) wurde von uns ein visualisierendes Verfahren entwickelt, das es BeraterInnen und TherapeutInnen unterschied-

Abbildung 6 NCS/Stammdaten

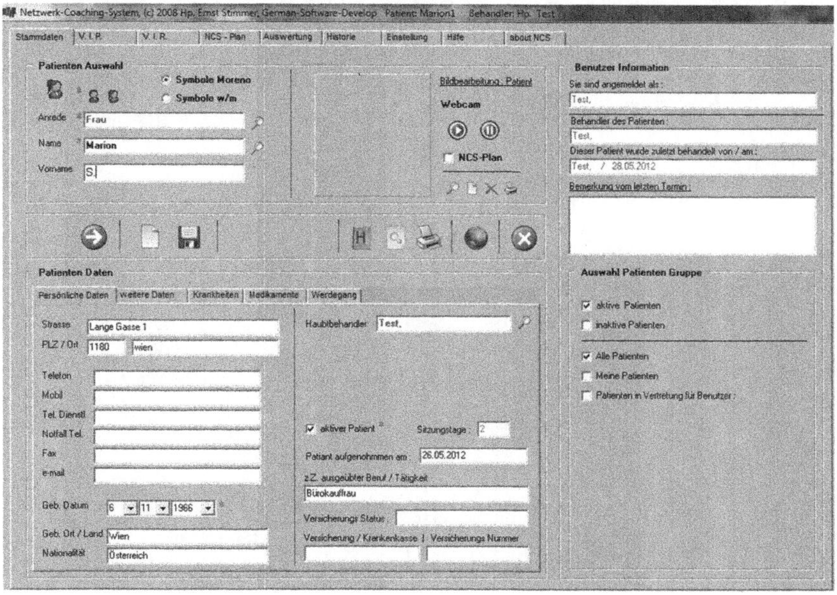

licher Disziplinen ermöglicht, über das Medium Computer Beziehungs- und Rollennetzwerke gemeinsam mit den KlientInnen kreativ und dynamisch-bildhaft zu gestalten und situationsspezifisch jeweils zu modifizieren." (Stimmer und Stimmer, o. A.)

> Marion S. kommt in die Therapie, um ihren Alkoholkonsum in den Griff zu bekommen und ihr Konfliktverhalten zu verbessern. Nach den ersten Sitzungen schlage ich vor, ein Soziales Atom am Computer zu erstellen. Gemeinsam mit der Klientin gebe ich als ersten Schritt ihre Stammdaten ein:

Mittels Webcam könnten wir sogar ein Foto hinzufügen, das in Folge auch als Symbol verwendet werden kann.

Im nächsten Schritt lege ich mit Frau S. die „VIP" an, ihre wichtigsten Bezugspersonen:

Eingetragen wird der Name, einbezogen werden Geschlecht, Rollenbezeichnung und das zugehörige Segment (Familie, Freunde, Beruf, u. ä.). Den Personen kann auch eines von 21 Tieren zugeordnet werden, welches dann als Symbolbild im Plan verwendet wird.

Abbildung 7 NCS/„VIP"

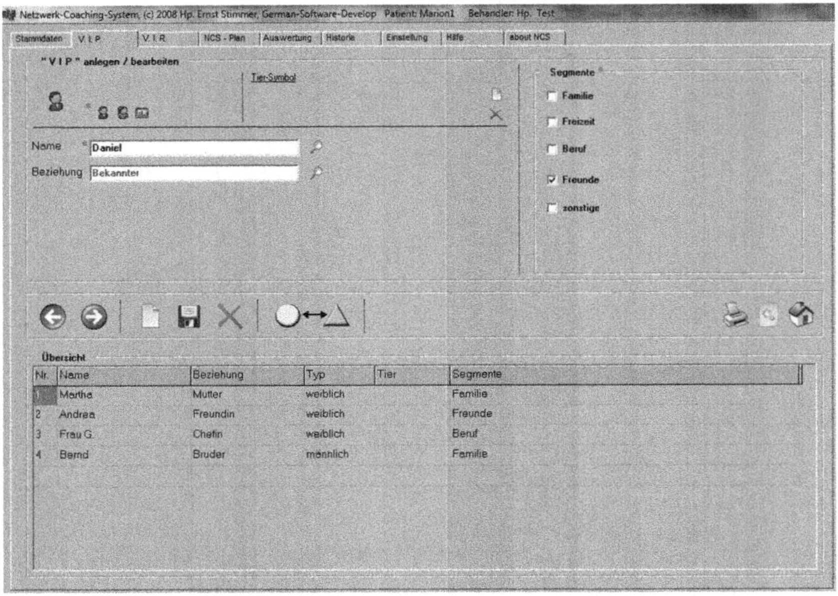

Mit den ausgewählten Personen kann Frau S. anschließend ihr Soziales Atom stellen (hier ein Beispiel aus der 5. Sitzung):

Per Mausclick wird das Symbol für die ausgewählte Person an die richtige Stelle gezogen. Die Position kann jederzeit verändert werden. Zusätzlich können weitere Auswahlkriterien zugeordnet werden:

Die Symbole für Suchtmittel und Emotionen können mit der Maus im Sozialen Atom positioniert werden, mit den Pfeilen wiederum können die Beziehungen der ProtagonistIn zu ihren VIP sichtbar gemacht werden. Der Kreis im Bild stellt die Soziale Schwelle dar. Unter dem Menüpunkt „Auswertung" bilden Grafiken die Kohäsion, die Nähe-Distanz-Verhältnisse sowie die Verteilung auf die einzelnen Segmente ab. Das Soziale Atom wird unter einem frei wählbaren Namen und dem Datum des Erstellungstages abgespeichert.

Ein Jahr später stellt Frau S. ihr aktuelles Soziales Atom erneut dar. Sie hat inzwischen einen Freund (Sandro), der einen Sohn (Nino)in die Partnerschaft mitbringt. Ihre Arbeitsstelle hat sie aufgrund des alkoholbedingten, polizeilichen Führerscheinentzuges verloren, was die Volitionsstärke in Richtung Abstinenz aber positiv beeinflusst. All diese Veränderungen werden in der Darstellung des

Abbildung 8 NCS/Soziales Atom

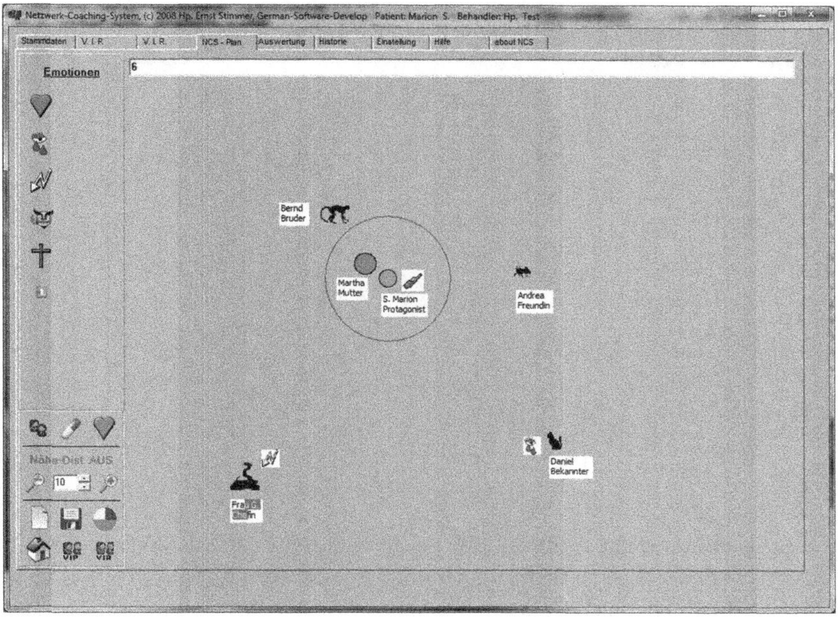

Abbildung 9 NCS/Zusatzfunktionen

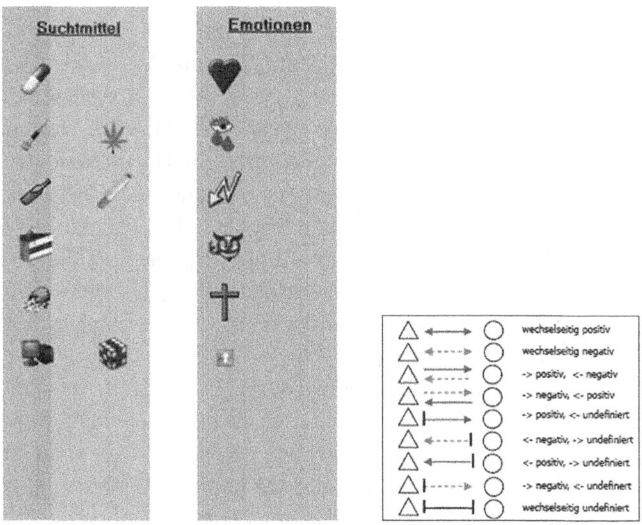

Abbildung 10 NCS/Historie

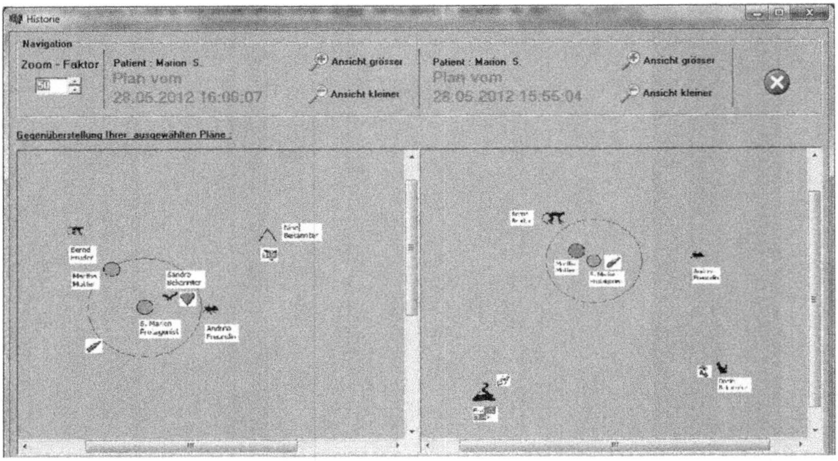

Sozialen Atoms gut sichtbar. Unter „Historie" im NCS kann das aktuelle Soziale Atom jenem von vor einem Jahr gegenübergestellt werden:

Hier wird deutlich, dass der Alkohol ein Stück weiter weg gerückt ist, ebenso die Mutter, die auch ein wenig an Farbkraft verloren hat. Der Konflikt mit der Chefin spielt keine Rolle mehr, dafür betritt mit Sandros Sohn Nino ein neuer Konfliktpartner die Bühne.

Das Gegenüberstellen unterschiedlicher Sozialer Atome ist eine der Stärken des NCS. Fr. S. etwa stellte im Lauf der Therapie auch das Soziale Atom ihrer Kindheit dar und erkannte daraufhin Rollenkonserven, die aus alten Dynamiken entstanden waren. Wie auch sonst in der Arbeit mit Symbolen und Intermediärobjekten lud ich Frau S. immer wieder zum Rollenwechsel ein. So konnte sie etwa die familiären Veränderungen von Nino aus seiner Sicht erleben und in der Folge nicht nur ihn besser verstehen, sondern auch ihre Position ihm gegenüber neu klären.

Eine weitere Funktion des NCS ermöglicht die Visualisierung des kulturellen Atoms: Hier werden von der KlientIn „VIR", very important roles, eingegeben und später ebenso in einem eigenen Plan positioniert.

Nach anfänglicher Skepsis fand Frau S. großen Gefallen an der Arbeit mit dem NCS. Die einfache Bedienung und das spielerisch Aktivierende kamen ihr sehr entgegen (wobei dieser Effekt meiner Erfahrung nach nur dann tragend war, wenn die Patientin selbst mit der PC-Maus arbeiten konnte). Vor allem aber schätzte sie – wie auch ich als begleitende Therapeutin – die spätere Abrufbarkeit

Abbildung 11 NCS/Rollenatom

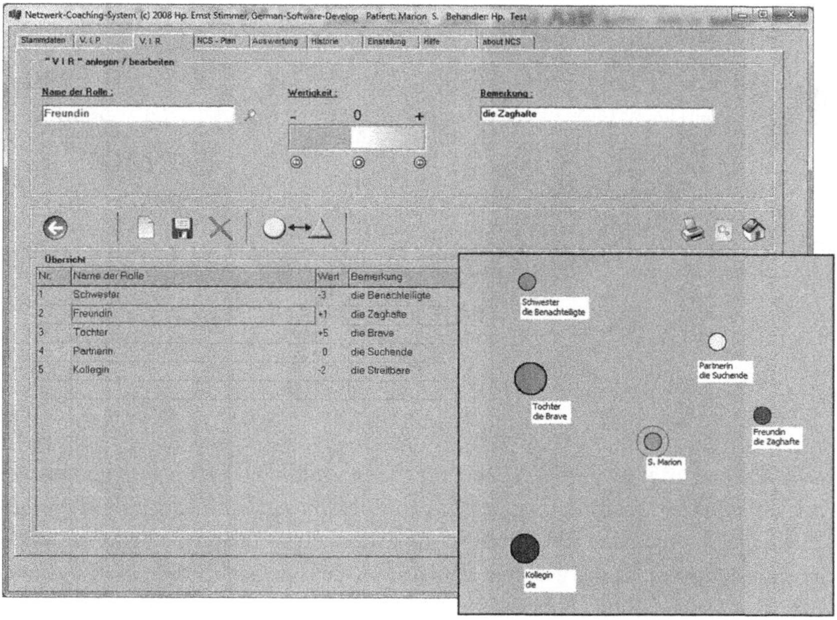

fertiger Arbeiten. Der Vergleich von Sozialen Atomen aus verschiedenen Lebensphasen beschert stets interessante Ergebnisse.

Ein Nachteil aus meiner Sicht besteht darin, dass für die Arbeit mit dem Computer das Setting verändert werden muss: Statt auf der bequemen Couch mit niederem Tisch und gegenüber sitze ich nun sehr nahe neben der Klientin beim Schreibtisch. Zusätzlich entfällt der sinnliche Aspekt, wie er bei der Arbeit mit „greifbaren" Gegenständen erlebt wird. Auch der Rollenwechsel fällt vielen KlientInnen leichter, wenn sie das Symbol oder Intermediärobjekt berühren können.

Es besteht auch die Möglichkeit, das NCS in Kombination mit einem Steckbrett zu verwenden (siehe Abb.11). Ebenso können Fotos von Aufstellungen auf der Tischbühne eingespeist werden. Das Programm wird laufend weiterentwickelt. Informationen dazu finden sich auf der Homepage der Entwickler: http://www.hp-stimmer.de/NCS/index.php

Der Einsatz dieser computergestützten Soziometrietechnik ist in der Einzeltherapie ebenso wie in der Arbeit mit Gruppen denkbar. Dargestellt werden können neben dem Sozialen Atom auch (sozio-)kulturelle Atome oder Projekt-Atome.

Abbildung 12 NCS/Steckbrett

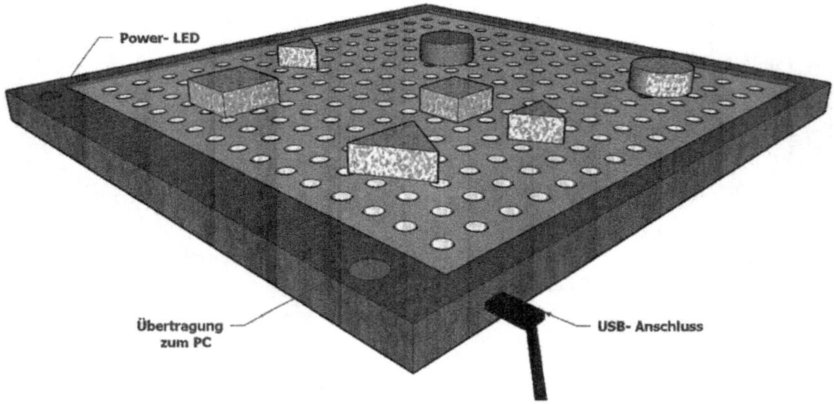

Paare können im Rahmen einer Therapie davon profitieren, wenn sie zum Beispiel ihre aktuellen Sozialen Atome oder jene ihrer Herkunftsfamilien vergleichend gegenüberstellen. Für den Einsatz dieser oder ähnlicher Software scheint mir auch der Beratungsbereich gut geeignet zu sein, zum Beispiel die Berufs- oder GründerInnenberatung. Schule, Supervision und Projektmanagement sind weitere günstige Einsatzbereiche, nicht zuletzt dank der niederen Zugangsschwelle aufgrund der Omnipräsenz von Computern in diesen Bereichen.

Abbildung 13 Graph-Plot

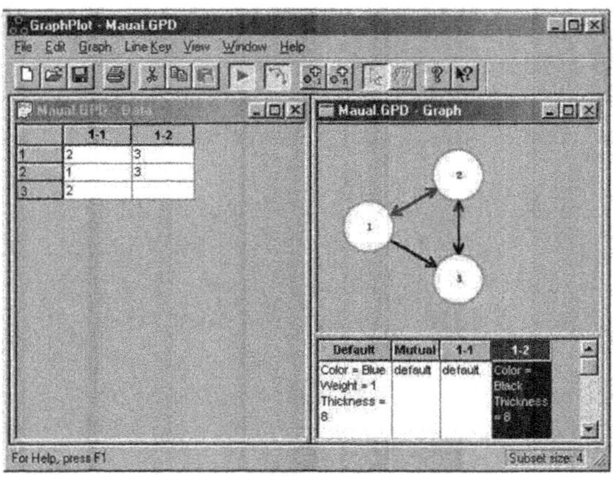

Letztlich wird man für jedeN KlientIn individuell entscheiden, ob die Arbeit am PC vorteilhaft ist, oder nicht. Manche KlientInnen beziehen lieber mittels PC-Maus fantasievolle Intermediärobjekte ein, als den Rollenwechsel mit der Plüschmaus zu wagen.

Abschließend noch einweiteres, interessantes Beispiel für Soziometrie-Software, den Graph-Plot von Tom Treadwell, mit dem ebenfalls sehr anschaulich Soziale Atome dargestellt werden können:

Alle Informationen dazu finden sich auf der Homepage http://courses.wcupa.edu/ttreadwe/sociometry/von wo die Gratissoftware auch bezogen werden kann. Die Software wird laufend aktualisiert, der aktuelle Stand ist daher am besten online abzurufen – bequem, tagesaktuell und rasch verfügbar, wie die Arbeit mit dem Computer eben (zumeist) ist.

Verzeichnis soziometrischer Software:

Soziales Atom:

http://courses.wcupa.edu/ttreadwe/sociometry/
http://www.hp-stimmer.de/NCS/index.php

Soziogramme:

http://www.testzentrale.de/programm/klassen-kompass.html
http://www.testzentrale.de/programm/soziometrische-rating-methode-fur-die-diagnostik-und-planung-von-interventionsstrategien-bei-schwierigen-schulklassen-und-gefahrdeten-schulern-an-sekundarschulen.html
http://www.soziogramm.com/
http://www.pabst-software.de/doku.php/programme:soziogramm-editor:start
http://www.babstsoft.com/Soziogramm/Datenframes/Ladeseite_Test.htm
https://play.google.com/store/apps/details?id=adit.sociogram&hl=de;
alle: 01.06.2012

Literatur

Moreno, J. L. (1954). Grundlagen der Soziometrie, Westdeutscher Verlag

Pfeffer, J. (2008). Visualisierung sozialer Netzwerke, in: C. Stegbauer (Hrsg.), *Netzwerkanalyse und Netzwerktheorie,* Ein neues Paradigma in den Sozialwissenschaften, Wiesbaden: VS-Verlag, 231–238

Staudinger, K. (2011). Soziometrie in Schulen – 2011 noch aktuell? *Zeitschrift für Psychodrama und Soziometrie 10 (2),* 236–252. doi 10.1007/s11620-011-0111-z

Stimmer, F. u. Stimmer, E. (2008). „Soziokulturelle Atome" computergestützt? Das Netzwerk-Coaching-System (NCS). *Zeitschrift für Psychodrama und Soziometrie 7 (2),* 281–290. doi 10.1007/s11620-008-0025-6

Fürst, J. http://members.cnh.at/jutta.fuerst/Psychotherapie/Moreno_Text%20deutsch.htm, 29.05.12

Stimmer, F. u. Stimmer, E. http://www.hp-stimmer.de/NCS/brosch.php, 29.05.12

Spitzer-Prochazka, Sabine, Jahrgang 1968, MSc, Psychodrama-Psychotherapeutin, diplomierte Sozialarbeiterin; tätig in freier Praxis und einer Suchtberatungsstelle in Wien; Mitherausgeberin der Zeitschrift für Psychodrama und Soziometrie; ÖAGG-Mitglied.

Sabine Spitzer-Prochazka
1210 Wien
Schwaigergasse 35/21
Sabine.spitzer@aon.at

Interaktive soziometrische Prozesse zur Förderung der Effizienz virtueller Teams

Felix Gellert

Vorwort

Der vorliegende Beitrag beschäftigt sich mit dem konzeptionellen Design einer Internetplattform zur Unterstützung virtueller Teamarbeit durch interaktive soziometrische Prozesse. Um ein gemeinsames Verständnis der verwendeten Begriffe zu entwickeln, werden im ersten Abschnitt dieses Artikels die folgenden Begriffe definiert:

1 Team

Ein Team ist ein Zusammenschluss von mindestens zwei Personen mit sich ergänzenden Fähigkeiten, die ein gemeinsames Ziel verfolgen (Katzenbach, 1993). Durch die Kombination von Expertise, Kreativität und Erfahrungen kann ein Team Ergebnisse erzielen, die die Fähigkeiten einer einzelnen Person übersteigen (Schneider, 1996). Teams können in verschiedenen Bereichen unseres Lebens existieren und dienen unterschiedlichen Bedürfnissen. Sie können kontinuierlich an einer Aufgabe arbeiten oder nur für einen bestimmten Zweck und Zeitraum gebildet werden. Mitglieder eines Teams können in einem oder mehreren Teams gleichzeitig arbeiten (Schneider, 1996).

2 Virtuelles Team

Die zuvor beschriebenen Charakteristika für ein traditionelles Team treffen auch auf ein virtuelles Team zu. Die Mitglieder haben ergänzende Fähigkeiten und verfolgen ein gemeinsames Ziel. Was ein Team ein virtuelles Team werden lässt, ist die geografische Trennung seiner Mitglieder, die Kommunikation über mediale Kanäle und das stark reduzierte oder absolute Fehlen von physischer Interaktion (Gibson, 2003). Aufgrund der möglichen geografischen Verteilung der Team-Mitglieder, verschiedenen Zeitzonen, vielfältigen kulturellen Einflüssen oder Sprachen bestimmt die Arbeitsumgebung von virtuellen Teams ein bestimmter Grad an Komplexität (Bradley, 2008).

Für den vorliegenden Beitrag gilt die folgende Interpretation des Begriffs „virtuelles Team“:

Virtuelle Teams existieren in verschiedenen Konstellationen über geografische Distanzen, Zeitzonen und unterschiedliche organisatorische Strukturen hinweg. Kommunikation und Kollaboration werden ausschließlich über mediale Kanäle durchgeführt. Kulturelle, nationale und organisatorische Ursprünge der Teammitglieder variieren in einem staken Ausmaß. Physische Interaktion und reale Treffen zwischen den Teammitgliedern finden sehr wenig bis gar nicht statt.

Einleitung

In der heutigen Arbeitswelt wird von Unternehmen verlangt, dass sich die MitarbeiterInnen konstant an die speziellen Bedingungen der Globalisierung anpassen (Duarte 2006). Virtuelle Teams geben Unternehmen die nötige Flexibilität um diese Bedingungen zu adressieren, bei gleichzeitiger Senkung von Kosten- und Zeitaufwänden. Virtuelle Teams müssen große geographische Distanzen sowie Zeitzonen und kulturelle Unterschiede überwinden und sind bei Ihrer Kommunikation und Kollaboration auf die ihnen zur Verfügung stehenden medialen Kanäle angewiesen (Gibson 2003). Diese Umstände implizieren asynchrone Kommunikation, seltene oder fehlende physische Interaktion der Teammitglieder und resultieren in einer komplexen Arbeitsumgebung, die ausschlaggebend für die Effektivität von virtuellen Teams ist. Einer der wohl kritischsten Faktoren, wenn es um die Effizienz virtueller Teams geht, ist die fehlende physische Interaktion der Teammitglieder. Soziale Interaktion repräsentiert einen vitalen Anteil jeder Teamerfahrung und bildet eine entscheidende Grundlage für das entwickeln von Vertrauen im Team (Nemiro 2008). Um das Fehlen dieser sozialen Interaktion zu kompensieren, können virtuelle Teams in der Regel auf keine fundierten Methoden aus der klassischen Teamarbeit zurückgreifen (Robinson 2008). Die Teammitglieder müssen zu einem gewissen Grad für diese spezielle Arbeitsumgebung sensibilisiert sein sowie über ausreichende Kompetenzen verfügen (Duarte 2006). Die Berücksichtigung der sozialen Dimension virtueller Teamarbeit ist ein kritischer Faktor für die Effektivität des Teams (Ebrahim 2009).

Vor diesem Hintergrund ist die Suche nach geeigneten Methoden zur Unterstützung der sozialen Komponente in virtuellen Teams von besonderer Bedeutung um die Effektivität virtueller Teams zu steigern. Eine Studie aus dem Jahr 2010 identifiziert die fehlende physische (face-to-face) Interaktion in virtuellen Teams als die größte Herausforderung (DeRosa und Lepsinger 2010). Die ForscherInnen sehen in diesem Zusammenhang Vertrauen als elementaren Bestandteil der Dynamik virtueller Teams. Der Erfolg oder Misserfolg von virtuellen Teams hängt maßgeblich vom bestehenden Vertrauen innerhalb des Teams ab (Lipnack und Stamps 1997; Paul Jr. und McDaniel 2004; Pauleen 2003). Vertrauen zu bilden oder zerstörtes Vertrauen wieder aufzubauen kann in traditionellen Teams durch verschiedene Methoden und Aktivitäten unterstützt werden. (Stumpf und Thomas 2003). Im Gegensatz dazu stehen virtuellen Teams für diese Prozesse keine etablierten Methoden zur Verfügung. (Robinson 2008). Nach Charles Handy braucht Vertrauen physische Nähe („*Trust needs touch*" (Handy 1995)). In virtuellen Teams spielt der kulturelle Hintergrund der Teammitglieder eine entscheidende Rolle wenn es um das Entstehen von Vertrauen geht, besonders im Hinblick auf kulturelle Normen und Werte, die bei diesem Prozess die Ausgangsbasis bilden (Doney et al. 1998). Eine Methode zur Unterstützung bzw. Förderung der Vertrauensbildung in einer Gruppe ist die Soziometrie (Bergmann G., 2003), welche die sozialen Beziehungen der Gruppenmitglieder Messen und Abbilden kann. Um diesen Prozess als greifbar bzw. erlebbar zu gestalten, kann Soziometrie interaktiv in einer Gruppe durchgeführt werden und bezieht alle Mitglieder aktiv in den Prozess mit ein (von Ameln, Gerstmann und Kramer 2004, S. 42).

Virtuelle Teamarbeit

Virtuelle Teams können nach den gleichen Kriterien wie auch traditionelle Teams eingeordnet oder kategorisiert werden. Zusätzlich gelten für virtuelle Teams weitere Kriterien, die sich nach dem Grad der „Virtualität" richten. Nach Duarte und Snyder (2006, S. 4 ff.) können virtuelle Teams in folgenden Kategorien beschrieben werden: Action Teams, Management Teams, Service Teams, Arbeits- oder Produktionsteams, Projekt- oder Produktentwicklungsteams, parallele Teams und Netzwerk Teams.

Kulturelle Unterschiede

Die Arbeit über geographische, nationale und organisatorische Grenzen hinweg inkludiert eine kulturelle Diversität der Teammitglieder. Kultur kann als überwiegend unbewusster Verhaltenskodex definiert werden, der eine Gruppe von einer anderen unterscheidet (Duarte L., 2006). Kulturelle Unterschiede in Teams sind nicht gleichzusetzen mit Problemen, verlangt aber von den Teammitgliedern einen bestimmten Grad an Respekt und Sensibilität. Kulturelle Unterschiedene beeinflussen virtuelle Teams und jedes einzelne Teammitglied bringt seine eigene Kultur in das Team mit ein. Wenn wir über kulturelle Unterschiede in virtuellen Teams reden, gilt es drei verschiedene Arten von Kultur zu unterscheiden (Duarte 2006): Nationale (Gesellschaft einer Region oder eines Landes), die Funktionale (Berufliche Kultur) und die Organisatorische (Unternehmenskultur).

Interaktion über mediale Kanäle

Durch die große geografische Trennung der Teammitglieder, welche verschiedene Zeitzonen mit einbezieht, wird die Interaktion zwischen den Teammitgliedern durch elektronische Kommunikations- und Kollaborationstechnologie bestimmt. Die neueste Technologie impliziert dabei nicht eine bessere Kommunikation, sondern repräsentiert vielmehr eine Herausforderung die richtige Technologie auszuwählen. Diese ist abhängig von Faktoren wie Verfügbarkeit und Zugang, Kompetenz in der Bedienung, Nutzungsgewohnheiten und den finanziellen Möglichkeiten (Schenk 2004). Durch die Arbeit über Zeitzonen hinweg kann die Interaktion in virtuellen Teams folgende Variationen annehmen: gleiche Zeit und gleicher Ort, gleiche Zeit und verschiedener Ort, verschiedene Zeit und gleicher Ort, verschiedene Zeit und verschiedener Ort (Gould 2006). Die Interaktionskanäle virtueller Teams unterstützen den Austausch von Informationen. Die Kommunikation ist aber im Vergleich mit physischer Interaktion bestimmten Limitierungen ausgesetzt. Bei textbasierter Kommunikation wie z. B. E-Mails oder Chatprogrammen ist durch das Fehlen paralinguistischer Hinweise das Potenzial für Missverständnisse oder Missinterpretationen besonders hoch (Gibson und Cohen 2003).

Zeitzonen und geografische Trennung

Multiple Zeitzonen setzen bestimmte Anforderungen an die Kommunikations- und Kollaborationstechnologie. Wenn die Mitglieder eines virtuellen Teams im wahrsten Sinne des Wortes an den gegenüberliegenden Enden des Globus miteinander arbeiten müssen, sollte die Kommunikation zwangsläufig asynchron und textbasiert durchgeführt werden. Audio- und Videotechnologie sind in diesem Fall keine Option. Dies impliziert eine hohe Differenz in der Frage- und Antwortzeit und zwingt die Teammitglieder vorrangig autonom zu arbeiten (Gibson und Cohen 2003). Die Dimension der geographischen Trennung bestimmt, ob die Teammitglieder sich physisch treffen können oder nicht.

Größere Distanzen führen zu höheren Zeit- und Geldaufwänden, wenn es um physische Treffen geht.

Vertrauen in virtuellen Teams

Die Arbeit in Teams stützt sich immer auf Vertrauen (Nemiro et al. 2009). Vertrauen fördert eine offene Kommunikation, die Bereitschaft zur Kollaboration und eine höhere Zufriedenheit mit getroffenen Entscheidungen (Kanawattanachai 2005, S. 47). Vertrauen in andere Teammitglieder und in das Team zu entwickeln ist kein leichter oder schneller Prozess und hängt immer mit den persönlichen Erfahrungen der Teammitglieder zusammen (Nemiro et al. 2009). In einer klassischen Situation mit dem Gesprächspartner gegenüber helfen uns die Observation, Evaluation und Interpretation der verbalen und nicht-verbalen Hinweise bei der Entscheidung Vertrauen zu einer bestimmten Person aufzubauen oder nicht. (Duarte 2009). Aufgrund der fehlenden physischen Interaktion in virtuellen Teams stellt die Interpretation der nicht-verbalen Kommunikation nach familiären Mustern und die damit verbundene Vertrauensbildung keine Option für die Mitglieder dar (DeGrosky 2005). Individuell bedeutet dieser Umstand für jedes Teammitglied verschieden hohe Anforderungen. Hinzu kommt, dass virtuelle Teams oftmals in einer kurzen Zeitspanne gebildet werden müssen und auch nur für eine kurze Zeit existieren. Lipnack und Stamps (2000) argumentieren, dass Erfolg oder Misserfolg des Teams maßgeblich von dem Vertrauen innerhalb der Gruppe abhängig ist. Vertrauen in virtuellen Teams ist durchaus möglich und kann sich auch in einer kurzen Zeitspanne entwickeln, es muss aber auch gepflegt und erhalten werden. Es ist ein mehr oder weniger zerbrechliches Gut und kann über eine bestimmte Zeitspanne abnehmen (Jarvenpaa und Leidner 1999).

Nach Duarte und Snyder (2006) sollten Mitglieder virtueller Teams drei essentielle Verhaltensweisen in ihre Arbeitsweise einfließen lassen um das Bilden und Erhalten von Vertrauen zu sichern.

Hohe Arbeitsaktivität

Die fehlende physische Interaktion lässt Teammitglieder andere Teammitglieder oft nur über ihre geleistete Arbeit beurteilen. Teammitglieder, die eine hohe Arbeitsaktivität aufweisen und dabei nicht rücksichtslos anderen gegenüber agieren, werden geschätzt und respektiert.

Auf das Wohlbefinden der Anderen achten

Die Teammitglieder müssen sich über die Konsequenzen Ihrer Handlungen und deren Auswirkungen auf andere im Klaren sein. Wiederholtes Nachfragen ob die Aufgabe verstanden wurde, die Arbeitseinteilung gerecht ist und die Motivation im Team noch besteht, sind nur einige Beispiele wie solche Fragen aussehen können. Dieses Verhalten vermittelt Interesse den anderen Teammitgliedern gegenüber. Der sensitive Umgang mit Problemen und Konflikten ist ein zusätzlicher Faktor um Vertrauen in virtuellen Teams zu unterstützen. Entscheidungen sollten im Team getroffen werden damit sich niemand ausgeschlossen fühlt (Duarte 2006, S. 148 f.).

Integrität

Integrität bei der Arbeit kann eine Plattform für Vertrauen sein. Eine konsistente Verhaltensweise und das Einhalten von getroffenen Zusagen stärkt die Identität. Diese Umstände müssen den Mitgliedern virtueller Teams bekannt sein, damit sie Konsequenz in ihr Verhalten, die Kommunikation und die Arbeitsmethoden bringen können (Duarte 2006, S. 147 f.).

Interaktive soziometrische Prozesse zur Unterstützung virtueller Teams

Socio in a Nutshell

Socio ist eine Online Plattform ähnlich heutiger sozialer Netzwerke. BenutzerInnen können sich auf dieser Plattform registrieren und anmelden. Socio arbeitet mit interaktiven soziometrischen Prozessen um die soziale Dimension innerhalb virtueller Teams zu unterstützen und die Effektivität der Teams zu steigern. Die soziometrischen Prozesse dienen dem Identifizieren sozialer Beziehungen bzw. Gemeinsamkeiten der Teammitglieder und lassen das Team einen gemeinsamen interaktiven Prozess durchlaufen. Diese virtuelle Interaktion der Teammitglieder soll die Vertrauensbildung und Kommunikation im Team fördern. Die Ergebnisse dieser Interaktion werden in einer abrufbaren Form gespeichert, den sog. „Socio maps", und stehen den Teammitgliedern jederzeit über die Plattform zur Verfügung.

Soziometrische Prozesse

Socio arbeitet mit drei individuellen soziometrischen Prozessen um die soziale Komponente in virtuellen Teams zu unterstützen. Die Teammitglieder werden aktiv in die Prozesse eingebunden um eine fühlbare und greifbare Erfahrung für das gesamte Team zu generieren. Die Prozesse basieren auf bereits bestehenden Methoden aus der Aktionssoziometrie (vgl. Ameln 2004). Die nachfolgend beschrieben Prozesse: „Introduction", „World Map" und „Who is like me" dienen der Diagnose und Darstellung sozialer Beziehung bzw. Gemeinsamkeiten zwischen den Teammitgliedern (Ameln 2004), können aber auch zur Auflockerung und für Kennlernprozesse eingesetzt werden. Ein abgeschlossener Durchlauf der drei Prozesse wird in Socio als „Session" bezeichnet. Jedes Teammitglied kann frei entscheiden ob er oder sie an einer Session teilnehmen will oder nicht. EinE TrainerIn ist LeiterIn einer Session und verantwortlich für Ablaufsteuerung und Auswahl von Prozesskriterien. Diese Auswahl der Prozesskriterien muss sinnvoll und vor allem sensibel getroffen werden, da falsch ausgewählte Kriterien zu einer Polarisation innerhalb der Gruppe führen können.

„Introduction" Prozess

Dieser Prozess steht am Anfang jeder Socio Session, es sei denn der oder die TrainerIn wählt explizit einen anderen aus. Der „Introduction" Prozess soll den Teammitgliedern eine Orientierung im Team und erste Einblicke verschaffen sowie kommunikative Hürden nehmen. „Introduction" bietet einen neutralen Raum um verschiedene soziometrische Prozesse durchzuführen. Ein mögliches Szenario ist das anordnen der Teammitglieder nach ihrem Alter oder das alphabetische anordnen der Mitglieder nach dem ersten Buchstaben des Nachnamens.

„World map" Prozess

Der zweite Prozess einer Socio Session soll die Interaktivität im Team fördern und bietet die Möglichkeit die Prozesse nach geografischen Kriterien zu steuern. Bei „World map" kann entweder der oder die TrainerIn oder ein Mitglied ein Kriterium für die Interaktion bestimmen. Ein Kriterium könnte z. B. sein sich auf der Weltkarte den Platz auszusuchen, der ihr nächstes Urlaubsziel sein könnte. Nach dem platzieren sollen die Teammitglieder Aussagen über Ihre Auswahl treffen, z. B. wann sie planen dorthin zu reisen oder warum sie dorthin reisen wollen. „World map" soll zusätzlich dazu dienen die geografischen Dimensionen des Teams zu visualisieren. Dazu platzieren die Teammitglieder sich an dem Ort, an dem sich ihr Arbeitsplatz befindet.

„Who is like me" Prozess

Dieser Prozess dient der Identifikation und Darstellung von sozialen Beziehungen der Teammitglieder untereinander. Der Ablauf dieses Prozesses gestaltet sich wie folgt: Ein Teammitglied bewegt sich in die Mitte des virtuellen Raums und stellt eine präzise Frage an das Team aus den Themenfeldern: persönliche Informationen, Interessen oder Erfahrungen. Im Anschluss daran bewegen die anderen Teammitglieder sich entweder auf die FragestellerInnen zu oder entfernen sich von ihnen.

Die Distanz zu den FragestellerInnen symbolisiert in diesem Fall, ob die persönliche Informationen die Interessen oder Erfahrungen geteilt oder nicht geteilt werden. Mitglieder können nach dem platzieren eine Aussage über das Kriterium treffen und warum sie es teilen. Danach kann ein anderes Teammitglied eine Aussage treffen und der Prozess beginnt mit diesem neuen Kriterium.

Umsetzung der Online Plattform

Um die interaktiven soziometrischen Prozesse in eine online Plattform zu implementieren, müssen bestimmte Anforderungen erfüllt werden:

- Die Bereitstellung eines virtuellen Raumes,
- Digitale StellvertreterInnen der Teammitglieder,
- Echtzeit-Kommunikation und Interaktionsmöglichkeiten.

VCards – Digitale Stellvertreter der Teammitglieder

Die Teammitglieder werden in Socio durch sog. VCards repräsentiert. Diese sind wie folgt aufgebaut: (1) das Videobild der WebCam oder ein Bild des Nutzers. (2) dem Statusindikator welcher anzeigt, ob der oder die NutzerIn gerade aktiv

Abbildung 1

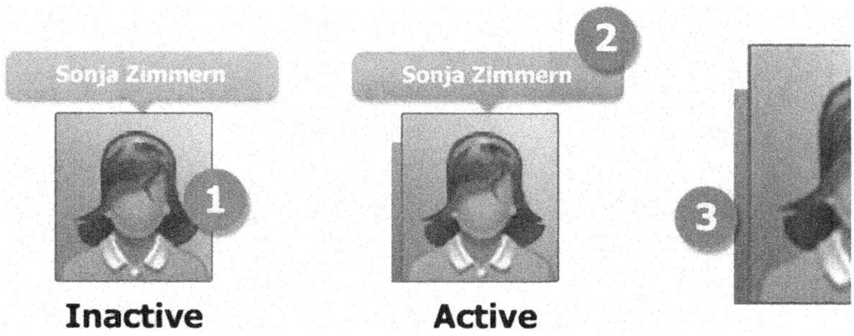

oder inaktiv ist und (3) dem Sprachindikator. Dieser zeigt an, ob der oder die NutzerIn gerade spricht.

Interaktion

BenutzerInnen in Socio können über Audio- oder Videochat kommunizieren. Der Audiochat ist Grundvoraussetzung um an einer Socio Session teilzunehmen und wird vor der Teilnahme vom System überprüft und konfiguriert. Wenn der oder die NutzerIn den Mauspfeil über der VCard platziert, erscheint ein Kreuz (1). Dies ist der Indikator, dass die NutzerInnen die VCard über die Mouse bewegen bzw. im virtuellen Raum platzieren kann. Der virtuelle Raum kann je nach Belieben vergrößert oder verkleinert (2) sowie in der horizontalen und vertikalen Achse gescrollt werden. Textbasierte Eingaben werden über eine grüne Sprechblase (3) an der VCard ermöglicht. Die Kommunikation in Socio basiert auf dem Audio-Chat, das Eingabefenster für Textnachrichten erscheint nur in bestimmten Szenarien der Interaktion z. B. beim Eingeben von Fragen, Statements oder Informationen.

Abbildung 2

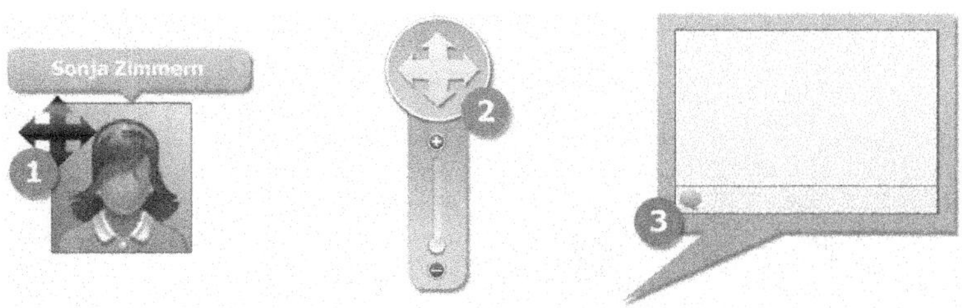

Die virtuelle Umgebung

(1) VCards der Benutzer
Digitale StellvertreterInnen der Teammitglieder

(2) Session Indikator
Zeigt an, welcher Socio Prozess gerade benutzt wird. Der Prozess kann durch Name und Icon identifiziert werden. Ein Ladebalken zeigt den aktuellen Fortschritt des Prozesses an.

(3) Navigation (ein- und auszoomen, Bildausschnitt bewegen)
Wird benutzt um den Bildausschnitt der virtuellen Umgebung zu steuern. Diese Navigationselemente sind fest auf dem Bildausschnitt verankert und können nicht verschoben werden.

(4) Menüleiste
Hauptnavigation zur Steuerung der Plattform. Während einer aktiven Session versteckt sich diese am oberen Bildschirmrand und wird bei Bedarf vom Nutzer heruntergezogen.

(5) Texteingabefelder (Fragen, Aussagen, Informationen)
Zur Eingabe von Textinformationen

Abbildung 3

(6) Themenanzeige
Anzeige des jeweiligen Themas oder des Kriteriums der Session.

(7) Informationsanzeige
Dient zur Abbildung eingegebener Informationen, welche im Zusammenhang mit dem Kriterium des aktuellen Prozesses stehen, z. B. wenn die Teammitglieder sich Ihrem Alter nach ordnen sollen.

Design der Interaktionsumgebung

Home Page

Die Startseite von Socio gestaltet sich klar und aufgeräumt. Die grundlegenden Funktionen sind deutlich sichtbar hervorgehoben und erschließen sich dem Nutzer direkt beim ersten Kontakt mit der Seite. Um die Seite zu „betreten", müssen die NutzerInnen ihre Daten in die dafür vorgesehenen Felder am oberen rechten Rand des Bildschirms eingeben (1). Besitzen die NutzerInnen keine Zugangsdaten müssen sie den Registrierungsprozess durchlaufen (2). Die Vorzüge und Funktionsweise können über Videos abgerufen werden (3).

Abbildung 4

Registrierungsprozess

Für den Fall, dass NutzerInnen keinen Account auf der Plattform besitzt, müssen sie sich auf der Plattform einmalig registrieren. Der Registrierungsprozess gestaltet sich hierbei schnell und einfach. Sie haben hierbei die Möglichkeit seine existierenden Accounts von anderen sozialen Netzwerken wie z. B.. Facebook oder Xing zu benutzen. Die Plattform überträgt dann die individuellen Daten von dem Account auf das Socio Profil. Diese Daten können sie für das Profil in Socio beliebig anpassen oder, im Falle dass kein Account übertragen wird, die Daten selbst eintragen. In jedem Fall müssen die NutzerInnen testen ob ihr Video- und Audiochat funktioniert. Der Audiochat ist Voraussetzung für eine erfolgreiche Durchführung einer Socio Session. Das Videobild der Webcam wird dringend empfohlen, ist aber keine Voraussetzung für die Teilnahme. In diesem Fall müssen die NutzerInnen nur ein adäquates Profilbild in den Profileinstellungen hochladen.

Abbildung 5

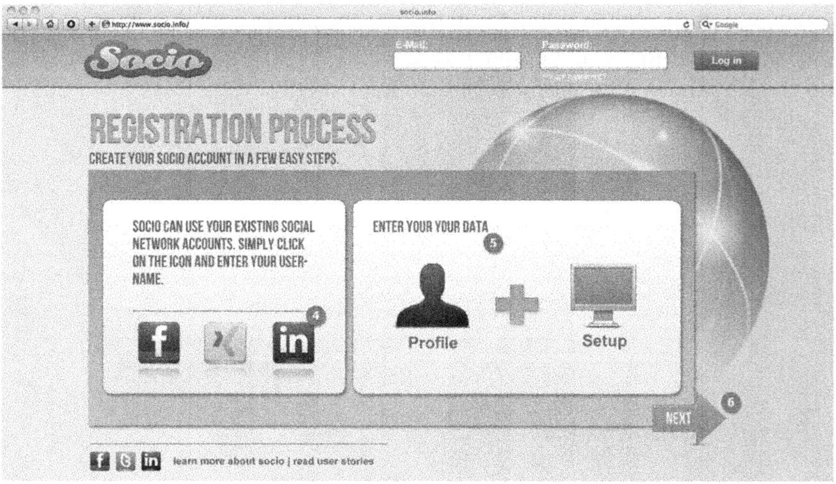

Übersichtsseite

Direkt nach dem Log-in-Prozess gelangen die NutzerInnen auf die Übersichtsseite. Über diese können sie alle wichtigen Informationen und Funktionen von Socio ansteuern. Die Menüleiste (7) sitzt am oberen Ende des Bildschirms. Neben den Session, Invites und Socio maps, können sie hier ihr Profil konfigurieren und

Abbildung 6

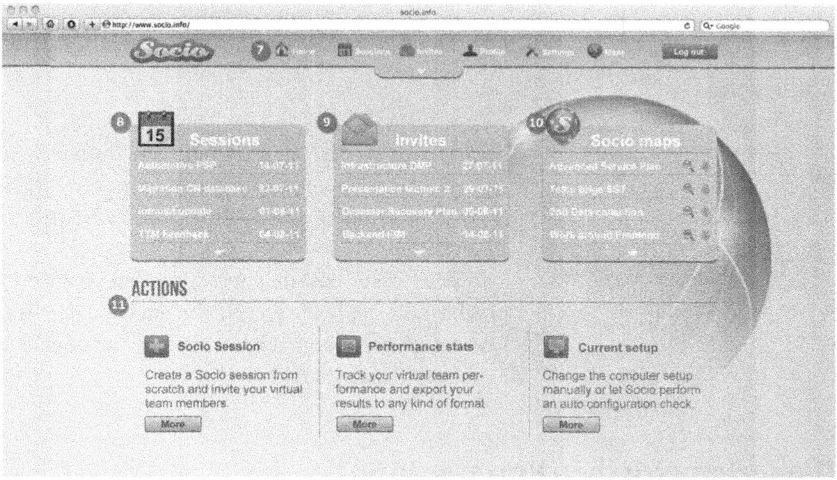

zusätzliche Einstellungen vornehmen. Im unteren Bereich (11) ist der Zugang für das Anlegen von Socio Sessions platziert.

Sessions

Eine Session repräsentiert eine gemeinsame Sitzung mit anderen Mitgliedern des virtuellen Team, in der die soziometrischen Prozesse unter Anleitung von TrainerInnen durchgeführt werden. Sessions können von TrainerInnen angelegt und an einem festgelegten Termin durchgeführt werden.

Invites

Invites sind Einladungen zu einer Session. Wenn einE TrainerIn eine Session anlegt, sendet er oder sie im Anschluss Invites an die Mitglieder des Teams. Die Mitglieder erhalten die Invites via Email. Wenn diese Einladung akzeptiert ist, wird sie automatisch zu einer Session umgewandelt. Der oder die InitiatorIn der Session bekommt über Email Rückmeldung über Zusagen der Teammitglieder.

Socio maps

Socio maps werden die interaktiven Aufnahmen einer Session genannt. Diese enthalten die Ergebnisse der soziometrischen Prozesse des virtuellen Teams.

Socio maps können nur von den Teammitgliedern abgerufen werden, die auch in der Session teilgenommen haben und sind nur über die Plattform zugänglich.

Die soziometrischen Prozesse in Socio

Introduction Process

Den Start einer Socio Session bildet eine Vorstellungsrunde mit dem „Introduction Process". Socio bietet hierfür einen virtuellen Raum um die soziometrischen Prozesse durchzuführen. Diese Prozesse werden nach Kennenlernkriterien durch den oder die TrainerIn geleitet. In dem vorgestellten Beispiel sollen die TeilnehmerInnen ihre VCards, die digitalen StellvertreterInnen, nach Ihrem persönlichen Alter von rechts nach links anordnen. Der oder die TrainerIn vermittelt mündlich die Aufgabenstellung und setzt zusätzlich im Themenindikator das gewählte Thema schriftlich fest. Es folgt die Interaktion unter den TeilnehmerInnen. Die VCards können nun im virtuellen Raum bewegt und platziert werden. Die Abstimmung unter den TeilnehmerInnen erfolgt über den Audiochat, zusätzlich dazu und für die Aufnahme der Session als Socio map, geben die TeilnehmerInnen über eine Texteingabe ihr Alter ein. Dieses erscheint dann als Sprechblase über ihrer VCard.

World Map

Der World map Prozess ist für den Einsatz interaktiver Soziometrie mit geographischen Thematiken vorgesehen. Dafür hat der virtuelle Raum eine interaktive Landkarte im Hintergrund. In dem vorgestellten Beispiel sollen die TeilnehmerInnen ihre VCards auf ihren jeweiligen geographischen Standorten platzieren.

Who is Like Me

Wer ist wie ich? In diesem Prozess geht es darum soziale Beziehungen unter den Mitgliedern des virtuellen Teams zu identifizieren und zu visualisieren. Der oder die TrainerIn legt hierfür ein bestimmtes Thema fest und trägt es in den Themenindikator ein. Das Mitglied, welches ein Statement zu diesem Thema abgeben will, platziert seine VCard in der Mitte des virtuellen Raums (die konzentrischen Kreise helfen bei der Orientierung). Im Anschluss wird das Statement einmal verbal über den Audiochat und über die Texteingabe abgegeben. Die anderen Teammitglieder nehmen nun ihren Standpunkt zu dem Statement ein. Dazu bewegen Sie ihre VCards auf den Statement-Geber zu oder weg. Wenn alle Teammitglieder ihre Karten platziert haben, können Sie ebenfalls ein Statement dazu abgeben. Dies geschieht – wie auch bei dem Statement-Geber – verbal und schriftlich. Danach beginnt der Prozess von neuem mit einem anderen Teammitglied.

Socio Karten

Socio Karten sind interaktive Aufnahmen der durchlaufenen Session eines virtuellen Teams. Sie dienen den NutzerInnen als „Erinnerung" an die Session und sollen für die weitere Zusammenarbeit benutzt werden. Die Karte ist interaktiv, die verschiedenen Zustände (29) und Ergebnisse (30) können immer wieder betrachtet und ausgewählt werden.

Evaluation des Konzepts

Um zu evaluieren, wie effektiv die Plattform Socio die sozialen Komponenten in virtuellen Teams unterstützen kann, wurde im Rahmen einer Präsentation eine durchgeführte Umfrage ausgewertet. Die Präsentation beinhaltete die Darstellung der Plattform an sich, das Konzept und die Umsetzung der soziometrischen Prozesse. Die Umfrage setzte sich zusammen aus neunzehn Fragen zur Arbeit in virtuellen Teams, insb. zur Wichtigkeit der sozialen Strukturen bezüglich deren Effektivität. An der Präsentation und der Umfrage nahmen insgesamt 69 Personen teil. Von diesen TeilnehmerInnen hatten 6 niemals in einem virtuellen Team gearbeitet und 38 mehr als fünf Mal.

Auswertung der Umfrage

Die Wichtigkeit von Interventionen um virtuelle Teams bei Ihrer Arbeit zu unterstützen konnte in der Umfrage bestätigt werden:

Tabelle 1

Sehr wichtig	23,19 %
Wichtig	57,97 %
Neutral	10,14 %
Unwichtig	4,35 %
Sehr unwichtig	1,45 %
Weiß ich nicht	2,90 %

Das Potenzial von Socio Socialising in virtuellen Teams zu unterstützen wurde wie folgt bewertet:

Tabelle 2

Sehr effektiv	1.45 %
Effektiv	69.57 %
Neutral	18.84 %
Uneffektiv	5,80 %
Sehr uneffektiv	0 %
Weiß ich nicht	4,35 %

Das Potenzial von Socio die Effektivität virtueller Teams zu steigern wurde wie folgt bewertet:

Tabelle 3

Sehr effektiv	4,35 %
Effektiv	39.13 %
Neutral	43.48 %
Uneffektiv	7,25 %
Sehr uneffektiv	1,45 %
Weiß ich nicht	4,35 %

Die Mehrheit der befragten TeilnehmerInnen würden Socio als Intervention in einem virtuellen Team einsetzen:

Tabelle 4

Sehr wahrscheinlich	8,70 %
Wahrscheinlich	40,58 %
Neutral	23,19 %
Unwahrscheinlich	14,49 %
Sehr unwahrscheinlich	8,70 %
Weiß ich nicht	4,35 %

Die generelle Meinung der TeilnehmerInnen zu der Thematik war überwiegend positiv:

Tabelle 5

Gute Idee, kann ein nützliches Werkzeug sein	60,87 %
Neutral, würde keinen Unterschied machen	31,88 %
Schlechte Idee, würde ein nutzloses Werkzeug sein	4,35 %
Weiß ich nicht	2,90 %

Literatur

Ameln, F. v. (2005): Psychodrama und Soziometrie in der Teamentwicklung – Theoretische und methodische Grundlagen. *Zeitschrift für Psychodrama und Soziometrie* 4 (1). 29–39

Ameln, F. v. u. Kramer, J. (2007): *Organisationen in Bewegung bringen – Handlungsorientierte Methoden für die Personal-, Team- und Organisationsentwicklung,* (S. 107–118). Berlin: Springer

Ameln, F. v., Gerstmann, R. u. Kramer J. (2004): *Psychodrama*. Berlin: Springer.

Ameln, F. v., Gerstmann, R. u. Kramer, J. (Hrsg.) (2009): *Psychodrama*. Heidelberg: Springer (2. Aufl.)

Baumann, B. (2011): Aktionssoziometrie als Arrangement in Projektworkshops, *Zeitschrift für Psychodrama und Soziometrie, 10* (2), 209–220

Bergmann G., (2003): Diagnostik und Intervention bei Teamentwicklung. In: S. Stumpf u. A. Thomas (Hrsg.) *Teamarbeit und Teamentwicklung,* (S. 211), Göttingen: Hogrefe Verlag

DeGrosky M. (2005): Teamwork Takes Trust. „Thoughts on Leadership" section, *Wildfire Magazine* (7/8)

DeRosa D. u. Lepsinger R. (2010): *Virtual Team Success. A practical guide for working and leading from a distance.* Hoboken (NJ): John Wiley & Sons

Doney, P.M., Cannon, J.P. u. Mullen, M.R. (1998): Understanding the influence of national cultureon the development of trust. *Academy of Management Review,* 23(3), 601–620.

Duarte L. u. Tennant Snyder N. (2006): *Mastering virtual teams, strategies, tools and techniques that succeed.* Hoboken (NJ): John Wiley & Sons.

Ebrahim, N. (2009): Virtual Teams – A literature review. *Australian Journal of Basic and Applied Sciences,* 3 (3), 2653–2669.

Gibson C. u. Cohen S. (2003): *Virtual Teams that work, creating conditions for virtual team effectiveness.* Hoboken (NJ): John Wiley & Sons.

Gould D. u. Ed. D. (2006): *Methods and Technologies.* http://www.seanet.com/~daveg/technolo.htm, abgerufen am 03. 05. 2011

Handy, C. (1995): Trust and the virtual organization. *Harvard Business Review* 73(3), 40–50.

Jarvenpaa, S.L. u. Leidner, D.E. (1999): Communication and trust in global virtual teams. *Organization Science* 10(6), 791–815

Kanawattanachai P. u. Yoo Y. (2005): Dynamic Nature of Trust in Virtual Teams. *Working Papers on Information Environments Systems and Organizations* 2 (2) Article 4, 47

Katzenbach, J.R u. Smith, D.K. (1993): The wisdom of teams. *Small Business Reports* 18 (7). ABI/INFORM Global S. 68, http://web2.uqat.ca/marsanm/Readings/ch2%20The%20wisdom%20of%20teams.pdf, abgerufen am 22. 04. 2011

Lipnack L. u. Stamps J. (2000): *People Working Across Boundaries with Technology.* Hoboken (NJ): John Wiley & Sons

Nemiro J., Beyerlein M., Bradley L. u. Beyerlein S. (2008): *The Handbook of High-Performance Virtual Teams. A toolkit for collaborating across boundaries.* Hoboken (NJ): John Wiley & Sons

Paul, D. L. u. McDaniel Jr., R. R. (2004): A field study of the effect of interpersonal trust on virtual collaborative relationship performance. *MIS Quarterly* 28(2), 183–227.

Pauleen, D. J. (2003): An inductively derived model of leader-initiated relationship building with virtual team members. *Journal of Management Information Systems* 20(3), 227–256.

Robinson D., (2008): Virtual Teams need to build too. http://EzineArticles.com/3923730, abgerufen am 19. 07. 2011

Schenk B. (2004): Working with virtual teams. In: M. Gellert u. C. Nowak (Hrsg.), *Teamwork. Team Building, Team Coaching. A practical guide to working in and with teams.* (S. 331–336). Meezen: Limmer Verlag

Schneider H. (1996): *Lexikon zu Team und Teamarbeit.* Bachem: Wirtschaftsverlag

Stumpf S. u. Thomas A. (2003): *Teamarbeit und Teamentwicklung.* In: S. Stumpf u. A. Thomas (Hrsg.), (Kapitel III und IV). Göttingen: Hogrefe Verlag

Gellert, Felix, Jahrgang 1982, Master of Arts in Media Direction. Agentur-Projektleiter und Informationsarchitekt bei opus 5 interaktive Medien GmbH, Dreieich

Schützengraben 18
63571 Gelnhausen
E-Mail: felixgellert@web.de

Dieser Artikel enthält Auszüge meiner MasterThesis mit dem Titel „Socio, a conceptual media approach of sociometry in virtual teams“ an der Hochschule Darmstadt aus dem Jahr 2011.

Stichwortverzeichnis

W

Z

MIX
Papier aus verantwortungsvollen Quellen
Paper from responsible sources
FSC® C105338

Printed by Books on Demand, Germany